IRCVM-Medieval Cultures

1

IRCVM-Medieval Cultures

IRCVM-Medieval Cultures is the collection of interdisciplinary research monographs published by the Institut de Recerca en Cultures Medievals of the Universitat de Barcelona. Its purpose is to make known the leading research carried out by the members of the Institute and other international authors and research teams in its original language as well as in English, thus preserving Europe's own linguistic diversity.

IRCVM
Institut de Recerca en Cultures Medievals
Facultat de Geografia i Història
Universitat de Barcelona
carrer de Montalegre, 6 - 08001 Barcelona
www.ircvm.ub.edu

Redes femcninas

de promoción espiritual en los Reinos Peninsulares (s. XIII-XVI)

ed. Blanca Garí

viella

First published: 2013
ISBN 978-88-8334-726-9 (printed book)
ISBN 978-88-8334-695-8 (e-book)

viella
libreria editrice
via delle Alpi, 32
I-00198 ROMA
tel. 06 84 17 758
fax 06 85 35 39 60
www.viella.it

Índice

Blanca Garí

Introducción

Parece imposible reunir en un mismo libro ensayos tan diversos.[1] Desde el siglo XIII al XVI; monasterios femeninos cistercienses, mendicantes, jerónimas, agustinas, carmelitas; experiencias de beguinas, emparedadas, beatas o terciarias; casas de pobreza sustentadas por mujeres y frecuentadas por hombres y mujeres; ensayos frustrados de mujeres ignacianas, reinas que fundan, apoyan o promueven; o a su vez, burguesas y aristócratas. Un paisaje multiforme se dibuja a lo largo de una geografía y una historia no menos múltiple y diversa: Cataluña, Languedoc, Valencia, Castilla, Nápoles, Portugal. Mundos peninsulares o unidos políticamente a la Península. Cada caso parece un caso aparte. Y sin embargo, este libro quiere mostrar todo lo contrario. Quiere mostrar la trama, las redes que entrecruzan el tejido tupido y consistente de tantos momentos y tantas experiencias.

El punto de partida de esta investigación es la constatación de un gran cambio de paradigma en la espiritualidad de los últimos siglos de la Edad Media europea. Se trata de un cambio conocido; sobre él se han escrito muchas cosas y de él sabemos hoy que fue acompañado al menos de dos elementos de renovación muy importantes: la urbanización y la feminización de la vida religiosa.[2] No es que la Alta Edad Media carezca de presencias femeninas, ni que las ciudades no sean, ya en esos siglos, centros señalados de estrategias religiosas. Al contrario, monasterios de mujeres y espacios de religiosidad femenina no formal dibujan muy pronto en Occidente focos potentes de significación de esa presencia; y en las ciu-

1. Este libro es uno de los resultados del trabajo de investigación llevado a cabo en los últimos tres años por el equipo TEF (Topografía de la espiritualidad femenina). La elaboración de esta obra ha sido propiciada por el proyecto HAR2008-02426 subvencionado por el Ministerio de Educación y Ciencia.

2. En buena medida sigue siendo una referencia inexcusable para el estudio del movimiento espiritual femenino de estos siglos la obra de Herbert Grundmann (Grundmann 1961). Sobre la feminización de la vida religiosa han escrito Lucietta Scaraffia y Gabriella Zarri, véase en especial la *Introduzione*: Scaraffia, Zarri 1994, p. V-XVI; sobre la relación entre urbanización, economía de lucro y transformación de la vida religiosa en Occidente sigue siendo una importante referencia Lester K. Little (Little 1978). En fecha reciente recoge y ensambla ambos parámetros, feminización y urbanización de la vida religiosa, María del Mar Graña Cid (Graña Cid 2010a).

dades, regidas sobre todo por la política episcopal, alumbran nombres y figuras de mujeres y también algunos monasterios. Pero es el siglo XIII el que acoge de forma definitiva una nueva comprensión del fenómeno religioso centrada en los ideales pauperísticos, evangélicos y apostólicos nacidos en el siglo precedente. Esta revolución simbólica, que cambió por completo los parámetros y que afectó a hombres y mujeres, supuso por un lado un desplazamiento masivo de la topografía de lo sagrado hacia las ciudades[3] y, por otro, una explosión cuantitativa y cualitativa de la presencia religiosa femenina, especialmente intensa en el mundo urbano, a cuya construcción de identidad sin duda contribuye.[4] En una sociedad donde lo religioso constituye un aglutinante de primer orden esa transformación respondía a una necesidad y no pudo obrarse sin amplias consecuencias.[5] De ahí que esté llena de sentido, en el seno de los estudios enfocados hacia la comprensión del fenómeno religioso en la Edad Media, la pregunta acerca del papel de las mujeres en las nuevas formas de expresión y organización de lo sagrado a partir del siglo XIII. Las páginas de este libro se escriben desde el marco general de ese interrogante. Su objetivo, sin embargo, es más concreto. Se trata de indagar acerca de la penetración, evolución y cambios de las nuevas formas de vida monástica y religiosa femenina en un espacio acotado: los Reinos Peninsulares. Y sobre todo se trata de hacerlo intentando establecer la conexión de esos nuevos espacios de espiritualidad femenina con las estrategias, deseos y potencialidades de las mujeres que, sea desde dentro o desde fuera de ellos, sea solas o en connivencia con otras u otros, o también actuando a la par de sus maridos, hermanos y parientes, promovieron su creación, fortalecimiento o reforma.

Para ello, es importante poder profundizar en la fundación y existencia de los espacios concretos. El saber acumulado por la historiografía sobre los movimientos monásticos en la Edad Media peninsular está naturalmente detrás de nuestro estudio. Los trabajos existentes sobre monasterios femeninos peninsulares son bastantes, y cada vez son más, pero no son aún los suficientes. De ahí que una de nuestras prioridades sea ampliarlos mediante estudios puntuales o comparativos, accediendo a nuevas fuentes de información, en especial los archivos monásticos, y llevando a cabo análisis que a su vez contribuyan a nuevos interrogantes y nuevas indagaciones.[6] Pero más allá de los estudios sobre espacios concretos que son el hilo conductor de nuestra investigación de grupo, pensamos que faltan visiones de conjunto; visiones que entrelacen y comparen experiencias religiosas

3. Ha llamado la atención sobre este proceso en Italia Anna Benvenuti Papi (Benvenuti Papi 1990, p. 3-16).

4. La presencia religiosa femenina en las ciudades como constructora de identidad urbana es una de las principales tesis de la obra de María del Mar Graña Cid (Graña Cid 2010a, p. 359 y ss).

5. He sostenido en anteriores ocasiones la importancia de la antropología religiosa para la comprensión del fenómeno religioso urbano y sus transformaciones en la Edad Media (Garí 2010, p. 201-219).

6. Este es el objetivo fundamental que persigue nuestro grupo de investigación TEF (topografía de la espiritualidad femenina) que se concreta en la actualidad en el proyecto *Claustra. Atlas de espiritualidad femenina de los Reinos Peninsulares* (concesión HAR2011-25127).

y móviles de actuación diversos.[7] Por ello nos ha parecido provechoso posar una mirada conjunta y colectiva sobre distintas facetas de un poliedro de espacios y tiempos peninsulares para pensarlos desde la perspectiva de las promotoras y de las redes de relación que sustentaron sus proyectos.

Dos ejes vertebran por tanto este estudio: la promoción espiritual femenina y las redes relacionales. Entendemos por promoción, en el sentido más amplio del vocablo, aquella actividad que implica la existencia de iniciativas capaces de poner las condiciones, elevar, mejorar o apoyar la realización de algo concreto, en este caso los espacios de espiritualidad femenina medievales. Entendemos por red la trama de relaciones, de parentesco, afinidad, afecto, autoridad etc., a través de la que circula y cobra realidad esa actividad de promoción espiritual. El resultado, al analizar el conjunto a partir de estos dos ejes, permite, nos parece, aislar algunas características de orden general, establecer una cronología y observar semejanzas y divergencias en los Reinos Peninsulares.

El primero de los aspectos que destaca en muchas de las aportaciones a este libro es la constatación reiterada de la importancia promotora de mujeres o grupos de mujeres que viven una vida religiosa no reglada, sean beatas, emparedadas o beguinas. En diversos sentidos y en distintas cronologías.[8] En relación a ello se constata para la Península en general algo que hasta hoy quizá no haya sido suficientemente estudiado ni puesto de relieve: la existencia de proyectos espirituales no reglados en los orígenes de muchos de los nuevos monasterios, sean o no de carácter mendicante. Así por ejemplo el estudio de María del Mar Graña sobre las promotoras, reinas o aristócratas en Castilla señala cómo, en pleno siglo XIII, detrás de algunas fundaciones importantes se vislumbra la obra y el proyecto de beatas que vivían previamente una vida religiosa no reglada; tal es el caso ejemplar de Santa Clara de Salamanca en cuyo origen se encuentra un grupo de beatas "las sórores de Santa María" que hacia los años treinta del siglo XIII se acogen a una regla y se hacen damianitas. Proceso muy semejante es el de las clarisas de Sant Antoni de Barcelona a cuya fundación como tales precede la existencia de un grupo de mujeres devotas de vida no reglada, documentado y estudiado por Núria Jornet, que se acogen en 1234 al espíritu innovador y a la regla de Santa Clara (Jornet Benito 2007, p. 40 y ss). Uno y otro convento viven después, en un proceso fundacional que no hay que olvidar que resta siempre abierto,[9] una evolución hacia otras reglas, como la urbanista, o incluso siglos más tarde hacia un cambio explícito de orden, acogiéndose la clarisas de

7. En esta línea, para una visión de conjunto centrada en el monacato femenino medieval del norte de Europa y el arte devocional de los monasterios femeninos, véanse los trabajos recogidos en Hamburger, Marti 2008.

8. De hecho el fenómeno no es estrictamente nuevo; ya antes del siglo XIII y en fechas tan tempranas como el siglo X, reclusas y comunidades informales están presentes en nuestra geografía. Un buen ejemplo de ello son las "deodatas" de la alta edad media en Cataluña analizadas por Montserrat Cabré i Pairet (Cabré i Pairet 1989, p. 169-182).

9. La noción de proceso fundacional como "proceso abierto" la desarrolla Filomena Andrade en su contribución del capítulo 3.

Barcelona a la benedictina; o incluso intentando algunas de ellas, como analiza Laia de Ahumada, reinventarse como ignacianas. También en la Barcelona del siglo XIII las leyendas de María de Cervelló y sus primeras compañeras velan y desvelan a un tiempo la existencia de mujeres entregadas a la vida religiosa caritativa que acabarán institucionalizándose como rama femenina de la orden de redención de la Mercè, tal como deja ver el estudio de sus fuentes hagiográficas llevado a cabo por Concepción Rodríguez. En esa misma línea, detrás de muchas de las fundaciones de los siglos XIII y XIV estudiadas por Filomena Andrade en Portugal, se encuentran proyectos de mujeres no reglados que se reconvierten en fundaciones de conventos ligadas al espíritu mendicante: así Lamego, Santa Clara de Santarem, o Donas de Santarem. Parece que en el mismo caso se encontraría el monasterio de clarisas de Manresa fundado en 1322 el cual, según el estudio de Araceli Rosillo, vendría precedido por una comunidad de beguinas viviendo intramuros y asociadas quizá a la actividad hospitalaria. En general en el siglo XIV y en el XV también hay procesos de este tipo, más centrados ahora en la existencia de comunidades de terciarias que se transforman en muchos casos en conventos de la segunda orden. En otra cronología, y hablando de la pervivencia de modelos, si bien ya en un contexto muy diverso, se destacarían en el alba del mundo moderno casos como el de la catalana Isabel Roser y sus compañeras, mencionado en el estudio de Laia de Ahumada, que en el entorno de san Ignacio quieren llevar una vida apostólica, en este caso en Roma;[10] o en el estudio de Mercè Gras, el caso de Estefanía de Rocabertí y sus compañeras, las cuales finalmente profesarán de carmelitas.

Todos estos procesos fundacionales, y otros muchos que aquí no se estudian, nos permiten, a pesar de sus diferencias, vislumbrar la existencia de un amplio y temprano movimiento, poco visible tal vez y aún poco conocido, de vida religiosa no reglada en las ciudades; un movimiento que al menos para el siglo XIII no ha recibido la atención que merece en algunas de las geografías de los Reinos Peninsulares en comparación con las ciudades del norte de Europa o con las italianas. Y sin embargo, parece que hoy podríamos sostener que al mismo ritmo que penetraban los nuevos modelos de religiosidad en las ciudades de los distintos Reinos Peninsulares, en ellas como en todo el Occidente, brotaron en número considerable propuestas y movimientos de carácter beguinal carentes, o casi, de estructura institucional y por tanto fácilmente mal documentados; propuestas que se hacen visibles en cambio en el momento mismo en que el convento inicia su andadura. Podría incluso suponerse que la ausencia de informaciones directas en el siglo XIII en muchos de los casos se halla compensada por las noticias de su existencia en el interior de los proyectos de fundación, sobre todo pero no exclusivamente, de conventos mendicantes. No hay que olvidar por otro lado que un espíritu común, o al menos semejante, aúna en este siglo al norte como al sur a beguinas, cistercienses, clarisas, dominicas y otros proyectos pauperísticos, apostólicos o

10. Una reflexión sobre el sentido de la experiencia romana de Isabel Roser puede encontrarse en la obra de Mireia Vidal Quintero (Vidal Quintero 2009).

caritativos.[11] El estudio acumulado de datos dispersos sobre estas mujeres cuyo deseo precede y sustenta los espacios formalizados de religiosidad femenina ayuda enormemente a comprender cómo brotaron en tierras peninsulares, de forma espontánea y bajo el impulso de grupos de mujeres, modelos informales de vida evangélica que fueron, al menos al principio, bien acogidos por las instancias civiles y eclesiásticas; modelos reglados después en forma de conventos.

Paralelamente a estos se dieron otros procesos de vida no reglada que no evolucionaron hacia formas conventuales; así beguinas solas o en comunidad, emparedadas o reclusas están bien documentadas en la mayoría de los Reinos, preferentemente a partir del siglo XIV y presentando diversidades cuantitativas y cualitativas importantes.[12] En este sentido entre las aportaciones de este libro destaca sobre todo el caso de las beguinas y beguinos espirituales del Languedoc estudiado por Delfi-Isabel Nieto. En vez de tratarlo, como a menudo se ha hecho, como un caso aparte y en parte marginal, al cabo perseguido y condenado como herético, la autora hace un esfuerzo aquí por entender tres cosas: la primera que el movimiento responde por completo a la misma problemática religiosa del siglo XIII al que responden también, masculinas o femeninas, las nuevas órdenes, aunque lo visibilicemos sólo en el momento de su persecución como herejía, especialmente a partir de 1318; la segunda, que el movimiento queda plenamente inserto en la problemática de consolidación del espíritu franciscano y en el debate sobre la pobreza, así como en las estrategias de apoyo o de rechazo a los frailes, pero también al laicado, elaboradas desde las instancias políticas reales o eclesiásticas; y la tercera, y más importante y novedosa, que en su conjunto el análisis del funcionamiento interno de estas comunidades y grupos permite dirimir con claridad formas de comportamiento diferencial y de diálogo espiritual entre hombres y mujeres, siendo ellas las promotoras, desde las casas de pobreza, de la formación de redes relacionales de las que constituyen también ellas sus nódulos centrales.

Pero estos procesos informales que sobre todo en el siglo XIII pueden llamarse "espontáneos" no niegan el temprano interés del poder por tales movimientos espirituales y su plena integración en los fines y estrategias de la política local, regional o de creación del Estado. Un buen ejemplo de ello es el caso de la Mercè de Barcelona. No es desde luego casual, como sostiene Concepción Rodríguez, siguiendo en esto a Brodman, que en pleno siglo XIV tengamos que situar la elaboración de la leyenda fundacional de la orden por parte de la corona;[13] sin duda, la invención en el XIV del patronazgo y fundación de la Mercè en manos

11. Sobre el trasfondo común que aúna todas estas formas de vida religiosa en Occidente a partir del siglo XII véase Garí 2006, p. 205-275.

12. Entre la diversa bibliografía peninsular al respecto cabe señalar: Muñoz Fernández 1994; Graña Cid 2010a; Botinas, Cabaleiro, Duran 2002; Miura Andrades 1988, p. 528-535; Miura Andrades 1991, p. 139-164; García Herrero, Campo Gutiérrez 2005, p. 345-362.

13. James W. Brodman ha puesto en evidencia la distancia, más que notable, que existe entre aquello que sabemos de los primeros pasos de esta comunidad de redención de cautivos formada por frailes laicos en torno a la que nacerán también las mercedarias y la, en sus propias palabras,

del rey Jaume I tiene el claro objetivo de reforzar la influencia de la corona sobre el gobierno de la ciudad mediante una relación privilegiada con la Orden.

Precisamente uno de los interrogantes directores de este libro es la implicación del poder en la promoción espiritual; y lo es intentando darle una respuesta que comprenda los móviles de unos y de otras, de los hombres y de las mujeres que de alguna manera tuvieron acceso al poder y lo ejercieron. En primer lugar los reyes y las reinas, pero también otros círculos de poder señoriales, concejiles y eclesiásticos.

Un primer fruto del análisis del papel de la monarquía en la promoción y fundación de espacios de espiritualidad es la observación de parámetros diferenciales en el comportamiento de hombres y mujeres a lo largo de la cronología analizada. Los móviles de fundación, promoción o mecenazgo giran indudablemente entorno al prestigio y a la organización del territorio urbano o del Estado, pero como afirma María del Mar Graña para el siglo XIII, las formas de vinculación varían y, mientras en Castilla los monarcas fundan y promueven monasterios guiados por estrategias poblacionales y de prestigio, creando con ello una imagen de poder y de riqueza, reinas e infantas fundan además y sobre todo para enterrarse en sus fundaciones o, y no son pocos los casos, para pasar sus últimos días en el monasterio, sea como monjas sea junto a sus muros como mujeres religiosas. Una misma estrategia desdoblada constata Ana María Seabra en el Portugal del siglo XV a través de su análisis de los móviles fundacionales de reyes, reinas e infantes a lo largo del siglo, una generación tras otra; de nuevo aquí la autora concluye que la vinculación personal es el rasgo diferencial más destacado que une los destinos de reinas y de infantas a sus monasterios. Lo mismo cabe decir de al menos dos de los conventos del reino de Valencia estudiados en el capítulo que Jill R. Webster dedica a los promotores y promotoras del siglo XIII al XV de las clarisas valencianas; la vinculación personal aparece claramente en Gandía, fundado por Violante de Aragón que había pasado antes por Játiva y la Puridad y que escogió Gandía como lugar de sepultura; de igual modo sucede con la Trinidad, fundado y promovido por la reina María de Castilla que fue enterrada allí, en el coro, con el hábito de la orden.

Siempre en torno al tema de los vínculos específicos de las reinas e infantas con los espacios de espiritualidad que estas promueven, los artículos de Núria Jornet y Anna Castellano plantean dos casos ejemplares de reinas fundadoras: Sancha de Mallorca y Elisenda de Montcada que se presentan como dos modelos paralelos y cercanos, más allá de algunas aunque claras divergencias. Sancha (1286-1345) se inscribe en el modelo de reina fundadora, promotora de un radicalismo franciscano no sin conflictos en un momento extremamente delicado de la orden; su intervención en el debate en torno a la pobreza la llevó, en el seno de una red familiar que en Nápoles como en Mallorca se inclinaba a favor de los espirituales, a protegerlos política y religiosamente de manera decisiva; como de-

"fábula" mercedaria ligada al poder real y bajo el patronazgo fundacional de la Corona (Brodman 1999, p. 229-241).

cisiva fue su función de promotora espiritual que atestigua la fundación de cinco monasterios, cuatro de ellos femeninos y dos de ellos de clarisas; el último, el de Santa Croce, fue además el lugar que escogió para ya viuda retirarse, profesar y ser enterrada una vez muerta. Paralelamente la reina Elisenda (c. 1292-1364) se construye y construye su proyecto siguiendo el modelo de otras reinas; si la influencia de Isabel de Hungría y también de otras de sus predecesoras como Constanza de Sicilia y Blanca de Anjou es indudable, sus más claros referentes son, para Anna Castellano, Isabel de Portugal, promotora de Santa Clara de Coimbra, y la propia reina Sancha. Elisenda, fundadora del monasterio de Pedralbes, construye y promueve pensando en su vinculación al monasterio, junto a cuyos muros vivirá y donde será enterrada. Ambas reinas Sancha y Elisenda dieron muestras pues, no sólo de un impulso fundador ligado a la política de sus reinos sino también de un profundo franciscanismo, si bien de no igual signo radical, que las llevó a fundar, promover, vivir y morir en monasterios de clarisas. Soberanas y al tiempo mujeres religiosas, sus sepulcros son un vivo reflejo de su voluntad de ser vistas como modelo de ambas cosas.

Qué duda cabe, sin embargo, que en la voluntad de estas y otras reinas de ser recordadas bajo esta doble semblanza, se inscribe una estrategia de autorepresentación calculadamente construida y cuidadosamente administrada. Se trataba de afirmar y también de manipular los elementos de reginalidad que tenían a su alcance.[14] El estudio de Núria Silleras va justamente al encuentro de este tema intentando perfilar, a través del ejemplo de Isabel la Católica y la literatura didáctica de su tiempo, las formas de construcción de la propia imagen por parte de una reina; se analiza así con precisión cómo, partiendo de los modelos de comportamiento y arquetipos recibidos en torno a la piedad, la mediación, el poder y en especial la capacidad fundadora y de promoción espiritual propios de la reginalidad de su tiempo, Isabel, que navega diestramente entre ellos, manipula a su favor su propia imagen; se analiza también el juego de recepción y reelaboración de la imagen de la reina que a su vez deviene un arquetipo del que Catalina de Portugal, entrada la Edad Moderna, es heredera.

Pero el juego del poder no se dirime en la Península solamente en las cortes. El mundo urbano en plena expansión genera sus formas de gobierno municipal y el desarrollo potente de grupos a él asociados. En este contexto, los intereses de los gobiernos locales y las voluntades de hombres y mujeres nacidos de la pujanza de este mundo urbano juegan un papel indudable. Esta doble faceta, la de los intereses de la corona y de la burguesía ciudadana, entra en juego claramente en el estudio comparativo de Jill R. Webster sobre los conventos valencianos de clarisas: la Puridad, Játiva, Gandía y la Trinidad. La fundación y promoción de estos cuatro monasterios es estudiada como un proceso abierto y complejo que implicó a fuerzas políticas contrastadas; si en el siglo XV Gandía y la Trinidad son obra principalmente de mujeres de la casa real, aun sí con el apoyo de las clases dirigentes y

14. Sobre el concepto de reginalidad medieval véanse SILLERAS FERNÁNDEZ 2003; SILLERAS FERNÁNDEZ 2005-2006.

las fortunas valencianas, los casos anteriores, Játiva y la Puridad, como muestra Jill R. Webster, tienen una historia más compleja en la que por momentos confluyen la protección de la burguesía y la corona, pero en otros asoman las tensiones y el conflicto de intereses enfrentados. En otras dimensiones, sin duda más sencillas, algo así acontece en la fundación de las clarisas de Manresa; para Araceli Rosillo dicha fundación debe verse también como un proyecto urbano, y sus vicisitudes sólo se clarifican a la luz de la dinámica interna de la ciudad y sus gentes.

Un aspecto importante que atraviesa muchas de las contribuciones a este libro es el del significado de los procesos reformistas y observantes. Al hablar de la observancia se hace referencia de inmediato a la reforma implantada a partir del siglo XV. Sin embargo, la idea general de una reforma impregna en cierta manera la entera cronología de este libro. El espíritu con el que desde finales del siglo XII se intenta dar "nueva forma" a la vida religiosa de Occidente es el rasgo más característico de muchos de los movimientos de la época, tanto ortodoxos como heterodoxos; de él surgirán experimentos nuevos que se concretan en formas de vida religiosa no reglada y en las nuevas órdenes. En ese contexto, no hay duda del grado de seducción que los ideales de vida pauperística y evangélica ejercieron sobre muchos sectores de la sociedad, hombres y mujeres, y tanto sobre los grupos informales de los inicios como también sobre los primeros fundadores y las primeras fundadoras y promotoras de conventos mendicantes; se trató, en definitiva, de una apuesta personal por una opción de vida, pero también a menudo de una apuesta por el prestigio espiritual de la reforma monástica que estas fundaciones representaban. Frente a ese momento inicial, y también frente a otros momentos de búsqueda renovada de fidelidad a los orígenes, se levanta el espejo de la llamada Observancia, que replantea y codifica en términos nuevos los valores nacidos más de dos siglos antes. La Observancia da respuesta así, tanto desde el poder eclesiástico como desde el poder civil, a las exigencias de nuevos contextos políticos, planteando una reforma no en términos pauperísticos sino rigoristas.[15] La presión ejercida por la Iglesia y la monarquía sobre los monasterios femeninos, decisiva a partir de los años noventa del siglo XV, supuso la imposición de la clausura rigurosa, la inserción en las obediencias, la intensificación del control y la presencia masculina; exigencias religiosas potenciadas todas ellas por la reforma política que conllevaba la implantación del Estado moderno. Junto a este hecho indudable perviven, sin embargo, en los siglos XV y XVI, tanto la idea de reforma como de regreso a los orígenes y de recuperación del espíritu de las fundadoras, como pervive también la existencia de proyectos individuales de carácter singular que buscan su propia formulación de la reforma y la invención de alternativas.

Del conjunto de esta problemática dan cuenta asimismo varias de las contribuciones a esta obra, en especial las que se corresponden con el paso de la Edad Media a la Moderna. El apoyo a los proyectos observantes, cuando no su lideraz-

15. En esos términos será formulada a partir de 1495 la reforma de los Reyes Católicos (García Oro 2008, p. 407-436; García Oro 1993, p. 115-125).

go, está presente en la actuación de la monarquía portuguesa del siglo XV, y es quizá su preocupación más clara. Como analiza Ana Maria Rodrigues, en épocas precedentes el apoyo a la Iglesia fue para la corona portuguesa, preocupada por afianzar y legitimar la nueva dinastía, una prioridad que se traduce en fundaciones femeninas y, sobre todo, masculinas, pero en pleno siglo XV las fundaciones disminuyen claramente, se impulsan en cambio proyectos de reforma y se fomenta la observancia, promoviendo en especial las órdenes más "modernas". Al mismo tiempo, sin embargo, destacan en la política general de la corona proyectos individuales femeninos, como por ejemplo el de la reina Felipa de Lancaster que introduce un nuevo rito litúrgico, o sobre todo el de la infanta Santa Juana que vive entre las dominicas de Jesús de Aveiro una espiritualidad extrema sin profesar como monja, luchando por imponer a la familia y al reino su opción religiosa y moldeando su imagen y su cuerpo con el ideal de las "santas vivas" propio de su tiempo (Zarri 1990).

Ejemplo de implicación en la reforma desde dentro son los casos, diferentes entre sí, estudiados para el siglo XVI por Cristina Sanjust y Laia de Ahumada. El primero es el de la abadesa de Pedralbes, Teresa de Cardona. Cristina Sanjust resigue su abaciado leyéndolo desde la idea de una reforma que toma como modelo la fundación de la reina Elisenda. Aunque Teresa culmina la reforma moderna de Pedralbes, sus gestos tienen una genealogía; guiada por ella, Teresa repite, imita, interpreta y sigue, material y espiritualmente, los pasos de la reina fundadora. Refunda, cabe afirmar al cabo, tomando la palabra en el sentido en que Filomena Andrade habla de las fundaciones como proceso continuamente abierto.[16] Laia de Ahumada, por su parte, nos presenta un caso singular centrado en el proyecto de Teresa Rajadell y Jerónima de Oluja, monjas del monasterio, desde 1518 ya benedictino, de Sant Antoni y Santa Clara de Barcelona; ambas, junto a un grupo de compañeras, luchan a mediados del siglo XVI por fundar una comunidad femenina asociada a Ignacio de Loyola. Su fracaso y los conflictos internos con su comunidad son la historia de un proyecto que no fue, pero que no por ello es menos valioso a la hora de informarnos sobre las inquietudes que alumbraron a las mujeres religiosas de aquel tiempo.

Finalmente el trabajo de Mercè Gras cierra el volumen y también el arco cronológico, que llega a la contrarreforma tridentina, con el estudio de Estefanía de Rocabertí, promotora de la primera fundación de carmelitas descalzas en Barcelona, el convento de la Inmaculada Concepción. El interés recae sobre todo en el papel fundacional de las redes familiares ciudadanas, los Cardona, los Granollachs y especialmente los Rocabertí; pero la fundación tiene en su centro indiscutiblemente la figura de Estefanía, la primera carmelita catalana. Estefanía,

16. La idea de "refundación" referida a la actividad o iniciativa que apoya, da nuevo impulso o saca de nuevo a flote una entidad espiritual concreta está presente en la documentación medieval de los Reinos Peninsulares. Con este significado habla de sí misma la Reina María de Castilla, tal como plantea el análisis de su papel como promotora espiritual en un estudio reciente de Mª del Carmen García Herrero (García Herrero 2009, p. 344-345).

que vivió por mucho tiempo una vida recogida no reglada, rodeada de un entorno ignaciano de hombres y mujeres vinculados a la Compañía de Jesús, puso en marcha en 1588 su proyecto personal: fundó con monjas venidas de Pamplona la Inmaculada de Barcelona y profesó como carmelita en su fundación, aportando al nuevo convento su importante patrimonio, sus redes relacionales y su propia fama y prestigio de beata.

Este libro, como se ha dicho, entiende la promoción espiritual en el sentido más amplio del vocablo. Pero es obvio que en él queda incluida una acepción más restringida, aunque quizá también de uso más habitual: la de la promoción artística.[17] Tal promoción tiene una importancia singular en un mundo donde el arte está íntimamente unido a las prácticas de vida y en concreto a las prácticas devocionales de la vida religiosa.[18] Esto hace de la promoción artística un acto complejo que responde a expectativas y es el resultado de la convergencia de muchos elementos.[19] Por ello, el estudio de la promoción y creación material de espacios y objetos: la arquitectura monástica, las pinturas y esculturas, los libros, los paramentos y todas aquellas cosas que contribuyen a dar cuerpo y vida a los monasterios, tiene una especial cabida en nuestra investigación, más no aisladamente. Las diversas formas de promoción artística penetran con mayor o menor intensidad en muchos de los trabajos presentados explicando y explicándose en contextos más amplios y complejos.

Famosa por su empeño en impulsar la creación de espacios y dotarlos de objetos que hoy llamamos de arte fue Sancha de Mallorca. Núria Jornet en su estudio sobre la reina dedica un apartado a perfilar la promoción artística que llevó a cabo en su reinado, analizando su importante impronta franciscana que siguió muy de cerca los postulados e ideales pauperísticos de los espirituales; la misma construcción de los monasterios de su reino así como las obras que donó a monasterios de Provenza, Mallorca y Nápoles, particularmente a Santa Clara y a Santa Croce, atestiguan su iniciativa en este campo. Especial significación tienen también las reflexiones de Anna Castellano acerca del modelo de promoción artística en el monasterio de Pedralbes llevado a cabo por la reina fundadora y por la segunda abadesa, su sobrina Francesca ça Portella. Destaca sobre todo el análisis de la tumba de la reina Elisenda y de las pinturas murales de la capilla de Sant Miquel realizadas durante el abaciado de Francesca, obras ambas que analiza la autora no desde una perspectiva estilística sino desde la comprensión de sus usos, expectativas y prácticas que nos permiten profundizar en las figuras de ambas mujeres y, más en general, en el proyecto espiritual y político que está detrás del monasterio de Pedralbes. La tumba, lo hemos visto, despliega los dos cuerpos de la reina orientados hacia el exterior y el interior

17. Sobre el concepto de "promoción" en el arte medieval hispano véase la obra de Joaquín Yarza (Yarza 1992, p. 15-47).

18. Tal como lo ha planteado magistralmente para el arte religioso femenino Jeffrey Hamburger (Hamburger 1998). Sobre la promoción artística en la Corona de Aragón en el siglo XV véase en especial Terés 2011.

19. Un trabajo interesante sobre la complejidad subyacente al acto de promoción artística de las mujeres medievales en Taravilla Vaquero 2008.

de la clausura; la capilla por su parte nos habla de las prácticas de meditación, imaginativas y visuales, centradas en la Pasión y tan propias de ese siglo en que se funda el monasterio. Y es de nuevo Pedralbes dos siglos más tarde, en el XVI ahora, el que sirve otra vez de ejemplo para analizar desde esta misma perspectiva la promoción arquitectónica y de creación de espacios materiales. Cristina Sanjust recorre el monasterio virtualmente analizando las reformas de Teresa de Cardona y el sentido de las mismas, apreciando de manera particular el uso de los espacios y objetos devocionales que hablan de una religiosidad de la intimidad, la meditación y la contemplación, aquí especialmente significada en las llamadas celdas de día. Por último, si estas tres contribuciones tocan de forma particular la promoción artística, ésta aparece indudablemente inscrita en el hacer de otras promotoras, como por ejemplo las de los ricos y cultos monasterios de clarisas valencianos, así el de la Trinidad, estudiado por Jill R. Webster, del que es sobradamente conocido el valor de su biblioteca y la circulación del arte y la cultura entre sus muros, en especial en tiempos de sor Isabel de Villena.

Finalmente, es bueno detenerse en aquellas aportaciones que más directamente apuntan a la comprensión de las redes relacionales y su uso por parte de las mujeres. Se ha visto que es propio, aunque obviamente no exclusivo, de la promoción espiritual femenina la elaboración y mantenimiento de redes de relación sobre las que apoyarse. Se trata de redes trabadas desde el parentesco, la afinidad, el afecto, o la autoridad, a través de las que circula la actividad de promoción.[20] Pero la idea de red, en tanto trama que sustenta y que subyace, está implícita en el conjunto de este estudio. En cada uno de los capítulos se ha intentado establecer la dimensión relacional como aportación femenina en el interior de redes que sustentan los espacios y proyectos. Las redes de parentesco son las mejor conocidas y las más obvias y están presentes en casi todo los proyectos femeninos medievales o del primer mundo moderno; las comunidades de beguinas, beatas o penitentes, deriven o no en comunidades regladas, están formadas a menudo, al menos en parte, por parientas; las fundadoras y promotoras de conventos se apoyan en las redes familiares y apoyan las iniciativas de sus parientas, construyen proyectos juntas o impulsan los proyectos de otras; en particular un modelo de red de parentesco que sustenta el quehacer fundador de una reina en el marco de un talante espiritual concreto es el de Sancha de Mallorca; Núria Jornet en el capítulo que a ella le dedica se extiende ampliamente sobre esas redes familiares que la conectan al proyecto franciscano radical y muestra cómo actúa desde ellas; otras redes van más allá del parentesco o entretejen con él otro tipo de lazos que tienen como base la afectividad y afinidad espirituales, o incluso la autoridad y la jerarquía. En todo caso desde el punto de vista metodológico el capítulo que

20. A título de ejemplo de análisis de los mecanismos de funcionamiento de las "redes" que organizan y vertebran la capacidad de acción de las mujeres sobre el mundo en un ámbito geográfico distinto al abordado aquí pero con interesantes referencias metodológicas véase HANAWALT 1988, p. 188-212. Sobre las formas en cómo interactúan las redes relacionales femeninas en la política regia en la edad media véase MUÑOZ FERNÁNDEZ 1998, p. 263-276.

Delfi-Isabel Nieto dedica a los y las espirituales es el que mejor dibuja el funcionamiento diferencial de hombres y mujeres que interactúan aquí en una estructura de red, y muestra para este caso concreto, el de las beguinas y beguinos espirituales en torno a 1300, que son ellas las que tejen la trama por la que se desplaza la actividad masculina que tiene como referente los núcleos estables femeninos. También el capítulo de María del Mar Graña hace especial hincapié en el funcionamiento de las redes fundacionales en el ejemplo de las reinas y aristócratas en la Castilla del siglo XIII; redes que ella clasifica, en tres planos interconectados, como redes de parentesco, de autoridad y de autoría. En definitiva, el conjunto de las aportaciones apunta en una misma o semejante dirección: directa o indirectamente deja ver cómo las mujeres promovieron espacios de espiritualidad femenina actuando y apoyándose en redes de relación y de influencia que favorecieron la realización de sus proyectos.

Este recorrido por las formas y ritmos de evolución de los espacios de espiritualidad femeninos peninsulares permite finalmente percibir la lógica de una evolución. Al posar la mirada en las diversas facetas del poliedro se dibuja un ritmo de transformación con trazos homogéneos aunque a veces con encabalgaduras y contrastes; se puede establecer así una cronología que se ordena en tres grandes momentos: el primero abarcaría el siglo XIII y parte del XIV, son esos tiempos de cristalización de proyectos que asumen los ideales pauperísticos y evangélicos en el seno de un mundo que traslada los centros de decisión social, política y económica a las ciudades, son también los de eclosión de proyectos femeninos y de incremento exponencial de la presencia de mujeres o grupos de mujeres en la organización de lo sagrado. Un segundo momento, con éste encabalgado, abarcaría desde finales del siglo XIII hasta entrado el siglo XV; se caracteriza por los esfuerzos, a cada momento renovados, por institucionalizar y encuadrar desde el poder los experimentos del pasado que las monarquías en plena consolidación pretenden hacer suyos y sobre los que se apoyan ; se distingue aquí especialmente el elemento diferencial que se establece en relación a los móviles femeninos y a la vinculación personal en los proyectos de mujeres. Finalmente, un tercer momento comparece a partir del siglo XV, acompañando la construcción del Estado moderno, a ritmos algo diferentes para cada lugar y cada reino, la presión homogeneizadora y la opción rigorista cobran fuerza; la observancia se impone a finales de siglo definitivamente como clave de control desde el poder que muestra una vez más que en las sociedades de la Edad Media y primera Edad Moderna la política se juega en gran medida en campo religioso. El siglo XVI es fruto en buena parte de esta herencia; en él siguen destacando figuras de mujeres que ponen en juego sus redes relacionales para hacer realidad sus proyectos personales, pero no es casualidad que la espiritualidad moderna, encarnada a la perfección por Ignacio de Loyola, protegido y aupado en gran parte por mujeres, las deje a ellas al margen, y no lo es que ellas hayan de buscar en otros lugares y bajo otras fórmulas su adaptación a los nuevos tiempos. Una de estas fórmulas, y no la menos importante, fue indiscutiblemente el Carmelo de Teresa.

Es éste un libro de historia, y sin embargo, el enfoque desde el que hemos querido plantear y responder nuestras preguntas incluye la historia en la red de otras disciplinas. Las autoras de este libro procedemos de distintas especialidades: la historia medieval, la historia moderna, la historia del arte, la literatura o la biblioteconomía. Este libro es pues resultado de un diálogo que ha contribuido a enriquecer y a matizar a lo largo de su elaboración cada uno de los capítulos que lo conforman y también la mirada de conjunto. Pero este libro es sólo uno de sus frutos. El debate interdisciplinar que lo sostiene ha ampliado nuestros conocimientos y nos ha abierto puertas a nuevas indagaciones y proyectos de futuro.

María del Mar Graña Cid

Reinas, infantas y damas de corte en el origen de las monjas mendicantes castellanas (c. 1222-1316). Matronazgo espiritual y movimiento religioso femenino

El establecimiento inicial de las órdenes mendicantes femeninas en la Corona de Castilla constituyó un fenómeno complejo en el que la participación de variados agentes sociopolíticos con intereses diversos se superpuso a una doble problemática: los largos procesos de definición canónica de un modelo mendicante femenino, especialmente arduos en el caso clariano-franciscano, y, en estrecha sintonía, la tensión carisma-institución, una de cuyas manifestaciones fue la institucionalización de comunidades femeninas no regladas. En el trasfondo, las distintas formas de manifestación de lo que la historiografía ha denominado "movimiento religioso femenino" (Grundmann 1980), marco generador de las religiosas mendicantes. Las reinas y mujeres del círculo regio y cortesano no fueron las primeras ni las únicas involucradas, pero el hecho de dedicarles estas páginas obedece al interés por valorar la naturaleza de su implicación en dicha movilización religiosa y en las nuevas corrientes de espiritualidad femenina que la alimentaron. Considerando su condición de integrantes de los círculos del poder, ¿participaron de los intereses del mismo?, ¿cómo se situaron respecto al movimiento religioso y cuál fue su aportación a la configuración de un modelo mendicante femenino?, ¿desarrollaron formas originales de promoción espiritual y redes relacionales específicas? Son preguntas que brotan del deseo de indagar en las formas de acción histórica protagonizadas por las mujeres sobre el telón de los planteamientos que buscan deslindar espacios sociales de mujeres y que reconocen la existencia de una cultura femenina con rasgos propios (Dubois et al. 1980; Lerner 1993; Graña Cid 1998, p. 114-117). Estudiaré a clarisas y dominicas en un recorrido cronológico que la tradición inicia en 1222 con la fundación de San Salvador de Guadalajara y que finalizaría en 1316 con la de Sancti Spiritus de Toro. Hasta el último tercio del siglo XIV no volvió a darse este tipo de promoción femenina, en un contexto religioso diferente. Estas páginas constituyen un primer avance que no pretende agotar el tema, sino reflexionar sobre esa concreta dimensión de la primera realidad fundacional mendicante femenina. Otras implicaciones de las políticas de implantación habrán de ser tenidas en cuenta en futuros trabajos.

1. *Las promotoras de las religiosas mendicantes*

Las primeras referencias a mujeres de la familia real castellana y de su corte promotoras del fenómeno mendicante femenino apuntan a las reinas. Según la tradición, doña Berenguela fundó San Salvador de Guadalajara en 1222.[1] Lo probaría un documento de Alfonso X (1256) confirmatorio de los privilegios otorgados al monasterio por su abuela y Fernando III, pero su pérdida indujo a modificar año y autoría, que pasó a la infanta Berenguela, hija de aquél, señora de Guadalajara y supuesta fundadora entre 1274 y 1284. El hallazgo reciente del documento, donde el Rey Sabio reconocía que el cenobio «fue fecho por la mui noble y mui alta señora doña Berenguela, reina de Castilla, nuestra abuela muy querida», permite respetar la autoría regia aunque no se pueda probar una cronología sin respaldo documental; sólo cabe considerar el límite de 1246, año del fallecimiento de la reina. Las siguientes noticias son hijas de la tradición cronística. La primera señala que el monasterio dominico de Santa María de las Dueñas de Zamora fue impulsado hacia 1238 por la reina Teresa de León; la segunda, que la reina Violante de Castilla fundó Santa Clara de Santiago de Compostela hacia 1260.[2] Aunque hay pruebas de que doña Violante apoyaba a comunidades ya existentes a finales de la década de 1250, las fundaciones de reinas no se documentan hasta 1292, cuando la misma monarca promovía Santa Clara de Allariz. La reina María de Molina favorecía casi al tiempo y sobre todo durante la primera década de 1300 procesos ya iniciados, sin ser fundadora, en Santa Clara de Guadalajara y en Santa Clara y Sancti Spiritus de Toro. Mención aparte merece la reina Mencía de Portugal, impulsora de Santa Clara de Carrión de los Condes desde 1256.[3]

Los orígenes de la participación de las parientas regias también son legendarios. Así la borrosa noticia relativa a la venerable Urraca, de supuesta sangre real, integrante de la comunidad que dio origen a Santa María de Salamanca. Las primeras noticias seguras se hacen esperar a la década de 1250 – como el apoyo material brindado a aquella comunidad antes de 1258 por la infanta Berenguela I, hija de Fernando III –, y continuarían en la de 1260 – con la reconstrucción de Santa Clara de Toro por la infanta Berenguela II, hija de Alfonso X y doña Violante –, aunque los hechos mejor documentados se retrasan al paso del siglo XIII al XIV con la refundación de Santa Clara de Guadalajara, en la que intervino la infanta Isabel, hija de Sancho IV y María de Molina.[4] Quizá también en esta

1. Véanse Pérez 1913, p. 36, n. 2; Pérez 1913, p. 37, n. 2; Layna Serrano 1943, p. 65; Tormo Sanz 1994, p. 452.

2. Véanse Castillo 1592, f. 54r; Castro 1976, p. 313; Castro y Castro 1983, p. 3-4; García Oro 1988, p. 122; García Oro 1990; Bueno Domínguez 1993; García Oro 1994; Linehan 2000, p. 94.

3. Véanse Castillo 1592, f. 58r-59r; Pérez 1913, p. 37; Castro 1976, p. 327; Calderón 2008, p. 286-287.

4. Véanse Castro 1976, p. 319-320; Vázquez Janeiro 1977a, p. 393-394; García Oro 1988, p. 153; Navarro Talegón 1994, p. 302 y 315.

categoría deba incluirse a doña Teresa Alfonso, fundadora de las dominicas de San Cebrián de Mazote en 1305, a quien las crónicas califican de "infanta" y que pudo ser tía de María de Molina (Castillo 1592, f. 54v-56r).

Entre las mujeres de la corte se distinguen dos categorías. Una, amantes de los reyes como doña Mayor Guillén, favorita de Alfonso X y fundadora de San Miguel del Monte (Alcocer) hacia 1252, y doña Teresa Gil, relacionada con Sancho IV y fundadora de las dominicas de Sancti Spiritus de Toro en 1307.[5] Otra, mujeres que habían servido en la corte a reinas e infantas o que habían estado casadas con servidores de los reyes. Su actuación fue más tardía y característica del tránsito del siglo XIII al XIV. Fue el caso de doña María Fernández Coronel, antigua aya de María de Molina y de su hija, la infanta Isabel, refundadora de Santa Clara de Guadalajara entre 1307 y 1312, o de doña Berenguela Díaz de Haro, hija del señor de Vizcaya y viuda del mayordomo mayor de Fernando III, que intervino en la fundación de Santa Clara de Vitoria en 1296.[6] Para mejor situar estas iniciativas es interesante tener en cuenta que hacia 1240 se documentan las primeras actuaciones protagonizadas por mujeres de la élite urbana regional, todas destinadas a promover la que acabaría denominándose Orden de Santa Clara. Iniciadas con la fundación de Valladolid hacia 1239 por la noble viuda doña Sol, destacaron en las décadas de 1280 y 1290. Con el cambio de siglo se modificaron las iniciativas y desde 1310 adquirió protagonismo la participación nobiliaria masculina (Castro 1976, p. 335 y 353; Uribe 1988, p. 167 y 180; Calderón 2008, p. 279 y 296).

Pese a alguna significativa referencia anterior de difícil ubicación cronológica, la promoción de las religiosas mendicantes por parte de las mujeres vinculadas a la familia real y la corte no se dio hasta después de 1250. Hubo cierta concentración entre 1255-1265 y, sobre todo, destacó el tramo comprendido entre 1290 y 1310. Ciertas instituciones parecen haber concitado un interés particular por el intervencionismo de parientas de diferentes generaciones o la combinación de mujeres de la familia real con sus servidoras: Santa María de Salamanca, Santa Clara de Toro, Santa Clara de Guadalajara y Sancti Spiritus de Toro. Hubo también dos reinas protagonistas: doña Violante y doña María de Molina. Las formas de promoción fueron diversas, aunque en el ámbito dominico predominó la fundación propiamente dicha. El tipo aquí estudiado representó el 50% de creaciones de monasterios de dominicas del período, si bien se concentraron en un contexto específico y tardío, el primer decenio del siglo XIV. Las futuras clarisas, que fueron las mendicantes con mayor presencia cuantitativa y geográfica en la Castilla del siglo XIII (López 1912a, p. 185-190; García Oro 1988; García Oro 1994), estuvieron promocionadas antes por estas mujeres, de manera más diversificada y en mayor número, aunque el porcentaje fundacional no rebasaría el 30%.

5. Véanse Castillo 1592, f. 58r; Ortega 1980, p. 41-47; Rucquoi 1992, p. 307-323; Martín Prieto 2005, p. 227-241.

6. Véanse Pérez 1913, p. 40; Salazar 1977, p. 372; Ruiz de Loizaga 1988, p. 151-162; Uribe 1988, p. 164.

2. *Estados vitales y formas de promoción espiritual*

Las promotoras estaban en su mayoría (86,5%) libres de ataduras familiares cuando se involucraron en el impulso mendicante femenino. Las reinas lo hicieron sobre todo tras enviudar – Berenguela, Violante de Castilla, María de Molina y Mencía de Portugal – o separarse de sus maridos – Teresa de León –, situación similar a las amantes regias – Mayor Guillén y Teresa Gil –, aunque se documenta también la colaboración en pareja, notoria en el caso de Alfonso X con su favorita Mayor Guillén y quizá con su esposa Violante. Las infantas eran solteras – Berenguela II e Isabel – o monjas – Berenguela I en Las Huelgas de Burgos – y viudas el resto de las mujeres de corte. ¿Estuvieron las motivaciones y las formas de promoción espiritual conectadas con la situación vital?

La forma de promoción más completa fue la fundación monástica, la iniciativa de establecer un monasterio y el logro de su concreción material. Cierto que en su mayoría no se trató de creaciones *ex novo*, sino de la transformación de comunidades preexistentes. En cualquier caso, con la fundación persiguieron, entre otros, diversos objetivos vitales. Destaca el afán por hacer del monasterio el espacio de residencia, en vida y especialmente tras la muerte, lo que comportaba una suerte de inclusión en la familia monástica y podía llevar aparejados componentes de individuación, personal y familiar.

La residencia monástica parece haber sido característica de las mujeres relacionadas con Alfonso X, que buscaron un refugio vital tras desvincularse de él. Así, la reina viuda Violante con su fundación de Allariz, ideada como el espacio donde acabar sus días retirada de la corte y profesar como monja. La antigua amante del rey, Mayor Guillén, se retiró a una casa contigua a su monasterio, siendo muy significativo que fundase el mismo año de la boda de aquél: si bien no profesó, vivió con las religiosas haciendo vida ejemplar. Ajena a esta tipología, María Fernández Coronel residió algún tiempo en su fundación de Santa Clara de Guadalajara, donde también murió. Pero en la mayor parte de los casos se trataba de obtener un lugar de enterramiento. Doña Violante daba gran importancia al hecho de ser enterrada en Santa Clara de Allariz porque suponía revocar disposiciones anteriores y renunciar a un privilegio pontificio por el que serían excomulgados quienes fuesen contra su voluntad – ¿se trataría del permiso para enterrarse con su madre, Violante de Hungría, que reposaba en el monasterio de Sijena, en el reino de Aragón? –. Es significativo que la reina buscase individualizarse mediante un enterramiento que no deseaba compartir con su marido y a través del cual plasmaba filiaciones e intereses propios. En su mayor parte, las fundadoras se enterraron en los coros de las monjas, espacio preferente de entierro de éstas, una forma alternativa de integración en la familia religiosa. La función expiatorio-salvífica, sin duda presente, se menciona pocas veces.[7]

7. Véanse Medrano 1729, p. 157; Ortega 1980, p. 31; Santa Clara de Allariz 1986, p. 13-14; Villalba Ruiz de Toledo 1989, p. 319-324; Peral Villafruela 1994, p. 97; Martín Prieto 2005, p. 229.

La documentación subraya la faceta material de la promoción monástica. Ser fundadora implicaba sobre todo otorgar los bienes necesarios – lugar de habitación y patrimonio básico – para que pudiera funcionar dignamente una comunidad. Se documenta tanto la entrega de numerario para su adquisición como la donación directa de inmuebles. Fueron notables los legados de doña Violante a Santa Clara de Allariz – varias cantidades de dinero para cubrir la obra, el heredamiento raíz o los libros distinguiendo la financiación de su enterramiento – o de doña Berenguela López de Haro a Santa Clara de Vitoria para la construcción de la iglesia y monasterio. Los inmuebles podían ser bienes propios o comprados expresamente.[8] Componente básico fue la dotación litúrgico-espiritual, primordialmente reliquias, imágenes y objetos litúrgicos, en lo que constituyó una de las principales formas de promoción religiosa ejercida por las mujeres y que figura estrechamente vinculada al concepto fundacional. Precisamente, el hecho de que la tradición atribuya a la reina Teresa la entrega de reliquias a las Dueñas de Zamora hizo pensar a los cronistas que debió tratarse de su fundadora. Lo mismo sucede en Santa Clara de Santiago de Compostela, donde la donación de una imagen de la Virgen llamada "la Virgen de las llaves" y de una arqueta tallada se atribuyen a la reina Violante pretendiendo apoyar la tradición que la presenta como fundadora y en paralelo con la Virgen "abrideira" que esta reina donó a Santa Clara de Allariz (LÓPEZ 1613, p. 237; CASTRO Y CASTRO 1983, p. 4-5, n. 12).

El traspaso material se perfila como principal concreción del vínculo femenino con las comunidades religiosas de mujeres. El hecho de fundar ofrece en este sentido una triple casuística peculiar. Ser fundadora solía corresponderse, como rasgo propio, con la entrega a la fundación de la totalidad del patrimonio personal tras saldar deudas y compromisos – como en otros tiempos y espacios geográficos (GRAÑA CID 2008, p. 749) –: los testamentos conservados muestran que así fue en el caso de las reinas Violante y Mencía de Portugal y en los de Mayor Guillén, Teresa Alfonso y Teresa Gil. Pero también resultó frecuente la promoción fundacional compartida, con miembros del clero o con laicos, en procesos donde ellas, con todo, mantuvieron el protagonismo impulsor (CASTRO Y CASTRO 1983, p. 6; RUIZ DE LOIZAGA 1988, p. 152; CALDERÓN 2008, p. 287). Asimismo, lo fue la intervención material y gestora de varias mujeres, al mismo tiempo o de forma escalonada, como ejemplifican las refundaciones de Santa Clara de Guadalajara y Santa Clara de Toro. En el primer caso, la comunidad fundada por la reina Berenguela se trasladó de lugar, lo que supuso un proceso de refundación con varias protagonistas: quizá la infanta Berenguela II, señora de la ciudad, entre 1274 y 1284 y, con seguridad, la infanta doña Isabel junto a su aya María Fernández Coronel desde finales del XIII (PÉREZ 1913, p. 37; LAYNA SERRANO 1943, p. 65; GARCÍA ORO 1988, p. 397-398). Santa Clara de Toro, probablemente fundado hacia 1255, había sido destruido durante las contiendas del reinado de Alfonso X y cabe pensar que en su restauración interviniese la infanta Berenguela II – tradicionalmente considerada fundadora –, así como la reina

8. Véanse CASTILLO 1592, f. 54v-56r; LAYNA SERRANO 1943, p. 64-65; ORTEGA 1980, p. 30; SANTA CLARA DE ALLARIZ 1986, p. 13; PERAL VILLAFRUELA 1994, p. 97, n. 3.

María de Molina, que cedió a las clarisas unas viviendas de su propiedad mientras se reconstruía el edificio, labor que también favorecía en 1301 (Navarro Talegón 1980, p. 17-18; Navarro Talegón 1994, p. 306-308).

Es importante destacar que las formas de promoción protagonizadas por estas mujeres no siempre se concretaron en fundaciones pero que el traspaso de bienes tuvo en todo caso un peso central. Fueron muy característicos los aportes materiales parciales que perseguían solucionar problemas de necesidad – y podían verse acompañados de protección – que aquejaban a las comunidades femeninas. En este sentido cabe entender el apoyo material brindado por la reina Violante y la infanta Berenguela I a las damianitas de Salamanca. También en esta casuística emerge como interés principal el deseo de compartir espacios con las consagradas: la actuación femenina podía verse recompensada por los pontífices mediante la concesión de permisos para entrar en clausura, como el que recibía la reina Violante para hacerlo, "causa devotionis", en el monasterio salmantino dos o tres veces al año acompañada de cinco o seis matronas honestas. Un deseo que, en última instancia, venía a manifestar la existencia de contactos de comunicación habituales con las religiosas – perceptible también en el caso de la infanta Berenguela I con esta misma comunidad – y la asunción de un papel de protección y defensa de las mismas: la reina estaba al tanto de los problemas de la comunidad salmantina, que conocía "per experientiae claritatem", y eran las propias religiosas quienes solicitaban la licencia para su entrada en clausura; por lo demás, en 1265 Clemente IV le recomendaba su defensa. En cambio, ningún pontífice se dirigía a Alfonso X en términos similares (Riesco Terrero 1977; Vázquez Janeiro 1977c).

Si el traspaso material fue la forma de promoción preferente, hubo otro tipo de iniciativas facultadas por su estatus privilegiado. Sobre todo la mediación ante las altas instancias de poder para que las fundaciones fuesen una realidad y vieran facilitado su desarrollo posterior. La intervención femenina pudo conllevar una implicación regia en las fundaciones concretada en la concesión de amparo y privilegios materiales. La reina Berenguela habría obtenido para el monasterio de Guadalajara diversos privilegios de su hijo Fernando III confirmados y ampliados por reyes posteriores; sus refundadoras, la infanta Isabel y María Fernández Coronel, lograron asimismo diversas gracias de Fernando IV desde 1299. Y la reina doña Violante hacía valer su influencia sobre su hijo Sancho IV para que apoyase la fundación de Santa Clara de Allariz, en la que éste se involucró activamente. En algunos casos – San Miguel del Monte –, la implicación regia estuvo sintonizada con la actividad fundacional femenina. Y, como tendencia general, la presencia de mujeres de la familia real en los cenobios incentivaba el apoyo de la monarquía: según las crónicas, el hecho de que fuese priora de Santa María de las Dueñas de Zamora doña Blanca, prima hermana de Sancho IV, habría facilitado que los reyes "se aficionasen" a la casa y le diesen buena parte de su hacienda.[9]

9. Véanse Castillo 1592, f. 54r; Layna Serrano 1943, p. 107; Santa Clara de Allariz 1986, p. 15; Villalba Ruiz de Toledo 1989, p. 321; Tormo Sanz 1994, p. 452-453.

Fue también importante la mediación ante el papado para lograr los permisos necesarios y el reconocimiento canónico de las fundaciones, y la inversión material femenina pudo ir acompañada de indulgencias.

Las promotoras de las comunidades mendicantes femeninas obtuvieron la autoridad, el renombre y la memoria asociados al estatus de fundadora – sumados, en algún caso siglos después, a un reconocimiento de santidad ligado a la incorruptibilidad de sus cuerpos como ejemplifican Mayor Guillén o María Fernández Coronel –, si bien lo más notorio parece haber sido que las fundaciones y los traspasos patrimoniales constituyeron una buena ocasión de afirmar la propia individualidad y autonomía económica; en algún caso, incluso, de visibilizar simbólicamente su ejercicio del poder. No sólo resulta llamativa la libertad con que manejaron y cedieron sus propiedades; en algunos casos es visible su interés por fundar o promover monjas en lugares donde detentaban el señorío: si doña Teresa Alfonso donaba a las dominicas su aldea de San Cebrián de Mazote, resulta notorio el interés de la reina María de Molina en las fundaciones femeninas de Toro, villa de la que era señora y donde situó por su propia voluntad, cambiando incluso la advocación – San Salvador – elegida por su fundadora, doña Teresa Gil, la comunidad de dominicas de Sancti Spiritus hasta el punto de casi convertirse ella en la fundadora (Galindo Romeo 1976, p. 4-5; Pérez Vidal 2008, p. 11); he mencionado también la tradición que señala el intervencionismo de la infanta Berenguela II, señora de Guadalajara, en la refundación de las clarisas y los datos fehacientes que involucran a otra infanta señora de la ciudad, doña Isabel, en dicho proceso; por su parte, Mayor Guillén era señora de Alcocer y alrededores por concesión de Alfonso X, que creó un señorío nuevo para ella en paralelo con el proceso de creación monástica. El vínculo, además de la memoria fundacional plasmada en el enterramiento, podía quedar anudado por fundaciones litúrgicas perpetuas que en ocasiones servían para conectar a otras mujeres con los monasterios: doña Teresa Alfonso estipulaba que las dominicas de San Cebrián de Mazote hiciesen oración especial diaria por María de Molina y pedía a ésta que velase por su cumplimiento.[10]

3. *Vínculos femeninos y redes relacionales*

En torno a los procesos revisados se engarzaron vínculos femeninos que pudieron ser más visibles en promociones monásticas concretas. ¿Tuvo que ver con la nueva espiritualidad de las monjas mendicantes? ¿Cómo encajaron en los problemas de autoría y definición institucional que afectaban sobre todo a la naciente Orden de Santa Clara? ¿Y en el movimiento religioso femenino? ¿Por qué se distinguieron algunos monasterios?

10. Véanse Castillo 1592, f. 54v-56r; Medrano 1729, p. 157-158; Layna Serrano 1943, p. 65; García Oro 1988, p. 210-212; Navarro Talegón 1994, p. 307; Martín Prieto 2005, p. 235-236.

3.1. *Maternidad fundacional, autoría e identidad institucional*

Fundar un monasterio comportaba materializar un proyecto espiritual y organizativo concreto que podía remitir o vincularse a distintas fuentes de autoridad poniendo en evidencia la cuestión de la autoría religiosa, los modelos de identidad y los vínculos de gobierno, asuntos centrales en la historia de la vida consagrada y hondamente trabados con la problemática diferencia femenina/relaciones de género. Alcanzaron un peso medular en el contexto de los movimientos evangélicos de la Plena Edad Media, siendo una de sus facetas más problemáticas la definición de un modelo mendicante femenino. Coincidiendo con ello, un grupo importante de las iniciativas aquí estudiadas tuvo que ver con el origen y definición institucional de la Orden de Santa Clara, procesos que plantearon vívidamente la cuestión de la autoría femenina y la autoridad fundacional y que se sustentaron en su mayor parte sobre la transformación de comunidades preexistentes, de beatas o de damianitas, primer modelo institucionalizado relacionado con Santa Clara de Asís y su proyecto de vida. Constituye un hecho de gran interés político el que la mayoría de las mujeres aquí estudiadas apoyasen con sus patrimonios estos procesos de cambio y que sólo haya una referencia, por lo demás dudosa, a un proceso fundacional *ex novo*. A veces, dicha modificación estuvo acompañada de un traslado, por lo común un acercamiento a los núcleos habitados o la implantación intramuros; otras, se produjo una verdadera refundación. En su mayoría, las intervenciones femeninas se adscribieron a la fase de institucionalización clarisa que la historiografía inicia con Inocencio IV en 1243 (García Oro 1988, p. 121) y que en su caso comenzó con Alejandro IV en los años 1250. Se perciben varias etapas que iré señalando.

En el panorama fundacional, la única nota discordante corresponde a la reina Berenguela porque en Guadalajara no habría institucionalizado una realidad preexistente, sino fundado *ex novo*, además de implantar la forma de vida que Santa Clara seguía en Asís. Según los cronistas, la reina escribió a la santa pidiéndole «la regla» en 1222 o quizá 1230 y con la normativa que ésta le envió estableció una comunidad en pobreza y clausura radicales. Es decir, junto a las constituciones hugolinianas – que habían dado vida a una incipiente Orden de Damas Encerradas de San Damián –, habría implantado la pobreza, núcleo medular del carisma original, lo que no remite tanto al modelo monástico canónico promovido por la curia cuanto al proyecto de la santa; el hecho de que la reina se comunicase directamente con ella, sin instancias eclesiásticas intermedias y para solicitarle normativas, indicaría un reconocimiento de autoría fundacional. En cualquier caso, la comunidad de Guadalajara nació como damianita y fue pobre hasta el último tercio del siglo XIII (Pérez 1913, p. 37) sin que podamos precisar si ello se debió a la libre opción espiritual.

En la década de 1250 se desarrolló el primer gran período de promoción por parte de las mujeres del círculo regio. Se trató en todos los casos de apoyo material para la subsistencia y la expansión o de transformación, no de creación *ex novo*. Pero hubo diferencias en las fisonomías religioso-institucionales que impulsaron y que parecen relacionarse con su posición. Las noticias conservadas hacen recaer en la amante de Alfonso X, doña Mayor Guillén, la iniciativa inaugural. Iniciativa peculiar en su contexto por su carácter pionero y su definición canónica. Ya había una comunidad femenina en el despoblado de San Miguel del Monte, cerca de Alcocer, de monjas damianitas o quizá beatas. Según la tradición, doña Mayor respetó la autoridad y autoría fundacionales haciendo traer dos discípulas de Santa Clara para llevar adelante su fundación. Para estudiosos recientes se trataría de obtener reconocimiento canónico como monasterio damianita. Sin embargo, el hecho de que la comunidad pasara a denominarse «Santa María de minoritas de la Orden de San Francisco» indica que la adscripción institucional se pretendía novedosa: frente a la inicial Orden de San Damián, regida por las constituciones hugolinianas, esta designación remite a la regla de Inocencio IV, un nuevo modelo institucional franciscano femenino creado por el papado que disgustó sobremanera a la santa de Asís y que estaba vigente cuando se inició el proceso de fundación en 1252. Refrendando estas suposiciones, en el documento fundacional de 1260 (Ortega 1980, p. 29-30; Martín Prieto 2005, p. 233-235 y 240-241) doña Mayor afirmaba que hacía «monasterio de menoretas de la Orden de San Francisco» a honra de Dios, Santa María y San Francisco sin mencionar a Santa Clara, indicio de una orientación franciscana acaso sintonizada con los intereses políticos alfonsinos y que pone en cuestión el inicial vínculo de autoría con la fundadora.

Las mujeres de la familia real siguieron una orientación muy distinta al optar por la Orden de San Damián y favorecer su propagación promoviendo la naciente congregación creada por la comunidad de Salamanca. El beaterio de origen se había transformado en monasterio damianita bajo la advocación de Santa María en 1238, fisonomía institucional que todavía conservaba en 1278. En la década de 1250, los papas solicitaban el apoyo de la realeza castellana: en 1257, Alejandro IV pedía a la reina Violante que amparase a las «monialium inclusarum monasterii Sanctae Mariae» ayudándolas en sus necesidades y evitando abusos de los seglares; en 1258 se dirigía a la infanta Berenguela I pidiéndole que siguiera mostrándose «benevolam et gratiosam» con ellas. Más que fomentar una expansión que el papa no menciona, parece haberse tratado de fortalecer al monasterio, aunque ambas cosas debieron ir unidas. Al tiempo, las damianitas de Salamanca fundaban en Toro, acaso en 1255 y sin duda antes de 1266-1267. ¿Por qué fueron cuna fundacional?

La comunidad gozaba de un modelo de identidad propio sancionado por una temprana definición institucional. Rasgo característico fue la conexión de autoridad-autoría con la comunidad de Asís, con grandes similitudes en la espiritualidad primera y el proceso de institucionalización y el deseo expreso por vincularse a Santa Clara y significar ese vínculo. La dedicación pauperística constituyó uno de los pilares carismáticos desde los inicios beatos y en los primeros años como damianitas. La tradición refiere que habían seguido las observancias otorgadas por la santa, según unas versiones a dos de ellas que fueron a visitarla y, según otras, por expreso envío con dos discípulas suyas; les regaló además varias reliquias entre las que se hallaban corporales de su confección. Tales observancias son denominadas "regla" por unas crónicas que resaltan la dedicación de estas monjas a su difusión enseñándola a otras en los monasterios que fundaron, lo que habría convertido al cenobio salmantino en epicentro fundacional directamente conectado con la memoria de autoría primitiva. Pero hubo también elementos identitarios propios y algunas modificaciones del ideal. La más notoria fue el abandono de la pobreza: si hasta junio de 1244 fueron «moniales pauperes inclusae», se convirtieron después en «moniales inclusae». Este abandono de la pobreza fue solicitado por ellas mismas al papado, una decisión de difícil valoración en la que tanto pudieron incidir las presiones institucionales como las dificultades por mantenerse. El cambio coincidió con el inicio de una vinculación directa a Roma por quedar exentas de la jurisdicción episcopal. Otro elemento muy alejado de la santa, cuyo momento de origen no puede determinarse, era la diferenciación interna entre monjas y conversas, documentada en 1257.[11]

Las religiosas salmantinas mostraron una autoconciencia muy marcada que les llevó a reivindicar su identidad. La vinculación a Santa Clara parece haber sido uno de los elementos que más desearon preservar. Ello fue evidente en la década de 1250, en un contexto de dificultades y presiones, pero también de expansión fundacional y en el que, a la ratificación de lo identitario antiguo, se añadieron elementos más abiertamente franciscanos. En la significativa fecha de 1257 recurrían a Alejandro IV pidiendo defender la tradición y que nadie les cambiase la regla ni el hábito de su profesión, que no constaba de escapulario y cuyo cordón era de elección libre, siguiendo en esto a la santa (Vázquez Janeiro 1977b, p. 100; Vázquez Janeiro 1977c, p. 30-31; Cuadra, Muñoz Fernández 1998, p. 285-316). Otros aspectos característicos de su forma de vida que se veían amenazados y que fueron ratificados por el pontífice eran: la libertad de admisión de candidatas y el carácter comunitario de la misma, así como la observancia matizada de clausura que les permitía viajar y entrar en otros monasterios de la orden; al tiempo, solicitaban confirmaciones a su capacidad de acceso patrimonial. Como elemento novedoso, los papas comunicaban privilegios e indulgencias con los franciscanos y potenciaban fiestas franciscanas, un lazo identificativo respetuoso con el proyecto de la santa. La referencia directa a su nombre cuando todavía no se había creado una "Orden de Santa Clara" canónicamente definida, se deja ver en la expansión fundacional salmantina. Iniciada al poco de ser canonizada, acaso hacia 1255-1257, sirvió a la visibilización simbólico-institucional de la memoria de autoría y del vínculo de autoridad femeninos. Otras notas características fueron la adopción del modelo damianita salmantino, la exención episcopal (Navarro Talegón 1994, p. 305; Vázquez Janeiro 1977c, núm. 7, 20, 24-39 y 42) y la carencia de patronos por tratarse de un proceso creador de iniciativa enteramente autónoma.

11. Véanse Gonzaga 1603, p. 888; Castro 1976, p. 314-316; Riesco Terrero 1977, p. 35; Vázquez Janeiro 1977a, p. 389, 391 y 393-394; Vázquez Janeiro 1977c, núm. 1-7, 10, 12, 24 y 48-51; García Oro 1988, p. 166.

Ciertamente, el apoyo brindado por la reina e infantas de Castilla estuvo en sintonía con intereses de poder, pero esto no lo explica por sí solo. La comunidad de Salamanca contó desde su institucionalización con el apoyo de los papas, que además buscaron situarla bajo la protección de la monarquía y las autoridades locales: en 1238 Gregorio IX pedía a Fernando III que ayudase a las beatas de la iglesia de Santa María porque habían decidido abrazar la regla de las damianitas y también las encomendaba a la ciudad y concejo; el monarca se mantuvo involucrado con el respaldo pontificio. Sin embargo, la situación cambió: en la significativa fecha de 1257, Alejandro IV se quejaba a Alfonso X de que sus súbditos las molestaban sin mencionar ningún posible apoyo prestado por el monarca, en abierto contraste con el comportamiento de doña Violante y en la que parece una situación de alejamiento del titular de la corona, acaso relacionada con el malestar del clero local por la exención de las religiosas, especialmente virulento aquel año (Vázquez Janeiro 1977c, núm. 1, 11, 14, 18, 19, 25, 37, 39 y 46); ello coincidió además con la inclinación del rey por el nuevo proyecto de menoretas de doña Mayor Guillén. Es decir, la década de 1250 parece haber supuesto un giro en la orientación de los monarcas mientras que las mujeres de la familia se mantuvieron en la línea institucional damianita antigua, conservando la tradición regia y actuando en sintonía con el papado. ¿Por qué favorecieron sólo a la comunidad de Salamanca entre las numerosas de la orden que salpicaban el mapa castellano? Cabría considerar, por un lado, esta sintonía con el poder, el hecho de haber gozado del tradicional y continuado favor regio y pontificio y una especial identificación con el papado que no sabemos si fue coyuntural. Mas, por otro, se percibe con fuerza la existencia de vínculos personales y de una comunicación fluida entre estas mujeres y la comunidad salmantina cuya continuidad, e incluso intensificación, quisieron garantizar las monjas pidiendo que la reina pudiese entrar varias veces al año en su clausura. De hecho, se ha subrayado que fueron ellas quienes llamaron «a las puertas de las reinas y princesas de Castilla» (García Oro 1988, p. 167-169) solicitando su apoyo.

De forma paralela aunque independiente, en el significativo año 1257 la reina doña Mencía de Portugal actuaba en Carrión de los Condes sobre una comunidad damianita igualmente vinculada en su origen a la santa fundadora: según las crónicas, en fecha indeterminada dos discípulas de Santa Clara peregrinas a Santiago habían decidido instalarse en la ermita extramuros de Nuestra Señora del Páramo iniciando una vida comunitaria de gran dureza. En este caso, la intervención no fue sólo de apoyo, pues conllevó un traslado y una redefinición institucional plasmada en el cambio de advocación: las instaló en un sitio menos inhóspito, los arrabales de la villa, en el antiguo priorato agustino de Sancti Spiritus; aunque el establecimiento seguía siendo damianita, la reina había comprado para ellas el priorato y todas las propiedades anejas en lo que parece haber significado el paso a un modelo patrimonial coincidiendo con la tendencia de los tiempos y también con el deseo expreso de venerar a Santa Clara tras haber sido canonizada, pues las religiosas querían edificar su iglesia en honor de Dios, la Virgen y suyo. Todo ello respaldado por Alejandro IV, que buscó el apoyo del obispo de Palencia para la nueva fundación. De nuevo en este caso se percibe la existencia de vínculos personales previos a la actuación papal, que figura con un notorio componente de mediación: las monjas pidieron al pontífice que se dirigiese a su bienhechora doña Mencía para que cumpliese la promesa que les había hecho (García Barriuso 1986, p. 45; García Oro 1988, p. 210-212; Peral Villafruela 1994, p. 97-98), indicio de otro posible vínculo anudado tras la petición de ayuda por parte de la comunidad.

Las actuaciones de los años 50 se prolongaron en la segunda mitad de los 60, cuando comenzó a imponerse la regla escrita por Urbano IV para las que ya se denominaron monjas de la Orden de Santa Clara. En este contexto, las damianitas de Salamanca quisieron reafirmar su identidad trasladando documentos significativos como la forma de vida hugoliniana de 1245 y refrendando la libre admisión de religiosas o el tipo de hábito. Sin embargo, la línea pontificia impulsaba el cambio y las mujeres de la familia real se implicaron en él, prueba de que no hubo implicación personal con la Orden de San Damián. Acaso la intervención en Santiago de Compostela que la tradición atribuye a doña Violante se inscribiese también en el proceso de transformación en clarisas de alguna comunidad previa. Por su parte, entre 1266 y 1267 se remató el proceso fundacional de Carrión (García Barriuso 1986, p. 49-50), demora acompañada por el abandono de la Orden de San Damián y el paso a la Orden de Santa Clara con un incremento del "numerus" comunitario que hacía necesaria una ampliación dotacional asumida por doña Mencía. En esos mismos años la infanta Berenguela II debió restaurar el monasterio de Toro tras haber sido destruido por el obispo de Coria, proceso que conllevaría el cambio institucional (López 1912b, p. 57-60; Navarro Talegón 1994, p. 307).

El último período de promoción comprendió la última década del siglo XIII y la primera del XIV. Radicó de nuevo en el traslado o refundación de comunidades preexistentes, pero con un nivel de centralización más acusado. El paso de damianitas a clarisas es el aspecto predominante. El acercamiento a los núcleos de población habitados, la construcción de edificios monásticos más grandes, capaces de albergar comunidades de mayores dimensiones y con pingües patrimonios, estuvo acompañado por otro acercamiento paralelo a los frailes de San Francisco, que figuran relacionados con los procesos fundacionales y bajo cuya obediencia se situaron las monjas (López 1920, p. 270). Pero, más allá de estos rasgos comunes, se perciben diferentes acentos en función de las impulsoras.

La reina doña Violante fundó Santa Clara de Allariz transformando una previa comunidad damianita surgida extramuros de la villa. No se trató propiamente de automutación, pues vinculó el cambio a otro monasterio, Santa Clara de Zamora, de donde procedieron las maestras de la nueva regla. De nuevo, la reina se involucraba en un proyecto que remitía directamente a la memoria femenina de autoría originaria y que ofrecía posibilidades de expansión congregacional. El cenobio zamorano presenta semejanzas con el salmantino, especialmente su conexión directa con la santa fundadora y un iter de evolución institucional similar. En su origen un beaterio, algunas de sus integrantes habrían viajado a Asís para entrevistarse con

Santa Clara y también volvieron con reliquias. Pero la definición carismática y la evolución institucional fueron diferentes: la tradición no subraya en este caso que se trajeran ninguna "regla" ni que trabajasen por difundir las observancias de Asís; además, si las religiosas salmantinas se mantuvieron en su identidad damianita hasta fecha avanzada, las zamoranas iniciaron antes (1269) su transformación en clarisas urbanistas, coincidiendo con el traslado a los arrabales de la ciudad y la moderación del rigor penitencial. Su conversión en foco impulsor clariano parece haber sido tardía en relación con sus procesos de definición institucional, no ofrece el componente reivindicativo que era posible percibir en Salamanca ni tampoco la visible iniciativa fundadora autónoma – sin que por otro lado pueda afirmarse su inexistencia – que había comenzado a dar forma a una congregación damianita salmantina, pues en este caso su carácter de cuna fundacional figura más condicionado por el protagonismo de las reinas. La fama de santidad del cenobio se aduce como la causa del interés de doña Violante por llevarlas a fundar Allariz y del hecho de que otra reina, Isabel de Portugal, las escogiese pocos años después como casa-madre de su fundación de Santa Clara de Coimbra. Por lo demás, Santa Clara de Zamora se caracterizó por un estrecho vínculo con los franciscanos que no había formado parte de la identidad primigenia de la comunidad de Salamanca y que quizá también tuviese que ver con la expansión creadora. En cualquier caso, el peso específico zamorano en la fundación de Allariz fue más allá del envío de monjas fundadoras: por ejemplo, el procurador de Santa Clara de Zamora era el intermediario en las adquisiciones de solares para el monasterio orensano en la década de 1280. De un modo u otro, doña Violante siguió dando muestras de vínculos personales con las integrantes de las comunidades que quiso promocionar, en este caso con las damianitas de Allariz y concretamente con su abadesa doña Sancha Eanes, a quien demostraba su confianza nombrándola albacea testamentaria y destinándole un legado.[12]

Muy distinto fue el proceso seguido en San Salvador de Guadalajara. Algunas tradiciones sostienen que la infanta Berenguela II habría transformado la inicial comunidad damianita en clarisa entre 1274 y 1284, pero esto no se documenta hasta comienzos del siglo XIV con otras agentes históricas; de aceptar su intervención, que no habría sido extraña dada su condición de señora de la ciudad, quizá se tratase de algún otro tipo de apoyo a las religiosas del que no hay pruebas. En los años 80 las monjas vivían en pobreza, no sabemos si por seguir el carisma primero, y solicitaban ayuda a Sancho IV, acción que abogaría por su origen regio. La respuesta de apoyo del monarca habría responsabilizado a la reina María de Molina al establecer que les fabricasen habitación más capaz en unas casas que ésta poseía en la ciudad. Con todo, fue su hija la infanta Isabel quien impulsó un proceso de cambio fundado en el traslado de edificio y la modificación institucional concretados en la práctica por su aya doña María Fernández Coronel, un proceso iniciado en 1299 y culminado después de 1307, tras consu-

12. Véanse Castro 1976, p. 317-318 y 327; Santa Clara de Allariz 1986, p. 13-15; García Oro 1988, p. 134-135; Montes Moreira 1994, p. 215.

mar el traslado y modificar la advocación pasando a denominarse Santa Clara. En este caso, la reina prácticamente no se involucró, al menos no hasta la última fase del proceso, y actuó sólo como mediadora ante el papa solicitando la bula fundacional, que llegó en 1312.[13] Los acentos peculiares de esta fundación figuran trabados con los vínculos de consanguinidad entre mujeres y el ejercicio señorial femenino. Como en Allariz, no se dio automutación plena de la comunidad damianita al participar fundadoras espirituales que fueron traídas de Santa Clara de Toro. Pero en este caso no se atisba ningún posible afán congregacional, aunque la elección de la casa madre es significativa porque visibilizaba el parentesco femenino y el vínculo madre-hija dado que una de las monjas fundadoras, que fue en calidad de primera abadesa, era hija de doña María Fernández Coronel. Por otra parte, de Toro era señora la reina María de Molina y su hija la infanta Isabel lo era de Guadalajara.

La fundación de Santa Clara de Vitoria ofrece otra casuística propia. En sus orígenes estuvo muy subrayado el vínculo con la santa fundadora, desde un planteamiento beato que, incluso tras convertirse en damianita, abrazó como fundamento carismático una opción pauperística que en principio parece haber estado cimentada en la mendicación; además, en fecha tan temprana como 1247 se situaron bajo la obediencia de los franciscanos. El referente de autoridad se significó también en la denominación de la ermita junto a la cual se establecieron: primero San Damián y después (1255) Santa Clara, tras la canonización de la fundadora. En la década de 1270 ya se habían integrado en la Orden de Santa Clara: en 1274 Gregorio X las denominaba «monialium inclusarum ... ordinis Sanctae Clarae» y les otorgaba facultad para heredar bienes; a finales de los 80, Nicolás IV les concedía indulgencias en festividades franciscanas (Ruiz de Loizaga 1988, p. 153 y 159-160). Tradicionalmente se consideró que el legado de doña Berenguela López de Haro (1296) supuso la adopción de la regla urbanista y el abandono de la pobreza, pero estos datos muestran que el cambio institucional se había producido antes. Su aportación supuso la ampliación de la comunidad y una mejora del lugar de habitación, tanto por el traslado a una zona más central y próxima a los franciscanos como por el nuevo edificio (Ruiz de Loizaga 1988, p. 151; Uribe 1994, p. 236). Todo parece indicar que doña Berenguela inscribió su actuación en las políticas de promoción franciscana protagonizadas por los señores de Vizcaya, sin implicarse en el problema carismático e institucional clariano.

¿Qué sucedió con las dominicas? Además del hecho fundamental de carecer de santa fundadora, su proceso de definición institucional no fue tan complejo como el de las clarisas y, en nuestro marco de estudio, las promociones estuvieron cronológicamente más concentradas y obedecieron a otro tipo de intereses, sin que la cuestión de la maternidad fundacional fuese decisiva. Ahora bien, tampoco se ciñó a los designios de los superiores dominicos, como sí sucedería en otras épocas históricas. Los datos, muy parcos, apuntan a que uno de los monasterios,

13. Véanse Pérez 1913, p. 37; Layna Serrano 1943, p. 70; García Oro 1988, p. 398-399; Tormo Sanz 1994, p. 448-449 y 452.

Santa María de las Dueñas de Zamora, había adquirido el grado de autoridad suficiente como para convertirse en cuna fundacional. Lo fue, al menos, de San Cebrián de Mazote y por deseo de la fundadora. Los cronistas aducen dos causas principales: la fama de santidad del monasterio y el hecho de que hubiese sido priora una mujer de la familia real, la infanta doña Blanca, que se destacó por su gran observancia religiosa y acrecentó la casa en religión, autoridad y hacienda. Lo cierto es que la voluntad fundacional de doña Teresa Alfonso empoderaba a estas monjas sin someterlas al arbitrio masculino ni de linaje: les dejaba todo su señorío de San Cebrián de Mazote y toda su hacienda con la condición de que fundasen allí un monasterio donde se guardase su misma austeridad, es decir, las establecía como fundadoras autónomas reconociéndoles una práctica espiritual propia y responsabilizando de todo el proceso creador a la entera comunidad en lo que constituye un mecanismo fundacional poco habitual (Castillo 1592, f. 54v; López 1613, p. 237-238). Este ejemplo evidencia de nuevo el interés de buena parte de las mujeres aquí analizadas por actuar en relación con comunidades preexistentes, lo que denota una red de vínculos personales y devoto-espirituales anteriores a las fundaciones o a los procesos de institucionalización, o bien vínculos fundados en el reconocimiento de autoridad.

3.2. *Parentesco y vínculos de servicio*

La promoción del monacato mendicante femenino contribuyó a reforzar y visibilizar vínculos entre mujeres en la sociedad laica y también los creó entre ellas y los espacios espirituales que promovieron. ¿Cuáles fueron sus características?

Fue relevante el parentesco de sangre. Los comportamientos femeninos participaron de las políticas religiosas de sus grupos familiares y se sintonizaron con ellas. Por lo general, los círculos consanguíneos de las promotoras procedentes del medio regio y cortesano ya venían brindando su apoyo a las órdenes mendicantes. Fue algo muy visible en la familia real castellana a lo largo de los reinados de Fernando III, Alfonso X y Sancho IV. El peso específico de la entera parentela demuestra la conciencia consanguínea femenina y se desvela también en las mujeres procedentes de la nobleza: los señores de Vizcaya mostraron preferencia por la Orden de San Francisco y en ello coincidieron las dos hijas involucradas en fundaciones castellanas, tanto la reina Mencía de Portugal en Carrión como su hermana Berenguela López de Haro en Vitoria.

Sin embargo, las mujeres solían subrayar conexiones y genealogías femeninas en sus grupos consanguíneos. Cuatro generaciones de reinas e infantas de Castilla se sucedieron en la promoción mendicante femenina – concretamente en la naciente Orden de Santa Clara – a lo largo del siglo XIII. Es significativo que la tradición señalase a doña Berenguela como la iniciadora de esta política religiosa en el seno de la familia real y que después hubiese una cadena de mujeres marcada por la homonimia: su nieta, Berenguela I, o su bisnieta, Berenguela II. Pero el caso más evidente fue doña Violante. En su testamento de 1292 (Santa Clara de

Allariz 1986, p. 11-15), la reina mencionaba a los muchos y muchas de su linaje a quienes Dios había hecho acabar su vida y hacienda en gran humildad y santa religión. Entre otras cosas, la preferencia de la reina por el franciscanismo remite a su parentela femenina de sangre por línea materna: su tía materna era una de las santas franciscanas más destacadas, Santa Isabel de Hungría, y su madre, la reina de Aragón Violante de Hungría, había dado muestras precoces de interés por la naciente familia religiosa vinculada a la santa de Asís fundando una comunidad en Lérida. Desde esta perspectiva, es también muy significativo el deseo inicial expresado por la reina castellana de ser enterrada con su madre y no con su marido. Es decir, la inclinación espiritual damianita-clariana de doña Violante no fue un mero reflejo en femenino del marcado interés de Alfonso X por las órdenes mendicantes o de la tradición ya existente en la familia real; sin minimizar el peso de ambos aspectos, la reina se sintió integrante de una genealogía de referentes y antecedentes consanguíneos femeninos que autorizaban sus decisiones, especialmente en su opción religiosa final tras enviudar, y que reforzaban su autonomía decisoria y sentido del yo, notoriamente marcados en toda su actuación. Ese vínculo femenino gozaba de características propias que lo desmarcaban del grupo amplio o de sus titulares masculinos: por ejemplo, el hecho de que las parientas de la realeza castellana promoviesen comunidades damianitas – y algunas en concreto – cuando los titulares masculinos de la corona estaban favoreciendo otras fisonomías institucionales previas a la definición urbanista de la Orden de Santa Clara, tendencia documentada sobre todo durante el reinado de Alfonso X. Quizá pueda inscribirse también en esta línea de comportamiento a las dos hijas del señor de Vizcaya, ambas embarcadas en procesos muy similares de promoción material de comunidades ya existentes y de inscripción en el modelo clariano urbanista, aunque ciertamente los contextos espaciales y cronológicos fueron diferentes y no se detectan conexiones entre ambos cenobios.

Hubo también lazos de parentesco entre las promotoras espirituales y las integrantes de las comunidades que favorecieron. La creación de un monasterio podía facilitar el contacto, e incluso la convivencia, entre consanguíneas, concretamente entre madres e hijas, y constituir así una vía de significación del vínculo materno-filial: la primera abadesa de Santa Clara de Guadalajara tras la refundación era hija de su principal impulsora, doña María Fernández Coronel; vivieron juntas en el monasterio y acabaron compartiendo el espacio del enterramiento; en San Miguel del Monte pudo suceder lo mismo pues acaso la abadesa Urraca fuese una segunda hija de doña Mayor Guillén y Alfonso X (Villalba Ruiz de Toledo 1989, p. 320). Por otra parte, la presencia de parientas en las comunidades fue un incentivo para el apoyo femenino o bien el hecho de que éste se diese estimuló su presencia. Los datos en este sentido son dudosos aunque la tradición cronística los ha resaltado: acaso la posible filiación regia de doña Urraca, miembra de Santa María de Salamanca, favoreciese el apoyo brindado por las mujeres de la familia real; acaso también el hecho de que hacia 1264 fuese priora de Santa María de las Dueñas de Zamora doña Blanca, prima de Sancho IV (Castillo 1592, f. 54v), estuviera relacionado con el supuesto origen regio de este monasterio y puede contribuir a explicar que fuese elegido como cuna fundacional de San Cebrián de Mazote.

En relación con el medio familiar cabe considerar la cuestión del patronato, donde ellas mostraron comportamientos originales. Como rasgo característico, las fundaciones mendicantes femeninas de este período no necesariamente se vincularon a un ejercicio de patronato expresamente definido aunque la tradición haya pretendido reconocerlo: algunos monasterios han sido intitulados "reales" por haberse involucrado en su creación material mujeres de la familia real, pero ello no ha comportado el mismo tipo de vínculo que el que puede percibirse en los impulsados directamente por los titulares de la corona. Bien es cierto que se documenta una mayor familiaridad con ellos, sobre todo a la hora de hacer peticiones y recibir privilegios – caso de Guadalajara –, pero no una postura proactiva de protección por parte de sus titulares ni de las parientas regias. En el seno de la familia real, el vínculo entablado por una fundadora con su monasterio remite más a un asunto personal del que no necesariamente se sentían partícipes sus parientas, que no muestran vínculos especiales o específicos con este tipo de fundaciones. Cosa diferente pudo suceder entre las mujeres de la nobleza, para quienes el monasterio constituyó un elemento de engarce de su descendencia, especialmente la femenina, lo que al tiempo potenciaba su memoria y las situaba en la categoría de antepasadas: la hija segura de doña Mayor Guillén y Alfonso X, la reina de Portugal doña Beatriz, tomó bajo su custodia el monasterio de San Miguel del Monte tras morir su madre y ordenó hacer la urna donde descansaban sus restos. Más ilustrativo es el caso de María Fernández Coronel en Guadalajara. Según las crónicas, puesto que el grueso de bienes con que dotó la fundación los recibió de la infanta y de la reina, las dejó como patronas a ellas y a todos los reyes sus descendientes. Pero este monasterio no fue de patronato real y, además, doña María encabezó su propia genealogía consanguínea femenina: si la primera abadesa fue su hija, le sucedieron una sobrina y una nieta; también enterró allí a un hijo. Significativamente, esto no fue resultado de haber instituido un vínculo de patronato, pues fue su sobrino, don Alfonso Fernández Coronel, quien lo estableció en 1339. Un comportamiento que se percibe entre las nobles castellanas en otros espacios y tiempos y que parece haber sido característicamente femenino.[14]

La promoción espiritual pudo contribuir igualmente a visibilizar y reforzar los vínculos de servicio entre mujeres además de ser consecuencia de ellos, aunque constituyó un fenómeno tardío – comienzos del siglo XIV – y circunscrito a la reina María de Molina. Con él se entrelaza el parentesco consanguíneo femenino en el ejemplo más destacado, Santa Clara de Guadalajara. Su refundadora, doña María Fernández Coronel, había sido aya de la reina María y también de su hija, la infanta Isabel. Pero igualmente ejerció como consejera política y confidente de la primera, motivo por el que el señor de Vizcaya don Lope Díaz de Haro, privado de Sancho IV, consiguió que fuese desterrada y sus bienes in-

14. Véanse Pérez 1913, p. 39; Castro 1976, p. 320; Salazar 1977, p. 373-376; Ortega 1980, p. 32; Graña Cid 2008, p. 929; Graña Cid 2010a, p. 143-144, 272 y ss.

cautados. Finalmente rehabilitada, volvió a la corte y amplió su patrimonio con diversas mercedes regias para pasar a ejercer como agente diplomática de la reina en la corte de Aragón mientras acompañaba a la infanta, junto a la cual también vivió bastante tiempo en Guadalajara antes y después de su matrimonio con el rey aragonés (Layna Serrano 1943, p. 67). Esta mujer tan próxima a la reina y la infanta impulsó la refundación del monasterio con el apoyo de ambas aunque especialmente de la segunda, sin duda por su condición de señora de la ciudad. La infanta le proporcionó el grueso del patrimonio necesario y medió ante las principales instancias de poder para que el monasterio llegase a ser una realidad en su nuevo emplazamiento urbano y con su renovada definición institucional, aunque fue la reina quien intercedió ante el papa para que ratificase la fundación de la «nutrice sua» (Bullarium Franciscanum 1898, núm. 202; Pérez 1913, p. 38-39). Fidelidad, servicio y recompensa se entrelazaban con la manifestación de afecto y reconocimiento recíprocos y se concretaban en la fundación monástica, que además significaba los vínculos de maternidad y crianza en relación con el ejercicio del poder. Un proyecto que, por otra parte, empoderaba a doña María y le ofrecía altas cotas de proyección social manifestando públicamente su vínculo con la corona, situación similar a otras documentadas con una reina propietaria, Isabel la Católica (Graña Cid 2010b, p. 799-820). Y un proyecto a través del cual ella ponía de manifiesto su gratitud a las mujeres de la familia real mediante el establecimiento de oraciones perpetuas que manifestaban la disparidad, la preeminencia regia femenina como claro referente señorial pero que, al tiempo, contribuían a fijar a perpetuidad el vínculo identificativo entre mujeres dispares comprometidas en una empresa común, la fundación monástica: los lazos de ayuda e intervención fundacional múltiple quedaron plasmados en el hecho de que las monjas tuviesen que rogar a Dios por la reina María y su hija Isabel además de por doña María Fernández Coronel y sus hijos. La fundación monástica engarzaba también los vínculos consanguíneos femeninos con los de servicio y con el propio ejercicio señorial de las mujeres, que contribuía a visibilizar: se ha visto que las fundadoras espirituales procedieron de Santa Clara de Toro, entre ellas una hija de doña María como primera abadesa, dato a relacionar con que la reina doña María fuese señora de Toro y su hija, la infanta Isabel, hubiese nacido en dicha villa y fuera además señora de Guadalajara. Quizá fue también significativo el hecho de que, durante su destierro de la corte, doña María Fernández Coronel hubiese residido en Toro protegida por la reina.

Por lo demás, durante la regencia de María de Molina se percibe cómo entre las mujeres de la corte se había proyectado la política oficial de promoción mendicante protagonizada por los reyes y que compartió la reina. Tanto doña Teresa Alfonso como doña Teresa Gil, aunque especialmente ésta, revelan en sus testamentos una marcada inclinación por las órdenes mendicantes, masculinas y femeninas, si bien en su fundaciones para mujeres se decantaron por la dominica. Cierto que en esto no coincidieron con la reina, que no fundó ningún monasterio mendicante femenino. Pero sí le otorgaron un papel de autoridad en sus creaciones, bien como ejecutora testamentaria y, por consiguiente, en buena parte responsable de la puesta en marcha del proyecto fundacional, bien como receptora privilegiada del beneficio espiritual de la oración monástica. Sobre todo este segundo caso, documentado en la fundación de San Cebrián de Mazote por doña Teresa Alfonso, muestra de nuevo a la reina como referente de autoridad depositario de las oraciones perpetuas de las monjas en lo que constituye la plasmación de un vínculo de parentesco-jerarquía. No hay muestras de esta fenomenología cortesana con otras reinas y en períodos anteriores. ¿Fue característica de los primeros años del siglo XIV?, ¿tuvo que ver con el hecho de que doña María ejerciese el liderazgo político en su calidad de regente tras haber dejado atrás el papel de reina consorte?, ¿influyeron de algún modo sus preferencias personales? Para responder, es necesario más estudio.

4. *Matronazgo espiritual, movimiento religioso y promoción mendicante femenina*

¿Asumió la implicación de estas mujeres con las monjas mendicantes perfiles originales que podamos caracterizar como "matronazgo", un tipo de promoción y de vinculación diferenciadas por sexo de las masculinas? Algunos rasgos característicos desvelados en estas páginas fueron: el escaso número de fundaciones de su entera responsabilidad, su tendencia a la coparticipación fundacional, su identificación con las líneas generales de las políticas religiosas desarrolladas por sus grupos de parentesco pero aportando elementos originales, sobre todo un fomento de los vínculos consanguíneos femeninos y la no imposición de patronatos; la funcionalidad de la promoción monástica como elemento de potenciación del yo y de empoderamiento de unas promotoras que tendían a conectar el impulso fundacional con la autonomía vital y, en ocasiones, el ejercicio señorial que pudo hallar así su concreción simbólica; también la actuación sobre comunidades religiosas femeninas ya existentes más que la creación *ex novo* y su concentración sobre algunas específicas; igualmente, la incidencia de la promoción fundacional en los vínculos entre mujeres, por ejemplo la materialización de lazos previos a través suyo, tanto relaciones personales con las comunidades reveladoras de la existencia de una comunicación fluida y una identificación espiritual, como conexiones de parentesco consanguíneo femenino y de servicio en la sociedad laica.

Quedaría pendiente un cotejo detenido entre estas actuaciones femeninas y las de los titulares masculinos de la corona y de las aristocracias cortesanas del momento. Asimismo, valorar las políticas fundacionales femeninas en relación con otras órdenes religiosas. Por ejemplo, a lo largo del período aquí contemplado las mujeres de la familia real se involucraron más directa e intensamente en la fundación de monasterios cistercienses femeninos que en la promoción del monacato mendicante (Layna Serrano 1943, p. 69; Flórez 2002). Si centramos la atención en las dos reinas destacadas en estos años, doña Violante y doña María de Molina, un primer golpe de vista muestra algunas diferencias llamativas. La primera se involucró activamente en el desarrollo mendicante femenino, concretamente en la incipiente Orden de Santa Clara, actuación que, si bien sintonizaba con la política religiosa de su marido Alfonso X y los comportamientos de otras mujeres de la familia real, ofrecía rasgos preferenciales propios y remitía a su línea de parentesco consanguíneo femenino, a la que hacía directa referencia en su principal fundación, Santa Clara de Allariz, ideada como espacio de residencia en vida y tras la muerte. En cambio, la promoción fundacional femenina de doña María de Molina fue un monasterio del Císter, Santa María de las Huelgas de Valladolid, donde dispuso ser enterrada, y en ningún caso se documenta una intervención fundacional o de apoyo material a comunidades mendicantes femeninas tan directa como las de doña Violante ni tampoco la existencia del mismo tipo de vínculo personal con estas religiosas. Precisamente esta cuestión de los lazos personales revela un giro interesante: a lo largo del siglo XIII dominaron los trabados entre las mujeres de la familia real y las religiosas, pero en los primeros años del XIV la fundación monástica articuló los ya establecidos en el ámbito cortesano y en el propio seno familiar. Por el momento, me limito a dejar apuntadas estas consideraciones.

¿Qué decir respecto al movimiento religioso femenino que dio origen a las monjas mendicantes en Castilla? Las mujeres del círculo regio y cortesano sólo se relacionaron con el sector que acabaría dando origen a las clarisas. La promoción mendicante femenina que ellas protagonizaron tuvo una orientación característicamente institucional y no tanto institucionalizadora por afectar a monasterios ya establecidos en el caso de las clarisas y por tratarse de fundaciones *ex novo* en el de las dominicas. No se trató de transformar beatas en monjas, proceso que sólo se sospecha en San Miguel del Monte. El único marco en el que hubo redefinición institucional, la incipiente Orden de Santa Clara, ofrece secuencias de paso de monjas damianitas a monjas clarisas propiamente dichas, es decir, de una institución canónicamente reconocida a otra, no de institucionalización laica.

El sector del movimiento religioso laical castellano que halló en Santa Clara de Asís su fuente de inspiración espiritual tendió a la automutación institucionalizadora o bien, según tradiciones que conviene no desechar, protagonizó procesos auspiciados por las propias discípulas de la santa. Así se produjo el paso de beatas nacidas junto a ermitas extramuros a monjas damianitas. La intervención de las mujeres de la familia real y de la corte se dio en un momento posterior y en relación con una realidad institucional damianita ya establecida y afianzada en el ámbito castellano. Las posturas asumidas fueron, básicamente, dos.

Una, fortalecer y promover esa realidad damianita. Desde la legendaria intervención de la reina Berenguela implantando en Castilla la forma de vida de Clara de Asís en conexión directa con la santa, las actuaciones documentadas muestran la involucración de las mujeres de la familia real en la potenciación de las damianitas. Ahora bien, su implicación en esta realidad religiosa fue específica y sectorial. Primero, porque básicamente radicó en apoyo material y protección y no significó presión alguna de cambio institucional, aunque en algún caso estuvo relacionada con el paso de un modelo pauperístico a otro patrimonial en el seno de la observancia damianita. Segundo, porque se dirigió a comunidades muy concretas: en el caso de la familia real, aquellas que ya contaban con un apoyo regio previo y que gozaban del favor pontificio; así, de las numerosas comunidades existentes, sólo se relacionaron con Santa María de Salamanca en un momento de reafirmación identitaria, conflicto socioeclesial y desarrollo de un proyecto de expansión congregacional en el que las promotoras no se implicaron directamente. En el caso de la reina Mencía de Portugal se trató de una población próxima al lugar donde ejercía su señorío. Otro rasgo característico es que fuesen las propias religiosas quienes se mostraran activas solicitando la concreción del apoyo femenino. Su carácter activo apunta a que buscaron en las mujeres del círculo del poder el apoyo material que necesitaban para subsistir y afianzarse en sus formas identitarias; es decir, que estas mujeres fueron la mediación necesaria para que las monjas pudieran concretar su deseo.

La segunda postura documentada fue la promoción de la Orden de Santa Clara y, por consiguiente, de la regla redactada por el papa Urbano IV, postura que pudieron manifestar algunas de las mujeres implicadas en la anterior. Prueba de que su inclinación por la forma de vida damianita no obedeció a una preferencia institucional. También aquí su implicación fue sectorial, sin que se perciba un afán generalizado de difundir la nueva regla: sólo apoyaron el cambio en los casos que "les tocaron", bien porque en ese momento estaban en pleno proceso de actuación fundadora – Carrión –, bien porque cuando decidieron promocionar comunidades era la realidad institucional dominante. Sin embargo, es cierto que la mayor parte de las actuaciones que dieron origen a nuevas realidades monásticas se inscribieron en esta nueva institución. En este contexto y al menos en los inicios del fenómeno, el cambio no fue impulsado por las damianitas, sino fruto de un proceso canónico a valorar en términos de imposición, como pone de manifiesto el proceso fundacional de Santa Clara de Carrión. Y, aunque pueda considerarse que en el tramo cronológico final de este estudio sí hubiese interés por su parte, lo cierto es que las fuentes no se hacen eco de iniciativas de las religiosas tan marcadas como cuando en la fase anterior se trataba de impulsar la realidad damianita. ¿Porque hubo rechazo hacia la nueva institución, creada por el papado, con el nombre de Orden de Santa Clara? ¿O quizá, más que rechazo, falta de sintonía o identificación, al menos hasta fechas tardías? Será necesario más estudio para contestar.

Revisando estos comportamientos se ponen de manifiesto algunos factores explicativos. La actuación de las promotoras aquí estudiadas estuvo muy en sintonía con los intereses del papado y no tanto, o no necesariamente, con los titulares políticos civiles o los eclesiásticos locales. Habría que indagar más en las posibles razones. Junto a esta conexión con el titular del poder espiritual, e incluso por encima de él, se perfila la existencia de vínculos previos con las religiosas, vínculos personales – acaso facilitados por una identificación sociológica (CAVERO DOMÍNGUEZ 1994, p. 263) – que parecen haber sido el motor de su actuación, una actuación fundada en relaciones de disparidad: las promotoras, miembras de la élite social y política, en ocasiones señoras del territorio de asentamiento de la comunidad o de sus proximidades o bien parientas de sus titulares, atendieron al deseo formulado por las religiosas y les brindaron su apoyo, especialmente material, con vistas al afianzamiento comunitario y para garantizar su continuidad, lo que en algún caso conllevó un cambio institucional que, sin embargo, no se perfila como el objetivo preferente en términos generales. Precisamente, la existencia o no de lazos personales se desvela decisiva y en parte explica el carácter sectorial de estas formas de promoción. Por otra parte, aunque su actuación parece responder más al compromiso personal con las comunidades que con la forma institucional que adoptan, de entre las distintas normativas confeccionadas para las religiosas inspiradas en la espiritualidad de Santa Clara, estas promotoras optaron por aquellas que más directamente conectaban con su memoria de autoría. Éste, junto a la sintonía con el papado, sería uno de los principales hilos conductores de su actuación. La visibilización de la memoria de autoría clariana se ponía de manifiesto en el impulso damianita y en las concretas comunidades femeninas que fueron objeto de su atención. Pero también volvía a manifestarse, de forma más evidente, en el segundo momento y en torno a lo que ya era la Orden de Santa Clara. Ambos institutos, Orden de San Damián y Orden de Santa Clara, sin que hicieran entera justicia al proyecto religioso de la santa por no seguir su regla original y desvirtuar algunos aspectos básicos de su espiritualidad, eran los únicos que podían representarla y visibilizar su memoria de autoría. No deja de ser significativo que la única promotora que figura vinculada con un titular político en el proceso fundacional, doña Mayor Guillén, optase por una normativa alejada de este referente de autoría-autoridad.

En lo relativo a las monjas dominicas, el panorama fue muy diferente. Aunque hubo algún caso, el cuantitativamente reducido fenómeno dominico femenino de la Castilla del siglo XIII y primeros años del XIV que figura relacionado con las mujeres del círculo regio y cortesano no se nutrió de un movimiento religioso previo y surgió de iniciativas *ex novo*. No es posible descifrarlas al completo, pues sobre todo las primeras se confunden en la nebulosa de las carencias documentales. De los casos bien probados se desprende el peso específico que, en la promoción femenina de las monjas dominicas, tuvieron las mujeres del círculo cortesano y familiar de Sancho IV y María de Molina y, más concretamente, en relación con la reina, convertida en referente de autoridad, sobre todo en la realización final de estos procesos, hasta el punto de generarse una movilización de mujeres de la corte ligada a ella y que también tuvo efectos en el ámbito clariano, como se ha visto con la fundación de Santa Clara de Guadalajara. No sucedió lo mismo en tiempos de Alfonso X aunque este monarca se involucrase activamente en la promoción de las dominicas. ¿Cabría relacionarlo con la titularidad política de doña María de Molina? Vínculos de parentesco y de jerarquía político-cortesana pueden explicar esta orientación y el fenómeno de movilización cortesana femenina, elementos que en algunos aspectos ofrecen similitudes con el círculo de Isabel la Católica (Graña Cid 2010b, p. 812-817). ¿Sería también fruto de los procesos evolutivos seguidos a lo largo del XIII? De un modo u otro, a la movilización religiosa espontánea que, desde inicios de la centuria, dio vida a incipientes comunidades mendicantes femeninas, sobre todo en relación con Santa Clara, y que de forma sectorial buscó el apoyo de la corte para afianzarse, le siguió en los años finales otra movilización femenina, a escala mucho más reducida, nacida de ese mismo ámbito cortesano, en concreto del círculo de una reina regente titular del poder, María de Molina, movilización que se volcó especialmente en la expansión – no en el afianzamiento – del modelo dominico.

En su mayor parte, las mujeres del círculo regio y cortesano participaron en la implantación del monacato mendicante femenino en Castilla en un momento avanzado de su historia y cuando ya era una realidad institucional, pero sin mostrarse implicadas en la formulación de sus fisonomías, algo evidente en el caso damianita-clariano, donde la implicación se dio con las personas que formaban las comunidades más que con los modelos institucionales. En cualquier caso, es llamativo el hecho de que las promociones se desarrollasen una vez muerta y canonizada Santa Clara de Asís y contribuyesen a la potenciación de su memoria. ¿Manifestación de una inclinación específica por la espiritualidad mendicante femenina? Quizá más que en sus contenidos medulares – pues contribuyeron a que las religiosas abandonasen el ideal de pobreza – se identificaban con quien fue una de las principales exponentes de la nueva espiritualidad femenina plenomedieval y un indiscutible referente de autoridad religiosa para las mujeres. Y, sin duda, se sintieron partícipes de la espiritualidad mendicante entendida en sentido general dados los lazos estrechos que entablaron con los frailes y que sería interesante poder estudiar en un futuro. En buena medida, su aportación a la configuración de un modelo mendicante femenino radicó en varios aspectos característicos: institución, consolidación material de las comunidades a fin de garantizar su pervivencia y, en estrecha conexión, potenciación de la memoria de autoría fundacional. En su calidad de miembras de las esferas del poder, mostraron sintonías con sus titulares, pero en una dimensión propia; en realidad, podría afirmarse que ofrecieron un modelo propio de vínculo con el poder, especialmente afín al papado y no tanto a los titulares políticos, así como formas específicas de ejercicio del mismo, formas que podríamos calificar como "matrocinio" y que aunaban el ejercicio señorial con el apoyo material, la caridad, con mujeres necesitadas que así lo solicitaban y con las que habían establecido vínculos personales. Esto, especialmente visible en el marco clariano, ofrece una dimensión diferente en el dominico por cuanto ligado en su mayor parte a una titularidad política femenina con la que sí hubo sintonía de intereses, y que se plasmó en manifestaciones más centrales del ejercicio señorial femenino y los vínculos de servicio entre mujeres; pero que, en cualquier caso, garantizaban autonomía de acción femenina y abrían espacios de autoridad. En todos los casos se desvela la importancia de los vínculos entre mujeres como clave explicativa.

Concepción Rodríguez-Parada

Redes de mujeres en torno a la Orden de la Merced en la Barcelona del siglo XIII: aproximación a las fuentes bibliográficas y documentales para el estudio de María de Cervelló y las primeras mercedarias

> The Order of Our Lady of Mercy [...] has escaped the attention of secular's historians, who instead have concentrated their research upon the larger military and mendicant orders.
>
> James W. Brodman (Brodman 1982, p. 71)

1. *Introducción*

El objetivo que nos mueve a escribir estas líneas es poner al alcance del investigador una relación de fuentes bibliográficas y documentales que permitan una aproximación a María de Cervelló y a sus compañeras con las que fundó la rama femenina de la Orden de la Merced en la Barcelona del siglo XIII.

En la búsqueda de dichas fuentes en archivos, bibliotecas y catálogos hemos constatado una vez más el desconocimiento "real" que tenemos de María y de su entorno. Lo que ha llegado hasta nosotros es una información "de parte", sesgada y, quizá, parcialmente alejada de la verdadera María de Socors. Se trata, pues, de una reconstrucción que busca la recreación idealizada de individuos o colectivos pero que simultáneamente permite establecer un puente de acceso a los orígenes y vislumbrar entre la hagiografía y la leyenda, las huellas de las primeras mercedarias. La reelaboración histórica, como veremos, persigue mostrar la utilidad de la vieja Merced ante las nuevas necesidades eclesiales surgidas tras la Reforma, mientras que la canonización de sus miembros más preclaros constituye un ejemplo palmario de dicha utilidad y un modelo de santidad para los nuevos tiempos. De otro lado, el nacimiento de un sentimiento nacionalista de dimensión religiosa, que se evidencia en una defensa ardiente de la fe católica frente a otros países, tiene también alcance local en tanto que desata una gran rivalidad entre ciudades, las cuales compiten a la hora de destacar las virtudes heroicas de sus habitantes. Algunos de ellos, santos, beatos o mártires, devienen arquetipos a los que sus conciudadanos se dirigen en busca de protección o bien imitan, para lo cual el estamento eclesiástico difunde una práctica espiritual mediante la creación de una obra artística y literaria magnificadora de sus valores a la vez que manifiesta un alto contenido patriótico.

Estas características están presentes en las fuentes y obras de origen y/o tema mercedario surgidas tras la celebración del Concilio de Trento (1545-1563). Es fundamentalmente a partir de entonces cuando la Orden de la Merced empieza a escribir su propia historia utilizando para ello la documentación conservada en el archivo conventual de Barcelona. Según manifiestan los cronistas, se trataba de documentos originales aún cuando los que han llegado hasta nosotros son copias autentificadas ante notario. Su objetivo es enaltecer la congregación para lo cual se sirven de "topos" ya conocidos como el hecho de que los fundadores y los primeros miembros pertenecieran a los más importantes linajes del país o que el rey Jaime I junto con el obispo Berenguer de Palou y, según la tradición, San Raimundo de Penyafort, participaran en el acto fundacional de la orden de la "Limosna de los cautivos"[1] ante el altar mayor de la catedral de Barcelona el 10 de agosto de 1218, pocos días después de que Pedro Nolasco la noche del 1 al 2 de agosto recibiera de la Virgen María la inspiración de fundar una orden redentora.

En lo que respecta a las obras creadas por autores no mercedarios, mantienen los lugares comunes destacados si de Maria de Cervelló se trata: textos apologéticos y encomiásticos que presentan la figura de una mujer modelo de santidad, miembro de la nobleza y fuertemente enraizada en su ciudad, Barcelona, que organiza celebraciones de variado signo para honrar su memoria que, a la par, servían para sacralizar el espacio urbano. No obstante, se perciben tímidos signos de cambio en el acercamiento a la figura de María ya que se realiza desde nuevas corrientes historiográficas, las cuales la vinculan al nacimiento de asociaciones espirituales y caritativas creadas para atender las necesidades de la población marginada como los cautivos, que eran vistos como un símbolo del Cristo sufriente de la Pasión.

De lo expuesto, se desprende que la imagen más habitual que nos ha sido legada de la santa barcelonesa se ha construido a partir de los presupuestos consignados y dictados desde la orden mercedaria. Falta, así, una aproximación rigurosa y veraz a la persona de María, de quien hay quien duda incluso de su existencia. No entraremos en este debate que poco reflejo tiene en la literatura a la que hemos tenido acceso, sino que, bien al contario, quisiéramos que nuestro trabajo contribuyera a iniciar esta tarea pendiente. Como apuntábamos al principio, en las líneas que siguen ofrecemos la relación de un conjunto – porque no podemos garantizar su exhaustividad – de obras primarias y secundarias, indicando su localización precisa e identificando las páginas referidas a María y a las primeras mercedarias. Incluimos obras de tipología diversa en forma y fondo – aspectos ambos que merecerían un estudio en sí mismos – y clasificadas atendiendo a los ítems siguientes:

A) Escritos de María

B) Fuentes documentales
   1. Biografías
   2. Procesos de beatificación y canonización
   3. Bibliografías

1. Sobre los diferentes nombres que recibió la Orden de la Merced en los primeros tiempos, véanse: Gazulla 1934, p. 114-116 y 129-137; Brodman 1990, p.193; Devesa Blanco 1983, p. 5-120.

C) Fuentes bibliográficas
   1. Biografías
   2. Hagiografías
   3. Procesos de beatificación y canonización
   4. Historia de la Orden de la Merced
   5. Historia
   6. Liturgia, panegíricos y sermonarios
   7. Gozos

D) Fuentes y estudios iconográficos

E) Bibliografías y catálogos
   1. Sobre la Orden de la Merced
   2. Otras fuentes

F) Miscelánea

2. *El nacimiento de la Orden de la Merced*

A lo largo del siglo XII, las iniciativas a favor de los cautivos son obra de nuevos movimientos religiosos fundamentalmente hospitalarios y redencionistas, nacidos al calor de las transformaciones sociales y espirituales que se dan en este tiempo, como la Orden de la Santísima Trinidad (OSST), Orden del Santo Espíritu o la Orden de San Antonio. De entre las presentes en Cataluña, destaca la Orden de la Merced fundada en la ciudad de Barcelona por Pedro Nolasco en el siglo XIII. Su propósito, o para «a qui pròpiament ha déus establit aquest orde», y que se añade a los tradicionales votos de pobreza, castidad y obediencia, es conocido como "cuarto voto", "voto de redención", "voto de quedarse en rehenes" o "voto de sangre". La redención además de revelarse como un acto máximo de caridad y amor se reviste de un alto contenido teológico. El cautivo no sólo es "uno más de los nuestros" sino que representa la viva imagen de un Cristo humano y que sufre (TORRES JIMÉNEZ 2006, p. 450). El proemio de las primeras constituciones (CA, 1272) conocidas por el nombre de amerianas debido a que fueron redactadas por fr. Pere d'Amer muestra un claro paralelismo entre la misión de Cristo Redentor y la de la Orden por cuanto ésta elige la opción de ser pobre en el mundo, liberar al cautivo y cuidarlo después, para lo cual desarrolla una labor hospitalaria para atenderlo tras su rescate:[2]

> [...] pare, fill e sant sprit entre les obres dels quals departiment no ha, ordonaren per sua misericòrdia, e per lur gran pietat fundar establir aquest orde, apel·lat orde de la verge Maria de la Mercè de la redempcio dels catius de Sancta eulàlia de Barchalo-

2. Cabe recordar que uno de los primeros nombres que recibió la orden recién creada era el de frailes del Hospital de Santa Eulalia de Barcelona de la Limosna de los Cautivos. Esta casa era un centro de caridad y hospicio dedicado a atender a los cautivos liberados. Véase BRODMAN 1982, p. 35-36.

na, del qual ordenament ordenaren lur servent missatge e fundador e enantador frare Pere Nolasch. [...] Per la qual merçè a seguir e a enantar e a visitar e a desliurar cristians de poder dels enemichs de la orda de crist, axí com a fills de vera obediència, alegrament sien aparelats tots temps tots los frares d'aquest orde, si mester és posar-los vida axi com Jesu Christ la posà per nós, per tal que al dia del judici, per la sua misericòrdia asseguts a la part dreta, sien dignes d'hoir aquella dolça paraula que ab la sua boqua dirà Jesu Christ: "Venits, beneïts del meu Pare, rebre lo regne que a vós és aparellat del començament del segle, perçò, cor en càrcer era e vingués a mi. Malalt era e visitàs-me. Fam avia e donàs-me a mengar. Sed avia e donàs-me a beure. Nun era e vestís-me. Hostal no avia e recollís-me.[3]

3. *"El problema de las fuentes": la solución tridentina*

> Los documentos no tan escasos como algunos creían son la principal fuente de información que aquí aprovecho, [...], ante la poca o ninguna confianza que merecen nuestros cronistas y otros autores cuando hablan [...] de la Orden.
>
> Faustino D. Gazulla (O de M) (Gazulla 1934, p. 7 y 10)

La nueva Iglesia surgida del Concilio de Trento (1545-1563) exige a la Orden de la Merced resituar su presencia y su labor al servicio de esa misma Iglesia. Siguiendo el nuevo paradigma de piedad imperante, la Merced necesita "reconstruirse" histórica y devocionalmente, aspectos ambos que, hasta entonces, no habían sido objeto de atención por parte de sus frailes. Estos buscan dignificar la figura del fundador y de otros miembros ilustres, dotándolos – entre otras características legendarias – de linaje aristocrático ante la necesidad de disponer de un devocionario y de un santoral propios. Una historia que se funde y se confunde con la intervención de la Virgen María y del rey conquistador, Jaime I.[4]

Las primeras historias generales de la Orden, escritas a lo largo de los siglos XVI, XVII y XVIII, si exceptuamos las crónicas de fr. Nadal Gaver[5] y fr. Pedro Cijar,[6] son buena muestra del imaginario colectivo, cuyo objetivo es la construc-

3. *Constitucions dels Pares Antichs de la Verge Maria de la Mercè dels catius cristians* (*CA*, 1272). Reproducción paleográfica a partir de la copia manuscrita encargada por fr. Nadal Gaver, maestro de la Orden de la Merced, en 1545. ACA Monacales, Códice varia II, 44r-53r. La versión impresa fue editada en Barcelona por la tipografía La Académica en 1907.

4. «Que el otro día de fiesta se celebre cada año aniversario por el rey Don Jaime en toda la Religión por ser fundador y patrón de ella» [subrayado en el original], Archivo de la Corona de Aragón (ACA), Monacales-Hacienda, vol. 2683, p. 251.

5. ACA Monacales, Nadal Gaver 1445, *Speculum fratrum ordinis beatisssimae Virginis Mariae de Mercede redemptiis captivorum*, Códice varia II, f. 3v-11v.

6. CIJAR, P. 1446. *Opusculum tantum quinque super commutatione votorum in redemptionem captivorum* (1446). [Barcinone]: Petrus Posa: impens. Johannis Urgellensis, 1491. [36] h. También ac-

ción de la "centuria primera" a la que dedicarán sus esfuerzos los mercedarios más preclaros de este periodo (Zumel, Guimerán, Latomy, Remón, Vargas, Ribera y Corbera, entre otros). Esta búsqueda de un pasado sin mácula constituye uno de los objetivos fundamentales en este tiempo. La vieja Merced medieval quiere seguir mostrándose útil a la nueva finalidad eclesial de luchar contra el protestantismo, para lo cual promueve los procesos de canonización de sus hijos más ilustres: Pedro Nolasco (1628), Ramón Nonato (1628) y María de Cervelló (1692). Escritores y artistas, siguiendo los dictados de la intelectualidad mercedaria, exaltarán la espiritualidad y los valores intrínsecos de la Orden además de dar "cobertura" a las leyendas hagiográficas que los propios cronistas e historiadores creaban. La impronta de esta construcción es tan intensa que encontramos rastros de ella tanto en la literatura (Miguel de Cervantes o Lope de Vega), como en la pintura (Pacheco, Alonso Vázquez, Zurbarán, Espinosa, Carducho, Reyna, Pontons, Palomino y Vergara).

Sin embargo, dicho objetivo no es exclusivo de las órdenes religiosas – en nuestro caso, la Merced –, sino que como apunta la profesora Navarro:

> La historiografía nos ofrece una extensa relación sobre las imágenes, reliquias y milagros que garantizaban la "eterna presencia" de los santos [...]. Tal creencia, además de expresar las sensibilidades colectivas y la religiosidad popular, constituyó un tema clave que puede ser interpretado como producto de una construcción ideológica, forjada por un discurso, una narración erudita de laicos y eclesiásticos que, impulsados por sentimientos de orgullo patrio y localista, quisieron exaltar el honor, el ennoblecimiento y engrandecimiento urbano (Navarro 2010, p. 457).[7]

Gracias a la voluntad decidida de San Carlos Borromeo, una de las disposiciones del Concilio de Trento supo poner fin a la dejadez a que se veían sometidos la mayoría de archivos eclesiásticos al difundir su convencimiento sobre la utilidad de conservar toda la documentación generada por las organizaciones religiosas (García Valverde 1998, p. 719-739). A tal fin estableció unas directrices tendentes a garantizar el control y la conservación de los fondos y facilitar su posterior utilización. Es a partir de ahora que dichas órdenes elaboran pautas específicas para la formación y control de los archivos conventuales así como del archivo general de la orden. Se crea también la figura del archivero y cronista, el cual recibe el encargo de custodiar la documentación generada y redactar la crónica general de la orden.

Las denominadas *Constituciones Salmantinas* (1588) al recoger los postulados tridentinos y ponerse a su servicio, descubren la necesidad de conocer, *re-conocer* y *re-construir* la memoria de la Orden. Para ello, ordena crear la figura del archivero y cronista encargado de recoger todas las noticias con el fin de escribir y "re-escribir" la propia historia.[8]

cesible en: <http://alfama.sim.ucm.es/dioscorides/consulta_libro.asp?ref=B19089569&idioma=0> [2011/06/27].

7. El subrayado es nuestro.

8. «[...] las cosas memorables que han sucedido y suceden en toda la Religión [...] no se oculten, [...] en todas las provincias... haya, y se nombre un cronista, que con toda aplicación, y

Las pautas emanadas de Trento recomendaban encuadernar en un solo volumen los documentos pertenecientes a una misma época o temática; foliar las hojas y añadir una breve relación y descripción de todo lo incluido como hace fr. Ramón Soler al que se debe la ingente tarea de organizar los fondos archivísticos del convento de Barcelona en 1752: No obstante los esfuerzos descritos, la historiografía oficial mercedaria aceptó muchos lugares comunes sin contrastarlos de manera suficiente. Una buena parte de los documentos que han llegado hasta nosotros son copias autentificadas de las que algunos historiadores ajenos a la Orden como Dossat (Dossat 1978, p. 366), Brodman (Brodman 1977, p. 353-360; Brodman 1990, p. 268) o Riera i Sans (Riera i Sans 1985, p. 5-17) llegan a dudar de su autenticidad.

Sin obviar esta realidad, justo es reconocer que dicha tendencia está cambiando por cuanto la propia Merced a través del Institutum Historicum Ordinis de Mercede (ihdem), está acometiendo desde 2005 la edición crítica de toda la documentación mercedaria conservada «bebiendo directamente de los distintos tipos de fuentes».[9]

4. *Lo que sabemos de María de Cervelló y las primeras mercedarias*

Si la bibliografía existente es escasa, esta pobreza es aún mayor si de la Merced femenina se trata. Poco sabemos acerca de cómo se implicaron María y sus compañeras en el proyecto mercedario porque falta un estudio riguroso y global sobre el origen y desarrollo de la segunda orden. Las noticias incluidas en las historias generales de la Orden son genéricas y poco precisas, lo que constituye una nueva muestra de la falta de visibilidad de la acción de las mujeres dentro de la Iglesia en general y la Merced en particular.

A ciencia cierta ¿qué sabemos de María y del grupo de mujeres piadosas que formaron con ella el primer beaterio de Barcelona? En primer lugar, disponemos de *Vidas* medievales, que como en la mayor parte de otros casos conocidos, se escriben en vida de la hagiografiada o poco después de su muerte. La biografía más antigua, fue escrita por fr. Juan de Laes (Llers o Laers),[10] mercedario de Barcelona y coetáneo de María, fallecido en 1290. Esta obra fue terminada por el prior del convento barcelonés de la Merced, fr. Guillermo Vives en 1401.[11] La segunda *Vida*, escrita en 1323, se la denomina "el anóni-

religioso celo, junte y recoja todas las noticias... y que procuren se pongan en forma que se pueda imprimir», ACA, Monacales-Hacienda, vol. 2683, *Libro segundo de los capítulos generales (...)* Capítulo de Guadalajara, 17 de octubre de 1676 en que fue electo fr. Juan de Velasco, p. 32.

9. Institutum Historicum Ordinis de Mercede (ihdem), *¿Quiénes somos?* <http://www.mercedarios.net/ihdem/> [2011/06/24].

10. ACA Monacales-Hacienda, nº 2676 y 2678, *Vita Sanctae Mariae de Cerbellon, vulgo de Socos, vel de Subsidio.* Copia y compulsa de fr. Ramón Soler.

11. ACA Monacales-Hacienda, 2676 y 2678, Fr. Guillermo Vives, *Vida.* Copia y compulsa de fr. Ramón Soler. Gumersindo Placer referencia *Vida de Santa María de Cervellón* (Roma: [*s.n.*],

mo de 1323", aunque hay motivos para creer que su autor fue un canónigo de Gerona que la escribió bajo el patrocinio de Guillem de Cervelló, familiar de María y virrey de Cerdeña.[12] Ambas vidas, fueron oficializadas en 1442 por el maestro general fr. Nadal Gaver durante la celebración del capítulo general. La copia más antigua de ambas data de 1688, momento en que se transcriben de las escrituras originales conservadas en el archivo conventual de Barcelona y se confirman ante notario:

> [...] liber antiquissimus de anno 1323, in quo libro invenit descripta historia de vita, gestis, obitu, et aliis dicta Sancta.[13]

> [...] Ego Raymundus Vilana Perlas civis honoratus et notario publico Barchinone [...] de fe de que lo expuesto concuerda con a dicto libro de anno 1323.[14]

En vida de María o poco después de su muerte, la orden mercedaria toma la figura de esta mujer santa y virtuosa como exponente de su espiritualidad. Alrededor de su figura realizará un proceso de elaboración hagiográfica similar y paralela a la desarrollada por otras órdenes mendicantes. En el caso de María, es clave la figura de su confesor, fr. Bernardo de Corbera, según reconoce Alonso Remón (Remón 1618-1633, p. 202 y 200-201).[15]

Ahora bien, no fue hasta el capítulo celebrado en Tarragona (1260) cuando fr. Bernardo de Corbera, guía y director espiritual de estas «mugeres santas», so-

1691) [Placer nº 6909] de la que comenta: «se unió al proceso de Canonización». En el año 1629 habla de esta vida el escritor Corbera (p. 182) [v. nota a pie 21, 658r]: «relación manuscrita que de la vida i muerte de Doña María, nos dexó frai Guillem Vives, Prior de la Casa de la Merced de Barcelona, en el año 1401, sacada de escrituras autenticas, i memorias antiguas, q. se allava en el Archivo de aquel Convento..., etc» así como también fr. Esteban de Corbera, que «la manejó y cita» en la *Vida de doña María de Cervellón* (Barcelona, 1626, f. 136, 144v, y otros). El P. Hardá [en *Bibliotheca scriptorum regalis ac militaris ordinis Immaculatae Virginis Mariae de Mercede Redemptionis Captivorum*] señala una fuente histórica más precisa, pues dice: «*Vita S. Mariae de Cervellón dessumpta ex antiquis fr. Joannis de Laes memoriis*».

12. ACA Monacales-Hacienda, nº 2680, *Vida* de un anónimo (1323). Copia y compulsa de fr. Ramón Soler.

13. Arxiu Històric de la Ciutat de Barcelona (AHCB), ms. 93, *Causa, beatificación y santificación de Santa María de Socors* (1688), f. 648v.

14. *Íbid.*

15. «[... Corbera] las dio y vistiò nuestro hábito, leyendo en público vn cierto modo de regla y constituciones qua avian de guardar en su casa y recogimiento, señalando los días y el cómo y quando avían de venir a oir missa y confessar leyendo en público un cierto modo de regla y constituciones que avían de guardar en su casa y recogimiento, señalando los días, y el como y quando avían de venir a nuestra Iglesia a oyr Missa, y a confessar»; «[...] si bien no era dado a mugeres el cumplir con el estatuto y quarto voto de redimir captiuos; ningun oficio de religiosos està más necessitado del fauor de la oración continua de semejantes comunidades de mugeres santas por los peligros que corren los padres que van a redimir [...] quienes mas necessitados de oraciones de semejantes almas que los mismo captiuos [...] Y assi no quiso el prouido y clementissimo Dios, que careciessemos deste socorro, ni careciessen los captiuos fieles de algunas mugeres santas, que tomando nuestro habito, y siguiendo nuestro instituto, demas de viuir exemplarmente ayan ayudado con sus oraciones a la Religion y a las afliciones de los captiuos».

licitará al maestro general, fr. Guillermo de Bas, su admisión en la orden «previo examen de vida piadosa, vistiendo nuestro hábito y con título de beatas».[16]

Las primeras referencias explícitas a las religiosas, bajo el apelativo de "sors", se encuentran en las CA:

> Nenguna fembra no sia d'aquí endavant rebuda en sor nostra si no ha tans de sos béns on pusqua covinentment viure en sa cassa, en tal guissa qu'ell seu fremanent sia e romangua sens tot embrach a l'orde. E entran en l'orde faça son testament e ordén açò en tal guissa, que per aquella rahó no pusqua dan ne greuge venir a l'orde per sos amichs ni parens seus.[17]

> Aniversari dels pares e de les mares sia feyt solempnialment quatre dies dins febrer, que's compta secunda idus febroarii. Cells dels familiàs e dels benefaytós de l'orde, nonas septembris. Cell dels frares e de les sors nostres, sexto idus octobris. Cell de tots els defunts, nonas novembris. Si algú de aquests aniversaris venie en dicmenge, sia feit l'endemà. L'aniversari del primer mestre de l'orde sia feyt l'endemà d'ascensió. Los preveres, cascun cant una missa per cascun aniversari de l'any. Tots los altres frares diguen cascun aniversari cinquanta vegades lo pater noster.[18]

Si bien Juan de Laes no da nombres y el anónimo de 1323 sólo cita a Colagia, parece ser que otras compañeras de María fueron Isabel de Bertí y Eulalia Pinós – según refieren fr. Esteban de Corbera, fr. Guillermo Vidal, fr. Alonso Remón y fr. Faustino Gazulla. A ellas, pronto se les unirán María de Requesens – citada por fr. Ramón Vidal –, Isabel de Guillén – referenciada por fr. Mariano Ribera –[19] y Natalia de Tolosa. La comunidad, cercana al convento mercedario, eligió a María como prelada a pesar de ser la más joven.

La trayectoria vital y espiritual de las primeras mercedarias difiere según cuál sea la fuente consultada en una nueva muestra de las dificultades señaladas en lo que respecta a la ausencia de documentación original. El P. Manuel Rodríguez Carrajo (Rodríguez Carrajo 1970, p. 22), en una de les escasas aproximaciones al tema, sitúa el origen de las primeras mercedarias en el papel predominante de las cofradías o asociaciones populares de acento caritativo, hermandades o órdenes terceras. Concluye el mismo autor que estas religiosas hacían votos simples de pobreza, castidad y obediencia, o únicamente de castidad sin observar clausura, combinando una vida contemplativa de piedad y oración y una vida activa vinculada a la obra redentora desarrollada por los frailes mediante visitas continuadas al hospital de Santa Eulalia o bien distribuyendo vestidos entre los redimidos que llegaban a las playas de Barcelona. Según el P. Gazulla cuando en 1265 las hermanas profesan y viven en comunidad «pasando todas del estado de beatas al de verdaderas religiosas» (Gazulla 1909, p. 55):

16. ACA, Biblioteca-Manuscritos Miscelánea, ms. 91, *Religiosas Mercenarias Beatas Calzadas*.

17. CA (1272), cap. XVI, Com sien rebudes sors.

18. *Idem*, cap, *XLVII,* Dels aniversaris.

19. Véase epígrafe 5 de este trabajo.

Ego soror Maria de Cervello promito Deo Beate Marie de Mercede seu Misericordia virginitate, paupertatem, obedientiam et pro captivis redimendis laborare, et quid visum fuerit Patri nostro pro eis prestabo. Hanc scriptam manu Sancte Virginis veneratus sum in Conventu Sancte Eulalie huius Ordinis primo in civitate Barchinone.[20]

El conocimiento de María y de las primeras mercedarias se basa en fuentes exclusivamente internas de la Orden y presenta un fuerte componente legendario. Esta "reelaboración" hagiográfica culminó con su canonización. Este largo proceso sirvió para construir un marco "edificante" a su figura: origen noble en tanto que miembro del linaje Cervelló, uno de los más destacados del país; adscribiendo y canalizando su práctica de vida y experiencia espiritual hasta considerarla fundadora de la rama femenina de la Orden; y, sobre todo, atribuyéndole un prestigio y autoridad carismáticos, que la hicieron entrar en el catálogo de santos tras su canonización en 1692 "cultu ab immemorabili" de manos de Inocencio XII.

5. *Las fuentes*

A continuación se relacionan las fuentes documentales y bibliográficas sobre María de Cervelló y las primeras mercedarias con indicación del catálogo, archivo o biblioteca en los que se han localizado. Dejamos en manos del estudioso la valoración precisa de cada una de dichas fuentes más allá de las consideraciones contenidas en este capítulo.

A) ESCRITOS DE MARIA

Cervelló, María de. *Palabras, aphorismos i sentencias morales que dixo la Santa.* Cf. Corbera, Esteve de. *Vida i echos maravillosos de Doña María de Cervellón.* En Barcelona: por Pedro Lacavalleria, 1629.

B) FUENTES DOCUMENTALES

1. *Biografías*

Crónica y elogio de algunas monjas (s.XVIII). 895 p. ACA Biblioteca-Manuscritos Miscelánea, ms. 90.

Dempere, Anselmo (O de M). *Necrologio o Biblioteca genelógica de los religiosos del Orden de Nuestra Señora de la Merced.* Por fr. Anselmo Dempere, de Alcalá de Xivert, 1788. VIII v. [Archivo del Real Monasterio del Puig de Santa María (Valencia). PP. Mercedarios]. Referencias a Maria de Cervelló.

[Documentos sobre la santa]. ACA Monacales-Hacienda, leg 336. Contiene:

– 1 hoja suelta firmada por Manuel Mariano Ribera y fr. Pantaleón García Troncón;

20. ACA, Monacales-Hacienda, nº 2680, *Vita* (Anónimo de 1322).

– Cum de Maria à Socòs [...] et contemplativa Collagia; Vita Sanctae Mariae del Socòs [Anónimo de 1323];
– Vita Sanctae Maria de Subsidio pro et continent In libro B. Verum ordinis Beatae Mariae de Mercede In archivo Conventus B[archinone] resperto quae sic incipit [biografia de Juan de Laes];
– Dito articulum verum esse quod me scire dito [...] ab anno 1648 [legajo];
– De integritate Corporis Vener[rabilis] Serve Dei D. Mª de Cervello et a Socos beatae Professe ordinis B[eatae] M[ariae] de Mercede...;
– Dela integridad y incorruptibilidad del cuerpo venerable de la virgen sierva de Dios santa Maria de Cervellon y del Socos...;
– In Dei [...] Notorio y manifiesto seas ...;
– Dela entexès del venerable cuerpo dela virgen sierva de Dios Doña Maria de Cervelló y de Socòs Beata y professa del orden de la Beata Maria de Merced de redención de Cautivos...;
– De integritate corporis venerabili virginis servae Dei D. Maria de Cervello et a socòs...;
– El cuerpo del V. Fr. Bernardo de Corbera...

Gazulla, Faustino (O de M). [Archivo personal]. (s.XX). Contiene:
– Diligencias para Nuestra Santa Madre María de Socós. fols. 32-58.
– Otras diligencias tocantes a la Santa. fols. 58-63.
– Sobre las compañeras de María]. fol 67
– [Archivo del Real Monasterio del Puig de Santa María (Valencia). PP Mercedarios].

Gifreu de la Palma, Josep (O de M). [Anotaciones de fr. ____ sobre la vidda de la Bienaventurada Santa Marina___]. (s. XVIII). 22 p. (Acompañado de unas hojas sueltas relativas a la santa). ACA Biblioteca-Manuscritos Miscelánea, ms. 104.

Notas para un Diccionario Biográfico Universal Mercedario. Contiene diversas biografías breves de religiosas mercedarias –excepto María de Cervelló- y remite a las fuentes. [Archivo del Real Monasterio del Puig de Santa María (Valencia). PP Mercedarios].

[Papers i notes que fan per la nobilísima Casa y Familia de Cervelló, y per lo procés per la Canonisació o Declaració del Culto de Santa Maria de Cervelló vulgo del Socós] (s. XVIII). 5 f, 622 p. ACA Biblioteca-Manuscritos Miscelánea, ms. 94.

[Papers referents a ... Santa Maria Socós...] (s. XVII-XVIII). 913 p. ACA Biblioteca-Manuscritos Miscelánea, ms. 98.

Religiosas Mercenarias Beatas Calzadas (s. XVIII). 624 p., 5 f. Contiene: Biografías de María del Socors, Isabel de Bertí, Colagia, María de Requesens, Natalia, [y otras]. ACA Biblioteca-Manuscritos Miscelánea, ms. 91.

Ribera Manuel Mariano (O de M). [Papeles y documentos diversos sobre la vida, milagros y linage de María de Cervelló] (s. XVIII). ACA Biblioteca-Manuscritos Miscelánea, ms. 107. Contiene:
– Miracles de Santa Maria de Socos;
– Vita Sanctae Maria del Socos.

—. Vida de Santa María de Cervellón o del Socors. ACA Biblioteca-Manuscritos Miscelánea, ms. 46.

—. [Manuscritos literarios]. ACA Biblioteca-Manuscritos Miscelánea, ms. 110. Contiene:
– Papeles relativos a Santa Maria Socors y familia de Cervelló;
– Notas de la casa de Cervellón.

—. [Notas y copias archivísticas] (s.XVIII). Contiene: Notas de la casa de Cervelló. ACA Biblioteca-Manuscritos Miscelánea, ms. 115.

—. [Notularum] (s.XVIII). v. Contiene:
- [Notas de Documentos relativos a la Orden de la Merced y principalmente a la familia Cervelló]. ACA Biblioteca-Manuscritos Miscelánea, ms. 53;
- [Poesías en latín, castellano y catalán dedicadas a Santa Maria de Cervelló y algunas hojas impresas dedicadas a la misma santa]. ACA Biblioteca-Manuscritos Miscelánea, ms. 54;
- [Notas de archivo sobre los Cervelló, Rocabertí, Erill]. ACA Biblioteca-Manuscritos Miscelánea, ms. 76.
- [Notas de archivo. Documentos de Santa María de Cervelló. Documnetación relativa a Cervelló]. ACA Biblioteca-Manuscritos Miscelánea, ms. 77.
- [... Cervelló. P. Gaver. Pinós]. ACA Biblioteca-Manuscritos Miscelánea, ms. 78.

Serra Postius, Pedro. *Historia eclesiástica de Cataluña*. BUB, ms. 186-197. [UB CRAI. Reserva]. Referencia a María de Requeses, v. 12.

Téllez, Gabriel (O de M) [Tirso de Molina]. *Vida de la Santa Madre Dña. María de Cervellón..., religiosa de la Orden de Nuestra Sra. de la Merced, Redenión de Cautivos*. 66 h [Biblioteca Nacional de España].

Vida de Guillem Vives (1401). Copia y compulsa de fr. Ramón Soler, archivero, s. XVIII. ACA Monacales-Hacienda, núm. 2676

Vita 1323 ab autore anónimo exarata. Copia y compulsa de fr. Ramón Soler, archivero, s. XVIII. ACA Monacales-Hacienda, núm. 2680.

Vita Santa Maria de Cerbellon, vulgo Socós, vel Subsidio, de fr. Juan de Llars o Laes. Copia y compulsa de fr. Ramón Soler, archivero, s. XVIII. ACA Monacales-Hacienda, núm. 2676 y 2678.

Visitas a conventos. ACA Monacales-Hacienda, núm. 2668.

2. *Procesos de beatificación y canonización*

Borradores del P. Ribera y otros documentos. Copias del proceso de Canonización. ACA Legajos. Varia del siglo XVII- XVIII. Órdenes religiosas y militares Merced, leg. 338.

Causa, beatificación y santificación de Santa María de Socors (1688). IMHB, ms. B.91-94.

Copias de Bulas y otros documentos entre los cuales un ms. de José Nicolás Cavero cronista de la religión sobre María de Cervelló. 2 v. ACA Hacienda-Monacales, nº 2679.

Papeles concernientes a la historia de nuestro santos. ACA Legajos. Varia del siglo XVIII. Órdenes religiosas y militares Merced, leg. 314a.

Recueil des procès de canonisation et de béatification de Maria de Cervellón. Núm. 5880 à 5892 [Bibliothèque National de France].

3. *Bibliografías*

Arqués Jover, Agustín (O de M). *Adiciones a la Biblioteca de Hardá*. 760 h. [Casa de Estudios, Madrid. PP. Mercedarios].

Hardá Muxica, Antonio Ambrosio (O de M). *Bibliotheca scriptorium Regalis ac Militrais Ordinis Inmaculatae Virginis Mariae de Mercede Redemptionis Captivorum*. 3 v. [Real Academia de la Historia, Madrid].

C) Fuentes bibliográficas

1. *Biografías*

Acta sanctorum quotquot toto orbe coluntur... quae ex antiquis monumentis Latinis, Graecis, aliarumque gentium collegit... Joannes Bollandus... Operam et studium contulit Godefridus Henschenius... Januarii tomus II. XVI posteriores dies complectens. - Antverpiae, apud Joannen Meursium. M.DC.XLIII. - [28]-1160-[74] p. [Bibliothèque National de France]. También accessible en: <http://www.documentacatholicaomnia.eu/25_90_1643-1925-_Acta_Sanctorum.html> [Consulta: 13/07/2011]. Referencia a María de Cervelló, v. 2 del mes de enero, p. 980-990 (noticia dedicada a Pedro Nolasco.

Armengol, Jaume. *Apuntes biográficos de Santa María de Cervelló: virgen, hija ilustre de la ciudad de Barcelona y primera religiosa de la Orden de la Merced.* Barcelona: [s.n., 1946?]. 14 p. [Biblioteca de Catalunya].

—. *Els sants ciutadans de Barcelona.* Barcelona: Dalmau i Jover, 1949. 202 p. [UB CRAI. Biblioteca de Lletres]. Referencia a María de Cervelló, p. 121-137.

Aristoy, Pedro de (O de M). *Resumen de la Vida de Santa María de Socors, primera religiosa del Sacro, Real y Militar Orden de Nuestra Señora de la Merced, Redempción de Cautivos Christianos.* [*s.l.: s.n.*, 1700?]. [Archivo del Real Monasterio del Puig de Santa María (Valencia). PP Mercedarios].

Bibliotheca hagiographica Latina antiquae et mediae aetatis. Socii Bollandiani (eds.). Bruxelles: [Société des Bollandistes], 1898-1901. 2 v. [Bibliothèque National de France]. También accesible en: <http://gallica.bnf.fr/ark:/12148/bpt6k54552470/f116> [Consulta: 25/06/2011]. Referencia a María de Cervelló, p. 803.

Bover de Rosselló, Joaquim. *Memoria biografica de los mallorquines que se han distinguido en la antigua y moderna literatura.* Palma: Impr. Nacional á cargo de... Juan Guasp y Pascual, 1838. 504 p. [Biblioteca de Catalunya]. También accesible en: <http://books.google.es/books?id=lL39i38jDvwC&dq=%22maria+de+cervellon%22&hl=ca&source=gbs_navlinks_s> [Consulta: 12/07/2011]. Referencia a fr. Guillem Vives, p. 483.

Breve noticia de la vida de Santa Natalia de Tolosa, virgen religiosa profesa de la Real y militar orden de NS de la Merced, traducida del francés por una religiosa de la misma orden. Madrid: Imprenta de la viuda de López Camacho, 1900. [Biblioteca del Monasterio de San Juan de Poio (Pontevedra). PP. Mercedarios].

Breve noticia historica de la antiguedad y origen de la venerable Tercera Orden de Penitencia de Nuestra Señora de la Merced Redencion de Cautivos y compendio de su regla, constituciones y exercicios ... recopilado por un afecto a dicha venerable Tercera Orden ... En Valencia : en la imprenta de Antonio Balle, 1736. [16], 144 p. [UB CRAI. Reserva].

Cáceres, Tomás (O de M). *Vida de Santa María de Cervellón.* Referenciado por Placer, nº 1439.

Colombo, Felipe (O de M). *Vida del glorioso Patriarca S. Pedro Nolasco, fundador del Real y Militar Orden de Maria Santíssima de la Merced o misericordia Redempción de cautivos...* Madrid: en la Oficina de Antonio Marín, 1674. [Otra edición en Biblioteca de Catalunya]. También accesible en: <http://books.google.es/books?id=Y8Dz0Jy8rVoC&dq=%22maria+de+socors%22&hl=ca&source=gbs_navlinks_s> [Consulta: 25/06/2011]. Referencias a María de Cervelló, p. 236, 263, 361, 385, 410.

Compendio de la vida de Santa María de Cervelló o del Socós. Barcelona: Tipografía Católica, 1890. 15 p. [Biblioteca de Catalunya].

Compendioso resumen de la prodigiosa vida de Santa Maria de Cervelló, vulgarmente llamada del Socós, primera religiosa professa del real y militar orden de Nuestra Señora de la Merced, Redencion de Cautivos, *hija de la... ciudad de Barcelona*. En Barcelona: por Iayme Surià..., 1693. [UB CRAI. Reserva].

Corbera, Esteban de (O de M). *Vida i echos maravillosos de Doña María de Cervellón*. En Barcelona: por Pedro Lacavalleria, 1629. 468 p. [UB CRAI. Reserva]. También accesible en: <http://books.google.es/books?id=fwcY7c3GsP0C&dq=%22Maria+de+Cervell%C3%B3%22&hl=ca&source=gbs_navlinks_s> [Consulta: 25/06/2011].

Dathia, François (O de M). *Extraict de la vie de saincte Marie du Secours, première religieuse de l'ordre de Nostre Dame de la Mercy,... et de saincte Natalie, religieuse du mesme ordre*... Paris: S. Huré, 1631. [Bibliothèque National de France].

—. *La Vie de sainte Natalie, vierge, française de nation, religieuse de l'ordre de Notre-Dame de la Merci*. Toulouse, C. Michon, 1656. [Bibliothèque National de France].

Esercicio spirituale per fare la novena di S. Maria de Cerbeglione, detta del Socurro Prima Moniale e fondatrice delle Religion del Real é Militari Ordine di Nostr[ra] Signora della Mercé, Redencione de Schiavi. Cavano della sua Miravigliosa vita per comando de suo devota un Religioso dell' i mesmo Ordine. 8 fol. [Archivo del Real Monasterio del Puig de Santa María (Valencia). PP Mercedarios].

G. Castro, Ernesto (O de M). « Iter canónico y estado actual del santoral mercedario». *La Orden de la Merced*. Madrid: Revista Estudios, 1970, p. 273-328. [Biblioteca Nacional de España].

Garí, Blanca. "María de Cervelló. El velo hagiográfico y el nacimiento de las "santas vivas" en la Barcelona del siglo XIII". [inédito].

Gazulla, Faustino (O de M). *Vida de Santa María de Cervellón, virgen comúnmente llamada del Socós, primera religiosa de la celestial, real y militar orden de Nuestra Señora de la Merced*. Barcelona: Hispano-americana, 1909. XIV, 232, III p. [UB CRAI. Biblioteca de Filosofia, Geografia i Història].

Guimerán, Felipe (O de M). *Breve Historia de la orden de Nuestra Señora de la Merced de redempción de cautivos christianos, y de algunos santos y personas illustres della*... Impressa en Valencia: en casa de los herederos de Iuan Nauarro, 1591. 282 p. [Biblioteca Episcopal del Seminari de Barcelona]. También accesible en: <http://books.google.es/books?id=LiauJHSomWkC&pg=PA261&lpg=PA261&dq=sancta+collagia&source=bl&ots=lGLAKlV9A3&sig=0wT0taJYEDV6vVIVo1P-ljpEUmI&hl=es&ei=ABO0TdqEOpG7hAfbz5HkDw&sa=X&oi=book_result&ct=result&resnum=1&ved=0CBgQ6AEwAA#v=onepage&q=collagia&f=false> [Consulta: 26/03/2011]. Referencia a María de Cervelló, p. 261-262; Referencia a Colagia, p. 261.

Interian de Ayala, Juan (O de M). *Epítome de la admirable vida, virtudes y milagros de Santa María de Cervellón, comunmente llamada de Socos*. En Salamanca: por Eugenio Antonio Garcia, 1695. [Biblioteca Seminari Episcopal de Barcelona].

Jornet i Benito, Núria. «Agnès de Peranda i Clara de Janua: dues figures carismàtiques o la fundació del monestir de Sant Antoni de Barcelona». En: *DUODA*: *Revista d'Estudis Feministes,* 22 (2005), p. 41-54. [UB CRAI. Biblioteca de Filosofia, Geografia i Història].

—. «María de Cervelló». En: *Diccionario de mujeres cristianas*. Carmen Aparicio, Elisa Estévez (dir.). Burgos: Editorial Monte Carmelo. [en prensa]

Jornet i Benito, Núria; Rodríguez-Parada, Concepción. «Las Sentencias espirituales atribuidas a María de Cervelló: la palabra de María en el relato hagiográfico de la Orden Mercedaria». En: González de la Peña, María del Val. *Mujer y cultura escrita: del mito al siglo XXI*. Gijón: Trea, 2005. p. 75-84. [UB CRAI. Biblioteca de Filosofia, Geografia i Història].

López, Ignacio (O de M). *Occeano de grandezas, reducido a cortas margenes: en la admirable vida de Santa Maria de Cervellon, y del Socorro: primera hija de la... Orden de Nuestra Señora de la Merced... Fundadora de sus Religiosas todas, canonizada por N.SS. Padre Innocencio Papa XII, en 12 de febrero de 1692......* Valencia: Imprenta de Francisco Mestre, 1693. [Biblioteca Nacional de España].

Millán, Joaquín. *María de Cervelló: la mercedaria de los pobres y el mar*. Barcelona: Centre de Pastoral Litúrgica, 2003. 24 p. [Biblioteca de Catalunya]. También accesible en: <http://books.google.es/books?id=Abyo7dJG2EgC&pg=PT13&dq=%22Maria+de+Cervello%22&hl=ca&ei=nsoFTuD7KM_C8QO4_tHhDQ&sa=X&oi=book_result&ct=result&resnum=2&ved=0CC8Q6AEwAQ#v=onepage&q&f=false> [Consulta: 25/06/2011].

Palma, A. de. «Santa Maria de Cervelló o del Socós». En: *Els Sants de Barcelona: vides exemplars*. Barcelona: Editorial Balmes, 1979. p. 64-72. [Biblioteca Episcopal del Seminari de Barcelona].

Rodríguez-Parada, Concepción (2010). «Maria de Cervelló». En: *Diccionari biogràfic de dones*. <http://www.dbd.cat/index.php?option=com_biografies&view=biografia&id=4039> [Consulta: 12/07/2011].

—. (2010). «El socors als captius a la Barcelona del segle XIII: Maria de Cervelló i les primeres mercedàries». En: *Moments històrics de les dones a Catalunya*. <http://www.20.gencat.cat/portal/site/icdones/menuitem.4b491b5fa301c8a439a72641b0c0e1a0/?vgnextoid=27b365be239df210VgnVCM1000008d0c1e0aRCRD&vgnextchannel=27b365be239df210VgnVCM1000008d0c1e0aRCRD&vgnextfmt=default> [Consulta:11/10/2011].

Rubino, Antonio (O de M). «Fra Bernardo Montemarte di Corbaría compagno di san Pietro Nolasco». *Analecta Mercedaria*, 4 (1985), p. 159-207. [Archivo del Real Monasterio del Puig de Santa María (Valencia). PP Mercedarios].

Salmerón, Marcos (O de M). *Recuerdos historicos y politicos de los servicios que los generales y varones ilustres de la Religion de Nuestra Señora de la Merced, Redencion de cautiuos, han hecho a los reyes de España en los dos mundos, desde su gloriosa fundacion, que fue el año de mil y doscientos y diez y ocho, hasta el año de mil y seiscientos y quarenta ...* En Valencia : en casa de los herederos de Chrysostomo Garrìz : por Bernardo Nogues ..., 1646. [22], 550, [46] p. [UB CRAI. Reserva].

Serdà Roma, Pere. *Cervelló*. Barcelona: Hereus de Joan Gili, 1916. 148 p. [Biblioteca Episcopal del Seminari de Barcelona].

Téllez, Gabriel (O de M). «Vida de la Santa Madre Dª Maria de Çervellon cvios milagros, en favor de sus devotos la aqvrieron el renombre de Maria del soccorso». *Analecta Mercedaria*, 21 (2002), p. 264-348. [Archivo del Real Monasterio del Puig de Santa María (Valencia). PP Mercedarios]. También disponible en: Tirso de Molina. *Diálogos teológicos y otros versos diseminados*. Introducción, edición y notas de Ed. Luis Vázquez. Satz (Kassel): Edition Reichenberger, 1988. ix, 242 p. <http://books.google.es/books?id=zo4XKi2MiqwC&pg=PA230&lpg=PA230&dq=Vida+de+santa+Mari%CC%81a+de+Cervello%CC%81n&source=bl&ots=rEinftYDy_&sig=PAv0XMkW4j6MXl4xqmu2sZvMXTQ&hl=es&ei=_CiPTYTPJIuYhQeQjvG7Dg&sa=X&o

i=book_result&ct=result&resnum=9&ved=0CFEQ6AEwCDgK#v=onepage&q=Vida%20de%20santa%20Mari%CC%81a%20de%20Cervello%CC%81n&f=false> [Consulta: 02/07/2011]. Referencias a María de Cervelló, p. 48-54, 230-246 (?).

Ulate, Miguel de (O de M). *Vita catalaunae Virginis Mariae de Cervellon, vulgo Socos, ob suae beneficentiae virtutem appellate: mirabilis in procelloso mari navigatum advocatae*.... Madrid: ex typographia regia, apud Iosephum Rodriguez de Escobar, 1712. 16, 173 p. [Biblioteca Nacional de España].

Vidal, Ramón (O de M). *Epítome de la Vida y Milagros de la segunda Estrella del Mar, la illustre Virgen Cathalana S. Maria de Cervelló nombrada comúnmente de Socós...; con un breve novenario y memoria de algunas religiosas mercenarias hijas suyas... y à la fin una recreacion espiritual entre seis religiosas de singular virtud.* Barcelona: Joseph Giralt Impressor, 1746. [Biblioteca privada. Identificación a través de Catàleg Col·lectiu del Patrimoni Bibliogràfic de Catalunya].

Villanueva, Joaquín Lorenzo. *Año christiano de España*. En Madrid: en la Imprenta Real, 1791-1803. 19 v. [Biblioteca de la Abadia de Poblet (Tarragona)]. También accesible en: <http://books.google.es/books?id=7js7qVZvSucC&pg=PA305&lpg=PA305&dq=%22santa+colagia%22&source=bl&ots=RgnLU9G6i_&sig=nnZKMnFXgDcLdHnTwxnH2Y8vwBc&hl=ca&ei=UVa5Td-hBozB8QOLyLEw&sa=X&oi=book_result&ct=result&resnum=4&ved=0CDIQ6AEwAw#v=onepage&q=%22santa%20colagia%22&f=false> [Cnsulta:24/06/2011]. Referencia a Colagia, v. 10, p. 305.

Zito e Regio, Giovanni. *S. Maria de Cerbellon detta de Socos, liberatrice de' naveganti ne'pericoli delle tempeste del mare*. Panormi: apud Petrum Coppolam, 1696. [Referenciado en: Mongitore, Antonino, *Bibliotheca sicula, sive De scriptoribus siculis, qui tum vetera, tum recentiora saecula illustrarunt, notitiae locupletissimae*. Palermo : ex typographia Didaci Bua; ex typographia Angeli Felicella, 1707-1714. 2 v. ; v.2, p. 25. Biblioteca comunale, Milano (Italia)].

2. *Hagiografías*

Ansón, Francisco. *Santos del siglo XIII y su época*. Madrid: Palabra, 2001. 240 p. Accesible en: <http://books.google.es/books?id=jCyLwjmMqlMC&printsec=frontcover&hl=ca#v=onepage&q=Cervell%C3%B3&f=false>[Consulta: 24/06/2011]. Referencia a María de Cervelló, p. 167.

Antonio de San José (OCD). *Compendium salmanticense: in duos tomos distributum universae theologiae moralis quaestiones*. Barcelona: apud viduam Joseph Longás, 1775. 652 p. [Biblioteca Episcopal del Seminari de Barcelona]. También accesible en: <http://books.google.es/books?id=xCZjhlaYmxQC&dq=%22maria+de+cervellon%22&hl=ca&source=gbs_navlinks_s> Referencia a María de Cervelló, p. 395, 404, 491.

Baños Vallejo, Fernando. *La hagiografía como género literario en la Edad Media: tipología de doce vidas individuales castellanas*. Oviedo: Departamento de Filología Española, 1989. 285 p. [UB CRAI. Biblioteca de Lletres].

Baudot, Jules. *Dictionnaire d'hagiographie : mis à jour à l'aide des travaux les plus récents*. Paris: Bloud et Gay, 1925. 662 p. [Bibliothèque National de France]. También accesible en: <http://gallica.bnf.fr/ark:/12148/bpt6k757712/f460>. Referencia a María de Cervelló [Consulta: 24/06/2011]; <http://gallica.bnf.fr/ark:/12148/bpt6k757712/f495>. Referencia a Natalia de Tolosa. [Consulta: 24/06/2011].

Bibliotheca sanctorum. Filippo Caraffa, Giuseppe Morelli (dir). Roma : Istituto Giovanni XXIII nella Pontificia Università lateranense: Città nuova, 1961-cop. 1970. 13 v. [UB CRAI. Biblioteca de Filosofia, Geografia i Història]. Referencia a María de Cervelló, v. VIII, p. 1044-1045.

Biografía eclesiástica completa: vida de los personajes del Antiguo y Nuevo Testamento, de todos los santos que venera la Iglesia, papas y eclesiásticos célebres por sus virtudes y talentos en órden alfabético. Madrid: Eusebio Aguado, 1850. v. [Biblioteca Universidad Complutense de Madrid]. También accesible en: <http://books.google.es/books?id=gdMHRsBQIlcC&dq=%22maria+de+socors%22&hl=ca&source=gbs_navlinks_s> [Consulta: 24/06/2011]. Referencia a María de Cervelló, v. 3, p. 759-765; Referencia a Colagia, v. 3 p. 1171.

Croiset, Jean. *Compendio del año christiano ú Ocupación diaria: contiene la explicación del misterio ó la vida del Santo, con su estampa historiada correspondiente á cada día… y otros devotos ejercicios*. Madrid: en la imprenta de Benito Cano, 1802. v. [Biblioteca Universidad Complutense de Madrid]. También accesible en: <http://books.google.es/books?id=3LqBeT5KUGAC&dq=%22maria+de+socors%22&hl=ca&source=gbs_navlinks_s> [Consulta: 24/06/2011]. Referencia a María de Cervelló, v. 5 p. 121.

Diccionario de los santos. Claudio Leonardi; Andrea Riccardi; Gabriella Zarri (eds.). Madrid: San Pablo, 2000. 2226 p. Accesible en: <http://books.google.es/books?id=a2WMi-KVQNkC&pg=PA1600&lpg=PA1600&dq=%22maria+de+cervello%22&source=web&ots=kYOP-hD6zb&sig=3wCvZUqn84VuofyhDuYiatkUNCM&hl=es&sa=X&oi=book_result&resnum=3&ct=result#v=onepage&q=Cervell%C3%B3&f=false> [Consulta: 01/07/2011]. Referencia a Maria de Cervelló, p. 1598-2000.

Flórez, Enrique. *España sagrada: tomo XXIX: Iglesia de Barcelona*. Madrid: Agustiniana, 2008. 597 p. [Museu Nacional d'Art de Catalunya].

Galmés, Lorenzo. *El bienaventurado Fray Pedro Gonzalez O.P., San Telmo: (estudio histórico-hagiográfico de su vida y su culto)*. Salamanca: Editorial San Esteban, 1991. 220 p. Accesible en: <http://books.google.es/books?id=VTRO40Pg9_kC&dq=%22maria+de+cervellon%22&hl=ca&source=gbs_navlinks_s> [Consulta: 24/06/2011]. Referencia a María de Cervelló, p. 159.

Gómez Moreno, Ángel. *Claves hagiográficas de la literatura española: del Cantar de mio Cid a Cervantes*. Madrid: Iberoamericana Editorial, 2008. 285 p. [Biblioteca de Catalunya]. También accesible en: <http://books.google.es/books?id=mrTMtgcdCr8C&dq=%22maria+de+cervellon%22&hl=ca&source=gbs_navlinks_s> [Consulta: 24/06/2011]. Referencia a María de Cervelló, p. 100-101.

Guérin, Paul. *Les petits Bollandistes: vies des saints. T. XI, Du 10 septembre au 2 octobre*. Paris: Bloud et Barral, 1876. v. [Bibliothèque National de France]. También accesible en: <http://gallica.bnf.fr/ark:/12148/bpt6k307413/f376> [Consulta: 24/06/2011]. Referencia a María de Cervelló, p. 372.

La Leyenda de oro para cada día del año: vidas de todos los santos que venera la Iglesia: obra que contiene todo el Ribadeneira, mejorado, las noticias de Croisset, Butler, Godescart… José Sayol y Echevarria (ed.). Madrid; Barcelona: Libr. Española, 1853. 4 v. [UB CRAI. Biblioteca de Lletres]. También accesible en: <http://books.google.es/books?id=pVRRMTlBQsEC&pg=PA273&dq=colagia&hl=ca&ei=ghIHTtGlLYqPswb7pMDIDA&sa=X&oi=book_result&ct=result&resnum=3&ved=0C

DoQ6AEwAg#v=onepage&q=colagia&f=false> [Consulta: 24/06/2011]. Referencia a María de Cervelló, v. 3, p. 101; Referencia a Colagia, v. 3, p. 273.

Navarro, Andrea Mariana. "Los santos y el imaginario urbano en los discursos historiográficos: Andalucía siglos XIII-XVII". *Hispania Sacra*, LXII, 126 (julio-diciembre 2010), p. 457-489. También accesible en: <http://hispaniasacra.revistas.csic.es/index.php/hispaniasacra/article/view/255/253> [Consulta: 24/06/2011].

Maurí Serra, Josep. *Els sants de la diòcesi de Barcelona*. Barcelona: Gráficas Marina, 1957. 62 p., [5] f. [Biblioteca de Catalunya]. Referencia a María de Cervelló, p. 32-36.

Nenclares, Eustaquio María de. *Santoral español: colección de biografías de todos los santos nacidos en España. Arreglado por meses en forma de año cristiano*. Madrid: M. Tello, 1864. 750 p. [Biblioteca de la Abadia de Montserrat]. También accesible en: <http://books.google.es/books?id=2oFJ9WIod08C&dq=%22maria+de+socors%22&hl=ca&source=gbs_navlinks_s> [Consulta: 24/06/2011]. Referencia a María de Cervelló, p. 602-608.

Palau, José; Martínez de San Martín, Pedro. *La leyenda de oro para cada día del año, 3: vida de todos los santos que venera la Iglesia. Obra que comprende todo el Ribadeneyra mejorado. Las noticias del Graisset Buller Godescard...* Madrid: Razola, 1845. vol. 3 [Biblioteca de Catalunya]. También accesible en: <http://books.google.es/books?id=5RA8xtSrcbkC&printsec=frontcover&hl=ca&source=gbs_ge_summary_r&cad=0#v=onepage&q&f=false> [Consulta: 24/06/2011]. Referencia a Maria de Cervelló, p. 506-517.

Petin, L. M. *Dictionnaire hagiographique, ou Vies des saints et des bienheureux, honorés en tout temps et en tous lieux depuis la naissance du christianisme jusqua à nos jours, avec un supplément pour les saints personnages de lAncien et du Nouveau Testament, et des divers ages de l'Église, auxquels on ne rend aucun culte public, ou dont le jour de fête est inconnu*. Paris : L'abbé Migne, 1950. 2 v. Accesible en: <http://books.google.com/ebooks/reader?id=tmYAAAAAMAAJ&hl=fr&printsec=frontcover&output=reader> [Consulta: 07/07/2011]. Referencia a María de Cervelló, p. vol.2, 1515; Referencia a Colagia, vol. 2, p. 1392

Ribadeneyra, Pedro de. *Flos sanctorum de las vidas de los santos [...] aumentado de muchas por Juan Eusebio Nieremberg y Francisco García [...] añadido nuevamente por Andrés López Guerrero*. Madrid: Joachin Ibarra, 1751. v. [Biblioteca de l'Abadia de Montserrat]. También accesible en: <http://books.google.es/books?id=egMj2qQ78WYC&dq=%22maria+de+socos%22&hl=ca&source=gbs_navlinks_s> [Consulta: 24/06/2011]. Referencia a Maria de Cervelló, vol. 3, p. 93-107.

Sáinz de Baranda, Pedro. *Clave de la España sagrada: cuyo objeto es dar á conocer esta importante obra y facilitar su uso*. Madrid: Imp. de la Viuda de Calero, 1853. 507 p. [Biblioteca de Catalunya]. También accesible en:<http://books.google.es/books?id=dwCgAAAAMAAJ&dq=%22maria+de+cervellon%22&hl=ca&source=gbs_navlinks_s>[Consulta: 24/06/2011]. Referencia a Maria de Cervelló, p. 408.

Serra Potius, Pere. *Prodigios y finezas de los santos ángeles hechos en el Principado de Cataluña...* Barcelona: Por Jayme Surià, 1726. 436 p. [Centro Excursionista de Catalunya]. También accesible en: <http://books.google.es/books?hl=ca&lr=&id=-wEOGgF8J4OkC&oi=fnd&pg=PP7&dq=%22Maria+de+Cervello%22&ots=-7x8m2XEA6&sig=bgkSU-XZ_6iDK40V0umAhZbm79E#v=onepage&q=%22Maria%20de%20Cervello%22&f=false> [Consulta: 24/06/2011]. Referencia a María de Cervelló, p. 172-174.

Silva Lopes Frazao da, Andréia Cristina (coord.). *Banco de dados das hagiografias ibéricas (séculos XI ao XIII)*. Rio de Janeiro: Pem, 2009. También accessible en: <http://www.bibliotecagonzalodeberceo.com/berceo/frazaodasilva/hagiografiahistorica.pdf> [Consulta: 25/04/2011]. Referencia a María de Cervelló, p. 111.

Societé des Bollandistes. *Acta sanctorum septembris: ex latinis et graecis, aliarumque gentium monumentis, servata primigenia veterum scriptorum phrasi*. Antverpiae: Apud Bernardum Alb. Vander Plassche, 1760. v. ? [Bibliothèque National de France]. También accesible en: <http://visualiseur.bnf.fr/CadresFenetre?O=NUMM-6070&I=1&M=chemindefer> [Consulta: 25/04/2011]. Referencias a María de Cervelló vol. 46, p. 166-186.

3. *Procesos de beatificación y canonización*

María de Cervelló

Iglesia Católica. Papa. *Benedicti XIV... De servorum Dei beatificatione et beatorum canonizatione liber secundus*. Roma: excudebant Nicolaus et Marcus Palearini, 1747. 634 p. [Biblioteca de la Univesidad Complutense de Madrid]. También accesible en: <http://books.google.es/books?id=aSJke2P7ghoC&dq=%22maria+de+socos%22&hl=ca&source=gbs_navlinks_s> [Consulta: 07/07/2011]. Referencia a María de Cervelló p. 241-242.

Sacra Rituum Congregatione Barchinonen. Canonizationis beatae Mariae de Socos Monialis professae Ordinis beatae Mariae de Mercede Redemptionis Captiuorum Positio super dubio. Romae : ex Typographia Reu. Cam. Apost., 1691. [4], 2, 23, [4], 283, 14, [2] en bl., 27, [4] p. [Biblioteca del Monasterio de San Juan de Poio (Pontevedra). PP Mercedarios].

Natalia de Tolosa

Sacra Rituum Congregatione... Card. Francisco Desiderato Mathieu... Tolosana confirmationis cultus ab immemorabili tempore praestiti servae Dei Nathaliae a Tolosa: moniali professae ordinis B. M. V. de Mercede Redemptionis Captivorum Sanctae vel Beatae Nuncupatae. Romae: [s.n.], 1905 (Ex-typ. Sociali Polizzi et Valentini). [Biblioteca Pública del Estado de Ávila]

4. *Historia de la Orden de la Merced*

Cabezas, Juan (O de M). *Additio ad Memoriae pro Redemptione Captivorum, i Regnis Coronae Aragoniensis, unice a Mercedariis exercenda.* Madrid: [s.n.],1677. [Biblioteca Mercedaria de Córdoba, República Argentina]. Referenciado por Placer nº 1434.

Cavero, José Nicolás (O de M). *Informe de la verdad por el real y militar orden de Nuestra Señora de la Merced, redencion de cautivos*. [*s.l.*]: [*s.n.*], 1731. 374 p. [Biblioteca de la Universidad Complutense de Madrid]. También accesible en: <http://books.google.es/books?id=9dtiXjaCX0AC&hl=ca&source=gbs_navlinks_s> [Consulta: 24/06/2011]. Referencia a María de Cervelló, p. 137.

Garí Siumell, José Antonio (O de M). *Historia de las redenciones de cautivos cristianos*. Barcelona: Imprenta de los herederos de la viuda Pla, 1873. 464 p.

—. *La Órden redentora de la merced: ejecutora del plan trazado por su excelsa fundadora; ó sea, Historia de las redenciones de cautivos cristianos realizadas por los hijos de la Órden de la merced desde su fundación hasta nuestros días. Con el catálogo de los mártires de la misma órden*… Barcelona: Imprenta de los herederos de la viuda Pla, 1873. IV, 464 p. [Biblioteca Episcopal del Seminario de Barcelona]. También accesible en: <http://books.google.es/books?id=64kQAAAAIAAJ&q=%22Maria+de+Cervell%C3%B3%22&dq=%22Maria+de+Cervell%C3%B3%22&hl=ca&ei=TxwGTur5FsjrsgaT2LymDA&sa=X&oi=book_result&ct=result&resnum=7&ved=0CEUQ6AEwBjha> [Consulta: 25/06/2011]. Referencia a María de Cervelló, p. 101, 109.

Gómez, Elías. «Sobre espiritualidad mercedaria». Madrid: Revista Estudios, 1970. p. 133-195. [Archivo del Real Monasterio del Puig de Santa María (Valencia). PP Mercedarios].

Ledesma, Francisco de (O de M). *Historia breve de la fundacion del convento de la Purissima Concepcion de Maria Santissima llamado comunmente de Alarcon y el Convento de San Fernando de Religiosas del Orden de Nuestra Señora de la Merced... contiene las vidas... de algunas religiosas*. Madrid: por Francisco Antonio de Villa-Diego, 1709. 386 p. [UB CRAI. Reserva]. También accesible en: <http://books.google.es/books?id=B5oNMcvxMX4C&dq=%22maria+de+cervellon%22&hl=ca&source=gbs_navlinks_s> [Consulta: 24/06/2011]. Referencia a María de Cervelló, p. 39-40.

Remón, Alonso (O de M). *Historia general de la Orden de Nuestra Señora de la Merced redención de cautivos*. En Madrid: por Luis Sanchez…, 1618-1633. 2 v. [UB CRAI. Reserva]. Referencias a María de Cervelló y primeras mercedarias, libro IIII p. 200-210; libro V p. 256-260; libro VIII p. 390-394, 413-414; libro X p. 482-483.

Ribera, Manuel Marià (O de M). *Centvria primera del real y militar instituto de la inclita religion de Nuestra Señora de la Merced Redempcion de Cautivos christianos: parte primera, nuevamente ilvstrada por mandato y a expensas de… Fr. Gabriel Barbastro…* Barcelona: por Pablo Campins…, 1726. [82], 636, [76] p. [UB CRAI. Reserva]. También accesible en: <http://books.google.es/books?id=p15ZRe1-6soC&printsec=frontcover&dq=Centvria+primera+del+real+y+militar+instituto+de+la+inclita+religion+de+Nuestra+Se%C3%B1ora+de+la+Merced+Redempcion+de+Cautivos+christianos:+parte+primera,+nuevamente+ilvstrada+por+mandato+y+a+expensas+de…+Fr.+Gabriel+Barbastro&source=bl&ots=gSo-wE0dGk&sig=HJk2uSriDUcV04c8UaEl_sxoZ2Y&hl=es&ei=eqCNTffdAtSzhAfmleC7Dg&sa=X&oi=book_result&ct=result&resnum=1&ved=0CBcQ6AEwAA#v=onepage&q&f=false> [Consulta: 26/03/2011]. Referencias a María de Cervelló p. 8, 42, 186, etc.

—. *Real Patronato de los Serenissimos Señores Reyes de España en el Real y Militar Orden de Nuestra Señora de la Merced Redencion de Cautivos*. Barcelona: por Pablo Campins, 1725. 618 p. [Centre Excursionista de Catalunya]. También accesible en: <http://books.google.es/books?id=gQkGyi0NEGkC&dq=%22Maria+de+Cervell%C3%B3%22&hl=ca&source=gbs_navlinks_s> [Consulta: 26/03/2011]. Referencias a María de Cervelló, p. 617.

Rodríguez Carrajo, Manuel (O de M). «Ramas femeninas mercedarias». *La Orden de la Merced.* Madrid: Revista Estudios, 1970. p. 329-356. [Archivo del Real Monasterio del Puig de Santa María (Valencia). PP Mercedarios].

Rodríguez Parada, Concepción. *La biblioteca del convento de Barcelona de la Orden de la Merced: una herramienta para la formación de los frailes*. Accesible en: <http://www.tesisenred.net/handle/10803/770> [Consulta: 10/07/2011].

Taylor, Bruce. *Structures of reform: the Mercedarian Order in the Spanish Golden Age*. Leiden; Boston; Köln: Brill, 2000. 506 p. [UB CRAI. Biblioteca de Filosofia, Gegrafia I Història]. También accesible en: <http://books.google.es/books?id=CTJGTM4WV3YC&dq=%22Maria+de+Cervell%C3%B3%22&hl=ca&source=gbs_navlinks_s> [Consulta: 10/07/2011].

Vargas, Bernardo de (O de M). *Additio ad opusculum De Vita et Gestis Gloriosíssimi Patriarchae S. Petri Nolaschi*... Messanae: ex typographía Petri Breae, 1629. 70, [4] p. [UB CRAI. Reserva].

—. *Chronica sacri ac militaris ordinis B. Mariae de Mercede redemptionis captivorum*. Panormi: Apud Joannem Baptistam Maringum Impressorem, 1619-1622. 2 v. [CCPBC].

Tourón del Pie, Eliseo (O de M). «La Orden de la Merced desde 1218 hasta 1330». *La Orden de la Merced*. Madrid: Revista Estudios, 1970, p. 9-48. [Archivo del Real Monasterio del Puig de Santa María (Valencia). PP Mercedarios].

Vázquez Núñez, Guillermo (O de M). *Manual de historia de la Orden de Nuestra Señora de la Merced*. Toledo: Editorial Catolica Toledana, 1931. vol. 1. [Archivo del Real Monasterio del Puig de Santa María (Valencia). PP Mercedarios].

5. *Historia*

Díaz Arnau, Antonio; Martí i Bonet, Josep Maria. "Constumbres y tradiciones religiosas de Barcelona referidas a los santos". En *Memoria ecclesiae*, nº 26 (2005), v. 3, p. 233-272.

Diccionario de Historia eclesiástica de España. Quintín Aldea Vaquero, Tomás Marín Martínez, José Vives Gatell (dir.). Madrid: Instituto Enrique Flórez, Consejo Superior de Investigaciones Científicas, 1972-1975. 4 v. [UB CRAI. Campus Mundet]. Referencia a María de Cervelló, v. I, p. 402.

Fernández Conde, Francisco Javier. *La religiosidad medieval en España: plena Edad Media (ss. XI-XII)*. Oviedo: Universidad de Oviedo, 2000. 640 p. [UB CRAI. Biblioteca de Filosofia, Geografia i Història]. También accesible en: <http://books.google.es/books?id=u__7haW6fwsC&dq=%22maria+de+cervellon%22&hl=ca&source=gbs_navlinks_s> [Consulta: 12/07/ 2011]. Referencia a María de Cervelló, p. 491.

Garí, Blanca. "The politics of the Sacred in Medieval Barcelona. From the inventio Sanctae Eulalie to de Mercedarian legends". *Imago Temporis. Medium Aevum*. v. 4 (2010), p. 201-219. También accesible en: <http://www.raco.cat/index.php/Imago-Temporis> [Consulta: 14/07/2011].

—. "La política de lo sagrado en la Barcelona medieval. De la *inventio santae eulaliae* a las leyendas mercedarias". En: *Religiosidad, cultura y poder. Temas y problemas de la historiografía reciente*. Patricia Fogelman (comp.). Buenos Aires: Ediciones Lumiére, 2010.

González Lopo, Domingo L. "Los nuevos modos de la hagiografía contrarreformista". En *Memoria ecclesiae*, nº 24 (2004), v.1, págs. 609-632.

Jornet i Benito, Núria. *Las relaciones en la historia de la Europa medieval*. València: Tirant lo Blanch, 2006. 493 p. [UB CRAI. Biblioteca de Biblioteconomia].

Més enllà del silenci: les dones a la història de Catalunya. Mary Nash (ed.). Barcelona: Generalitat de Catalunya. Comissió Interdepartamental de Promoció de la Dona, 1998. 282 p. [UB CRAI. Biblioteca de Lletres].

Ribera, Manuel Marià (O de M). *Genealogia de la nobilissima familia de Cervellón...* Barcelona: por Pablo Campins..., 1733. [40], 240, [4] p. [UB CRAI. Reserva]. También accesible en: <http://books.google.es/books?id=moynqstJeTEC&printsec=frontcover&dq=Genealogia+de+la+nobilissima+familia+de+Ceruell%C3%B3n&source=bl&ots=r4USIqSCup&sig=ryTIWzpbJDracRe4sxVsJUe6mZI&hl=es&ei=MKCNTc_yOJK2hAe4_uC7Dg&sa=X&oi=book_result&ct=result&resnum=1&ved=0CB0Q6AEwAA#v=onepage&q&f=false> [Consulta: 26/03/2011]. Referencias a María de Cervelló p. 4, 33, 53, etc.

—. *Real Capilla de Barcelona: la mayor y mas principal de los reynos de la Corona de Aragon, ilustrada y defendida... con singulares noticias, nuevamente descubiertas....* Barcelona: por Iayme Surià, 1698. 252 p. [Biblioteca de Catalunya] <http://books.google.es/books?id=34JrXXUVwRAC&dq=%22maria+de+cervellon%22&hl=ca&source=gbs_navlinks_s> [Consulta: 26/03/2011]. Referencias a María de Cervelló, p. 16.

Viforcos Marinas, María Isabel; Campos Sánchez-Bordona, María Dolores. *Fundadores, fundaciones y espacios de vida conventual: nuevas aportaciones al monacato femenino*. León: Universidad de León, 2005. 947 p. [Biblioteca de la Universitat de Girona (UdG)].

Villanueva, Jaime. *Viaje literario a las iglesias de España*. Valencia: en la Impr. de Oliveres, 1851. v. También accesible en: <http://books.google.com/books?id=nZyqEtyD_tIC&pg=PA449&dq=Viage+literario+a+las+iglesias+de+Espa%C3%B1a+%2B+Socos&hl=fr&ei=3eUETpHaDMmw8gOD2qy0DQ&sa=X&oi=book_result&ct=result&resnum=3&ved=0CDUQ6AEwAg#v=onepage&q&f=false> [Consulta: 24/06/2011]. Referencia a María de Cervelló, v. XVII, p. 449. Referencia a Colagia, v. X, p. 305-308.

6. *Liturgia, panegíricos y sermonarios*

Armengol. Jaume. *Novena a Santa María de Cervelló: Virgen mercedaria e hija ilustre de Barcelona*. Barcelona: Pía Unión de Devotos de Santa María de Cervelló de Barcelona, [1949?]. 40 p. [Biblioteca de Catalunya].

Barter, Joan. *Villancicos que se cantaron en la fiesta, que el... Braço Militar consagró el dia 11 de abril 1693, en demonstracion del tierno amor, con que venera à... S. Maria de Cervellon, llamada, por sus milagros del Socòs, en el mariano templo del... convento del... orden de la Merced... en su canonización hecha por la Santidad de... Innocencio Duodecimo*. En Barcelona: en la imprenta de Antonio y Baltasar Ferrer, 1693. [Biblioteca de Catalunya].

—. *Villancicos que se cantaron en la fiesta qve hizieron los... Señores Deputados y Oydores de Cuentas del Principado de Cataluña en la iglesia del... convento de N. Señora de la Merced de Barcelona, el dia 6 de Abril 1693, por la deseada declaracion del culto immemorial de Santa Maria de Cervellò, nombrada del Socorro...: cantòlos la capilla de la Cathedral siendo maestro della... Iuan Barter*. Barcelona: por Rafael Figeerò [sic] impressor de la Generalidad, 1693. [UB CRAI. Reserva].

—. *Villancicos qve se cantaron en las fiestas qve la excelentissima ciudad de Barcelona consagrò en holocaustos de afectos à su hija Santa Maria de Cervellò ò del Socos en el real convento de N.S. de la Merced, a 5 de abril de 1693 siendo maestro de la capilla de la seo... Iuan Barter*. En Barcelona: en casa Cormellas, por Jayme Cays, [1693?] [UB CRAI. Reserva].

—. *Villancicos qve se cantaron en la iglesia del primer y barcelonés convento de la real y militar orden de Nuestra Señora de la Merced en la fiesta qve consagrò el cariñoso culto del excelentissimo señor don Iuan Claros, Alfonso, Perez de Guzman el Bueno, Duque de Medina Sidonia ... en la celebridad de la canonizacion de santa Maria de Cervellò y Socòs ... : cantolos la capilla de Nvestra Señora del Palau siendo su maestro ... Felipe Olivellas*. Barcelona: en casa de Rafael Figuerò, 1693. [UB CRAI. Reserva].

—. *Villancicos que se cantaron en el Real Convento de Nuestra Señora de la Merced de la ciudad de Barcelona en 10 de abril de 1693 para la fiesta que hizo el Excelentissimo Señor Marquès de Aytona á la gloriosa Santa Maria de Socòs y Cervellò: cantolos la Capilla de Nuestra Señora del Palau siendo su maestro el licenciado Felipe Olivellas*. Barcelona: en casa de Rafael Figuerò..., [1693?]. [Arxiu Comarcal de la Segarra (Lleida)].

—. *Villancicos qve se cantaron en la iglesia del real convento de Santa Eulalia de la ... orden de N.S. de la Merced, redencion de cautivos, en la solemne fiesta que hizo el Magistrado de la Lonja del Mar de esta ciudad de Barcelona por la canonizacion de Santa Maria del Socòs, llamada en el siglo doña Maria de Cervellon ... : cantolos la capilla de la S. Iglesia Cathedral siendo maestro ... Iuan Barter ..., dia 7 de Abril 1693*. En Barcelona: por Iayme Surià impressor, 1693. [UB CRAI. Reserva].

Barutell i d'Erill, Lluís de. *Discvrso panegirico en la canonizacion de Santa Maria de Cervellon, qve en el festivo cvlto qve en demonstraciones de el afecto con que la venera como à nobilissima hija suya, consagrò y saca á luz el... Braço Militar y dixo... fr. Luis de Barutell y Erill... en el mariano templo de el primer y real convento de el real y militar orden dela Merced, redencion de cautivos*. En Barcelona: en casa de Rafael Figuerò..., 1693. [UB CRAI. Reserva].

Breve relacion de el feliz viage de... doña Isabel Christina de Brvnsvvich y Vuolfenbvttel... desde San Pedro de Arenes hasta la ciudad de Matarò, sv magnifica y gloriosa entrada en... Barcelona y reales bodas con... don Carlos Tercero...: svmptvosa pompa con qve la lealtad cathalana aplavdiò à Sus Magestades en tan celebre ocasion: con la [sagrada] circvnstancia de averse execvtado la festiva translacion de el glorioso cuerpo de Santa Maria de Cervellon. Barcelona: por Rafael Figverò..., 1708. [UB CRAI. Reserva]. También accesible en: <http://mdc.cbuc.cat/cdm4/document.php?CISOROOT=/llibimps16&CISOPTR=37523&CISOSHOW=37481> [Consulta: 04/07/2011].

Carreras i Candi, Francesc. *Festes de la canonisasió de Santa Maria de Cervelló ó del Socós en 1693*. Barcelona: Estampa "La Catalana" de Jaume Puigventós, 1890. [Biblioteca de Catalunya].

Catálogo de la colección de folletos Bonsoms, relativos en su mayor parte a historia de Cataluña. 1, Folletos anteriores a 1701. Barcelona: Diputación Provincial. Biblioteca Central ("Biblioteca de Catalunya"), 1972. X, 454 p. [Biblioteca de Catalunya]. Referencia a María de Cervelló, núms. 1830 y 1837.

Costa, Ramon (OP). *Oracion panegyrica en la declaracion del culto immemorial con titulo de canonizacion de Santa Maria de Cervellon, ò del Socòs, que en la fiesta que consagró el dia octavo de su celebre octavario el cariñoso culto del excelentissimo señor don Iuan Claros Alfonso Perez de Guzmán el Bueno, duque de Medina Sidonia ... virrey y capitan general en el Principado de Cataluña / dixo ... Raymundo Costa ... en la Real Capilla de el ... Convento ... de Nuestra Señora de la Merced ...* En Barcelona: por Iayme Surià ..., 1693. [UB CRAI. Reserva].

Díaz Rengifo, Juan. *Arte poetica española: con una fertilissima sylva de consonantes comunes, proprios..., y un divino estimulo de el amor de Dios*. Barcelona: en la imprenta de Maria Angela Martì viuda, 1755. 483 p. [Biblioteca de l'Ateneu Barcelonés]. También accesible en: <http://books.google.es/books?id=CfRV-rwUJvwC&dq=%22Maria+de+Cervello%22&hl=ca&source=gbs_navlinks_s> [Consulta: 25/06/2011]. Referencia a María de Cervelló en p. 75.

Echeverz, Francisco M. (O de M). *Pláticas doctrinales*. Madrid: en la imprenta de Antonio Marin, 1768. 379 p. [Biblioteca Universidad Complutense de Madrid]. También accesible en: <http://books.google.es/books?id=7dJW6CWRgsIC&printsec=frontcover&hl=ca&source=gbs_ge_summary_r&cad=0#v=onepage&q&f=false> [Consulta: 25/06/2011]. Referencia a María de Cervelló, p. 138.

Granell, Pere Teodor. *Sermon de la señora Santa Maria de Cervellon, virgen extatica : dicha por los continuos socorros que hallavan en ella los necessitados, por aclamacion de los pueblos del Socos en el primer dia de las solemnissimas fiestas que se hizieron en el real convento de Nuestra Señora de la Merced, Redempcion de Cautivos, de la ciudad de Valencia, que fue dia de Pascua de Espiritu Santo de 1693 : por la declaracion de su culto inmemorial y canonización*. En Valencia: por Jayme de Bordazar, 1693. [UB CRAI. Reserva]. También accesible en: <http://bvpb.mcu.es/es/catalogo_imagenes/grupo.cmd?interno=S&posicion=1&path=11000333&presentacion=pagina> [Consulta: 25/04/2011].

Hernández, Vicente. *Colección de sermones panegíricos originales: comprende además de los sermones de algunos misterios del Señor y de la Virgen Santísima los panegíricos de casi todos los principales santos que se veneran en la iglesia universal y en la de España y unas cuantas oraciones fúnebres*. Madrid: Imprenta de José Félix Palacios, 1848. 11 v. [Biblioteca Nacional de España]. También accesible en: http://books.google.es/books?id=7Vv4O9b8F_0C&printsec=frontcover&hl=ca#v=snippet&q=%20Cervell%C3%B3&f=false [Consulta: 25/04/2011]. Referencia a María de Cervelló, v. 5, p. 341.

Iglesia Católica. *Bullarum, privilegiorum ac diplomatum Romanorum Pontificum amplissima collectio...A. S. Leone Magno...Clementis XII opera*. Opera et studio Caroli Cocquelines. Romae: Mainardi, 1739 [Biblioteca Pública de Lyon]. También accesible en: <http://books.google.es/books?id=IbMtKRAVd5wC&pg=PA436&dq=%22maria+de+socos%22&hl=ca&ei=ndcGTvTsDYP4sgbH2MCqDA&sa=X&oi=book_result&ct=result&resnum=2&ved=0CC4Q6AEwAThu#v=onepage&q=%22maria%20de%20socos%22&f=false> [Consulta: 25/06/2011]. Referencia a María de Cervelló, p. 435-437.

—. *Die XXV Septempbris in festo beatae Mariae de Socos virginis ordinis beatissimae Virginis Mariae de Mercede*... Barcinone: ex Typ. Raphaelis Figueró, 1697. [UB CRAI. Reserva].

—. *Die XXV septembris in festo Sanctae Mariae de Cervellione: alias de subsidio, virginis*... [Antuerpiae? : *s.n.*], [post. 1 Dec. 1742]. [Biblioteca de Catalunya].

—. *Die XXV septembris in festo Sanctae Mariae de Cervellione, alias subsidio virginis, ordinis B.V. Mariae de Mercede, redempt. captiv*. [*s.l.: s.n., s.a.*]. 4 p. Texto fechado en 1742. [Catálogo Colectivo del Patrimonio Bibliográfico Español].

—. *Die XXV Septembris in festo Stae. Mariae de Cervellione aliás de subsidio ordinis beatissimae Virginis Mariae de Mercede: duplex in tota provincia Tarraconensi*. Barcinone: ex officina Joannis Piferrer..., [1735 o post.] [Biblioteca Episcopal del Seminari de Barcelona].

—. *In festo Sanctae Mariae de Cervellione, alias de subsidio, virginis, ordinis B. V. Mariae de Mercede, Redempt. Captiu*... [*s.l.*: *s.n.*, *s.a.*]. [3] p. Texto fechado en 1742. [Catálogo Colectivo del Patrimonio Bibliográfico Español].

—. *Magnum bullarium romanum seu eiusdem continuatio*...: *accedunt, prout in editione romana, eorum Pontificum vitae, quorum bullae hic recèns prodeunt, apendices*...: *cum rubricis, summariis, scholiis et indicibus: tomus duodecimus, complectens Constitutiones ab Alexandro VIII Innocentio XII*... Luxemburgui: sumptibus Pellissari & Soc. Bibliopol & Typograph, 1739. 636 p. [Biblioteca de la Universidad Complutense de Madrid]. También accesible en: <http://books.google.es/books?id=O7tUyx8sxy0C&printsec=frontcover&hl=ca#v=onepage&q&f=false> [Consulta: 25/06/2011]. Referencia a Maria de Cervelló, p. 636.

—. *Officia propria Sanctorum aliarumque festivitatum, quae in toto regali Ordine Beatae Mariae Virginis de Mercede, Redemptionis captivorum celebrantur*. Matriti: ex Tipographia Viduae et filii Petri Marin, 1792. [Biblioteca de la Abadia de Montserrat]. También accesible en: <http://books.google.es/books?id=A- 6zTaTpIYkC&pg=PR3&hl=ca&source=gbs_selected_pages&cad=3#v=onepage&q&f=false> [Consulta: 25/06/2011]. Referencias a María de Cervelló, p. XXIII, XXVI, 148.

—. *Officia propria sanctorvm ecclesiae cathedralis & dioecesis Barcinonensis, juxta formam Breviarii Romani à sacra rituum congregatione auctoritate apostolica approbata: quibus accedit officium sanctae Mariae de Cervellione, dictae de Socòs, duplex in tota provincia Tarraconensis, ex Decr. Sac. Cong. die 22 Januarii 1735*. Barcinone: ex officina Joannis Piferrer…, 1741. [UB CRAI. Reserva].

—. *Officium Sanctæ Mariæ de Cervellione, de subsidio, Virginis, ordinis B.V. Mariæ de Mercede ... : duplex*. [*s.l.*: *s.n.*, *s.a.*]. Texto fechado en 1742. [Catálogo Colectivo del Patrimonio Bibliográfico Español].

—. *Pontificiarum constitutionum in bullariis magno, et Romano contentarum, et aliunde desumptarum epitome, et secundum materias dispositio*. Opera et studio Aloysius Guerra. Venetiis: Sumptibus Heredis Nicolai Pezzana, 1772. 4 v. Referencias a Maria vol I, p. 88, XIX. [UB CRAI. Reserva]. También accesible en: <http://books.google.es/books?id=8BEUAAAAQAAJ&printsec=frontcover&hl=ca#v=onepage&q&f=false> [Consulta: 25/06/2011].

Iglesia Católica. Diócesis de Barcelona. Ciria. *Sententia lata et promvlgata per Illvstrem et Admodvm Revendum [sic] Dominum Vic. Gen. & Offi. Barcin. decernens quod possit quotannis die 25 Septembris recitari officium & missa de Communi Virginum, sub ritu duplici de Sancta Maria de Socós, tamquam de sancta mundo & coelo nata in civitate Barcinone ex nobili familia de Cervelló, baptizata in Insigni Parochia Sanct[a]e Mariae de Mari*. [Barcinone?: s.n., 1695 o post.] [Arxiu Històric de Sabadell (Barcelona)].

Marbach, Carl. *Carmina scripturarum scilicet Antiphonas et Responsoria ex sacro Scripturae fonte in libros liturgicos Sanctae Ecclesiae Romanae derivata, collegit et edidit Carolus Marbach, episcopus titularis Paphiensis*. Argentorati: Typis Fr. Xav. Le Roux, Epi Argentinen. Typogr., 1907. 775 p. [Bibliothèque National de France]. También accesible en: <http://gallica.bnf.fr/ark:/12148/bpt6k5720301p/f567.image.r=Socos.langES> [Consulta: 28/06/2011]. Referencias a Maria en p. 278, 390, 515, 534, 594.

Marcos de San Antonio (O de M Desc). *Incendium charitatis ab igneo beatissimae V. Mariae corde productum, quo descendens de caelo institutrix & Master ditavit Ecclesiam. Coelestis Religio eiusdem B. V. Mariae de Mercede*... Madrid: ex typographia Emmanuelis Martinez, 1734. 627 p. [Biblioteca de la Universidad Complutense de Madrid]. También accesible en: <http://books.google.es/books?id=Nt9RGeNVFDsC&dq=%22maria+de+socos%22&hl=ca&source=gbs_navlinks_s>> [Consulta: 12/07/2011]. Referencia a María de Cervelló, p. 104.

Mayet y Perelló, Nicolás. *La Madre de la Merced exaltada por sus hijos y los hijos exaltados por su Madre: sermon que el dia 24 de setiembre del año 1803, en que el Real y primer convento de la Merced de Barcelona celebra anualmente la descensión de Maria Santísima a dicha Ciudad, y fundacion de su Religión...* Barcelona: en la imprenta de Francisco Ifern y Oriol..., [1803 o post]. 24 p. [UB CRAI. Reserva]. También accesible en: <http://books.google.es/books?id=z5kHmpcMJRwC&dq=%22maria+de+cervellon%22&hl=ca&source=gbs_navlinks_s> [Consulta: 12/07/2011]. Referencia a María de Cervelló, p. 19.

Merega, Rómulo (O de M). *Sagrado Hymineo del Meior esposo Christo, con su querida esposa Santa María de Cervellon: Oración Panegírica...* En Valencia: Francisco Mestre, 1693. [Catálogo Colectivo del Patrimonio Bibliográfico Español].

Novena a Santa María de Cervelló. Barcelona: La Hormiga de Oro, [s. a.], 2 f. [Arxiu Històric de la Ciutat de Barcelona].

Novena devota, ò Prevencion de devocion con que se puede disponer el devoto de la Soberana Madre de la Misericordia Maria para celebrar todas sus festividades: vá añadida con diferentes oraciones muy devotas al fin. Barcel.: por Carlos Gibért y Tutó, [entre 1773 i 1807]. 95, [1] p. [Arxiu Comarcal de la Cerdanya (Girona)].

Pagés, Joaquín. *Novena en honor de la gloriosa Virgen Santa María de Cervellón, vulgo del Socós, cuyo cuerpo se venera en la iglesia parroquial de Nuestra Señora de las Mercedes*. Barcelona: Imp. Herederos Vda. Pla, 1873. 30 p. [Biblioteca Episopal del Seminari de Barcelona].

Pibiri i Serra, Jordi (O de M). *Los Socorros de la protegedora, hvmilde y observantissima Religiosa Mercedaria, benignamente experimentados y vniversalmente recibidos en el dilatado ambito de los orbes, Santa Maria de Cervellò, llamada communmente del Socorro...* Barcelona: en la imprenta de Iuan Pablo Marti, 1710. [UB CRAI. Reserva]. También accesible en: <http://books.google.es/books?hl=ca&lr=&id=N5C16xW3_30C&oi=fnd&pg=PT4&dq=%22Maria+de+Cervello%22&ots=qU0QRhJP0j&sig=Mc3HMpkmloE228ghRSGz4gEXY2U#v=onepage&q=%22Maria%20de-%20Cervello%22&f=false> [Consulta: 26/03/2011].

Pla, Vicente (O de M). *Oración panegirica en las glorias de la Señora Santa Maria de Cervellon... fundadora de las Religiosas Redemptoras del Real y Militar Orden de Nuestra Señora de la Merced...* En Valencia: en la imprenta de Vicente Cabrera..., 1696. [6], 34 p. [Catálogo Colectivo del Patrimonio Bibliográfico Español].

Relacion de las fiestas que con motivo de la solemne translacion del Santissimo Sacramento y milagrosa imagen de Nuestra Señora de las Mercedes al nuevo templo del Convento de la Real y Militar Orden de la Merced de Barcelona, se celebraron en ella en los dias 10, 11, 12, 13 y 14 de septiembre... Barcelona: por Carlos Gibert i Tutó [1775]. [6], XXXVIII p.[Centre Excursionista de Catalunya].

[Sermon de S. Pedro Armengol y S. Maria Socòs...]. [*s.l.: s.n., s.a.*]. 33 p. [Biblioteca Pública Yanguas y Miranda, de Tudela (Navarra)].

Ulate, Miguel de (O de M). *Octava panegyrica, fiestas solemnes en la declaracion qve hizieron nuestros Santissimos Padres Inocencio Vndezimo y Duodezimo, del culto immemorial del inclyto martyr San Pedro Armengol y de la esclarecida Virgen Santa Maria Socòs, religiosos del sacro, real y militar orden de la Merced Calçada, redencion de cautivos: celebradas por sv convento desta imperial corte y coronada villa de Madrid el dia diez y nueve de Septiembre del año de mil seiscientos y noventa y cinco, y vidas ilvstres de ambos santos*. En Madrid: en la imprenta de Bernardo de Villa-Diego..., 1697. [24], 344, [18] p. [UB CRAI. Reserva].

Villancicos qve se cantaron en la real capilla y camara angelical de Nuestra Señora de la Merced, de la ciudad de Barcelona, en la solenissima [sic] fiesta que hizo el primer y real convento del real, militar y barcelonés orden de la Merced, en demonstracion de el gozo le ha resultado de la canonizacion de Santa Maria de Cervellon...: cantòlos la capilla del Palau de la Condessa siendo maestro de ella... Felipe Olivellas. En Barcelona: por Iayme Surià impressor, 1693. [8] p. [Biblioteca de Catalunya].

7. *Gozos*

Deprecació a Maria Santissima del Socós en temps esteril de ayguas. Barcelona: per Joan Serra, 1798. [1] f.: il., xilografia. [Biblioteca de Catalunya].

Goigs de la gloriosa verge santa Maria de Cervelló: dita del Socós, lo Cos de la qual se guardala Iglesia de la Mercé en Barcelona: se celebra la sua festa lo 25 de setembre. [*s.l.*: *s.n.*], 1859 (Barcelona: Estampa dels Hereus de la V. Pla). 1 f.: il; [Fundació Bosch i Cardellach (Sabadell, Barcelona). *Goigs de la gloriosa verge santa Maria de Cervellò dita del Socòs, lo Cos de la qual se venèra incorrupto en Barcelona en lo Real, y primer Convent del Sagràt, y Militar Orde de Nostra Senyora de la Mercé Redempciò de Catius*. Barcelona: En la Estampa dels Hereus de Joan Jolis, [1762?]. 1 full: il. [Biblioteca de Catalunya].

Goigs de la Gloriosa Verge Santa Maria de Cervellò [Visual]: dita del Socós, lo Cos de la qual se venèra incorrupto en Barcelona en lo Real, y primer Convent del Sagrat, y Militar Orde de Nostra Senyora de la Mercè Redempció de Catius. Barcelona: En la Estampa de Bernat Pla, [1796?]. 1 full: il. [Biblioteca de Catalunya].

Goigs de la gloriosa, verge santa Maria de Cervelló: dita del Socós, lo Cos de la qual se venera incorrupto en Barcelona, en lo Real, y primer Convent del Sagrát, y militar Orde de nostra senyora de la Merçé redempció de Catius. En Barcelona: per Francisco Suriá y Burgada, [entre 1771 i 1805]. 1 f.: il. [Biblioteca de Catalunya].

Goigs de la gloriosa verge Santa Maria de Cervello dita del Socos. Que se celebra lo dia 25 de Setembre. [*s.l.*: *s.n.*, 18...]. 1 f.:il. Accesible en: <http://bm-montpellier-1.picturelan.com/detail.cfm?cfid=7582&cftoken=31287005&idmedia=0034588&w=2> [Consulta: 09/07/2011].

Goigs de la Verge Santa Maria Socos del orde de Nostra Senyora de la Merce. En Barcelona: en casa de Sebastia y Iaume Matevat, 1627. [1] f. [UB CRAI. Reserva].

Hilari d'Arenys de Mar (OFM Cap). *Goigs a llaor de la benaventurada Santa Maria de Cervelló, coneguda dels Socors*. Accesible en: <http://books.google.es/books?id=5e40QwAACAAJ&dq=%22Maria+de+Cervell%C3%B3%22&hl=ca&ei=9SoGTvOPHIv3sgbRsZGvDA&sa=X&oi=book_result&ct=result&resnum=4&ved=0CDYQ6AEwAziqAQ> [Consulta: 25/06/2011].

Massons Andreu, Josep. *Goigs a la gloriosa verge Santa Maria de Cervelló (o del Socós) que, incorrupta, es venera a la Basílica Parroquial de Ntra. Sra. de la Mercé*. Barcelona: Imp. Parellada, 1950. 1] f.: il. [Biblioteca de Catalunya].

[Otros gozos] en: <http://bibliogoigs.blogspot.com/search/label/Cervell%C3%B3> [Consulta: 08/07/2011].

Vázquez, Luís. «Poesía mercedaria olvidada: siglos XVII y XVIII». Madrid: Estudios, 1985. p. 297-355. Incluye un gozo dedicado a María de Cervelló.

D) Fuentes y estudios iconográficos

Bastús y Carrera, Vicente Joaquín. *Suplemento al Diccionario histórico enciclopédico*. Barcelona: Impr. de Roca, 1835. 640 p. [Biblioteca de Catalunya]. També accesible en: <http://books.google.es/books?id=0I41cF5z1bkC&dq=%22Maria+de+Cervell%C3%B3%22&hl=ca&source=gbs_navlinks_s> [Consulta: 24/07/2011]. Referencia a María de Cervelló, p. 459.

Bofarull, Antonio de. *Guia-cicerone de Barcelona: aumentado, correjido y vindicado*. Barcelona: Imp. Hispana de V. Castaños, 1855. 282 p. [Centre Excursionista de Catalunya]. <http://books.google.es/books?id=k6xvz3Q7gEoC&dq=%22Maria+de+Cervell%C3%B3%22&hl=ca&source=gbs_navlinks_s> [Consulta: 24/07/2011]. Referencia a María de Cervelló, p. 151.

Cahier, Charles. *Caractéristiques des saints dans l'art populaire*. Paris: Poussielgue frères, 1867. 2 v. [Bibliothèque National de France]. También accesible en: <http://gallica.bnf.fr/ark:/12148/bpt6k5784430n.r=Marie+de+Socos.langES> [Consulta: 24/07/2011]. Referencia a María de Cervelló, vol. II, p. 519, 553, 623, 839.

Carmona Muela, Juan. *Iconografía de los santos*. Madrid: Ediciones Itsmo, 2003. 472 p. [UB CRAI. Biblioteca de Filosofia, Geografia i Història]. También accesible en: <http://books.google.es/books?id=gMNPzztN8ZkC&dq=%22Maria+de+Cervell%C3%B3%22&hl=ca&source=gbs_navlinks_s> [Consulta: 24/07/2011]. Referencia a María de Cervelló, p. 306-307.

Castellanos de Losada, Basilio Sebastián. *Compendio del sistema alegorico, y diccionario manual de la iconologia universal...* Madrid: Imprenta de D.B. Gonzalez, 1850. 543 p. [Biblioteca de Catalunya]. También accesible en: <http://books.google.es/books?id=FZEUopb7tvoC&dq=%22Maria+de+Cervell%C3%B3%22&hl=ca&source=gbs_navlinks_s> [Consulta: 24/07/2011]. Referencia a María de Cervelló, p., 158.

Certamen poetico que en florida palestra de humanas letras propone la... ciudad de Barcelona para gustosa celebridad de las fiestas con que solemniza la canonizacion de... Santa Maria de Cervellon... [*s.l.*: *s.n.*, 1692 o post.]. [UB CRAI. Reserva].

Claudio de Lorena. *Paisaje con Santa María de Cervelló* (?). Óleo sobre lienzo, 162 x 241 cm. 1636-1638. [Museo del Prado].

Fernández de Navarrete, Martín. *Colección de documentos inéditos para la historia de España*. Madrid: La viuda de calero, 1870. v. [Biblioteca Nacional de España]. También accesible en: <http://books.google.es/books?id=zmBBAAAAcAAJ&dq=%22maria+de+cervellon%22&hl=ca&source=gbs_navlinks_s> [Consulta: 24/07/2011]. Referencia a María de Cervelló, v. 65, p., 257.

García Gutiérrez, Pedro Francisco. *Iconografía Mercedaria, Nolasco y su obra*. Madrid: Revista Estudios, 1985. 130 p. [Biblioteca Nacional de España].

Garganté Llanes, Maria. *Festa, arquitectura i devoció a la Catalunya del Barroc*. Barcelona: Publicacions de l'Abadia de Montserrat, 2011. 233 p. [Museu Nacional d'Art de Catalunya]. També accesible en: <http://books.google.es/books?id=eONfL7OQJfIC&pg=PA90&dq=%22Maria+de+Cervello%22&hl=ca&ei=fs0FTqndDoKs8gPWmP2GBA&sa=X&oi=book_result&ct=result&resnum=4&ved=0CDcQ6AEwAzgU#v=onepage&q=Merc%C3%A8&f=false> [Consulta: 25/06/2011]. Referencia a María de Cervelló, p. 90-94, 121, 191.

Gutiérrez Pastor, Ismael. «Cuestiones de iconografía mercedaria en obras madrileñas de José Jiménez Donoso, Alonso del Arco, Matías de Irala y Antonio González Ruiz».

Anuario del Departamento de Historia y Teoría del Arte. v. 20, 2008, p. 91-102. También acccesible en: <http://digitool-uam.greendata.es/view/action/singleViewer.do?dvs=1310490616096~192&locale=es&VIEWER_URL=/view/action/singleViewer.do?&DELIVERY_RULE_ID=4&search_terms=SYS%20=%20000005466&adjacency=N&application=DIGITOOL-3&frameId=1&us> [Consulta: 12/07/2011].

Interián de Ayala, Juan (O de M). *El pintor christiano, y erudito, ó Tratado de los errores que suelen cometerse freqüentemente en pintar, y esculpir las Imágenes Sagradas*... Madrid: Joachín Ibarra, 1782. [UB CRAI. Reserva]. También accesible en: <http://books.google.es/books?id=60Z-1sQTh74C&dq=%22Maria+de+Cervell%C3%B3%22&hl=ca&source=gbs_navlinks_s >[Consulta: 24/07/2011]. Referencia a María de Cervelló, p. 212-213.

Luna, Juan J. *Claudio de Lorena: y el ideal ídeal clásico de paisaje en el siglo XVII*. Madrid: Ministerio de Cultura, Dirección General de Bellas Artes y Archívos, 1984. 219 p. [UB CRAI. Biblioteca de Filosofia, Geografia i Història].

Mariette, Pierre-Jean. *Abecedario de P. J. Mariette: et autres notes inédites de cet amateur sur les arts et les artistes*. Ph. de Chennevières et A. de Montaiglon (eds.). Paris: J.-B. Dumoulin, 1853-1862. 6 v. [Bibliothèque National de France]. También accesible en: <http://gallica.bnf.fr/ark:/12148/bpt6k202242p/f335.image.r=Socos.langES> [Consulta: 24/07/2011]. Referencia a María de Cervelló, vol. 3, p. 333, 368.

Marqués de Figueroa. «Condesa de Pardo Bazán: cuadros religiosos». *Revista de las Españas* (junio 1926) nº 1. Accesible en: <http://www.filosofia.org/hem/dep/rde/re001018.htm> [Consulta: 24/07/2011]. Referencia a María de Cervelló, p. 18-19.

Monastic matrix: a scholary resource for the study of women's religious communities from 400 to 1600 EC. *Casket of Maria of Cervellò and altar*. Accesible en: <http://monasticmatrix.usc.edu/figurae/?function=detail&id=47> [Consulta: 24/07/2011].

Montaiglon, Anatole de; Mellan, Claude; Mariette, Jean- Pierre. *Catalogue raisonné de l'œuvre de Claude Mellan d'Abbeville*. 1856. 559 p. Accesible en: <http://books.google.es/books?id=L18GAAAAQAAJ&printsec=frontcover&hl=ca#v=onepage&q&f=false> [Consulta: 24/07/2011]. Referencia a María de Cervelló, p. 407-408.

Para festejar la mejor aurora... «Cartel del torneo poético convocado por la ciudad de Barcelona en honor de Santa María de Cervelló, en las fiestas de su canonización, 1693» [*s.l.: s.n.*, 1693?]. [Biblioteca de Catalunya].

Pagés i Paretas, Montserrat. *Art romànic i feudalisme al Baix Llobregat*. Barcelona: Centre d'Estudis del Baix LLobregat: Publicacions de l'Abadia de Montserrat, 1992. 693 p. [UB CRAI. Biblioteca de Filosofia, Geografia i Història]. También accesible en: <http://books.google.es/books?id=z1_jNPU9zIoC&pg=PA343&dq=%22Maria+de+Cervello%22&hl=ca&ei=SvkFTrJ3yaPxA8HgqbcN&sa=X&oi=book_result&ct=result&resnum=10&ved=0CFYQ6AEwCQ#v=onepage&q&f=false> [Consulta: 25/06/2011]. Referencia a María de Cervelló, p. 345 y sigs.

Pardo Bazán, Emilia. *Cuadros religiosos*. Editorial Pueyo, 1925. 147 p. [Biblioteca de Catalunya].

Publicas, y mat [...] es, que previene la [...] ssima ciudad de Barcelona, a su nobili [...] ssima hija Santa Maria de Cervellon, llamada por sus prodigios del Socos, para el dia cinco de abril de 1693, en ocasion... de la canonizacion de la dicha su santa hija, con especial decreto de la santidad de Innocencio XII dado en Roma en 12 de febrero de 1692. [*s.l.: s.n.*, 1693?]. [Biblioteca de Catalunya].

Ruíz Barrera, María Teresa. *Descubriendo Andalucía: el arte mercedario en Sevilla*. Roma: Associazione dei Fratri Editori dell'Istituto Historico dell'Ordine della Mercede, 2008. 347.

—. «Los santos de la Merced: aproximación a su iconografía en Sevilla». *Analecta Mercedaria* nº 24-25 (2005-2006). [Archivo del Real Monasterio del Puig de Santa María (Valencia). PP. Mercedarios].

Salazar Fernández, Rosa María. «Un grabado de Santa María del Subsidio: primera obra firmada de Pedro Duque Cornejo». *Laboratorio de Arte: revista del Departamento de Historia del Arte* nº. 9 (1996), p. 359-364. También accesible en: <http://dialnet.unirioja.es/servlet/articulo?codigo=1343243> [Consulta: 12/07/2011].

Tourón, Eliseo (O de M). «La iconografía mercedaria en Interián de Ayala, O de M». *Homenaje a la memoria de San Pedro Nolasco*. Madrid: Revista Estudios, 1985. p. 357-380. [Archivo del Real Monasterio del Puig de Santa María (Valencia). PP. Mercedarios].

Zuriaga Senent, Vicent. *La imagen devocional en la Orden de Nuestra Señora de la Merced, tradición, formación, continuidad y variantes*. [Valencia]: Institució Alfons el Magnànim, DL 2008. 407 p. También accesible en: <http://www.tesisenred.net/handle/10803/9968> [Consulta: 25/06/2011].

E) Bibliografías y catálogos

1. *Sobre la Orden de la Merced*

Du Busc, Vidal (O de M). *Cathalogus scriptorum Ordinis (B. M. V. de Mercede) et illustrium virorum ejus ab anno 1218 usque ad annum 1596*. Paris: apud Claudium de Boure, 1602. [Citado por Placer López, Gumersindo (O de M), nº 2.035].

Garí, José Antonio (O de M). *Biblioteca mercedaria, ó sea, Escritores de la Celeste, Real y Militar Órden de la Merced, redencion de cautivos, con indicacion de sus obras, tanto impresas como manuscritas...* Barcelona: Impr. de los Herederos de la Viuda Pla, 1875. 395 p. [UB CRAI. Biblioteca de Lletres].

Placer López, Gumersindo (O de M). *Bibliografía mercedaria*. Madrid: Revista Estudios, 1968. 3 v. [UB CRAI. Reserva]. Consulta: 25/06/2011.

2. *Otras fuentes*

Andreu, Jaime. *Catálogo de una colección de impresos (libros, folletos, y hojas volantes) referentes a Cataluña: siglos XVI, XVII, XVIII y XIX*. Barcelona: Tip. L'Avenç, 1902. 344 p. [UB CRAI. Biblioteca de Lletres].

Chevalier, Ulysse. *Répertoire des sources historiques du Moyen Age*. Paris: Bureau de la Société bibliographique, 1877-1883. 2 v. [Bibliothèque National de France]. También accesible en: <http://gallica.bnf.fr/ark:/12148/bpt6k54954026/f806> [Consulta: 24/06/2011]. Referencia a María de Cervelló, p. 1.498.

Codina, Daniel. *Catàlegs dels villancicos i oratoris impresos de la Biblioteca de Montserrat: segles XVII-XX*. Barcelona: Publicacions de l'Abadia de Montserrat, 2003. 286 p. [UB CRAI. Biblioteca de Biblioteconomia]. También accesible en: <http://books.google.es/books?id=bNsEvtzE4tAC&dq=%22Maria+de+Cervello%22&hl=ca&source=gbs_navlinks_s >[Consulta: 25/06/2011].

Hélyot, Pierre. *Dictionnaire des ordres religieux, ou Histoire des ordres monastiques, religieux et militaires et des congrégations séculières de l'un et de l'autre sexe, qui ont été établies jusqu'à présent*. Paris : Aux Ateliers Catholiques du Petit-Montrougue,

1847-1863. v. [Bibliothèque National de France]. También accesible en: <http://books.google.com/books?id=fYdCAAAAYAAJ&printsec=frontcover&dq=editions:PRNC32101073590109&hl=fr#v=onepage&q=cervellon&f=false> [Consulta: 24/06/2011]. Referencia a María de Cervelló, p. 72.

Oettinger, Eduard Maria. *Bibliographie biographique universelle. Dictionnaire des ouvrages relatifs à l'histoire de la vie publique et privée des personnages célèbres de tous les temps et de toutes les nations depuis le commencement du monde jusqu'à nos*. Bruxelles: J. J. Stienon, 1854. 2 v. [Bibliothèque National de France]. También accesible en: <http://gallica.bnf.fr/ark:/12148/bpt6k206459d/f143>. Referencia a Esteve de Corbera, *Vida i echos maravillos de Doña María de Cervellón*. [Consulta: 24/06/2011]; <http://gallica.bnf.fr/ark:/12148/bpt6k206460b/f449> Referencia a Giovanni Zito e Regio, «S. Maria de Cerbellon detta de Socos, liberatrice de' naveganti ne' pericoli delle tempeste del mare». [Consulta: 24/06/2011].

Repertorio de impresos españoles perdidos e imaginarios. Madrid: Ministerio de Cultura, Dirección General de Bellas Artes, Archivos y Bibliotecas, 1982. 333 p. [UB CRAI. Biblioteca de Lletres].

Serrano y Sanz, Manuel. *Antología de poetisas líricas*. Madrid: [s.n.], 1915 (Tipografía de la "Revista de Arch., Bibl. y Museos"). 2 v. [UB CRAI. Biblioteca de Lletres].

F) Miscelánea

Alatorre, Antonio. *Cuatro ensayos sobre arte poética*. México: El Colegio de Mexico AC, 2007. 483 p. Accesible en: <http://books.google.es/books?id=YFU-cqsyl-QC&dq=%22Maria+de+Cervell%C3%B3%22&hl=ca&source=gbs_navlinks_s> [Consulta: 24/06/2011]. Referencia a María de Cervelló, p. 462.

Amat i de Cortada, Rafael d'. *Calaix de sastre*. Barcelona: Curial, 1987-. v. [UB CRAI. Biblioteca de Lletres]. Referencia a María de Cervelló, v. I, p. 159-160 (15 de mayo de 1759).

Antropoloxia mariñeira: Actas do Simposio Internacional de Antropoloxía in memoriam Xosé Filgueira Valverde, Pontevedra, 10-12 de jullo de 1997. Santiago de Compostela. Consello de Cultura Galega, 1998. 361 p. [Biblioteca Nacional de España]. También accesible en: <http://books.google.es/books?hl=ca&lr=&id=60uB5N0YguYC&oi=fnd&pg=PA283&dq=%22Maria+de+Cervello%22&ots=Mi41m3pD9t&sig=MaV5gnUloHAW1WDJ4Xj0aDLkWis#v=onepage&q=carabela&f=false> [Consulta: 24/06/2011]. Referencia a María de Cervelló, p. 290.

Balaguer, Víctor. *Las calles de Barcelona: origen de sus nombres, sus recuerdos, sus tradiciónes y leyendas*... Barcelona: S. Manero, 1865. III v. [Biblioteca del Ateneu Barcelonès]. También accesible en: <http://books.google.es/books?id=aOJWAAAAMAAJ&printsec=frontcover&hl=ca&source=gbs_ge_summary_r&cad=0#v=onepage&q&f=false> [Consulta: 24/06/2011]. Referencia a María de Cervelló, v. I, p. 213-214.

Barcelona (Catalunya). Consell de Cent. *Rúbriques de Bruniquer: Ceremonial dels magnífichs consellers y regiment de la ciutat de Barcelona*. Barcelona: Impr. d'Henrich, 1912-1916. 5 v. [UB CRAI. Biblioteca de Biblioteconomia]. Referencia a María de Cervelló, v. 3, p. 40.

Campmany y Montpalau, Antonio de. *Memorias históricas sobre la marina, comercio y artes de la antigua ciudad de Barcelona*... Madrid: En la Imprenta de Sancha, 1792.

v. [Biblioteca de la universidad Complutense de Madrid]. También accesible en: <http://books.google.es/books?id=QYCRYIW2N6kC&dq=%22maria+de+socors%22&hl=ca&source=gbs_navlinks_s> [Consulta: 24/06/2011]. Referencia a María de Cervelló, v. 4, p. 88.

Catholicisme: hier, aujourd'hui, demain: encyclopédie. G. Jacquemet (dir). Paris: Letouzey et Ané, 1948-2000. 15 v. [Biblioteca de la Universitat Ramon Llull]. Referencia a María de Cervelló, v. VIII, 641.

Colección de documentos inéditos papa la historia de España. Vaduz: Kraus Reprint, 1964-1975. 113 v. [Biblioteca de Catalunya]. Referencia a María de Cervelló, v. 55.

Colomer Preses, Ignasi Maria. *Maria de Cervelló o de Socons* [sic] vij centenari. [Calella]: J.M. Colomer, 1990. 95 p. [Biblioteca Nacional de España].

Conferencias con motivo de la celebración del VII centenario de la muerte de santa María de Cervelló o del Socos: primera religiosa mercedaria: 1290-19 de septiembre-1990: Barcelona, 30 de abril de 1990. [Barcelona]: Instituto de Religiosas de Nuestra Señora de la Merced, 1990. 30 p. [Biblioteca de Catalunya].

Cornet i Mas, Gaietà. *Guía y añalejo perpétuo de Barcelona.* Barcelona: Librería de El Plus Ultra, 1863. 318 p. [Biblioteca del Ateneu Barcelonès] También accesible en: <http://books.google.es/books?id=c9pJ9Q8gcmUC&dq=%22Maria+de+Cervello%22&hl=ca&source=gbs_navlinks_s> [Consulta: 25/06/2011]. Referencia a María de Cervelló, p. 85.

Costa y Turell, Modesto. *Tratado completo de la Ciencia del Blasón ó sea Código Heráldico-histórico.* Madrid: Librería española, 1858. 556 p. [Biblioteca de la Abadia de Montserrat]. También accesible en: <http://books.google.es/books?id=EHzxWAyPqx0C&dq=%22Maria+de+Cervell%C3%B3%22&hl=ca&source=gbs_navlinks_s>[Consulta: 25/06/2011]. Referencia a María de Cervelló, p. 432-434.

Cuartas, Augusto. *Curiosidades del lenguaje.* Madrid: Paraninfo, 1972. 311 p. [Biblioteca de la Universitat Autònoma de Barcelona (UAB)].

Despuig, Antonio. *Vida de la beata Catalina Tomás religiosa profesa en el monasterio de S. Maria Magdalena de la ciudad de Palma.* Mallorca: T.Guasp, 1816. 258 p. [Biblioteca de la Abadia de Montserrat] También accesible en: <http://books.google.es/books?id=xxTaiCpXV_8C&hl=ca&source=gbs_navlinks_s> [Consulta: 25/06/2011]. Referencia a María de Cervelló, p. 124.

Díez Canseco, Vicente. *Diccionario biográfico universal de mujeres célebres: ó compendio de la vida de todas las mujeres que han adquirido celebridad en las naciones antiguas y modernas, desde los tiempos más remotos hasta nuestros días.* Madrid: Imprenta de José Felix Palacios, 1845. 688 p. [Biblioteca de Catalunya]. También accesible en: http://books.google.es/books?id=u1toHsBexAcC&dq=%22maria+de+socors%22&hl=ca&source=gbs_navlinks_s [Consulta: 25/06/2011]. Referencia a María de Cervelló, p. 85.

Durán i Sempere, Agustí. *Barcelona i la seva història...: L'art i la cultura.* Barcelona: Curial, 1975. v. [Biblioteca de Catalunya]. Referencia a María de Cervelló, vol 3. p. 20, 21, 636.

—. "Santa Maria de Cervelló y la calle Montcada". *Analecta Sacra Tarraconensia*, XXXI (1959), p. 81-94. [UB CRAI. Biblioteca de Lletres].

Enciclopedia de orientación bibliográfica. Tomás Zamarriego (dir). Barcelona: Juan Flors, 1964-1965. 4 v. [UB CRAI. Biblioteca de Biblioteconomia].

Feliu de la Peña y Farell, Narciso. *Anales de Cataluña: y epilogo breve de los progressos, y famosos hechos de la nacion catalana, de sus santos, reliquias, conventos y singulares grandezas; y de los mas señalados y eminentes varones, que en santidad, armas, y letras han florecido desda la primera población de España año ...* Barcelona: Jayme Surià, 1709. v. [UB CRAI. Reserva]. También accesible en: <http://books.google.es/books?id=lXhUAAAAYAAJ&dq=%22Maria+de+Cervello%22&hl=ca&source=gbs_navlinks_s> [Consulta: 25/06/2011]. Referencia a María de Cervelló, v. III, p. 168, 410, 610; Referencia a Colagia, Isabel Bertí y Eulalia Pins, v. II, p. 102-103.

Ferrer Maluquer, Manuel. *Santa María de Cervelló: poesías y narraciones*. Barcelona: Vicente Ferrer, 1958. 16 p. [Biblioteca Nacional de España].

González Enciso, Agustín. *Imagen del rey, imagen de los reinos: las ceremonias públicas en la España Moderna, 1500-1814*. Pamplona: Eunsa, 1999. 268 p. [UB CRAI. Biblioteca de Filosofia, Geografia i Història].

Lligades, Josep. *La Mare de Déu de la Mercè*. Barcelona: Centre de Pastoral Litúrgica, 1998. 19 p. [Biblioteca de Catalunya]. También accesible en: <http://books.google.es/books?hl=ca&lr=&id=o9SSDIObxRUC&oi=fnd&pg=PA5&dq=%22Maria+de+Cervello%22&ots=QWHTtZxVFd&sig=wF7ZC7QezSl9E_STm1bvVbuHXHs#v=onepage&q=Maria&f=false> [Consulta: 25/06/2011]. Referencia a María de Cervelló, p. 19.

Madurell, Josep M. "Capillas barcelonesas de nuestros santos". *Analecta sacra Tarraconensia*, 32 (1959), p. 193-212. [UB CRAI. Biblioteca de Lletres].

Manual de novells ardits vulgarment apellat Dietari del Antich Consell Barceloní. Barcelona: Imprempta de'n Henrich y Companyia, 1892-1975. 28 v.

Massanés, Maria Josepa. *Flores marchitas: nueva coleccion de poesías*. Barcelona: Impr. de A. Brusi, 1850. 324 p. [Biblioteca de Catalunya]. También accesible en: <http://books.google.es/books?id=i9maY6Tczv0C&dq=%22Maria+de+Cervell%C3%B3%22&hl=ca&source=gbs_navlinks_s> [Consulta: 25/06/2011]. Referencia a María de Cervelló, p. 311.

Mellado, Francisco de Paula. *Diccionario universal de historia y de geografía*. Madrid: Mellado, 1848. 8 v. [UB CRAI. Biblioteca de Lletres]. También accesible en: <http://books.google.es/books?id=yTYfAQAAIAAJ&pg=PA103&dq=%22maria+de+socors%22&hl=ca&ei=ON0GTpDyNcXAswbc6PiiDA&sa=X&oi=book_result&ct=result&resnum=3&ved=0CDQQ6AEwAg#v=onepage&q&f=false> [Consulta: 25/06/2011]. Referencia a María de Cervelló, v. 5, p. 103.

Moreno Cebada, Emilio. *Historia de la Santísima Virgen María: madre de Dios y Señora nuestra*. Madrid: Juan José Martínez, 1859. 454 p. [Biblioteca de Catalunya]. También accesible en: <http://books.google.es/books?id=QUmPBPJWldQC&dq=%22maria+de+socors%22&hl=ca&source=gbs_navlinks_s> [Consulta: 25/06/2011]. Referencia a María de Cervelló, p. 374; referencia a la Orden de la Merced, p. 365-380.

Moreno Espinosa, Alfonso. *Compendio de historia de España: distribuído en lecciones y adaptado á la índole y extensión de esta asignatura en la segunda enseñanza*. Barcelona: Tipografia el Anuario de la Exportacion, 1915. 607 p. [Biblioteca Rosa Sensat, Barcelona].

Moreri, Louis. *Le grand dictionnaire historique, ou Le mélange curieux de l'histoire sacrée et profane*. Nouvelle édition, dans laquelle on a refondu les Supplémens de M. l'abbé Goujet, le tout revu, corrigé et augmenté par M. Drouet. Paris: Les libraires associés, 1759. v. [Bibliothèque National de France]. También accesible en: <http://gallica.bnf.fr/ark:/12148/bpt6k5493931l/f494> [Consulta: 25/06/2011]. Referencia a María de Cervelló, v. 7, p. 472.

Navas Ocaña, María Isabel. *La literatura española y la crítica feminista*. Madrid: Editorial Fundamentos, 2009. 350 p. [UB CRAI. Biblioteca de Lletres].

Puiggarí, José. *Estudios de indumentaria española concreta y comparada: estado político-social; estética y artes; costumbres, lujo, modas; técnica y análisis de trajes y armas en sus diferentes variedades; cuadro histórico especial de los siglos XIII y XIV*. Barcelona: Asociación Artístico-Arqueológica Barcelonesa, 1890. 380 p. [UB CRAI. Biblioteca de Lletres].

Reder Gadow, Marion. «Las voces silenciosas de los claustros de clausura». *Cuadernos de Historia Moderna*, nº 25 (2000), p. 279-335. También accesible en: <http://revistas.ucm.es/index.php/CHMO/article/viewFile/CHMO0000220279A/22983> [Consulta: 25/06/2011]. Referencia a María de Cervelló y primeras mercedarias, p. 317.

Riber, Llorenç. Els sants de Catalunya. Barcelona: Editorial Catalana, 1919-1922. 6 v. [UB CRAI. Biblioteca de Lletres].

Riera i Sans, Jaume. "Falsos dels segles XIII, XIV i XV". En: *Actes del novè Col·loqui Internacional de Llengua i Literatura Catalanes: Alicant-Elx, 9-14 de setembre de 1991*. Barcelona: L'Abadia de Montserrat, 1993. p. 425-492. También accesible en: <http://books.google.es/books?id=qB91rdbpPhsC&printsec=frontcover&hl=ca#v=onepage&q&f=false> [Consulta: 25/06/2011]. Referencia a María de Cervelló p. 431.

Roca i Colí, Josep. *Discursos panegírico-históricos pronunciados en las anuales y solemnísimas fiestas mayores de la parroquia de Santa Maria del Mar de Barcelona, celebradas el día 1o de enero de los años 1860 y 1861*. Barcelona: Tip. de Joaquin Bosch, 1861. 72 p. [Biblioteca de Catalunya]. También accesible en: <http://books.google.es/books?id=xblY9lReZAUC&dq=%22Maria+de+Cervello%22&hl=ca&source=gbs_navlinks_s> [Consulta: 25/06/2011]. Referencia a María de Cervelló, p. 67.

"Santa María de Cervellón". *Blanco y negro: revista ilustrada.* (día 22- 09-1900) [UB CRAI. Pavelló de la República]. También accesible en: <http://hemeroteca.abc.es/nav/Navigate.exe/hemeroteca/madrid/blanco.y.negro/1900/09/22/002.html> [Consulta: 25/06/2011].

Saurí, Manuel; Matas, José. *Manual histórico-topográfico, estadístico y administrativo, ó sea, Guia general de Barcelona*. Barcelona: Imp. de Manuel Saurí, 1849, 437 p., [15] f. . [UB CRAI. Biblioteca de Lletres]. También accesible en: <http://books.google.es/books?id=1JILI3i-y9QC&dq=%22maria+de+cervellon%22&hl=ca&source=gbs_navlinks_s> [Consulta: 25/06/2011]. Referencia a María de Cervelló, p. 17.

La Semana católica. Madrid: [s.n.], [1881-194-] (Madrid: Tip. Gutenberg). vol. [Biblioteca de Catalunya]. Referencia a María de Cervelló, v. 9 (1990).

Torre, Jaime de la. *La perla, asombro del mar en la merced de su aurora: vida y muerte de Santa María de Cervellón y Socors hija natural de la Excelentísima ciudad de Barcelona*. Barcelona: en casa de Rafael Figueró, 1696. [Referenciada en: Cayetano Alberto de la Barrera y Leirado. *Catálogo bibliográfico y biográfico del Teatro Antiguo Español desde sus orígenes hasta mediados del siglo XVIII*. Madrid: Imprenta y estereotipia de M. Rivadeneyra, 1860 [ed. facsímil de ed. Gredos, 1969]. También accesible en: <http://books.google.es/books?id=eD4aQOEu2_MC&pg=PA57

2&lpg=PA572&dq=%22Maria+de+cervellon%22&source=bl&ots=iOCp2f9jEW&sig=GLH9WlsEO0KRdxK3pYbyn0_1c_U&hl=es&ei=G6iNTfyBLcu4hAf0nem7Dg&sa=X&oi=book_result&ct=result&resnum=8&ved=0CDoQ6AEwBzhu#v=onepage&q=cervellon&f=false> [Consulta: 25/06/2011]; también por: Germán Vega García-Luengos, Rosa Fernández, Andrés Sayagués, *Ediciones de teatro español en la Biblioteca de Menéndez Pelayo: (hasta 1833)*. Kassel: Edition Reichenberger, 2001, v. v. III, p. 1032-1033.

Torrentó, José Manuel. *Relacion de los solemnes aparatos, magnificos afectuosos festejos, i pomposas celebridades, con que en la...ciudad de Barcelona... se autorizó la colocacion de Christo Sacramentado en su nuevo magnifico altar, que erigió la... parroquial iglesia de Sta. María del Mar.... Barcelona:* por Juan Nadal impressor, 1782. 84 p. [UB CRAI. Reserva]. También accesible en: <http://books.google.es/books?id=uc5imrMS2n8C&dq=%22Maria+de+Cervell%C3%B3%22&hl=ca&source=gbs_navlinks_s> [Consulta: 25/06/2011]. Referencia a María de Cervelló, p. 6, 39, 52, 57, 58.

Verdaguer, Jacint. *A Barcelona: oda premiada en la XXV.a festa dels Jochs florals, ab la rosella de plata oferta per la redacció de la Revista literaria*. [Barcelona]: Estampa espanyola, 1883. 8 p. [UB CRAI. Biblioteca de Lletres].

—. *Barcelonines*. Barcelona: Ilustració Catalana, [191-?]. 118 p. [UB CRAI. Biblioteca de Lletres].

Maria Filomena Andrade

Fundadoras e patronas dos mosteiros mendicantes femininos em Portugal nos séculos XIII e XIV: práticas e modelos

Quando, em 1298, o papa Bonifácio VIII, pela Bula *Periculoso*, determina a severa clausura para os mosteiros femininos, com a proibição total da entrada de pessoas estranhas em qualquer comunidade, torna-se bem claro o grave problema que a Igreja e com ela toda a sociedade vive no que às mulheres respeita.

Em Portugal, o monacato feminino era então uma realidade firmada. No século XII, a maioria dos conventos femininos adopta a regra de São Bento, em detrimento da de Santo Agostinho, ficando estes últimos instalados na proximidade do tecido urbano (Santa Ana da Ponte e São João das Donas, em Coimbra e São Félix de Chelas e S. Miguel, em Lisboa) e, em dois casos, S. João e S. Miguel, na estreita dependência dos conventos masculinos, respectivamente Santa Cruz e São Vicente de Fora. A expressão numérica do monacato feminino é ainda reduzida, face ao número de conventos masculinos, na mesma época, e centra-se, essencialmente, no que às beneditinas respeita, no norte de Portugal, em especial no Porto e em Viseu.

No século XIII, o modelo beneditino mantém-se quer na forma antiga, quer através da reforma cisterciense que cativa e acolhe, essencialmente, damas da alta nobreza portuguesa, como é o caso dos mosteiros de Arouca (Rêpas 2003) e Lorvão (Santos 2001), numa vida mais livre e longe dos constrangimentos da clausura, o que é visível na documentação hoje conhecida e estudada. Outros cenóbios desaparecem, fruto, com certeza, de vicissitudes internas e da extinção ou junção das comunidades (Sousa 2005, p. 87).

Face a este panorama, conhecem-se ainda muitas mulheres que vivem uma experiência religiosa fora dos quadros institucionais e normativos das ordens referidas. Pois, à semelhança das beatas e beguinas dos Países Baixos, das terciárias e das penitentes, em Itália e em Espanha, também em Portugal, algumas mulheres escolhem a vida de clausura em celas (com autorização do bispo ou do clero local), em geral no mundo urbano, como reclusas, emparedadas e beatas (Andrade 2000, p. 181-183), até à vivência junto dos mosteiros, sem fazer votos, nalguns casos para segurança, «sub pannis securitatis», vivendo quer de bens próprios, quer do trabalho manual e das esmolas daqueles que as procuravam, mas simultaneamente tendo quem as servisse. Outras, jovens donzelas ou viúvas, viviam em comunidades segundo "regras" que hoje nos são desconhecidas (talvez um conjunto de preceitos morais e religiosos), uma vida consagrada à oração, ao trabalho manual, às obras de misericórdia e às práticas penitenciais.

A difusão das ordens mendicantes e da sua vivência espiritual, atrai estas mulheres que, apesar das proibições do IV Concílio de Latrão, começam a agruparse em torno da regra de Santa Clara (na sua forma urbanista) e da Regra de Santo Agostinho sob a cura dos Frades Pregadores. Aos cinco conventos beneditinos fundados no século XIII, juntam-se oito de cistercienses, quatro de clarissas e um de dominicanas. É, no entanto, a partir do século XIV que o ideal mendicante encontra maior expressão e, definitivamente, propicia uma clientela espiritual, que através de testamentos, doações ou legados pios, constrói uma família religiosa, agrupando também as mulheres que vivem como terceiras e enquadrando assim outras opções religiosas. Na centúria de Trezentos, são, pois, fundados cinco conventos de clarissas e três de dominicanas.

O enquadramento normativo torna-se uma das grandes preocupações das autoridades eclesiásticas que visam a institucionalização destas experiências e o seu controlo pelas ordens existentes. Nesta situação, no século XV, contam-se ainda alguns grupos de mulheres beatas em Évora, como as Galvoas (Fontes 2003, p. 157-158), ou as terceiras de Santa Marta que estão na origem dos conventos dominicanos do Paraíso (Sousa 2005, p. 398-399) e de Santa Catarina de Sena (Sousa 2005, p. 397), respectivamente.

Ao olhar para as fundações de mosteiros, ao longo da Idade Média, temos a convicção de que estes são actos carregados de simbolismo, mas simultaneamente compreendemos que se trata de um empreendimento vultuoso e que, com certeza, tem de corresponder não apenas a uma atitude voluntarista e/ou de opção religiosa, mas também a um esforço notável que concita forças e meios que não são alcançáveis por todos.

Optámos, assim, por delimitar o universo em análise às fundações mendicantes femininas (clarissas, e dominicanas) ao longo dos séculos XIII a XIV. Estas constituem um total de 11 mosteiros (8 de Clarisssas, 3 de Dominicans) que são: Santa Clara de Santarém; Santa Clara do Porto; Santa Clara de Coimbra; Santa Clara de Lisboa; Santa Clara de Vila do Conde; Santa Clara da Guarda; Santa Clara de Beja; Santa Clara de Portalegre; São Domingos da Donas de Santarém; São Domingos das Donas de Vila Nova de Gaia e Salvador de Lisboa. Assim, vamos observar neste contexto, quem são os fundadores/patronos, com que apoios contam e como se posicionam face à comunidade que instituem ou patrocinam.

A fundação é um processo a decorrer num tempo determinado mas que, no caso de mulheres enclausuradas, é uma questão sempre em aberto. Significa isto que a dependência existente com o mundo à sua volta as torna muito vulneráveis e, ao mesmo tempo, suficientemente importantes, para concitarem uma série de apoios e de cobiças que, constantemente, põem em causa os objectivos da fundação. Não é por acaso que alguns destes mosteiros se vêm obrigados a trasladar as suas instalações, por diversas vezes, e outros mesmo a correr o risco de se extinguir, por falta de rendas ou de vocações. Por isso, o fenómeno mendicante depende, em larga escala, no que às mulheres concerne, da atracção que exerce sobre os possíveis benfeitores e do recrutamento que efectua. A realidade dos processos fundacionais que, nalguns casos decorre durante vários anos, é atravessada por interesses e relações clientelares assentes em conjunturas sócio-políticas que nos permitem perceber o alcance e os objectivos do que realmente está em jogo.

Baseadas nestas vontades, as comunidades de mulheres iniciam a construção de um mosteiro que tem na realidade espiritual o seu cerne, mas que não pode dispensar as bases materiais (local de implantação, apoios locais e regionais). O enquadramento jurídico e legislativo constitui peça essencial para lançar os fundamentos da comunidade humana que vive um quotidiano marcado pela norma, mas também pela rotina que se impõe.

Assim, em Lamego, as primeiras referências documentais a discípulas de Santa Clara encontram-se num conjunto de documentos pontifícios concedidos a um grupo de mulheres devotas (Esperança 1656-1666, p. 503-506), de quem se ignoram os nomes e a origem social, mas que poucos dias depois de recebido o primeiro diploma[1] já estão organizadas como convento da Ordem de São Damião, com a invocação de Santa Maria e de Santa Clara, e com uma abadessa. Não se sabe de quem foi a iniciativa da criação do mosteiro (Lopes 1952, p. 215) e não se pode aduzir a influência dos franciscanos, uma vez que estes ainda não se tinham estabelecido em Lamego (Rema 2002, p. 14-15).

Ao longo do ano de 1258, Alexandre IV concede à comunidade as bases para a sua implantação, integrando-a no projecto de vida canónica (García Oro 1988, p. 68-78) proposto pelos papas Gregório IX e Inocêncio IV para os mosteiros espanhóis (castelhanos e aragoneses).

Mas o projecto não se concretizará em Lamego, pois a 29 de Abril de 1259,[2] o pontífice, a pedido do convento, cede à trasladação do mesmo para Santarém, alegando, precisamente: «quod locus in civitate Lamacensi obtinetis, habitationi vestrae usquequo non existit accomodus» e ainda o facto do monarca português, D. Afonso III, lhes oferecer um mosteiro novo «opere sumptuose», que se dispõe a dotar e cuidar de que nele se goze de todos os privilégios anteriormente concedidos pela Sé Apostólica.

Inaugura-se assim uma nova etapa na consolidação do convento. O rei revela o seu interesse e, apoiado pela Santa Sé, cumpre o prometido, dotando-o dos meios materiais e económicos necessários à sua implantação. Segundo alguns, este apoio teria sido sustentado pela profissão no convento de Leonor Afonso (Ventura 1992, p. 545-548; Fonseca 2005, p. 94-99) filha bastarda de D. Afonso III e de Elvira Esteves. Mas, só a partir de 1290 ou 1291 a identificamos no cenóbio. Tendo em conta que em 1258 deveria ser apenas uma criança, esta hipótese não colhe.

Ainda em Santarém, na mesma cidade que acolhe as clarissas, outro mosteiro vai dar os primeiros passos que são, ainda hoje, pouco conhecidos. Assim, sabe-se que Elvira Durando com um grupo de várias mulheres vivem uma experiência de reclusão em casas pertencentes aos dominicanos, iniciada em Santarém, cerca de 1240. Esta, ao fazer-se reclusa emparedou-se numa das várias celas que viriam

1. Arquivo Nacional da Torre do Tombo (ANTT), Ordem dos Frades Menores (OFM), Província de Portugal (PP), Santa Clara de Sanarém (SCS), Maço (Mç.) 22, 3º env., doc. 6B; Liv. 24, f. 7v-8.

2. ANTT, OFM, PP, SCS, Mç. 22, 5º env., doc. 21B; *Ibid.*, Liv. 24, f. 8v.

a ocupar uma rua que ligava a ermida da Trindade ao convento de São Francisco. Tornando-se cada vez mais efectiva, a presença das emparedadas não agrada aos vizinhos Frades Menores que, responsabilizando os dominicanos de Santarém por aquele movimento, lhes exigem a retirada das reclusas para outra morada. Inicia-se asim um conflito que, além das reclusas, franciscanos e dominicanos, envolve ainda o rei Afonso III e o papa Urbano IV. As emparedadas acabam por formar um encerramento comum, que teve como primeira prioresa eleita a religiosa Sancha Martins. Da vizinhança do convento de São Francisco, as reclusas mudam-se para o sítio da Ermida de Santa Maria Madalena, local próximo da Porta de Manços, que lhes foi doado pelos dominicanos e onde constroem o seu convento. Em 1287, no Capítulo Geral de Bordéus, são finalmente admitidas à Ordem dos Pregadores. Frei Gonçalo Ourigues é incumbido pelo Capítulo Geral de receber a profissão das reclusas do novo convento e de estabelecer a observância da Regra.

Para dar início à nova comunidade, chegam duas freiras do convento de Chelas para Santarém. Um delas, Maria Mendes de Ansião é confirmada, em 1290, como primeira prioresa das donas dominicanas, por Frei Gonçalo, religioso que governa as freiras sob a designação de prior. Clemente V confirma, em 1305, a integração da comunidade na Ordem dos Pregadores.

O convento de Chelas de cónegas regrantes de Santo Agostinho, sabe-se hoje, esteve durante algum tempo sob a cura dos Dominicanos, desde 1250 até cerca de 1295, a partir desta data o mosteiro perde aparentemente a relação com os pregadores e, em 1308, já se encontra sob a laçada expressa do bispo de Lisboa. O que terá acontecido ? Uma tentativa falhada dos dominicanos, aproveitando um antigo cenóbio lisboeta, com base na relação reconhecida com a reclusas de Santarém? Algumas das reclusas escalabitanas teriam tido o apoio de Chelas? Estas e outras questões ficam por responder mas indiciam encontros (e desncontros), apoios e falta deles na concretização de mais uma fundação feminina.

Desde 1256 que uma nobre dama, D. Châmoa Gomes, casada com o fidalgo leonês D. Rodrigo Froilaz, pedira ao papa consentimento para fundar e dotar com os seus bens, um mosteiro em Entre-ambos-os-Rios, dedicado a Deus, São Francisco, São Damião e Santa Clara,[3] com o objectivo de servir de refúgio e abrigo para os caminhantes, contra os roubos e outros crimes que ali se praticavam.[4] Este seria construído numa propriedade que D. Châmoa tinha herdado da sua avó, em Entre-ambos-os-Rios, junto à margem esquerda do Tâmega, na confluência do Douro, onde já existia uma igreja dedicada ao Salvador, fundada no século X (Mattoso 2002, p. 20) e que já não é referida nas Inquirições de 1258. Em Abril do mesmo ano, o papa Alexandre IV coloca a abadessa e mosteiro de Santa Clara desse lugar, sob a sua protecção[5] e entrega-lhes a regra do cardeal Hugolino.[6]

3. ANTT, OFM, PP, Santa Clara do Porto (SCP), Mç. 67, doc. 1.
4. ANTT, OFM, PP, SCP, Mç. 67, doc. 4.
5. ANTT, OFM, PP, SCP, Mç. 67, doc. 9.
6. ANTT, OFM, PP, SCP, Mç. 67, doc. 10

O mosteiro largamente dotado pela fundadora, no seu testamento de 1268,[7] e pelo seu marido, D. Rodrigo Froilaz,[8] recebe ainda o apoio dos bispos de Ourense, Lisboa, Coimbra e Viseu, entre outros, que concedem indulgências a quem ofereça esmolas para a obra do cenóbio, consolidando desta forma o património necessário para a sua afirmação. A comunidade recebe, então, do papado as directivas para a institucionalização, desde a plena integração na Ordem e nas dioceses onde está implantada e possui interesses económicos, à observância da regra que pauta a vida das clarissas e à dotação necessária à sua sobrevivência.

Ainda no século XIII, outras casas de clarissas são fundadas, mas já num contexto urbano, mais próximo de grandes potentados religiosos que vão dificultar a sua implantação mas, simultaneamente, permitem a directa intervenção de grandes magnates que, seduzidos pelos ideais mendicantes, protegem e aplicam os seus bens na construção dos conventos.

Assim, quando, a 13 de Abril de 1283,[9] o vigário geral de Coimbra, João Martins de Soalhães (na ausência do bispo, D. Aimeric), concede licença a D. Mor Dias para fundar um convento ("religiosam domum et ecclesiam") em honra de Jesus Cristo, da Virgem Maria, Santa Elisabete ("specialiter") e Santa Clara, em terras que esta possuía além da ponte de Coimbra, dotando-o com numerosas propriedades (SANTOS 2000, p. 212), inicia-se um processo litigioso que se arrastará cerca de 30 anos.

Ao facilitar a concretização desta intenção, João Martins abrira as portas à instalação, no território crúzio, de uma comunidade que não se encontrava sob a sua alçada, com o ónus de, na origem deste cenóbio, encontrar-se uma mulher que estava sob a sua dependência. No entanto, os frades não agem de imediato.

A fundadora, D. Mor Dias, pertencia a uma família da nobreza portuguesa com fortes ligações à Sé de Coimbra (O pai, Vicente Dias, foi sobrejuiz do rei D. Afonso III e alcaide-mor de Coimbra, e a mãe, D. Boa Peres, neta do chanceler Julião, ambos sepultados na Sé de Coimbra) e aos crúzios, uma vez que uma das suas irmãs, D. Teresa Dias, era professa do mosteiro agostinho de Celas da Ponte e sua prioresa, pelo menos desde 1266. Encontrava-se esta dama recolhida desde cerca de 1250, no mosteiro de S. João das Donas de Coimbra, pequeno cenóbio feminino, dependente de Santa Cruz de Coimbra, onde tinha tomado o hábito, apenas como «pannos securitatis»,[10] nunca querendo ser soror ou conversa, segundo ela veementemente afirma e é atestado por Franciscanos e Dominicanos.[11]

Iniciada a fundação da nova casa, a primeira pedra será benzida por João Martins, mais uma vez, na ausência do bispo titular de Coimbra, entre 1283 e

7. ANTT, OFM, PP, SCP, Mç. 169, doc. 12; Arquivo Distrital do Porto (ADP), OFM, Mosteiro de Santa Clara do Porto (MSCP), nº 5026, fls. 15-18v.

8. ANTT, OFM, PP, SCP, Mç. 67, doc. 11.

9. ANTT, OFM, PP, Santa Clara de Coimbra (SCC), Mç. 1, doc. 35; *Ibid.*, Mç. 22, doc. 1; Arquivo Distrital de Braga (ADB), *Gaveta das Religiões*, nº 18 e 26.

10. ADB, *Gaveta das Religiões*, nº 26.

11. ADB, *Gaveta das Religiões,* nº26; ANTT, *OFM, PP, SCC,* Mç. 19, doc. 10 e Mç. 33, doc. 11.

1286, pois, em Abril deste último ano, o vigário declara ter realizado este acto, a pedido de D. Mor. Em 1287 (Santos 2000, p. 82-85), D. Mor doa-o à Ordem de Santa Clara.[12] Com esta atitude, veementemente instada pelos crúzios, acaba por ser excomungada pelo Prior de Santa Cruz,[13] e apela para o arcebispo de Braga e para Roma. Entretanto, em data incerta, abandona o convento de São João das Donas, levando consigo algumas companheiras.

A questão arrasta-se nos tribunais, com avanços e recuos, que revelam os interesses dos crúzios e a sua necessidade de afirmação religiosa face a uma senhora que, apoiada pelos franciscanos, dominicanos e pelo vigário geral de Coimbra, D. João Martins de Soalhães (Jorge 2000, p. 131-146), lhes consegue fazer frente.

Em 1302, D. Mor faz novo testamento,[14] no qual lega os seus bens a Santa Clara e a um hospital que manda construir em Ceira, deixando como seus testamenteiros D. João Martins Soalhães e D. Geraldo, bispo do Porto e à frente da comunidade, como vigária (até se eleger abadessa), Domingas Peres. A situação parecia estar a decidir-se favoravelmente às clarissas, quando ocorre a morte da fundadora.

Face à morte da fundadora e respeitando os seus desejos, D. João Martins terá entregue o convento "à guarda" dos Menores, como era habitual nesta Ordem e como, possivelmente, seria desejado por ambas as partes, mas com o compromisso de não introduzir quaisquer modificações na organização interna da comunidade e de, expressamente, não admitir professas.

Entretanto, acendeu-se uma querela com graves consequências entre as freiras, afectando o bom funcionamento do cenóbio e determinando o afastamento de Domingas Peres que, entretanto e estranhamente, se refugia no mosteiro das Celas da Ponte.

Perante a gravidade dos acontecimentos, o bispo é obrigado a intervir, protestando, junto do Ministro provincial de Santiago, frei Soeiro Alvim e do visitador das clarissas, Frei Afonso, pelo facto de não terem acatado as suas directrizes no sentido, de não se proceder a quaisquer alterações no convento, devido à contenda entre este e Santa Cruz.

A 17 de Maio de 1310,[15] as partes em litígio concordam em acatar a decisão que a autoridade apostólica tomasse, neste assunto. Aceite D. João Martins como árbitro desta contenda, este acaba por, a 2 de Dezembro de 1311, extinguir o convento (num acordo feito entre as clarissas, Santa Cruz e os Menores de Coimbra). Esta decisão é acompanhada de um conjunto de prescrições a serem seguidas, regulando, basicamente, o destino a dar à comunidade (as freiras) e aos bens de D. Mor.

A situação não é, contudo, definitiva, pois Santa Cruz não quer cumprir o acordo proposto pelo bispo D. João, contestando-o, situação que é denunciada

12. ANTT, OFM, PP, SCC, Mç. 19, doc. 10.
13. ADB, *Gaveta das Religiões*, nº 134.
14. ANTT, OFM, PP, SCC, Mç. 1, doc. 30 e Mç. 19, doc. 7; ADB, *Gaveta das Religiões*, nº 26.
15. ADB, *Gaveta das Religiões*, nº 28.

por D. João Martins Soalhães em 21 de Maio de 1312.[16] Em 1313,[17] é a vez de D. Dinis revelar o seu interesse na resolução desta causa, tendo enviado um seu almoxarife ao mosteiro de Santa Cruz, para saber das intenções dos cónegos.

Mas a situação vai ganhar outros contornos devido a uma nova intervenção, a da Rainha Isabel, que se interessa, de forma clara, pela fundação, consagrada à sua tia-avó e obtém do cardeal Arnaldo, a 10 de Abril de 1314,[18] a autorização para fundar e dotar o mosteiro de Santa Clara de Coimbra com o consentimento de D. João Martins de Soalhães e para demandar os bens de D. Mor que se encontravam na posse de Santa Cruz.

Ao restaurar o convento, a rainha procura todos os apoios e ela própria o dota e protege, obtendo para esse efeito, a cooperação dionisina (que em Abril de 1318[19] toma o mosteiro sob a sua protecção) e a da Santa Sé. O papa João XXII manda ao arcebispo de Braga e aos bispos de Viseu e Évora que lhe defendam os privilégios outorgados às abadessas e freiras da Ordem de Santa Clara[20] e concede ao mosteiro, em 1317,[21] as graças, os privilégios e as imunidades obtidas ou a obter pelos Menores, bem como indulgências a quem visitar, em certos dias, a igreja do cenóbio.

Contando com o apoio régio, primeiro do rei D. Dinis e depois do filho D. Afonso IV, D. Isabel vai realizar a obra do mosteiro, do qual se intitula "fundadora e governadora". Será ela quem termina a casa conventual e a igreja, sagrada em 1330.

Com esta situação tão complexa, mas bem conhecida, contrasta a fundação do convento de Santa Clara de Lisboa, pois neste caso pouco se sabe, devido à perda da quase totalidade da documentação, no terramoto de 1755.

O mosteiro foi instituído por desejo de D. Inês Fernandes, dama asturiana (ESPERANÇA 1656-1666, p. 95-164) que, por morte do marido, D. Vivaldo de Pandulfo (LIMA 1972, p. 231-258), mercador genovês, quis aplicar todos os seus bens na construção de um convento de clarissas urbanistas. Compra, então, o terreno a Gonçalo Peres, o Dentudo, no actual Campo de Santa Clara (ESPERANÇA 1656-1666, p. 97) e, no ano de 1292, doa-o para aí ser edificado. As primeiras freiras são Maria Martins, Maria Domingues e Clara Eanes, também elas ligadas à iniciativa desta instituição.

As quatro damas conseguem, junto da Santa Sé, em Agosto de 1288, pela bula *Sicut Nos*[22] do papa Nicolau IV, a licença para a sua fundação.

No primeiro dia de Fevereiro de 1292 já existia um edifício, que a fundadora entrega à comunidade constituída por várias religiosas, entre elas a abadessa, D. Ximena e a Vigária, Urraca Abril, ficando a viver junto ao mosteiro, como aliás

16. ADB, *Gaveta das Religiões*, nº 31.
17. ANTT, OFM, PP, SCC, Mç. 1, doc. 35=Liv. 9, f. 94-96v.
18. ANTT, OFM, PP, SCC, Mç. 18, doc. 6.
19. ANTT, OFM, PP, SCC, Mç. 11, doc. 30; *Ibid.*, *docs. régios*, Mç. 2, doc. 21.
20. ANTT, OFM, PP, SCC, Mç. 27, doc. 7.
21. ANTT, OFM, PP, SCC, *docs. pontifícios,* Mç. 1, doc. 2.
22. ANTT, OFM, PP, Santa Clara de Lisboa (SCL), liv. 4, f. 1.

o faziam muitas senhoras nobres e viúvas do seu tempo. A esta entrega estiveram presentes o Ministro Provincial de Santiago, Frei Martinho Eanes, o custódio, Frei Martim Martins de Pedroso e o guardião de Lisboa, Domingos Lourenço, entre outros, legitimando assim a fundação e a instalação da primeira comunidade. A igreja é iniciada a 7 de Setembro de 1294,[23] sendo bispo D. João Martins de Soalhães, o mesmo que protege e apoia D. Mor Dias, em Coimbra.

Nesta comunidade, à semelhança da de Santarém, é notório o comprometimento das elites locais que, possivelmente influenciadas pelo dinamismo dos mendicantes, em Lisboa, terão cometido este empreendimento, numa cidade onde já existiam grandes conventos femininos que concitavam os interesses da nobreza e da burguesia local, tais são os casos de Santos e de Chelas.

Assim, além da refundação de Coimbra no início da centúria, é ainda no Norte de Portugal, em Vila do Conde, que uma família da alta nobreza, Afonso Sanches (Pizarro 1999a, vol. I, p. 191-195), filho bastardo de D. Dinis, e sua mulher, D.Teresa Martins Telo fundam, a 7 de Maio de 1318, em terras desta, um cenóbio e, como seus patronos, dotam-no de avultado património e constituições para a vida quotidiana. Conhecemos o documento de dotação do mosteiro, dedicado a Deus, a Nossa Senhora e a Santa Clara que, por vontade expressa dos fundadores, se destina a recolher donas pobres e necessitadas, evitando assim os riscos de eminente perigo moral, provocado por carências materiais.

Um dos principais encargos desta fundação é garantir os sufrágios pelas almas do casal fundador e do monarca D. Dinis, através da instituição de uma capela que obrigava, diariamente, à celebração de quatro eucaristias, por quatro capelães, escolhidos anualmente.

A organização interna da comunidade, pautada pela regra urbanista, como o confirma uma carta pontifícia de João XXII (Tarouca 1947, p. 118-119), encontra um valioso suporte nas normas consignadas na carta de dotação, onde se regulamentam os mais variados aspectos da vida material e espiritual deste convento.

Embora menos conhecidas, na maioria dos casos devido à escassez documental, outras comunidades vão surgindo, fruto da acção das elites urbanas, empenhadas na participação cada vez mais activa na Igreja, mesmo com a oposição do clero local.

Este será o caso do primeiro mosteiro de clarissas instalado no sul do país, em Beja. Edificado à custa dos moradores do concelho, que lhe fazem várias doações, declarando-se padroeiros do cenóbio, a ele se acolhem fidalgas e burguesas ricas da cidade, sendo as primeiras freiras provenientes do mosteiro de Lisboa.

No entanto, o cabido de Évora (Vilar 1999), juntamente com os párocos da diocese embargam a fundação e, por isso, é necessário recorrer ao papa Clemente VI que, a três de Novembro de 1345, envia ao bispo uma bula (Esperança 1656-1666, p. 340), recomendando-lhe que desembargue a obra e conceda licença para a profissão de doze freiras, para as quais o convento tem renda suficiente. O bispo assim faz, como consta de provisão de dezassete de Novembro de 1346.

23. ANTT, OFM, PP, SCL, liv. 4, f. 2.

Entre os vizinhos do concelho que contribuem para a sua dotação destacam-se Mestre Giraldo, cirurgião, com sua mulher Margarida Peres, e Lourenço de Serpa e Teresa Martins. Também D. Afonso IV e sua mulher D. Beatriz, que lançam as primeiras pedras do edifício, protegem esta instituição, concedendo-lhe todos os anos vários moios de trigo e dão licença aos concelhos do reino para lhes entregar esmolas até 20 000 reais.

À semelhança do anterior, também acerca das origens do cenóbio de Santa Clara da Guarda (GOMES 1987, p. 115) pouco se conhece. Terá começado por ser um recolhimento de terceiras seculares "sorores Tertii Ordinis" (mantelatas), fundado nos arredores da cidade da Guarda, no lugar de Vela, uma aldeia que, ao longo do século XIV, está em franca expansão (MORENO 1975, p. 153-193).

Em 1344, as freiras mudam-se para instalações mais próximas da cidade e, em 1346, conseguem a aprovação pontifícia de Clemente VI, como instituto da segunda Ordem por meio da bula *Exposuerunt nobis* (ESPERANÇA 1656-1666, p. 321). O papa não só lhes concede a Regra de Santa Clara, como a dependência dos Franciscanos, de acordo com as observâncias da Ordem. Destruído o convento, em 1372, no contexto das guerras fernandinas, a comunidade desloca-se para o interior da cidade, onde, em 1382, se começa a construir um novo edifício conventual.

O mosteiro de São Domingos das Donas de Vila Nova de Gaia deve-se ao acto fundador de Maria Mendes Petite, filha de Soeiro Mendes Petite (PIZARRO 1995, p. 306-307) que, em pleno século XIV, resolve construir uma casa para albergar religiosas. Em 1345 a igreja e as dependências conventuais já estavam contruídas, mas de imediato o cabido do Porto embarga o processo e, nesse mesmo ano, D. Maria faz pública doação das casas e da igreja do futuro mosteiro às donas de Santarém (possivelmente para proteger e salvaguardar os seus intentos).

Não desistindo, contudo, do seu objectivo, Maria Mendes recorre a Roma após o cabido do Porto ter interposto um pedido no sentido de nomear um juiz apostólico para dirimir a causa. A Santa Sé nomeia o bispo de Viseu. A contenda termina com um Breve de Inocêncio VI, de 5 de Março de 1352, pelo qual o papa aceita a fundação da casa dominicana exigindo em contrapartida uma maior dotação por parte da fundadora, que deve atingir um rendimento anual de 500 libras.

Em ordem a cumprir mais este requisito, D. Maria elabora uma segunda doação onde acrescenta aos bens anteriormente doados ao convento, os restantes de molde a perfazer o rendimento exigido. Cumprido a sentença papal e realizada a paz entre as freiras dominicanas e cabido da Sé do Porto, na presença dos frades pregadores do Porto, Frei Vicente de Barcelos e Frei Pedro de Caires, inicia-se a vida regular do convento com duas freiras vindas de São Domingos das Donas de Santarém, sendo uma deles a futura prioresa, Marinha Afonso Lobata,

A benevolência régia é também visível no apoio à formação do convento das clarissas em Portalegre, da diocese da Guarda (ESPERANÇA 1656-1666, p. 385-386) è fundado por iniciativa de duas senhoras piedosas, Elvira Eanes e Maria Fernandes que, desejando entregar-se a Deus, querem professar na Ordem de Santa Clara e formar um convento. Para isso, recorrem à mercê de D. Fernando, que lhes concede o seu paço e os banhos a ele anexos que possuía na referida vila. A obra é dificultada, mas o monarca, em 1377, reafirma a sua vontade em criar a comunidade, desejo confirmado pela rainha Leonor Teles[24] e pelo rei D. João I.[25]

No entanto, em 1387, o convento ainda está a ser construído. As dificuldades deveriam ser muitas e não só aqui. Também em Évora existem obstáculos, como o atesta uma freira que professa em Portalegre, em 1403, mas alega já ser professa da Ordem de Santa Clara "do mosteiro que se fazia em na cidade de Évora".[26] Este mosteiro teve licença para a sua construção em 1390, mas só será fundado em 1458, por iniciativa do bispo de Évora, D. Vasco Perdigão, obtendo a autorização pontifícia, a 5 de Abril de 1463 pela bula *Iisquae*, de Pio II (Teixeira 1999, p. 37).

A fim de ser terminado, o cenóbio de Portalegre recebe, inclusivamente, do rei D. João I , em 1395, os resíduos de Évoramonte, a pedido da comunidade já existente na cidade,[27] mas, mesmo assim, a instituição tarda. e, embora possuam a licença do bispo da Guarda, D. Afonso, só o seu sucessor, D. Vasco, em 1389, confirma a referida autorização, permitindo-lhe o gozo de todos os privilégios auferidos pelos mosteiros da sua Ordem, quer no espiritual, quer no material. Nesta carta o bispo refere ainda a posse pelo convento dos diplomas pontifícios necessários à sua fundação, bem como do mandado régio para tal.

O mosteiro do Salvador é fundado por iniciativa de João Afonso da Azambuja na igreja do Salvador (Costa 1989, p. 61-86), junto da qual existiam documentadas, entre 1319 e 1338, duas emparedadas em celas contíguas à igreja (Fontes 2007, p. 264). O fundador dota um grupo de vinte freiras, em 1396, de umas constituições que estas aceitam constituindo-se, assim, em freiras dominicanas. Presentes ao acto estavam Frei Lopo, prior do mosteiro dominicano de Lisboa, Frei Vicente e Frei Vasco, também pregadores. O prelado dota-as ainda de bens herdados do seu pai, em Salvaterra de Magos para a sua subsistência. Posteriormente, o prelado fez mais doações ao mosteiro e foi ainda constituído como padroeiro do cenóbio. As questões que envolvem a comunidade prendem-se com a obediência aos Domincanos da Observância e com a relação com o bispo de Lisboa, D. Afonso Nogueira, sempre sob o olhar atento do padroeiro enquanto viveu. No seu testamento, em 1409, D. João de Azambuja contempla ainda as referidas freiras.

A concluir, podemos começar por afirmar que, na fundação de todos os cenóbios em estudo, existe uma clara iniciativa das mulheres que, isoladamente (como no caso de Santa Clara de Entre-ambos-os-Rios, Coimbra, ou das Dominicanas de Vila Nova de Gaia), ou em grupo (como em Santa Clara de Lisboa, Beja, Portalegre), assumem o protagonismo de fundadora(s), consubstanciado no pedido feito ao papa e na dotação inicial da comunidade. Noutros casos, como

24. ANTT, OFM, Provincia dos Algarves (PA), Santa Clara de Portalegre (SCPortalegre), Mç. 1, pacote F, doc. de 1383.

25. ANTT, OFM, PA, SCPortalegre, Mç. 1, pacote F, doc. de 1387.

26. ANTT, OFM, PA, SCPortalegre, Mç. 1, pacote C, doc. de 1403.

27. Cf. ANTT, OFM, PA, SCPortalegre, Lic. 54, fl. 1.

em Santa Clara de Santarém, Donas de Santarém, ou na Guarda, é a existência de uma comunidade de beatas ou reclusas que determina a fundação, não se sabendo ao certo de quem parte a iniciativa. Apenas em Vila do Conde, o patrocínio é de um casal e a fundação parece ter um carácter semelhante à dos antigos mosteiros peninsulares, na sua pertença ou estreita relação com uma família patronal e em Lisboa (Salvador) a fundação é da iniciativa de um bispo, D. João Afonso da Azambuja que constitui a comunidade e a dota de um instrumento normativo, num claro propósito reformista.

Face à diversidade, a Igreja enquanto instituição, no máximo do seu fulgor reformista, especialmente nos finais do século XV (tal como nos finais do XIII tinha intentado) vai levar a cabo um programa de institucionalização que, no caso dos mosteiros femininos passará, essencialmente, e de novo pela estrita clausura, e pela normalização e uniformização das experiências religiosas. As comunidades de beatas e as beguinas, em muitos locais são proibidas e noutros transformam-se em conventos de dominicanas e de clarissas, ou então de terceiras regulares (ou seculares), sujeitas a uma das regras reconhecidas pela Igreja e a uma Ordem (com os seus superiores masculinos).

O esforço de institucionalização, por parte da Igreja não apaga, no entanto, as questões e o papel desempenhado por estas mulheres na busca de uma espiritualidade renovada, centrada na pobreza, na oração e no trabalho manual, como formas de vida consagrada. Esta vivência espiritual torna-se, assim, fundamental, na compreensão das aspirações femininas e revela os ambientes e as relações de poder que estabelecem na sociedade da época.

Tendo em linha de conta as tentativas goradas de fundação ou refundação (como Évora ou Chelas) e ainda o atraso de outras, importa afirmar a importância não apenas da vontade mas ainda das condições do fundador e do contexto religioso e socio-políticoem que este se insere que, muitas vezes, por ser demasiado hostil, não permite levar a cabo o propósito enunciado e/ou a opção tomada.

A sociedade portuguesa de Duzentos e Trezentos revela-se assim, nas opções e no acolhimento que faz às formas de vida mendicante. A situação económica e política está estabilizada a partir da década de 50 do século XIII e Portugal vive uma época de desenvolvimento urbano. Apesar das crises agrícolas e demográficas, as cidades e o dinamismo económico e social das suas elites é uma realidade confirmada pelas fontes. Assim, se os mosteiros cistercienses no século XIV e mesmo no XV ainda conhecem os esplendores da nobreza da "velha cepa", os cenóbios de clarissas e dominicanas, através das elites urbanas e de alguns elementos da nobreza, contando com o apoio régio, conquistam um espaço e preparam-se para enfrentar a modernidade e crescer sem parar, ao longo dos séculos, até à extinção forçada, nos alvores da contemporaneidade.

Jill R. Webster

La importancia de las aristócratas y la burguesía adinerada en la fundación y desarrollo de los monasterios de la Orden de Santa Clara: Valencia, Játiva y Gandía

El reino de Valencia ocupó un lugar privilegiado entre los reinos que constituían la antigua Corona de Aragón, ya que fue uno de los primeros que conquistó Jaime I, y tenía una gran población musulmana. Puesto que una de las prioridades del rey conquistador fue la de cristianizar sus nuevos territorios, no tardó en dar ayuda a los religiosos para fundar monasterios y conventos, cediendo terrenos, y proporcionando lo necesario para el bienestar de las nuevas fundaciones. El viaje de San Francisco y algunos discípulos a la Península Ibérica alrededor de 1213 fue el principio de una tradición franciscana que ha perdurado hasta hoy, aunque tuvieron que transcurrir casi dos décadas antes de que se fundaran los primeros conventos.

La Amistad que existía entre San Francisco y Santa Clara originó también la Orden que lleva su nombre y el primer convento fue establecido en Valencia poco después del convento de los frailes menores. Al mismo tiempo, la orden de Santa Clara, al igual que la de los frailes menores, empezó a hacerse evidente en las diversas poblaciones de la antigua Corona de Aragón después de la reconquista de las tierras a los musulmanes, y las monjas empezaron a buscar ayuda económica y a darse a conocer. Inicialmente, fueron puestas bajo la supervisión directa de los ministros general y provincial de los frailes menores, quienes habían de cuidarse de todas las necesidades de las hermanas. Con el tiempo, y gracias a la redacción de nuevas reglas, las clarisas se libraron de este control directo, aunque la amistad entre las dos órdenes ha continuado hasta el presente, y los frailes menores todavía atienden a la vida espiritual de las monjas. De todos modos, hubo ciertas diferencias, la más importante de ellas fue la regla que seguían las clarisas, basada en la benedictina, que impuso la clausura, pero también notamos que la mayoría de monjas medievales provinieron de la clase alta, de la aristocracia y hasta de la casa real, mientras que la mayoría de los frailes tenían un origen más modesto.

A continuación, intentaremos seguir los primeros años de los monasterios de la Orden de Santa Clara en el reino de Valencia y el significado de la casa real, los nobles y la burguesía adinerada. Su importancia no puede discutirse, pero para comprender su contribución a la fundación y evolución de los monasterios, tendríamos que mencionar también el origen de algunas de las monjas que ocuparon los monasterios medievales del reino de Valencia, puesto que la mayoría de ellas también provinieron asimismo de familias que patrocinaron los monasterios. La costumbre era que cada monja aportara su propia dote que, en algunos casos, llegaba a ser importante, y explicaremos más adelante que algunas incluso, por aportar una cantidad considerable, pudieron fundar monasterios en el reino de Valencia. Desgraciadamente, para el siglo XIII, la información disponible sobre los orígenes de las monjas es mínima, igual que la que existe sobre las que patrocinaron los primeros años de los monasterios, y tenemos que agradecer las muchas horas de dedicación de Sor María Pilar Andrés, monja que fue del monasterio de la Puridad de Valencia, la cual, en su libro, aporta abundantes datos sobre su monasterio, y también referencias sobre los monasterios de Játiva y Gandía con los que estaba muy ligada. Hubo un cuarto monasterio en el reino de Valencia que se fundó en el siglo XV, en el lugar donde habían habitado los Trinitarios, y recientemente se ha publicado el libro de Daniel Benito Goerlich que recoge mucha información sobre el convento de clarisas establecido allí.

Cabe referirnos a otro aspecto que forma parte de los primeros años de los monasterios de las clarisas del reino de Valencia: su contribución cultural, sobre todo en la adquisición de obras de arte y libros de valor, todos ellos procedentes de familias adineradas, como obsequios o legados. Viene muy a propósito que hagamos este estudio ahora, porque en los años 2008 y 2009 los cuatro conventos que constituyen el tema de este capítulo recibieron el apoyo de la Generalitat Valenciana y de sus propias municipalidades con el fin de preservar los tesoros artísticos que poseen. En el caso de Játiva, donde las monjas vendieron el monasterio en el año 2002, se ha llegado a un acuerdo para proteger el edificio y mantenerlo, para que el público pueda gozar de su belleza. Precisamente en 2008 el Consejo Valenciano de Cultura, con motivo de la Feria de Játiva, tenía como proyecto empezar a restaurar el monasterio de las clarisas. Ahora debemos dirigir nuestra atención a las actividades de la Feria de Játiva, que permitieron llevar a cabo la restauración del convento que las monjas acababan de abandonar. El patrimonio histórico y cultural es el tema principal del libro que, cada año, vienen publicando desde 1945, coincidiendo con la época de la celebración de la Feria (López i Alamany 2008). En esta ocasión, Antoni López i Alemany en *Raons d'Acò* se refiere al convento de Santa Clara como patrimonio cultural y Vicent Àlvarez, del Consejo Valenciano de Cultura, lo confirma, y lo refuerza en el apartado *El Convent de Santa Clara, Patrimoni Ciutadà*: «Recuperem allò que és del poble, convertim el Convent de Santa Clara en un bé més d'allò que Xàtiva pot mostrar al món com aportació a la cultura i al progrés» (López i Alamany 2008, p. 10).

Játiva no fue el único monasterio que recibió la atención del departamento de cultura de la Generalitat Valenciana, si consideramos que, en el mismo 2008, decidieron hacer todo lo posible para preservar el real monasterio de la Santísima Trinidad, ubicado en la capital valenciana y habitado por las clarisas desde el siglo XV. Es más, también se interesó por el monasterio de Gandía, en el que todavía hoy viven monjas, con el fin de trasladar a un lugar más seguro las obras de arte que allí se conservan y que se consideran patrimonio cultural, para que pudieran ser visitadas por el público. Recordemos que el convento de Gandía tenía una relación muy estrecha con la familia Borja. Entre los miembros de esta familia destacó en el siglo XV la duquesa María Enríquez de Luna, sobrina o prima de Fernando el Católico, y mujer de Juan Borja, quien se interesó por el convento.

La historia de estos cuatro monasterios valencianos resulta algo más complicada de lo que a primera vista parece, dado que el monasterio de Santa Clara de Gandía tuvo dos o tres épocas distintas, acabando por aceptar la regla de Santa Coleta y la reforma que ésta implicaba; además, tanto el monasterio de la Puridad de Valencia como el de Játiva tuvieron más de un nombre. Durante la Edad Media la historia del monasterio de la Puridad de Valencia estuvo muy ligada con el de la Asunción de la Virgen María, que más tarde se conoció como Santa Clara de Játiva. En las siguientes páginas intentaremos explicar las complicaciones que presentan las varias épocas y cómo pudo ser posible que el convento de Gandía, el de la Asunción de Játiva, y el de la santísima Trinidad de Valencia acabaran por ser restaurados, y además constar entre los tesoros del patrimonio valenciano.

En vista de que empezamos a hacer este estudio cuando las autoridades respectivas dedicaban su atención a la construcción y al patrimonio cultural de estos conventos, creemos esencial incluir algunas palabras sobre su estado actual y también creemos pertinente incluir el nombre de un quinto monasterio que queda al margen de nuestro tema: el de Nuestra Señora del Pasmo de Jerusalén, en Valencia, que se estableció para terciarias en 1496 bajo la reforma de las recoletas (Soriano Triguero 1995, p. 189).

No obstante todo esto, nuestro fin principal es el de mostrar cómo la aristocracia y la gente adinerada del reino patrocinaron casas religiosas o se implicaron en los asuntos de las religiosas, por devoción o por política, o tal vez por una combinación de ambas, indicando algunos de los resultados de esta dedicación a las cuatro casas situadas en el reino de Valencia. Una cosa resulta inmediatamente evidente: que la mayoría de las monjas medievales que ingresaron en estos monasterios tenían alguna filiación con la casa real o con la aristocracia, es decir, un origen social muy distinto de lo que se nota en relación a los frailes menores, quienes, en su mayoría, provinieron de la clase media, de mercaderes. Claro está que hubo también monjas procedentes de la clase media y, de vez en cuando, la hermana de un fraile menor tomaba el hábito de Santa Clara, sin que podamos descartar la presencia de personas ajenas a la orden, ancianas o desamparadas, acogidas en el convento como lugar seguro durante un tiempo.

Los Franciscanos se encontraron entre las primeras órdenes establecidas en el reino de Valencia y una consecuencia de la regla de 1245 fue la imposición de la regla benedictina sobre la orden de Santa Clara y, contra lo que hubiera querido la fundadora, las monjas tenían que vivir en clausura bajo la supervisión directa de los ministros general y provincial de los frailes menores, condición que desapareció más adelante. En su estudio fundamental sobre la reconstrucción de la frontera cristiana del siglo XIII, el historiador americano Robert I. Burns incluyó una sección sobre las monjas de Santa Clara, las cuales, según él, posiblemente hubieran estado en la ciudad de Valencia desde 1239, aunque en una localización provisional (Burns 1982, p. 506). No obstante, la posibilidad de que existiera una presencia informal y temporal, no fue hasta el año siguiente, en que el señor feudal Jimeno (Simón en la versión inglesa) Pérez de Arenós les dio a las monjas su vivienda extramuros al sudoeste de la ciudad. Se trataba de un solar que limitaba con el barrio musulmán y, un lugar muy apropiado para cristianizar la ciudad. Aunque algunos historiadores han sugerido una fecha posterior, es decir 1251, fue más que probable que confundieran la cesión de las tierras con la construcción del monasterio. En efecto, la donación de Jimeno Pérez de Arenós tuvo lugar el 2 de marzo de 1248, pero el proceso de establecimiento en aquel año abre la puerta a muchas dudas, y no podemos afirmar con seguridad la presencia de ninguna monja (Andrés Antón 1991, p. 113).

La primera abadesa fue Tarina y la primera priora Caterina, pero a partir de este momento el monasterio recibió donaciones de otros ciudadanos y aristócratas de Valencia, entre ellos la reina Violante, que les dejó 200 morabetinos en 1251; esta fecha probablemente dio origen a la confusión existente sobre la fecha de la fundación.[1] Poco después tuvieron suficientes recursos para empezar la construcción del monasterio, recibiendo la autorización real en 1252.[2] Así, podemos decir que el monasterio de la Puridad de Valencia tuvo un principio ilustre aunque fue durante la segunda mitad del siglo XIII que empezó a funcionar efectivamente. Luego hablaremos con más detalle de la vida que llevaban las monjas y de la gente que patrocinaba el monasterio, pero resalta el tipo de vida que seguían las clarisas, no sólo tan diferente a la que llevaban los frailes sino también por el enfoque que daban a su vocación. Nos referimos a ello porque aunque también servían como punto de contacto con la sociedad y de enlace con el municipio, incluso comprando productos comestibles, esta práctica no perduró mucho después de los primeros años.

A pesar de la escasa información sobre las patronas de los cuatro conventos valencianos, podemos señalar la implicación de algunas damas reales, aristócratas y de la alta burguesía en su fundación y desarrollo. La historia del monasterio de la Puridad de Valencia, antes también llamado Santa Isabel y Santa Clara, es la más extensa y mejor documentada porque ha conservado mejor sus fondos. Asimismo, el hecho de que su historia haya sido investigada por una monja del mismo convento que pasó muchas horas en los diversos archivos y conocía de cerca la vida del monasterio ha facilitado mucho nuestra tarea. Sor María Pilar Andrés Antón, fallecida en 1997, no solamente empleó documentación del archivo de su propio monasterio sino que recopiló una serie de documentos procedentes de los diversos archivos que consultó, algunos de los cuales nos han dado información

1. En su estudio de la Valencia medieval, Burns continúa señalando las donaciones que recibieron las monjas en el siglo XIII (Burns 1982, p. 507). Una de ellas, Raimunda, habrá sido íntima amiga o pariente de Caterina, esposa de Guillem de Montagut, y dejó en su testamento de 1288 30 mazmodinas, 10 de los cuales legó al monasterio.

2. Burns señala que hubo problemas con estos nombres y se pueden tratar de una sola persona; además sugiere que Catarina podría tratarse de Catarina Berenguer que en 1260 consta como abadesa del monasterio de Tarragona.

sobre los conventos de Játiva y Gandía, aunque este último resulta mucho más difícil de investigar eficazmente (ANDRÉS ANTÓN 1991).[3]

Nuestra investigación empieza con la fecha que consideramos la más verídica para la fundación del convento de la Puridad que apuntamos como la de 1239, el primero que se fundó en el reino de Valencia, y uno de los primeros de la Península Ibérica. Creemos que posiblemente la primera abadesa de la Puridad hubiera iniciado su actuación en 1256 como abadesa del monasterio de Tarragona, pasando después a la casa de Valencia (ANDRÉS ANTÓN 1991, p. 113). Los primeros años del monasterio de la Puridad no quedan nada claros y aunque se conocen los nombres de las primeras abadesas, no sabemos nada de su origen familiar, lo que constituye a veces una clave muy útil para determinar de dónde procedió el apoyo económico. El padre Hebrera y los registros del Vaticano mencionan una abadesa que se llamaba Sor Violante de Aragón que por su nombre habría sido descendiente de la casa real. Sin embargo, ni nuestra investigación ni la de Sor Andrés han encontrado documentos que confirmen la aseveración de Hebrera, y la única abadesa de la Puridad con el nombre de Sor Violante vivió en el siglo XV. La nombramos aquí por sí acaso tuviera que ver con la fundación del monasterio, ya que la segunda mujer de Jaime I fue Violante de Hungría, a quien la tradición atribuye una gran devoción a San Francisco y a las Clarisas, y es nuestra opinión que podría existir la posibilidad de que fuera esta Violante a quien quería inmortalizar el rey don Jaime. Lo que es más, el nombre del monasterio, que al principio fue Santa Isabel, se refería a la tía del rey Jaime I, y fue impuesto para honrar a la princesa Isabel de Hungría, que murió poco antes del establecimiento del monasterio, y que fue canonizada por Gregorio IX en 1235 (ANDRÉS ANTÓN 1991, p. 67). Según la tradición, las monjas agradecidas al rey Jaime I, y seguramente en honor también a Santa Isabel, decidieron tomar el nombre de Isabelitas, llamándose así Real Monasterio de Santa Isabel, nombre que perduró durante toda la Edad Media (ANDRÉS ANTÓN 1991, p. 68; ALDEA HERNÁNDEZ 2004, p. 1103-1126).

Un historiador de Valencia del siglo XVIII, el dominico, fray Josef Teixidor explica que el monasterio de Santa Isabel de Hungría añadió a su nombre el de Santa Clara, ambos suprimidos en 1534, fecha en que el papa Clemente VII les dio el nombre de la Purísima Concepción y que llegó a conocerse hoy como el monasterio de la Puridad (TEIXIDOR I TRILLES 1895, p. 129). Sor Antón se refiere al título como muy valenciano y confirmó que estaba en uso hacia octubre de 1495, fecha en la cual se pagaban las misas de los sábados en honor a «Nuestra Señora de la Pureza» (ANDRÉS ANTÓN 1991, p. 20). A finales del mismo siglo, se construyó un retablo para el altar en la capilla de la Purísima Concepción, que se llamaría el "retablo de la Virgen María de la Pureza" (ANDRÉS ANTÓN 1991,

3. Haremos una referencia continuada al libro de Andrés Antón tanto para Valencia como para los otros dos monasterios, ya que incluye mucha documentación que la autora ha encontrado en múltiples archivos, y más que una interpretación de la vida de los monasterios, sirve como fuente para su historia.

p. 21).[4] Una pluralidad de nombres siempre dificulta la tarea del historiador, y el monasterio de la Puridad no es ninguna excepción, y aun más cuando de por sí su historia resulta complicada.

No fue nada extraordinario que muchos de los monasterios medievales tuvieran patrocinadoras reales o nobles y que muchas de las monjas procedieran de estas casas o de las de la alta burguesía, porque eran ellas quienes tenían el tiempo, el dinero y el empuje para implicarse en los asuntos monásticos, tan importantes para el bienestar de los cristianos del reino. En efecto, Sor Andrés, en su obra monumental, menciona las donaciones monetarias recibidas de la casa real durante la Edad Media, aportaciones que observamos en referencia a todos los monasterios medievales, y que no se limitaron a dinero, sino también a privilegios como son el de sacar agua de pozos reales, utilizar terrenos que pertenecían al rey y otros bienes, que son tan numerosos que no es pertinente mencionarlos aquí.

Entre los mayores benefactores del monasterio de la Puridad o Santa Isabel estaban Jimeno Pérez de Arenós, que concedió unas casas, una mezquita en 1249, y otras posesiones en 1257, y Rodrigo de Arándiga y su mujer María Lanesses, que otorgaron 60 sueldos de censo anual sobre las rentas de un huerto en Valencia. Igual que los demás monasterios, Santa Isabel recibió legados testamentarios, muchos de los cuales no eran de gran importe, y de poco interés para nuestro estudio actual, al no proceder de ninguna familia importante ni tampoco ir acompañados de donaciones de territorios, casas u otros bienes significativos, bien que juntos constituyeron una importante ayuda al monasterio (Andrés Antón 1991, p. 409-415 y ss). Un ejemplo es el legado en el testamento de 1299 de doña Andrea de Heredia, viuda de Jimeno Pérez de Arenós, que suma la cantidad de 200 sueldos para los vestidos de las monjas de la Puridad, junto con otros cincuenta «pro pitanza» (Andrés Antón 1991, p. 293). Tenemos que añadir aquí un "caveat", considerando que algunos de los legados testamentarios nunca llegaron a efectuarse por falta de dinero o por disputas con la familia del difunto, que reclamaba lo que consideraba su derecho por herencia. La documentación existente no nos permite saber cuántos legados llegaron a efectuarse, pero las numerosas revueltas sociales, epidemias y crisis económicas que turbaron la vida medieval nos hacen pensar que muy pocos fueron entregados al benefactor, o por lo menos, algunos de ellos fueron diezmados por los problemas de la época.

Parece ser que las donaciones procedieron principalmente de los reyes de Aragón, los aristócratas del reino y de sus mujeres, y que pocas burguesas se interesaron en el monasterio durante sus primeros años, aunque en los siglos XIV y XV se multiplicara la procedencia de las donaciones, y a pesar del hecho de que las únicas mujeres que poseían suficiente capital y bienes solían ser las viudas de casas adineradas. Entre las benefactoras del monasterio de Santa Isabel, Sor Andrés menciona a María, viuda de Guillermo de Estadella, y a Seguina, mujer

4. Las siguientes páginas hablan del retablo (p. 22-30) y en la página 29 hay una reproducción fotográfica del mismo.

de Salvador Soria, y ambas dieron dinero y censos al monasterio (Andrés Antón 1991, p. 307).

Es interesante notar más específicamente el origen social de la comunidad del monasterio de la Puridad de Valencia considerando que la mayoría de las mujeres que entraban en un monasterio medieval procedía de la clase alta o burguesa, algunas lo hacían por razones de seguridad y otras por su propia vocación. Además, para poder ingresar tenían que aportar una dote que a veces llegaba a ser considerable. Sin embargo, sobre este asunto, Sor Andrés afirma que toda aspirante a la vida monástica, sea cual fuere su origen social, tenía cabida en la orden de Santa Clara (Andrés Antón 1991, p. 264). Pero una ojeada a la lista de monjas que formaron la comunidad del monasterio de la Puridad en la época medieval parece desmentir esta aseveración, o tal vez la práctica, ya que la mayoría tenía ascendencia real, noble o burguesa, lo que sugiere también un apoyo económico muy considerable de estas familias. Mencionamos algunas de ellas: Sor Maior y Sor Elvira Jiménez de Arenós, hijas de familia noble y nietas del protector del monasterio, Jimeno Pérez de Arenós, y curiosamente del Sayyid Abu Zayd, último rey almohade de Valencia (Andrés Antón 1991, p. 264-266). Este rey se convirtió al cristianismo después de haber mandado matar a dos franciscanos y la tradición le atribuye arrepentimiento por su pecado. Sus restos descansan ahora en el convento de la Puridad (Webster 2001, p. 40). Tenía dos hijos, uno de los cuales, Fernando Pérez, habría sido hijo de su mujer cristiana, y dejó un legado de 800 sueldos reales a su confesor, el franciscano Fray Gómez, pariente suyo, y 3.000 sueldos reales de Valencia para construir un dormitorio en la casa de los frailes menores de Valencia.

Entre las otras monjas que profesaron en el monasterio de la Puridad antes de 1500 hubo varias que procedieron de casas adineradas, como Sor María Jiménez, Sor Margalida de Moncada, Sor Violante de Aragón, Sor Sibila de Centelles, y Sor Isabel de Mompalau, y de sus familias habría venido el apoyo económico esencial para que el monasterio pudiera vivir sin preocupaciones derivadas de la falta de dinero. En 1337 consta que las dos hijas del rey Jaime II y de Blanca de Anjou, María y Blanca, vivían en la Puridad, y fueron obligadas por el monarca a cambiar de orden, a San Juan de Jerusalén, un cambio que normalmente era prohibido por la ley canónica a no ser que se trasladaran a una regla más estricta.[5] Sabemos que estas dos hijas del rey, y sin duda otras monjas de estirpe real, o aristócrata, disfrutaron de privilegios especiales, teniendo siervas moras, en el caso de Valencia, y hábitos de tela especial. Cabe señalar aquí que no consta que recibieran este tratamiento en el monasterio de Santa Clara de Játiva que será objeto de nuestra atención más adelante (Webster 2001, p. 312). Los parientes de las monjas que disfrutaron de estos privilegios no solamente habrían proveído el dinero para pagar tales privilegios sino que habrían dado su apoyo al monasterio, y de cierta manera habrían dispuesto del destino de sus hijas o de sus parientes como fue el caso de María y Blanca. La cuestión del traslado de estas dos monjas

5. Archivo de la Corona de Aragón (ACA), Registros de cancillería (RC) 1054, f. 51r.

es especialmente interesante porque, suponiendo que son las mismas hijas del rey, las encontramos en el monasterio de Sijena en julio de 1337, donde Blanca ejercía el cargo de prioresa.[6] A pesar de todo, y de su aparente ingreso en la orden de San Juan de Jerusalén, difícilmente cumplido en el espacio de tan poco tiempo, se dice que las dos infantas no habían perdido su afección por la orden de Santa Clara y el monasterio de la Puridad de Valencia, y querían volver allí mientras el monasterio de Sijena se encontrara en curso de reparación. Citamos: «attendentes quod dictum monasterium Sixene propter reparacionem, dicte infantisse esse plurimum desolatum atque de majori desolacione speratur nisi predicta priorissa restituatur monasterio supradicto».[7]

En fin, habrían recibido el permiso de ir a Valencia durante las reformas del monasterio de Sijena, prometiendo volver a Sijena una vez completadas las reparaciones, y es evidente que la decisión de volver no dependió de ellas, considerando que marcharon a Sijena contra su voluntad, y no podían volver si no se les daba permiso. Además, se nota que la simpatía de miembros de la casa real o de la nobleza tenía poco que ver con la vocación de ellas, y mucho más que ver con la política del monarca o de la familia.

Pasamos ahora a la fundación del monasterio de Játiva, el segundo de los monasterios de las clarisas en el reino de Valencia, cuyas ruinas acaban de recibir la categoría de patrimonio del estado, como ya indicamos. En ocasión de la feria de Játiva de 2008, el monasterio fue objeto de una publicación monográfica con motivo de la recuperación de lo que quedaba del edificio, es decir la iglesia y algunas dependencias en la planta baja. Este estudio atesta que el monasterio fue fundado en 1325, y en efecto el rey Jaime II expidió un decreto el primero de enero de aquel año autorizándolo y asignando una limosna para su fundación.[8] El testamento de la fundadora, Saurina d'Entença i de Montcada, en que otorgó el capital para construir y fundar el monasterio de Santa Clara, tiene fecha del mes de agosto del mismo año, pero a pesar de que doña Saurina murió en 1325, su legado no llegó a estar disponible hasta el año siguiente, es decir 1326, fecha que apunta el historiador franciscano, Lucas Wadding.[9]

La publicación de 2008 confirma que el primer monasterio de Santa Clara de Játiva estaba situado fuera de la muralla, pero quedó casi arruinado en 1348 a causa de las guerras de la Unión. Sin embargo, fue recompuesto tres años más tarde y derribado definitivamente en 1359 durante las guerras de los dos Pedros. La comunidad vivió unos años en una casa particular hasta que en 1364 se les autorizó a trasladarse a un nuevo monasterio "intramuros", trayendo con ellas

6. ACA, RC 1054, f. 84v.

7. ACA, RC 1054, f. 84v.

8. Informe de la Dirección General del Patrimonio Artístico de 2003 publicado en el BOE de 28 octubre de 2003 con motivo de la restauración del monasterio.

9. Nos referimos al libro de López Alamany (López i Alamany 2008, p. 61) y a la obra de Agustí Ventura (Ventura 2008, p. 82-84), el estudio más completo sobre el convento de Santa Clara y que salió después del libro que publicó la feria de Játiva, donde el autor da la transcripción del texto del testamento y en el apéndice del mismo estudio, el texto en latín (Ventura 2008, p. 205-213).

el cuerpo de su fundadora. A pesar del traslado, conservaron el solar del antiguo monasterio, haciendo construir un túnel bajo las murallas. Cuando empezaron a tener problemas de salud, que imputaron al cultivo de arroz demasiado cerca de la muralla, solicitaron al Papa Urbano V su traslado a Valencia, pero la ciudad de Játiva se opuso, apelando al deseo de la fundadora, doña Saurina, y el resultado fue que su solicitud de traslado fue denegada.[10]

Es pertinente preguntarnos ahora quién fue Saurina d'Entença. Era hija de Berenguer V, tía del rey Alfonso, segunda mujer del almirante Roger de Llúria, y viuda desde la muerte de éste en 1305. Citamos desde la Crónica de Ramón Muntaner:

> E puis lo dit noble En Roger de Lòria pres per muller la filla d'En Berenguer d'Entença qui és del pus honrat casal de rics-hòmens qui sia en Aragon e en Catalunya. E d'aquesta dona hac, que li sobresvisqueren, dos fills (Rogerò i Carlet) e una filla.[11]

Doña Saurina quería que no solamente fuera el monasterio lugar de su sepultura sino el de su hijo, aunque al principio ella fue soterrada temporalmente en el monasterio del Puig, y sus restos fueron trasladados a Játiva después, una vez construido el monasterio de Santa Clara.

Cuando murió doña Saurina en 1325 las posesiones que había heredado de su marido, Roger de Llúria, entre ellas el valle de Seta, Calpe, Altea, y el Puig, pasaron a su hija, Margarita, quien fue proclamada heredera universal. Los detalles de estas tierras y del testamento de doña Margarita, quien murió en 1341, se encuentran en el estudio de Agustí Ventura, pero básicamente las disposiciones de su testamento permitieron proceder con la construcción del monasterio de Santa Clara donde ella quería sepultarse, facilitada por el diploma real expedido por Jaime II, que permitió la compra de solares exentos de impuestos reales (ANDRÉS ANTÓN 1991, p. 239; VENTURA 2008, p. 86-87). No hemos encontrado ningún documento que relacione a doña Saurina con la Orden de Santa Clara durante su vida, pero no dudamos que la popularidad de San Francisco y Santa Clara durante la Edad Media la hizo optar por la fundación de un monasterio en honor de Santa Clara, aunque la primera advocación del monasterio de Játiva fue a la Asunción de la Virgen María. Doña Saurina, por vía matrimonial, habría tenido relaciones con Játiva, y su decisión habría estado motivada por la costumbre de la aristocracia medieval de dejar dinero para establecer monasterios o dotar fundaciones caritativas, aunque no podemos descartar una posible devoción a San Francisco.

10. El Informe del Patrimonio Artístico explica «En dicho huerto inferior (que llegaba hasta el monasterio del Carmen) se proyectó edificar casa y cercado con almenado, semejante al frontispicio del monasterio» pero «después resentidas de salud, atribuyeron sus males al abusivo cultivo de arroz que llegó hasta las mismas murallas de la ciudad».

11. *Les Quatre Grans Cròniques*, p. 682. Véase también p. 889-890 en las que se explica cómo y cuándo murió Rogerò, el hijo menor, pero a la hora de la muerte de doña Saurina él habría muerto y por eso nombraron heredera a la hija, Margarita.

Existen una serie de documentos en los Registros de Cancillería del Archivo de la Corona de Aragón a partir de 1336 sugiriendo que el monasterio todavía no estaba completado, lo que es lógico, dado que había pasado poco tiempo desde la muerte de la fundadora. Sin embargo, Agustí Ventura, basándose en un documento inédito de Carles Sarthou, atesta que de hecho fue terminado en aquel año, una conclusión que nosotros encontramos algo dudosa dada la naturaleza de los documentos reales. De todos modos, tendrían que pasar diez años antes de recibir las primeras monjas, veintidós en total, otra cosa que nos hace creer que el monasterio no fue terminado hasta 1346.[12]

El tema principal de la serie de cartas sobre la población del monasterio de Játiva fue precisamente la llegada de estas primeras monjas originarias de Valencia y que fueron destinadas para poblarlo. Es interesante notar que el rey Pedro IV de Aragón nombró a estas monjas, que venían del monasterio de Santa Isabel de Valencia, como fundadoras del nuevo monasterio, y eligió una abadesa, también del convento de la Puridad de Valencia. A pesar de esto, el traslado de las monjas y la población del monasterio de Játiva no resultaron nada fáciles, ya que hubo dificultades para persuadir a éstas de dejar Valencia, por una serie de razones que, en vista de la recepción que recibieron en Játiva, no debían ser sin fundamento. La documentación real es muy específica sobre el traslado, una decisión que fue muy discutida por seglares y franciscanos y que resultó una experiencia muy desagradable para las doce monjas de Valencia. Por lo visto, los problemas surgieron enseguida y Sor Andrés ha transcrito algunos de los documentos pertinentes, todos ellos procedentes del Archivo de la Corona de Aragón.

El primer documento, dirigido a fray Arnau de Canelles de los frailes menores, trata sobre el asunto del traslado de las monjas y se encuentra en los Registros de Cancillería de Pedro IV con fecha del 3 de junio de 1337, comisionando al ministro provincial de los franciscanos para que trate del tema. El rey urge que emprenda la empresa con claridad y expedición.[13] El mismo día, la justicia civil de Valencia es informada de que, siguiendo la petición del Papa y el ministro general de los frailes menores, doce monjas del monasterio de las clarisas de Valencia habrían de trasladarse a la nueva casa de Játiva, construida con el legado de la noble señora Saurina de Entença.[14] Otro documento de la misma fecha, dirigido a Gil Martín de Entença, ejecutor del testamento de la difunta Saurina, le hace la misma petición, que las doce monjas se trasladen de Santa Isabel de Valencia a la nueva casa de Játiva y manda que asegure la realización de la misión. Los documentos no explican el efecto que el traslado tuvo sobre el monasterio de la Puridad de Valencia, pero Sor Andrés comenta que «debió producirse una gran conmoción».

Las doce monjas marcharon hacia Játiva de acuerdo con las órdenes recibidas, pero al llegar encontraron instalada otra comunidad de diez religiosas proce-

12. ACA, RC, 1053, f. 207r.

13. ACA, RC 1054, f. 77r, 3 junio 1337 (no el 10 de junio como en el artículo del P. Sendra consultado por Sor Andrés).

14. ACA, RC 1054, f. 81v, 3 junio 1337 (no el 10 junio).

dentes de Tortosa, con un resultado que por ser muy desagradable deja de explicar Sor Antón, pero que podemos elucidar un poco.[15] Sabemos que se trataba de una monja de Tortosa, Sor Inés Pere Guasch, y las que la siguieron quisieron impedir que las monjas de Valencia viviesen en la casa de Játiva. En los Registros de Cancillería nos enteramos de que algunos frailes menores y seglares de Játiva empezaron a difamar a las monjas de Valencia, una vez llegadas allí, insultándolas y profiriendo toda suerte de injurias y barbaridades. Como respuestas a las indignidades que sufrieron las monjas, y hasta cierto punto, el no cumplimiento de sus órdenes, el rey, en una carta dirigida al guardián del monasterio de los frailes menores de Játiva, los reprendió por su poca obediencia a la orden y su mala conducta hacia las monjas de Valencia. Al mismo tiempo, mandó comunicar a las monjas de Santa Clara de Tortosa que su presencia en el monasterio de Játiva estaba causando divisiones e infamias, y a Gil Martín de Entença, ejecutor del testamento de doña Saurina, que interviniese en el asunto para que solamente las monjas de Valencia viviesen tranquilamente en Játiva. Además, habría que punir a los frailes menores culpables, pero desconocemos lo que pasó con las monjas de Tortosa, aunque lógicamente habrían vuelto a su monasterio de origen. La abadesa elegida para el monasterio de Játiva fue Sor Beatriz de Zaragoza, la cual ocupó el cargo durante veinticuatro años (Andrés Antón 1991, p. 328-331). Es interesante notar que el ejecutor del testamento de la fundadora difunta, doña Saurina, continuaba implicado en el bienestar del monasterio, que por lo visto no dejó de sufrir agravios.

La influencia del monasterio de la Puridad de Valencia continuaría durante muchos años y en 1370 Sor Clara Planell, de aquel monasterio, sucedió a Sor Beatriz como abadesa, seguida por sor Cecilia de Peralta, cuya biografía relata el padre José Sorribas (Andrés Antón 1991, p. 332-333). Su recepción fue muy diferente a la de las doce monjas que fueron a Játiva en 1336, posiblemente porque se había solucionado el problema, o más probablemente porque ella gozaba de una piedad profunda y disfrutaba de una reputación impecable de santidad. Empezó enseguida a perfeccionar la vida espiritual del monasterio, a administrar prudentemente su economía y dedicarse plenamente a la tarea de abadesa. Curiosamente, después de seis años, empezó a dudar de la validez de su elección, escribiendo al papa Gregorio XI, no una vez sino cinco veces, para que él la confirmara como abadesa. Sor Andrés, al describir los escrúpulos de Sor Clara implícitamente los adscribe a su santidad, pero la extraña actitud de la abadesa nos hace preguntarnos si en efecto los problemas de los primeros años habían desaparecido del todo, y que si la necesidad de confirmar su elección fue motivada por miedo al rechazo por parte de los frailes y monjas de Játiva, o por alguna presión ajena a la orden, y no tanto por verdaderas dudas sobre su validez.

En 1369 el rey Pedro de Aragón escribió al Ministro Provincial de los frailes menores sobre una disputa que existía entre los dos monasterios de Valencia y

15. ACA, RC 1054, f. 112r-113v.

Játiva, y se refiere a una carta que recibió de la abadesa de Valencia y otra recibida de Játiva, insistiendo en que el monasterio de Santa Clara quedara en aquel lugar, lo que nos hace concluir que hubo un intento de cerrar el convento de Játiva y enviar las monjas a Valencia, justamente al contrario de lo que había pasado unos años antes. Cabe sugerir aquí que el problema de Játiva no se resolvió cuando Sor Beatriz empezó su cargo, ya que ella fue nombrada abadesa solamente un año después. Aunque no hemos encontrado la respuesta a estas cartas, es evidente, por los acontecimientos posteriores que, a pesar de la posible continuación de la situación hostil, las monjas de Valencia consiguieron quedarse en Játiva.[16] Parece más que probable que el conflicto y las hostilidades existentes entre las doce monjas enviadas para poblar el monasterio de Játiva y las de Tortosa no se hubieran apaciguado del todo, pero no debía ser una situación lo suficientemente adversa como para que las monjas se trasladaran de vuelta a Valencia.

Para complicar el asunto de los conventos valencianos y el traslado de monjas, existe otra situación parecida al traslado de monjas del convento de la Puridad al de Santa Clara de Játiva. Vemos que desde esta fecha hay documentación relacionando el convento de la Santísima Trinidad de Valencia con el monasterio de Santa Clara de Gandía. Goerlich explica que ese convento fue construido a lo largo de seis años con el dinero que dio Sor Violante, hija del duque de Gandía y biznieta de Jaime II, para que en él residieran doce monjas (Goerlich 2008, p. 67-68). El número de doce monjas aparece varias veces en la historia franciscana y recordamos que el convento de los frailes menores de Miramar en Mallorca, del que habla Ramón Llull, fue fundado con doce frailes, sin duda un número escogido para recordar los doce discípulos de Jesús. En Gandía por lo tanto, a pesar de recibir la protección de los duques reales, padre y hermano de Sor Violante, con el tiempo no tenían suficiente dinero para continuar allí y el convento solo duró quince o dieciséis años.

Cabanes Pécourt recopila un documento del 24 mayo 1448 sacado de la Real Cancillería, y conservado en el Reino de Valencia, que habla de la renta que pertenecía al monasterio de Santa Clara de Gandía, y por su interés citamos el fragmento siguiente:

> lo dit covent (la Trinidad) havia de renda o consignats, tres milia sous, qui eren del monestir de Senta Clara, de la vila de Gandía, sobre les rendes del terme de Calp. Pero, per cert litigi o contrast qui es stat fet, lo senyor Rey o lo gobernador per aquell, tenen en senestre e jatsia, sia stat concordat que dels dits 3.000 sous rebessen lo dit monestir de la Trinitat mil 500 sous, e lo monestir de Senta Clara de Valencia altres 1.500. La veritat es que per raho del dit sequestre non reben res (Cabanes Pécourt 1974, p. 93).

En efecto, cuando Sor Violante, su padre y hermano murieron, dos sobrinas suyas reclamaron estos bienes; una de ellas fue otra Sor Violante, que ocupó el cargo de abadesa del convento de Santa Clara de Játiva y que reclamó 1.000

16. ACA, RC 1225, f. 31r, 21 agosto, 1369.

sueldos anuales, mientras que la otra sobrina, Leonor de Prades, reclamó el resto. No fue el fin de los problemas del monasterio de Gandía, el cual llegó a un estado de extrema pobreza que lo dejó en una situación angustiosa, de tal manera que debido al impago de sus deudas, los acreedores llegaron al extremo de arrancar las puertas. Es evidente que no hubo más remedio que desamparar la casa de Gandía, en la que se encontraban estas monjas y otras cinco, que por lo visto habían entrado después que inauguran el convento de la Trinidad bajo la misma abadesa, Sor Violante Despuig (Goerlich 2008, p. 70).

El monasterio de Gandía quedaba en manos del custodio de la provincia de Valencia de los franciscanos observantes, fray Juan Llobet. Estas diecisiete monjas llegaron a Valencia el 22 de enero de 1445 y las dos primeras abadesas que dirigieron la comunidad allí fueron elegidas entre las recién llegadas de Gandía. El monasterio se conoció como la Santísima Trinidad, en recuerdo del hospital de San Guillem, que estaba a cargo de los Trinitarios desde el año 1256. A las diecisiete monjas de Gandía (no doce como había querido la fundadora de Gandía) hay que contar con nuevas religiosas en la Trinidad, entre las cuales estuvo Leonor de Villena, hija natural de Enrique de Aragón y Castilla, marqués de Villena, que tomó el nombre de Sor Isabel de Villena. Fue la primera que profesó después del traslado de las monjas a Valencia y llegó a crear un círculo cultural alrededor del monasterio con figuras literarias como el poeta Jaume Roig, quien también sirvió de médico al convento y administró la economía del monasterio, además de los poetas Joan Rois de Corella, Jordi de Sant Jordi y Ausias March. Durante su tiempo como abadesa y antes de su muerte en 1490, Sor Isabel del Villena vio acabadas las obras empezadas por la reina María (Goerlich 2008, p. 92-93).

Cabría también mencionar en relación al convento de la Trinidad al canónigo y vicario general de Valencia, Jaume Exarch, quien perteneció a una familia importante y tenía mucha admiración por Sor Isabel, lo que dio como resultado donaciones de gran magnitud al monasterio. En su testamento también legó obras importantes de su biblioteca y todos sus bienes, de tal modo que les permitió reconstruir la capilla de la Piedad donde fue enterrado el canónigo en 1479 (Goerlich 2008, p. 96-97).

Como indicamos, hubo confusión sobre la identidad de la fundadora con el nombre de Sor Violante y otra Sor Violante posterior, y esta confusión consta también en relación del monasterio de Gandía, ya que una monja llamada Sor Violante de Aragón fue elegida como abadesa del monasterio de las clarisas de Santa María de Pedralbes (Barcelona). No aceptó el cargo y fue abadesa de Santa Clara de Valencia, aunque tampoco ejerció este oficio durante mucho tiempo, ya que fue absuelta por el papa Martín V. En 1423 fundó el nuevo monasterio de Santa Clara de Gandía de las clarisas observantes, o hijas de Santa Coleta, pero por lo visto, renunció a la posición de abadesa del nuevo monasterio en 1429 y no sabemos si de hecho se trasladó a Gandía o se quedó en Valencia (Cortés-Vicent Pons 1991, p. 77-88).

Sor Violante, como hija del rey Alfonso de Aragón, primer duque real de Gandía y de doña Violante de Arenós, sirve como eje entre los tres lugares: Valencia, Játiva y Gandía. Ingresó en el real monasterio de Santa Clara de Játiva, fue elegida abadesa de Santa Clara de Valencia y Gandía y fundadora de ésta porque a instancias de su hermano, el duque solicitó al papa Martín V que le diera permiso para fundar un nuevo monasterio en Gandía, una solicitación que tuvo éxito autorizándola a escoger doce monjas e ir al nuevo monasterio (Andrés Antón 1991, p. 148-152). La ejecución del propósito no fue rápida, y el acta fue redactada en el monasterio de Santa Clara de Valencia el 11 de noviembre de 1428, o sea, tres años y medio después de la solicitud de Sor Violante. Las primeras monjas lo poblaron el año siguiente con la abadesa, Sor Francisca Costa. Gran parte del dinero procedente de los derechos, réditos y sumas sobre la villa de Calpe en Alicante se la dio Sor Violante, quien los había poseído desde 1412, y sobre otros territorios de su término, junto con otra ayuda económica procedente de los bienes recibidos de su padre y de su hermano para la construcción del monasterio. Pero Santa Clara de Gandía, con la dote que aportó Sor Violante, fue constituido bajo las condiciones de la Observancia regular.[17] Desafortunadamente para el nuevo convento, hubo una serie de desastres en la ciudad y los acontecimientos cambiaron de tal manera que las monjas llegaron a ser echadas de su propio monasterio, pobres y desamparadas como ya indicamos antes.

La idea de trasladar a las monjas de Gandía a otro convento de la reforma de Tordesillas no tuvo éxito y fue en 1445 que las obras para la instalación de las monjas en el convento de la Trinidad se iniciaron a expensas de la reina María de Castilla, mujer de Alfonso V. En efecto el intento de instalar allí el monasterio de Santa Clara se remonta a 1442, año en que la reina concedió un territorio donde se encontraban los fundamentos del antiguo convento trinitario de la primera mitad del siglo XIII, y probablemente fue ella la que, después de los escándalos trinitarios de 1444, se puso en contacto con el pontífice con el fin de colocar a las monjas en el lugar que habían tenido los Trinitarios. Desgraciadamente, lo que quedaba del convento trinitario estaba en mal estado y las clarisas no consiguieron obtener los fondos económicos para hacerlo habitable, así que en 1445 fue declarado inhabitable.[18] Según Goerlich los Trinitarios habitaron el lugar hasta que lo suprimió Eugenio IV en 1444, año en que los escandalosos excesos de dos frailes evitaron que los demás pudiesen decir el oficio divino, una situación que acabó con la expulsión de los mismos del monasterio (Goerlich 2008, p. 59-60).

La fundación del convento de Santa Clara por la reina doña María se ubicó en el hospital de San Guillem de Valencia, conocido como la Santísima Trinidad. Ella misma fue enterrada en el claustro, vestida con el hábito de una monja de Santa Clara. Su sepulcro se encuentra todavía a la cabecera de la iglesia y dentro de la clausura. Al abrir el sepulcro en 1957 por razón de las inundaciones, sacaron el cuerpo de la reina, confirmaron su identidad y la abadesa en aquel año vistió

17. Andrés Antón explica detalladamente la dote que aportó Sor Violante (Andrés Antón 1991, p. 150-151).

18. ACA, RC 3185, f. 117r-120v.

el cuerpo de la fundadora con un hábito nuevo (GOERLICH 2008, p. 81).[19] A pesar de esto, parece que los Trinitarios atestaron que la reina doña María les había destituido de su convento y del hospital contiguo (TEIXIDOR I TRILLES 1895, p. 61). Aunque de alguna manera la atestación fuera cierta, fue el Pontífice Eugenio IV quien suprimió la Orden de la Trinidad en el convento de Valencia y mandó que lo entregara a las monjas de Santa Clara (TEIXIDOR I TRILLES 1895, p. 62; GOERLICH 2008, p. 60).

Las diecisiete monjas de Gandía fueron a Valencia en enero de 1445, acomodadas en una parte del edificio de San Guillem mientras que la reina dio la orden de que se empezara a construir el Real Monasterio de la Santísima Trinidad. Goerlich explica que entre los privilegios concedidos por la bula de Eugenio IV, hubo uno que permitió a la reina, con su acompañamiento, entrar en el claustro monástico a su gusto y hasta pernoctar allí, y por esto, construyeron departamentos independientes para ella que nunca fueron terminados (GOERLICH 2008, p. 70). Recordamos aquí que el rey Martín y su esposa tenían departamentos en la cartuja de Vall de Crist, también en el reino de Valencia, y la tradición dice que él acostumbraba a pasar mucho tiempo allí después de la muerte de su hijo, Martín.

Cabanes Pécourt incluye en su libro sobre los monasterios de Valencia un inventario de los censales del convento de Santa Clara de Valencia redactado el 15 de junio de 1448 y nos interesa especialmente porque atesta a la presencia de las clarisas en Valencia en aquel año (CABANES PÉCOURT 1974, p. 141-165). Además, nos facilita una serie de nombres, es decir, gente que patrocinaba el convento, la mayoría de ellos musulmanes o mercaderes, para un total de 12.868 sueldos y 8 dineros. El mismo año los gastos que tenía el convento ascendían a 14.792 sueldos, entre los cuales había 5.280 sueldos para alimentar y vestir 73 monjas de velo negro y de velo blanco y seis mujeres de soldada que servían a la comunidad (CABANES PÉCOURT 1974, p. 166). A pesar de los gastos incurridos, el dinero recibido habría ayudado a restaurar el monasterio, ya que poco después gozaba de un gran prestigio. Fue declarado Conjunto Histórico Nacional en 1983, siendo el conjunto monástico más antiguo de Valencia.

El traslado de las monjas de Gandía al monasterio de la Santísima Trinidad de Valencia no puso fin a la presencia de un monasterio de Santa Clara en Gandía, y Josefa Cortés indica que la restauración del monasterio de Santa Clara de Gandía en 1462 se llevó a cabo «amb una comunitat procedent de Lezignan» e instauró la reforma de Santa Coleta, aunque tardó el convento en establecerse definitivamente. Según Goerlich el monasterio de Gandía no se pobló de nuevo hasta 1466 (GOERLICH 2008, p. 68).

¿Quién fue Santa Coleta? Nació en Picardía en Francia durante el Cisma de Occidente y se hizo benedictina, clarisa y finalmente fue miembro de la tercera orden de San Francisco, porque encontró demasiado cómodos y relajados los con-

19. El libro de Goerlich da mucha información sobre la Trinidad cuya historia es muy interesante pero los límites de este estudio no nos permiten elaborar demasiado sobre la vida y peripecias de las monjas de este monasterio.

ventos, y la vida que llevaban en ellos, y acabó por imponerse a sí misma una rutina de vida enclaustrada, pero nunca vivió en una comunidad determinada. Murió en 1447 y fue canonizada, pero su contribución a la orden de Santa Clara fue el establecimiento de ciertos conventos, la mayoría de ellos fundados con el nombre de Coletinas, y adoptando la reforma que ella vio necesaria para acabar con la comodidad y los abusos que vio en los conventos. No hay duda que los últimos años del siglo XIV y la primera mitad del siglo XV atestiguaron una decadencia general en muchos monasterios, incluso los de Valencia. En efecto, los primeros intentos de reforma de la orden de los frailes menores también se remontan a esta época, y allí fue la misma relajación de la disciplina la que motivó la reforma de los conventos femeninos. Citamos aquí al historiador, José García Oro: «La indisciplina es crasa… y las 'libertades' que se practican… no corresponden mínimamente a la normativa regular» (Andrés Antón 1991, p. 383-391; García Oro 1988, p. 492-493). Para la historiadora Carmen Soriano Triguero, la reforma de la vida de las monjas de Santa Clara provino tanto de las mismas religiosas como de los frailes menores, y nota que el primer convento de Coletinas o "descalzas" fue en efecto Santa Clara de Gandía (Soriano Triguero 1995, p. 190).[20]

Las nuevas fundaciones, igual que los monasterios reformados, recibieron el mismo apoyo de la casa real que los conventos que se fundaron en el siglo XIII, es decir que el rey de Aragón, Alfonso el Magnánimo, vio en ellos una influencia pacificadora y estabilizadora en una época llena de problemas sociales y económicos. Así como ocurre en casos semejantes, hubo una reacción que a la larga desembocó en la formación de órdenes religiosas más rígidas, y entre los monasterios que siguieron esta regla más estricta encontramos el monasterio de Santa Clara de Gandía, cuyas habitantes procedieron de Francia. Desafortunadamente, queda menos documentación disponible sobre este monasterio, que hoy día se llama Nuestra Señora de la Purísima Concepción y sigue bajo la regla de Santa Coleta. Sin embargo, cabe resaltar el gran número de obras de arte de finales del siglo XIV conservadas por el monasterio, y que ahora las monjas quieren poner en un lugar donde las pueda contemplar y estudiar la ciudadanía.

La tradición de trasladar monjas desde Gandía no terminó con la fundación del convento ubicado en el monasterio de la Santísima Trinidad, continuando en 1557 cuando doña Juana de Austria, hija de Carlos V e Isabel de Portugal y hermana del rey Felipe II, fundó el nuevo monasterio franciscano en Madrid, conocido popularmente como el monasterio de las Descalzas Reales, y llamado así por su fundadora real aunque su propio nombre fue Nuestra Señora de la Consolación. Fue poblado por unas religiosas de Santa Clara de Gandía y la comunidad fue compuesta por muchas hermanas procedentes de la nobleza que tomaron el hábito en él.

En resumen, la historia de los monasterios de Santa Clara en el reino de Valencia antes de 1500 es tan interesante como complicada, porque no solamente

20. Además, puede consultarse Ruiz 1994, p. 92: «Santa Coleta no erigí convents a Espanya, però sí que "la santa casa de Santa Clara de Gandia" fou "fundada per les seves deixebles"».

nos ofrece una imagen de la gente que se implicaba en la fundación y la vida de ellos, sino la política que motivaba la fundación de cada convento, incluso los conflictos que existieron. Volvemos a insistir que pese al hecho de que pudieron aceptar monjas de todas las clases sociales, las monjas que formaron las diferentes comunidades procedieron en su mayoría de la nobleza o de la aristocracia, y a diferencia de Cataluña, hubo menos participación de la clase mercantil. Además, y como era de esperar, la economía de estos monasterios vino principalmente de donaciones reales y de gente adinerada, y algunas de las dotes que aportaron las monjas fueron considerables. En este sentido, el caso más destacado era el de Sor Violante, hija del duque de Gandía y fundadora del convento en aquel lugar.

La reforma franciscana del siglo XV introdujo unos cambios que notamos en la fundación del convento de Gandía, donde establecieron el primer convento de las Coletinas en la Corona de Aragón. Somos conscientes de que no hemos podido profundizar demasiado en el tema, pero tal vez lo poco que hemos señalado en cuanto a la participación de la aristocracia y de la alta burguesía sea suficiente para demostrar que queda mucho que hacer para conocer la historia de la orden de Santa Clara, y hasta inspirar otros estudios más completos. Es una lástima que algunos de los conventos no hayan podido conservar su archivo, ya que quedan pocos documentos existentes y algunos han resultado poco asequibles, por la observancia de la clausura. Así, un estudio como el de Sor María Pilar Andrés Antón es poco frecuente y por esto aun más apreciado, ya que no solamente nos ha facilitado una historia de la Puridad muy detallada, sino que al mismo tiempo ha podido dilucidar la implicación de la clase alta en las fundaciones de los conventos mencionados y la clase social de las monjas que entraron en el monasterio de la Puridad.

No podemos añadir mucho a sus conclusiones sobre las fundadoras de los conventos mencionados, pero parece muy evidente que hubo contactos entre todos ellos y traslado de personal de uno a otro. El hecho de que la mayoría de las monjas procedieran de familias aristocráticas o de la alta burguesía y que aportaran con ellas considerables cantidades de dinero, ayudó a establecer firmemente estas fundaciones. Con el tiempo la importancia de esta clase adinerada disminuiría, aunque no dudamos que tendría mucho que ver con la evolución de la orden de Santa Clara y las Coletinas durante los siglos posteriores.

Aquí no es nuestra intención valorar la influencia de las clases sociales en la nueva orden de clarisas reformadas, establecidas primero en Lezignan, Francia y después instaladas en los tres conventos de Játiva, Gandía y la Trinidad de Valencia, pero quisiéramos señalar su importancia en cualquier estudio del franciscanismo en la Península Ibérica.

En resumen, todos los conventos medievales del reino de Valencia debían su existencia y evolución a la casa real y a la gente adinerada, y hasta la mayoría de las monjas procedieron de este ambiente, sin descartar que algunas fueran originarias de familias más humildes. Difícil, pero significativo para una comparación entre la segunda orden y las Coletinas, sería un estudio de las monjas que entraron en ambas, y la función que desempeñaron en ellas, ya que es muy posible que hubiera diferencias muy marcadas en el tratamiento que recibieron las hijas de clase alta y las demás. Además, sería interesante comparar estos conventos valencianos con los de Aragón y Cataluña, ya que por lo poco que hemos podido saber sin investigar a fondo cada uno de ellos, los aragoneses se parecían más a los valencianos tanto en sus fundadores como en las monjas que tomaron el hábito. En cuanto a los fundadores de los conventos catalanes, podemos ver una trayectoria muy parecida, aunque muchas monjas procedieron de la clase media con la excepción de conventos como Santa Maria de Pedralbes. Posteriormente, no hay ninguna duda de que los conventos valencianos tenían mucha importancia en la Edad Media, sobre todo los conventos de la Puridad y la Trinidad de Valencia y Santa Clara de Játiva, aunque es evidente que la historia de ninguno de ellos estaría completa sin tomar en cuenta la accidentada historia del convento de Gandía, que ha sobrevivido hasta hoy.

Anna Castellano i Tresserra

La reina Elisenda de Montcada i el monestir de Pedralbes. Un model de promoció espiritual femenina al segle XIV*

1. *La noble Elisenda de Montcada*

De forma molt discreta, mentre l'Infant Alfons enarborava en el palau reial de Barcelona l'estendard que havia de guiar les tropes en la conquesta de Sardenya, a la catedral de Tarragona, el rei Jaume II es casava amb la que seria la seva tercera esposa, Elisenda de Montcada.[1] Era el dia de Nadal de l'any 1322.

Fins aquell moment res se sap de la personalitat de la futura reina,[2] el seu nom apareix per primera vegada a la documentació quan es citada pel mateix sobirà en una carta tramesa al mes de novembre d'aquell mateix any al seu confessor, fra Pere de Portell, quan aquest es dirigia cap a Avinyó per tractar en nom del rei diversos assumptes amb el papa, entre ells la dispensa de consanguinitat que li havia de permetre dur a terme un nou enllaç matrimonial; un assumpte que havia estat tractat en una entrevista personal entre el rei i el mateix confessor dies abans i on s'havia obviat esmentar el nom de la futura reina. La missiva doncs, corregia l'oblit indicant el nom de l'escollida i es feia públic quan l'emissari ja era fora de les fronteres de la corona. Tanta discreció no es pot passar per alt i sembla indicar

* El meu agraïment a les companyes del Projecte d'Investigació de la Universitat de Barcelona *Claustra. Atlas d'Espiritualitat femenina medieval* i, especialment, a la seva directora, la doctora Blanca Garí, per totes les seves indicacions i suggeriments que sens dubte m'han ajudat a enriquir el contingut d'aquest treball; amb tot, són únicament responsabilitat meva les opinions i arguments que es troben al llarg de l'article.

1. Tot i que es convingui considerar a Elisenda de Montcada com la tercera esposa del rei Jaume II, en realitat es tractaria del quart enllaç del monarca ja que aquest havia signat un primer contracte civil de matrimoni amb la infanta Isabel de Castella el 1291, essent encara aquesta una nena. Isabel es va traslladar a la cort barcelonina on va residir uns anys fins que el 1295 el compromís es va anul·lar per voluntat del rei Jaume per poder contraure matrimoni amb la princesa Blanca de Nàpols l'octubre d'aquell mateix any (Martínez Ferrando 1948, p. 309).

2. S'han escrit diversos articles sobre la persona d'Elisenda de Montcada, per tant, només detallem aquí els més representatius. En primer lloc cal citar l'obra de sor Eulàlia Anzizu (Anzizu 1897), reeditada per Publicacions de l'Abadia de Montserrat, 2007. Aquesta religiosa del monestir de Pedralbes va escriure la primera monografia del monestir tot reordenant l'arxiu de la comunitat. Veure també Martínez Ferrando 1948, p. 277-284; Martínez Ferrando 1953; Cabestany 1968; Balasch, Español 1997, p. 59-105; Castellano i Tresserra 1998, p. 579-632.

que les gestions s'havien dut a terme de forma molt privada, tal vegada per evitar possibles endarreriments que el monarca volia evitar, tal com ell mateix remarcava al seu emissari instant-lo a la màxima celeritat en la missió. Tanta premor resulta a priori estranya, tenint present el poc temps passat des de la mort de la reina Maria, segona esposa del rei, ocorreguda el 15 de setembre anterior.

El fet és que la petició reial no només va obtenir la benedicció papal sinó el suport incondicional del pontífex que va enviar una missiva a la futura reina en termes molt afectuosos recomanant-li que estimés i honorés al seu espòs, que procurés ser-li agradable i que evités ocasionar-li enuig de cap mena, tot allò que havia de distingir a una bona esposa, més enllà que es tractés d'una reina o altra dona de qualsevol condició.[3] Per no deixar dubte de la identitat d'Elisenda s'assenyalava que era la filla del noble difunt Pere de Montcada. Pel que fa a la mare, la també noble Elisenda de Pinós, poques dades tenim d'ella ni de la relació amb la seva filla i cal remetre'ns a una escadussera referència feta per la mateixa sobirana en el seu testament, on no oblida fer una deixa testamentària per millores a l'església del monestir de Valldaura i per l'ànima de la seva mare que allà havia estat enterrada.[4]

Després de la defunció del pare d'Elisenda aquesta havia passat a estar sota la tutela del seu germà Ot, que ostentava el càrrec de conseller de la corona i majordom reial. El prestigi d'Ot va ser posat de rellevància en la Crònica de Pere el Cerimoniós on es diu d'ell que va ser un dels més "savis" barons «qui lladonchs fossin en nostre regne» (Pagès 1942, p. 91). El detall que el monarca li adquirís precisament a ell la corona amb la que la seva germana Elisenda havia de ser proclamada reina no està mancat de simbolisme i mostra sens dubte, el grau d'ascendència que el personatge tenia a la cort i sobre la persona del rei i que mantindria amb els seus successors, tant el rei Alfons com el seu fill Pere. No se'ns pot escapar tampoc el fet que amb l'aliança que el monarca feia amb aquesta família s'assegurava el poder disposar de l'important patrimoni de la branca lleidatana dels Montcada amb importants possessions a Lleida, i la zona de Fraga i Mequinensa, com a part del dot d'esponsalici que Elisenda rebia del seu germà, al temps que també s'assegurava la lleialtat d'un dels llinatges amb més reconeixement i prestigi dins la noblesa del país. Davant de tots aquests raonaments no sembla tant estranya la decisió del rei de contraure un nou matrimoni que no respongués als esquemes d'aliances matrimonials plantejats amb finalitats polítiques que ell mateix havia seguit en enllaços anteriors i en els dels seus propis fills. També cal tenir present el moment d'exaltació

3. Sobre aquestes missives reials i altres aspectes relacionats amb les circumstàncies de l'enllaç, em remeto a l'obra ja citada Martínez Ferrando 1953, p. 278 i ap. 400.

4. Arxiu Històric del Monestir de Pedralbes (AHMP), Pergamí núm. 94. Es conserva també una còpia del mateix testament sota l'encapçalament de: «Còpia autèntica del testament de la sereníssima reyna Domna Elizendis del Real Monastir de Nostra Senyora de Pedralbes...fet en dit monastir de Pedralbes en 11 de abril de 1364, clos y subsignat per Pera Borrell, notari public de Barcelona, lo qual es en lo arxiu y entre los Reals Privilegis nombrat número 94». Sobre aquest monestir de santa Maria de Valldaura i la seva relació amb les famílies Pinós i Portella de les que provenien la reina Elisenda de Montcada i l'abadessa Francesca de Pinós, remetem a la tesi doctoral de Montserrat Obiols (Obiols 2006b). També, de la mateixa autora Obiols 2006a.

patriòtica que es vivia durant el regnat de Jaume II, després de les conquestes dutes a terme durant el govern del seu pare, el rei Pere, conegut en reconeixement com el Gran, a qui el seu fill professava gran veneració, més encara en aquell moment en que s'estava preparant la gran expedició cap a Sardenya capitanejada per l'hereu de la corona. Per la seva banda els Montcada aconseguien amb l'enllaç, emparentar amb la casa reial, el que proporcionava al llinatge el major rang al que podia aspirar i un seguit de prebendes que de ben segur obtindria amb la nova situació d'Elisenda, com així va ser.

Pel que fa a la persona d'Elisenda es creu que a la mort del seu pare l'any 1300, ella tindria al voltant dels deu anys per la qual cosa rondaria la trentena quan es va casar amb el rei; no es pot considerar doncs que fos massa jove si es tenen en compte els estàndards de l'època. La dada no deixaria de ser anecdòtica si no resultés estrany que una jove d'una casa noble de la importància dels Montcada no hagués estat ja compromesa en matrimoni des de molt temps abans, aquest fet i les seves actituds posteriors, ens porten a plantejar la possibilitat d'un desig manifest d'Elisenda de viure en celibat, malgrat no ingressar en cap orde religiosa establerta, i que només abandonaria aquest estat davant un imperatiu d'alta rellevància política o estratègica per a la família. No seria aquest un fet estrany del que en podem trobar exemples dins les mateixes cases reials, tot i que majoritàriament es tractin d'estats transitoris fins que l'interessada ingressava en un orde religiós, o un tercer orde, o es convenia un enllaç matrimonial com seria el cas d'Elisenda. Malgrat que la documentació que ens ha pervingut dels pocs anys de vida a la cort indiquen el caràcter pietós d'Elisenda, en línia amb el que s'esperava d'una dona casada i més d'una reina, no sembla que aquest comportament sigui més acusat del que s'esperava d'ella. El rei va compartir, sens dubte, els seus ideals i la va fer objecte de donacions de caire divers encarats a realçar la imatge més noble i pública de la sobirana, amb vestimentes de robes luxoses, joies, mobiliari per a les seves estances, selles de muntar i altres objectes sumptuosos, al temps que l'obsequiava també amb un seguit de llibres religiosos i litúrgics i d'altres ornaments pietosos per a la seva capella particular, fomentant així el seu vessant més pietós.[5]

La relació entre els esposos sembla assentar-se en un fort component religiós, no obstant això no hem d'excloure en el pensament del rei una relació de tipus carnal que comportava la possibilitat d'engendrar descendència, com queda demostrat en el seu testament on deixava la persona de la reina sota especial recomanació al seu fill hereu, l'infant Alfons, mentre que els possibles fills que poguessin haver estat engendrats amb ella quedarien sota la tutela d'Ot de Montcada, el seu conseller i cunyat.[6] Encara, doncs, que no s'exclogui la possibilitat de descendència tampoc era aquesta una necessitat en la mesura que si bé el monarca no havia tingut fills amb la seva anterior esposa, la reina Maria de Lusignan, la

5. Respecte als anys de vida d'Elisenda a la cort i a les donacions de què va ser objecte per part del rei, remeto a l'esmentat capítol de la meva tesi doctoral citat anteriorment Castellano i Tresserra 1996, 579-632.

6. AHMP, *Trasllat del testament del rei Jaume II*, Pergamí núm. 992.

continuïtat dinàstica estava assegurada amb els deu fills fruit del seu primer enllaç amb la reina Blanca d'Anjou, de la casa regnant de Nàpols.

En aquests anys de vida a la cort, Elisenda va anar gestant, amb la complicitat del rei, la idea de la fundació del monestir de Pedralbes, l'obra que hauria de perpetuar la seva memòria i de retruc la del rei. Molt s'ha dit ja del moment de la fundació del monestir, dels passos fets per la reina per tal d'obtenir la butlla del papa Joan XXII per erigir un nou monestir de clarisses dins el territori de Barcelona,[7] no sembla, doncs, que hàgim de repetir aquí les circumstàncies en que es va dur a terme aquesta fundació, sí que sembla d'interès, però, aprofundir en el paper d'Elisenda en la fundació del nou cenobi, en la seva acció de promoció espiritual envers la construcció de l'immoble, el seu paper en la definició de determinats projectes que sobrepassaven una finalitat purament ornamental, la seva actitud cap a les dones nobles i religioses que van compartir el seu projecte que, si bé no era únic en la seva concepció, denota trets específics.

2. *La noble dama es converteix en reina*

Però Elisenda era una nouvinguda en el seu paper de reina, en allò que en anglès s'ha vingut a denominar *queenship* que es refereix al rol que se li adjudicava a la reina en els afers d'estat i dins de la casa reial.[8] No és aquest un tema en el que els historiadors medievalistes hagin arribat a un consens i és que no sembla possible concretar un model per a totes les reines dins un espai i un temps tan ampli com és l'occident medieval, on conviuen estats diversos amb estils i tradicions diferents. Cal circumscriure'ns a una àrea més propera a la del personatge en estudi per cercar models i paral·lelismes. Malgrat que trobem alguns escrits sobre determinades reines, com una vida de santa Isabel de Portugal d'autor anònim on, a més de les narracions dels miracles que se li atribueixen, es detallen els fets i les actituds per les quals es va considerar a Isabel una reina model i que sembla anava dirigida a altres dones de la seva família, no és comú trobar detalls escrits de la funció de la reina (Muñoz Fernández 1989, p. 21 i n. 41; McCleery 2006, p. 668-692). Sembla que les tasques pròpies que s'esperaven de la sobirana es transmetien a través de l'educació que les infantes i princeses rebien de la pròpia mare, la reina, i també per imitació d'aquesta o d'altres reines de les que en quedava la bona memòria i que, generalment, formaven part de l'estirp familiar. En aquest sentit és fàcil trobar paral·lelismes entre diverses reines que traspassen èpoques per bé que solen quedar acotades a uns àmbits territorials, culturals, religiosos i polítics concrets.

7. A Barcelona ja hi havia un monestir de clarisses, el de sant Antoni. La seva fundació es perd en la llegenda i s'atribueix a dues deixebles directes de santa Clara. Sembla que l'església i el convent estarien construïts ja el 1249 i el 1254 es donava inici a la construcció del claustre. Sobre els primers anys d'aquest monestir remetem a Jornet Benito 2007.

8. Núria Silleras-Fernández proposa la paraula "reginalitat" com a traducció del terme anglès *queenship* (Silleras Fernández 2005-2006).

Elisenda no provenia de família reial i per tant, no havia estat preparada en aquest sentit, ni tenia referents directes en qui emmirallar-se, però sí que s'havia educat en un marc proper al de la casa reial gràcies al càrrec del seu germà, el seu tutor, Ot, que gaudia d'una privilegiada relació personal amb el rei i els infants, sobretot, l'hereu de la corona que el va fer padrí del seu primogènit, el futur rei Pere el Cerimoniós. No és escabellat pensar que, potser, Elisenda hagués pogut conèixer a la reina Blanca que va morir el 1310 quan ella tenia, aproximadament, divuit anys, per tant, atesa la bona relació i l'ascendent sobre el monarca que havia tingut aquesta reina, de ben segur que estaria molt present en el pensament i les actituds d'Elisenda alhora de conformar el seu paper de reina. Sens dubte, havia de conèixer a tots els fills del monarca, fins i tot, potser d'abans del matrimoni, si es té present que amb els més grans la diferència d'edat no era acusada (MARTÍNEZ FERRANDO 1948, p. 310-315).

La casa reial catalanoaragonesa vivia en aquells anys immersa en un ambient impregnat de religiositat franciscana, molts membres del casal barceloní van viure unes vides d'extremat zel religiós propers a l'observança dins l'orde, fins i tot, sota la influència d'alguns frares, algun príncep i princesa van situar-se en la frontera entre l'ortodòxia i la dissidència (POU MARTÍ 1930; JASPERT 2009). Com ja apuntàvem, el casal barceloní, a través de successius enllaços matrimonials, havia entroncat amb la major part de les cases reials europees, des de Centreeuropa a la Mediterrània oriental; totes aquestes famílies compartien un mateix ideal de sacralització de la monarquia en un intent de legitimar el seu poder i aquest es cercava en personatges il·lustres de l'estirp que haguessin aconseguit ser declarats sants. El caràcter sagrat era un tret característic de la reialesa altmedieval però amb l'arribada de nous ordes, principalment els mendicants, que predicaven la pobresa personal, l'ascetisme i la caritat com a mitjans per arribar a la santedat, aquesta s'havia fet més accessible al conjunt dels fidels, és per això que els segles XIII i XIV van veure pujar als altars a més membres provinents de les classes mitjanes, com el mateix sant Francesc, que en segles anteriors. No obstant aquesta "popularització de la santedat", aconseguir la seva aureola per part de les reines mitjançant una vida exemplar, seguia sent un ideal a nivell personal, encara que el seu fruit el recollirien els seus successors que l'utilitzarien, com dèiem, com argument de legitimació del llinatge. En el cas del casal catalanoaragonès com també en d'altres cases reials, els orígens sacres es van buscar en les arrels hongareses de la reina Violant, esposa del rei Jaume I, germana per part de pare de santa Elisabeth d'Hongria, que seria el model de reina-santa per excel·lència a la qual remetrien tots els llinatges, no és estrany, per tant, que molts dels trets que se li atribueixen com a santa, els trobem també, en d'altres reines posteriors. Més encara, alguns d'aquests trets eren requeriments inherents al mateix ideal femení de l'època i propis del concepte d'una "bona reina", per tant, l'objectiu d'una reina de mantenir un comportament exemplar, incloïa molts trets del que es considerava essencial per esdevenir una "reina santa" i només depenia en la majoria dels casos, del context històric o polític que una "reina bona" fos considerada una "reina santa" (MCCLEERY 2006, p. 55-56) a la que se li comptabilitzaven els miracles, que de vegades es repetien en unes i altres.

Arribada a la cort, Elisenda va compartir des d'un primer moment l'ideal franciscà del rei Jaume i el seu entorn, que aquest conjugava amb un alt nivell cultural i gust estètic que havia interioritzat durant la seva estada en un escenari àulic per excel·lència com era Sicília, d'on ell havia estat rei per herència materna. L'educació de la seva mare siciliana, Constança, i la seva estada a l'illa havien marcat la joventut i sens dubte el caràcter de l'infant Jaume abans de convertir-se en monarca de la Corona d'Aragó. D'altra banda, el casament amb la princesa Blanca d'Anjou, filla del rei Carles i germana del futur rei Robert de Nàpols, el farien emparentar amb una de les famílies en les que el refinament estètic s'unia a un arrelat sentiment franciscà. La relació amb aquesta família, particularment entre el reis Jaume i Robert es va fer més intensa encara quan al matrimoni de Jaume i la princesa Blanca dut a terme el 1295 s'hi havia de sumar dos anys més tard, el del propi Robert amb una germana del rei Jaume, Violant; les relacions entre els dos cunyats van continuar després de la defunció de les respectives esposes i també quan Robert va contraure matrimoni per segona vegada, aquest cop amb la princesa Sança del casal de Mallorca, parenta igualment del rei Jaume, moment en que la cort napolitana va esdevenir la més radical en la defensa del moviment espiritual franciscà (Martínez Ferrando 1948; Pou Martí 1930, p. 101-206).

Elisenda va viure a la cort només cinc anys, que li havien de servir per modelar el seu paper present i futur com a reina i com a reina-vídua. Un temps en el que va donar forma al seu projecte de creació d'una fundació reial que havia d'englobar un monestir i una cort on la reina es pogués retirar un cop quedés vídua, com era previsible que passaria aviat, i on poder plasmar la seva personalitat i ideals religiosos; una fundació des d'on ella pogués establir una xarxa de relacions que li havien de permetre exercir, més enllà del seu paper de fundadora, patrona i protectora de la comunitat, el de difusora del seu ideal franciscà que s'hauria de plasmar en la construcció mateixa del monestir i en determinades obres artístiques que va patrocinar, especialment, la seva tomba que havia de reflectir de forma clara el seu pensament: reina i penitent, reina a ulls del món, penitent a ulls de Déu i la comunitat. No s'ha de negligir tampoc, el seu possible paper en la realització d'altres obres dutes a terme en el seu temps, per la seva neboda, l'abadessa Francesca ça Portella, com les pintures murals de la capella de sant Miquel on podem trobar motius semblants, i en certs aspectes idèntics, als que trobarem en les obres patrocinades per la reina mateixa.

3. *Altres reines, diversos models, un mateix ideal*

Sens dubte en la construcció d'aquest paper de reina, Elisenda degué tenir present al principal referent, el model de totes les reines predecessores seves, la princesa Elisabeth d'Hongria que pel seu tarannà caritatiu, que la va convertir en un símbol de caritat cristiana, va ser canonitzada pel papa Gregori IX l'any 1235, només quatre anys després de la seva mort. Amb Elisabeth d'Hongria, a més de compartir el nom – la primera influència que la santa va deixar en les cases reials i de la noblesa europea –, Elisenda també compartia el mateix tarannà, i el fet de viure la fe des de la posició no de religiosa sinó de dona casada i reina, i posteriorment, de jove vídua; però la vida d'Elisenda seria molt més llarga que la d'Elisabeth i per tant, plena de circumstàncies en les que la figura de la santa no li podia servir de model.

Que la figura de santa Elisabeth havia d'estar molt present en l'imaginari de les reines predecessores d'Elisenda és una evidència constatable si tenim en compte certs comportaments molt similars. En primer lloc, podríem trobar el seu ascendent en la pietat manifesta de la mare del seu espòs, la reina Constança de Sicília, que va plasmar en la fundació de diversos monestirs de clarisses, entre ells el de Messina a Sicília, i que, finalment, va voler ser soterrada al convent de sant Francesc de Barcelona. També, la nora d'aquesta, l'esmentada reina Blanca d'Anjou va voler emular a les anteriors promocionant un monestir de clarisses a Vilafranca al qual va llegar una important quantitat de diners en el seu testament perquè fos acabat. En el cas de Blanca s'hi sumava el fet d'haver estat educada per la seva mare, la pietosa Maria d'Hongria que juntament amb el seu espòs el rei Carles havia omplert la ciutat de Nàpols de nombroses esglésies i monestirs.[9] Blanca era, a més, germana de sant Lluís, bisbe de Tolosa.

Però si totes aquestes dones havien de constituir un referent per Elisenda, pels trets de la seva obra semblaria que la reina catalana va tenir molt present en donar forma als seus projectes a dues figures entroncades familiarment amb ella, la seva cunyada, la reina Isabel, casada amb el rei Dionís de Portugal, i la reina Sança de Mallorca, cosina del seu marit, segona muller del rei Robert de Nàpols.

Si comparem la vida i els actes d'aquestes dues sobiranes amb els de la reina Elisenda podem trobar-hi trets semblants com també d'altres que les allunyen, que fan que la persona d'Elisenda adquireixi un perfil propi, malgrat no haver passat a la posteritat en un lloc destacat entre les dones que van merèixer ser considerades com a santes o possibles beates, com sí seria el cas de les altres dues. Aquesta circumstància li va impedir un major reconeixement fora del seu regne, tot i merèixer el dels seus contemporanis i més enllà en el temps. Un cop més hauríem de plantejar el fet de la importància de pertànyer a una estirp reial com un mèrit per aconseguir la santedat; Elisenda no descendia de cap família reial, tot i ser noble, per tant només li estaria reservat el paper de passar a la història com a reina de grans virtuts, «de honestat gran e maturitat», com la qualifica Bernat Metge en la seva obra escrita el 1399, trenta anys després de la seva mort (RIQUER 1959, p. 339).

Si analitzem, en primer lloc, la figura de la reina Isabel de Portugal ens trobem que aquesta ha estat objecte de diversos estudis, basant-se principalment, en la biografia que ens ha arribat de la seva persona, d'autoria anònima, escrita

9. Sobre aquest tema ja en vam fer un apunt en un capítol de la tesis doctoral citada amb anterioritat, i en el llibre que presenta una versió reduïda de la mateixa tesi: CASTELLANO I TRESSERRA 1998, p. 25-29.

probablement, cap el 1337 (Lopes 1972; Muñoz Fernández 1988, p. 21-22).[10] A aquesta *Vita de Sancta Elisabetha, Lusitaniae Regina* se li van afegir posteriorment diversos miracles pel seu procés de beatificació.[11] Aquest manuscrit va ser objecte d'un primer anàlisi d'Ángela Muñoz en base al qual va establir els trets de la personalitat de la santa, tant des de la seva faceta de reina com de dona penitent, i a través d'ells va fixar un model de "Reina Santa". Més recentment han aparegut d'altres assajos, com el d'Iona McCleery que, a través de les mateixes fonts, ofereix nous matisos al coneixement de la figura d'aquesta santa (McCleery 2006, p. 668-692; Muñoz Fernández 1988). Ambdues autores posen de relleu el caràcter pietós i caritatiu d'Isabel de Portugal però per McCleery algunes d'aquestes característiques no són atribuïbles únicament a les reines sinó que cal buscar-les en el propi pensament de l'església que les promulgava al conjunt dels creients però, particularment, a les dones. L'origen es trobaria en els escrits de sant Mateu (Mt 25, 33-36) que l'església concretaria en les "Set Obres de Misericòrdia" que havien de caracteritzar a un bon cristià, la caritat era una d'aquestes bones obres. Un caràcter pietós i caritatiu és, segons els escrits que ens han arribat d'ella, el que va caracteritzar a santa Isabel i, també, a Elisabeth d'Hongria, que van posar de manifest en la construcció de sengles hospitals per a pobres. Ara bé, voler veure a partir d'aquestes semblances, com han fet alguns, la influència d'una figura sobre les altres, pot conduir a errors de perspectiva. Certament la figura de la santa hongaresa devia estar sinó en la ment d'Isabel de Portugal sí en la d'aquells que la van voler beatificar, tal com evidencia el fet que li van atribuir el mateix miracle a una i altra, "el miracle de les roses", la conversió dels pans que la reina anava a donar als pobres en roses, davant el requeriment del rei per veure allò que la reina amagava.[12] Però també es poden trobar notables diferències entre les dues reines, començant per la seva situació i consideració per part del marit, ja que mentre la santa hongaresa va compartir amb el rei l'esmentat caràcter caritatiu, en el cas d'Isabel de Portugal les relacions conjugals van ser molt dures per a ella que es va veure sotmesa a humiliacions i exili que va suportar fidel i submisament. Aquesta era una altra de les característiques que es demanaven a la bona esposa, fos o no reina. Tampoc es pot establir un paral·lelisme entre les dues santes pel que fa a l'extrem rigor que caracteritzà a Isabel de Portugal, ni tampoc en el grau d'influència política que aquesta va exercir; ambdues, però, sí que van compartir

10. Sobre l'autoria de l'obra aquests estudiosos plantegen dues hipòtesis al respecte, que fos alguna germana del mateix convent de clarisses de Coimbra que ella va reformar o, el seu confessor, fra Salvador Martins, mendicant i bisbe de Lamego i també marmessor de la reina.

11. Aquest conjunt de documents van ser guardats durant anys en el mateix convent de santa Clara de Coimbra i posteriorment recollits sota el títol de *"De Sancta Elisabetha. Lusitaniae Regina, Vidua, Tertii Ordinis S. Francisci"* i inclòs en els *Acta Sanctorum Bolandina,* Julio, II, p.169-213; 848-851.

12. L'única diferència es troba en el fet que mentre en el cas d'Elisabeth d'Hongria es tractava dels pans que portava a la faldilla els que es van convertir en roses davant el requeriment del rei, en la història d'Isabel de Portugal eren diners pels pobres que igualment es van convertir en roses. A banda d'elles, a altres sants i santes també se'ls hi han atribuït miracles relacionats amb la conversió d'algun element en roses fora de temporada.

la benedicció papal en tant que filles predilectes de l'església per haver-la servit amb extrema devoció i submissió.

Sens dubte Elisenda compartia amb Isabel de Portugal molts dels seus trets personals – com també amb santa Elisabeth i amb les altres reines esmentades – i també el seu paper com a promotora d'un monestir, el de santa Clara de Coimbra, però ara com ara se n'escapen d'altres aspectes que se'ns fa difícil d'analitzar atesa la naturalesa de la font principal sobre la que s'han basat els estudis sobre la reina portuguesa, la seva biografia encaminada a declarar-la santa.[13] D'Elisenda, en canvi, ens han arribat dades molt concretes d'algunes de les seves actuacions però ens manca la visió que en tenien els seus contemporanis. Malgrat aquest caire diferent en la documentació analitzada, es poden establir algunes similituds, però també diferències notables que les allunyaven, mentre Isabel va viure un matrimoni tortuós i va haver de fer de mitjancera en els conflictes dinàstics i polítics que van enfrontar el rei i el seu fill, fet que li va comportar l'exili i privacions, Elisenda contràriament, va comptar sempre amb el suport del rei i de la resta de la casa reial, la seva pròpia família i l'entorn social, inclòs els representants de la ciutat de Barcelona, per tirar endavant el seu projecte. Podem trobar encara d'altres diferències motivades pel llarg regnat d'Isabel que li va permetre poder exercir el poder polític en quedar vídua, mentre que la vida d'Elisenda a la cort seria curta i, un cop traspassat el rei, el seu paper es va haver de limitar a exercir la seva influència des del monestir en certs assumptes a la cort, a través d'aliances estratègiques amb determinades personalitats com el fill frare i visionari del seu marit, el príncep Pere. Un fet decisiu diferenciava a les dues dones, mentre Isabel de Portugal va ser mare de rei, Elisenda de Montcada no va tenir descendència. Contràriament, una mateixa postura les uniria, el seu acatament als postulats del papat i el profund franciscanisme que practicaren i que van deixar reflectit en el seu monument funerari, que ambdues van dissenyar amb cura per tal que les representés per la posteritat.

Radicalment diferent seria el model de la reina Sança de Mallorca, com també radical seria el qualificatiu que li escauria per indicar les formes en que va expressar el seu pensament religiós, proper als postulants més estrictes del franciscanisme, els espirituals, que li comportarien problemes en la seva relació tant amb el papat com amb els dirigents de l'orde. Casada amb el rei Robert de Nàpols l'any 1304, fou la segona muller d'aquest monarca. Nascuda a Montpeller, era filla de Jaume II de Mallorca i Esclarmunda de Foix, de petita a Mallorca va rebre influències de les doctrines d'Arnau de Vilanova que promulgava la pobresa radical i que van marcar la seva personalitat. Els estudis que s'han dut a terme sobre Sança són diversos i ens permeten dur a terme una comparativa més detallada amb la trajectòria de la reina Elisenda pel cas de Pedralbes.[14]

13. D'aquesta reina també es coneix el testament, alguna documentació de cancelleria i l'anomenat "Tresor de la reina" que darrerament s'ha estudiat (DOMENGE, MOLINA 2009).

14. Sobre el tarannà religiós d'aquesta reina s'han fet diversos estudis entre els quals el més recent es publica en aquest mateix volum, a càrrec de Núria Jornet Benito. Altres autores també

Sança havia nascut el 1284, era quasi contemporània a la reina Elisenda amb la qual es devien portar entre vuit i deu anys, però quan Elisenda es va casar amb el rei Jaume, ella ja portava anys casada amb el rei Robert. Ateses les estretes relacions familiars entre els dos reis, no sembla estrany que Elisenda conegués de primera mà les actuacions de la reina Sança que no sempre eren compartides pel rei Robert. La postura de la sobirana tendent cap els extrems va anar creixent en el temps i sembla que cal relacionar-la amb l'arribada a la cort napolitana del seu germà Felip, que després de la seva formació a Mallorca i París amb mestres com Ramon Llull, va canviar radicalment la seva vida en conèixer el teòleg Angelo Clareno i comprometre's en la defensa del franciscanisme observant més estricte. Mentre la seva germana Sança donava suport als franciscans observants moderats seguidors de Miquel de Cesena que finalment també serien perseguits, Felip va seguir els postulats d'Ubertino de Casale i Angelo Clareno el que li va costar la repulsa del papat i que la cort napolitana en la que es va refugiar fos mirada amb recel pel pontífex, fet que sens dubte no va contribuir a que la devota reina Sança pugés als altars (Pou Martí 1930, p. 111-153; Jaspert 2009, p. 300-302).

Si en aquesta radicalitat no podem veure un paral·lel amb la reina Elisenda que sempre es va mostrar fidel als postulats oficials de la Santa Seu, sí que les podem comparar en molts d'altres aspectes. De la mateixa manera que faria Elisenda anys més tard, la reina Sança, amb el suport del seu marit Robert, va sol·licitar permís al papa Climent V per poder fundar un monestir de clarisses a Nàpols; la butlla va ser concedida el 1311 encara que, presumiblement, les obres ja havien començat un any abans. No era aquest, el primer convent de l'orde a la ciutat ja que uns anys abans, el 1297, la reina Maria d'Hongria, muller del rei Carles II ja n'havia erigit un del mateix orde, el de Santa Maria Donna Regina, on la mateixa reina va voler ser enterrada (Bruzelius 2004, p. 79-92).

Tot i l'interès que igualment desperta aquesta fundació a la que tornarem per determinats aspectes, ens interessa ara comparar les moltes similituds en la fundació del segon monestir de clarisses de Nàpols, el de santa Clara, i el segon de Barcelona, el de Pedralbes, ambdós promoguts per dues reines molt lligades al casal català de la corona aragonesa, per bé que una sobrevinguda i l'altra pertanyent a la branca germana de la corona mallorquina.

El convent de santa Clara de Nàpols no conserva la documentació del moment de la seva construcció, malauradament perduda durant els bombardejos de la II Guerra Mundial que, a més, va malmetre molt l'edifici. No obstant, es conserven algunes cròniques anteriors i les inscripcions que es troben a la torre campanar que recullen les dades més decisives de la construcció del conjunt.[15]

han tractat el tema a través del patronatge de la reina en la construcció de diversos monestirs a la ciutat (Bruzelius 1995, p. 41-72). La mateixa autora tracta novament el tema en el capítol quart d'un llibre posterior, Bruzelius 2004. També Josep Mª Pou li va dedicar un apartat a la seva figura: Pou Martí 1930, p. 128 i ss.

15. Com ja s'ha dit, el monestir de santa Clara de Nàpols va perdre el seu arxiu durant els bombardeigs de la ciutat de Nàpols durant la II Guerra Mundial. No obstant es conserven còpies

Interessa molt remarcar pel seu paral·lelisme, que el monestir de Santa Clara de Nàpols va ser concebut en un origen com un monestir doble, una part dedicada als frares franciscans i l'altra a les monges, almenys així sembla desprendre's d'un document de l'any 1321 on es diu que el monestir havia d'estar ocupat per monges i frares; un cas similar en la seva concepció podia haver estat el de Pedralbes, tot i que en lloc de ser un únic convent amb recintes separats, es va concebre com un conjunt monacal amb dos convents separats, un per les monges i l'altre per frares.

Un altra paral·lelisme s'observa en el "tempus" constructiu. Si bé com s'ha dit, la butlla fundacional del monestir napolità va ser atorgada l'any 1311, la inscripció gravada a la torre d'aquella església fa esment al fet que la seva construcció ja s'havia iniciat un any abans. Pel que fa al començament de les obres abans de disposar de tots els permisos, quelcom de semblant es va produir també a Pedralbes quan, tot i comptant amb la butlla del papa Joan XXII atorgada l'1 de febrer de 1325, en el moment de col·locar-se la primera pedra a la capçalera de l'església el 26 de març del 1326, la sanció necessària per part del ministre provincial donant conformitat al lloc, no havia arribat encara i s'hauria d'esperar encara uns mesos, fins l'1 de juliol, per disposar-ne.

Igualment, els passos que es van anar seguint en una i altra construcció van ser molt similars i es va trigar un cert temps abans les obres no van estar totalment acabades.[16] En tots dos monestirs, la culminació de les obres no va impedir que les religioses entressin abans, només calia que estigués enllestida una part per tal que aquestes monges poguessin viure en clausura. En el cas de Nàpols, sembla que cap el 1313 el perímetre general del lloc ja estava establert i s'havien començat els treballs i el 1317 ja estava preparat per ser habitat. Segons Bruzelius, la construcció responia a tot un projecte exterior que va permetre aviat tancar certes parts, el mateix es podria dir pel monestir de Pedralbes.

A diferència del de Nàpols, el monestir de Pedralbes ha conservat un ric arxiu que recull la seva llarga història, no obstant, manca la documentació directa que havia de fer al·lusió als detalls de la seva construcció. Aquesta mancança no ha impedit que en els darrers anys es vingui portant a terme un estudi comparatiu entre les dades documentals que ens han pervingut, en la majoria dels casos col·laterals, i la lectura de l'edifici mateix. La interpretació d'aquesta informació amb el coneixement de les formes constructives pròpies del territori, fa que es pugui aventurar una seqüència cronoconstructiva del monestir força ajustada.

d'alguns documents que feien referència a la seva fundació en els *Archivium Franciscanum Historicum*, *LXXX* (1987) i en els *Registri dell'Archivo di Stato di Napoli*. Agraïm la informació que ens ha proporcionat al respecte la doctora Núria Jornet, a l'article de la qual en aquest mateix volum remetem per a més informació sobre aquest monestir. Igualment dóna informació en la seva obra Caroline Bruzelius (BRUZELIUS 2004, p. 133-153).

16. Malgrat que la historiografia hagi generalitzat la idea que l'església de Pedralbes es va construir en un any, atès que aquest era el temps que va transcorre des de la col·locació de la primera pedra a la capçalera de l'església el mes de març del 1326 i la inauguració el de maig de l'any següent. Remetem a la bibliografia que aportem a la nota 3 d'aquest mateix article.

Segons això, tot i que la primera pedra pogués haver estat col·locada a la capçalera de l'església com era costum, la construcció s'hauria començat pels peus de la nau, amb el condicionament d'un cos que en les seves dues terceres parts s'assentaria sobre una terrassa superior de les tres que conformen el terreny sobre el que es va assentar el monestir, una tercera part del cos volaria endavant deixant al dessota l'espai del que avui es coneix com a "cor baix" i que podia haver fet les funcions de primer lloc de culte. Des dels peus de l'església, i sobre la banqueta de fonamentació, l'edifici s'aniria aixecant per successives filades resseguint tot el seu perímetre, incloent els contraforts i les capelles embegudes entre ells, d'aquesta manera en poc temps, el temple hauria arribat a una altura suficient com per permetre tancar l'espai de la clausura. Cap al 1334, quan la reina Elisenda va dictar la seva segona ordenació que permetia ampliar el nombre de monges que podien residir al conjunt, l'església podia estar prou avançada com per poder establir culte a les capelles laterals, al temps que des d'aquesta alçada i mitjançant un sostre pla provisional, es podrien tirar endavant els treballs de construcció de la volta permetent el culte al dessota. Si tenim present un seguit de dades relacionades amb el monestir, cap el 1334, tot coincidint amb la promulgació d'una segona fundació per part de la reina en que augmentava les rendes i les monges que hi podien viure, l'església podia ser ja visitable pels fidels. La finalització total del temple, però, encara es retardaria uns anys, possiblement, fins poc abans de mitjans de segle.[17] Aquesta possible data d'acabament coincidiria amb la proposada per Natàlia Baqué per a la realització de les claus de volta que es durien a terme entre el 1341 i el 1348, a partir del seu estil iconogràfic (Balasch, Español 1997, p. 59-105). Encara uns pocs anys més tard, el 1353 el bisbe de Mallorca concedia indulgències a tots aquells que visitessin el lloc i donessin almoines per acabar les obres, quedarien encara detalls a fer a l'església i sens dubte, en el conjunt del monestir.

Documents semblants també es troben pel que fa al monestir de santa Clara a Nàpols. Si l'edificació havia començat el 1310, trobem igualment indulgències, en aquest cas del papa Joan XXII, el 1330 per aquells que visitessin l'església que encara no estava acabada i no ho estaria fins vuit anys més tard; per a la consagració definitiva encara se n'haurien d'esperar dos més, estem doncs, al 1340, aproximadament el moment en que s'estaria començant a construir la volta de Pedralbes. Un fet que ressalta Caroline Bruzelius en parlar de la forma de la nau de l'església napolitana i les seves capelles laterals embegudes dins el cos de l'església, i és que moltes vegades s'ha dit que la nau es va inspirar en el zona sud i sud-est de França, en les esglésies d'una sola nau com les dels franciscans de Notre Dame de Lamourquier a Narbona o la catedral d'Albi, però tal com assenyala l'autora aquest era un fet comú als territoris del casal català, les esglésies d'una sola nau amb capelles laterals entre els contraforts, els territoris en els que s'havia criat i educat Sança entre

17. Així ho suggereix l'estudi de 2009 a càrrec de l'empresa VECLÚS, SL, *Projecte. Lectura crono-estructural de l'Església i estructures annexes del Monestir de Pedralbes de Barcelona*. Veure també Sanjust i Latorre 2010, p. 205-206; Castellano i Tresserra 2011, p. 10-21.

Perpinyà, Montpeller i Mallorca. Tampoc li devia resultar estrany al rei Robert, que havia crescut en els dominis angevins de la Provença i havia passat un cert temps en el territori català (Bruzelius 2004, p. 133-153).

Les comparacions entre les dues sobiranes arran de la construcció quasi paral·lela dels dos monestirs no s'acaben en el mètode constructiu, tant en un cas com en l'altre, ambdues van voler assegurar i controlar el destí de la comunitat començant per la regla monàstica que havia de regir la vida de les monges, en el cas de Sança, i dictant totes dues un seguit d'ordenacions que havien de garantir el manteniment i funcionament de la comunitat alhora que els n'asseguraven el control. A canvi una i altra, imposaven un seguit de normes i resos a la comunitat, tant a la masculina com a la femenina, que havien de servir per a la salvació de les seves ànimes i les dels seus familiars. Les dues sobiranes actuen de forma molt semblant, per bé que l'interès de la primera per que la seva comunitat es regís per la regla de Santa Clara de 1253, molt més estricta en el tema de la pobresa, les separa, malgrat que amb les donacions fetes per Sança, també el monestir napolità, com el de Pedralbes, s'allunyava de qualsevol objectiu pauperístic.[18] Contràriament, no ens consta que en cap moment la reina Elisenda objectés res pel fet que la comunitat de Pedralbes es fundés sota la regla del Papa Urbà IV que permetia la propietat de béns en comú, d'aquesta manera, no hi havia res a objectar als seus projectes i donacions al cenobi. En aquest aspecte Elisenda també podia haver tingut present un altra fundadora, la beata Isabel de França, filla del rei Lluís de França i germana de Carles I d'Anjou que instauraria la casa d'Anjou a Nàpols, per tant, l'avi del rei Robert. Isabel de França també va fundar un monestir de clarisses a Longchamp, prop de París, on ella es va retirar i on va dictar una regla pròpia que el papa Urbà va sancionar, l'any 1263. Ni Elisenda ni Sança van escriure regles perquè mai van professar com a clarisses, però van intentar igualment regir els destins de la comunitat a través de diverses normatives.

4. *Reina i Penitent: La Tomba de la reina Elisenda de Montcada*

En la forma de dur a terme la fundació del monestir i el seu regiment, Elisenda és possible que pensés més en l'exemple de Sança i Robert que en el d'Isabel de Portugal, però, contràriament, la seva vivència del franciscanisme sembla apropar-se més a aquesta última, almenys si partim dels programes iconogràfics que, suposadament, elles mateixes van escollir per a les seves sepultures i que sens dubte han de ser llegides com a reflex de la seva personalitat.

El sepulcre de la reina Sança, avui desaparegut, s'atribueix a Pacio Bertini, i es trobava al monestir de la Santa Croce també a Nàpols; el tercer monestir de claris-

18. Sobre aquest aspecte del regiment de la comunitat per part de la reina Sança, els detalls de l'Ordinació que va redactar l'any 1321 i d'altres sobre la construcció del monestir, l'anàlisi de les obres d'art que el van decorar en temps d'aquest reina, remetem novament a l'article de Núria Jornet que es presenta en aquest mateix volum.

ses fundat per aquesta sobirana, on es va traslladar a viure els darrers anys de la seva vida i on va ser enterrada. Malgrat la seva pèrdua, se n'han conservat uns dibuixos a la Biblioteca Apostòlica Vaticana dins d'un àlbum de Seroux D'Agincourt.[19] Els dibuixos reprodueixen dos dels laterals del sarcòfag, mancant els corresponents a la part dels peus i de la capçalera. En un dels laterals s'hi pot veure al centre a la reina, hieràtica, asseguda al tro reial, abillada amb túnica, corona i mantell lligat al pit amb un camafeu que li confereix a la seva figura una imatge de "Maestà", per bé que a la mà dreta en lloc de portar-hi el nen, hi porta una esfera, que recorda més les imatges del crist pantocràtor bizantines. A banda i banda d'ella, deu figures de frares mendicants i deu de monges, els primers a la dreta, les segones a la seva esquerra, agenollades en senyal de veneració col·locades totes elles mirant en direcció a la figura central de la reina. Al dibuix de l'altra cara es representa un sopar de germanes mendicants. Les figures es representen frontalment repartides quatre i quatre a cada banda d'una figura central. A excepció d'aquesta última que es presenta en actitud orant, la resta es troben duent a terme diferents actes en relació al menjar. Sobre la taula s'hi observa una vaixella disposada davant cada germana amb pans i peixos. L'escena s'inspira de forma clara en el Sant Sopar de Jesús i els apòstols, trobantse ocupat l'espai central, que correspondria a Jesús, per la reina mateixa que té la corona als seus peus en senyal de renúncia. La reina apareix representada en totes dues cares, en una, com a Reina i, en l'altra, com a monja destacant en la primera el seu caràcter de "mare protectora" de l'orde franciscà i de les clarisses, i en l'altra, els seus trets caritatius com a proveïdora de la comunitat, fent al·lusió al miracle de la multiplicació dels pans i els peixos. Segons Pere Beseran, la tomba era bifrontal i es podia veure des del cor de les monges que, de manera semblant a Santa Clara es trobava emplaçat rere l'altar major, i des de l'església (Beseran 2009).

En el cas de la tomba d'Isabel de Portugal, avui conservada a l'església de Santa Clara-A-Nova de Coimbra, en un origen es va erigir en el convent antic de Santa Clara-A-Velha, fundat per la santa. Es tracta d'un sarcòfag pensat per ser vist per les quatre cares, sobre la tapa superior es troba la imatge jacent de la difunta abillada de reina i amb els escuts de la casa reial d'origen, la catalanoaragonesa, i la portuguesa del seu marit. En una de les cares s'hi van representar la família franciscana, tres membres dels quals representen a sant Francesc d'Assís, sant Lluís de Tolosa i santa Clara. En un dels laterals, als peus de la imatge s'hi torna a trobar a santa Clara aquest cop acompanyada de santa Elisabeth d'Hongria i santa Caterina de Siena. Ni en un ni en l'altre frontal hi apareix la figura de la difunta. Ens trobaríem per tant, davant una representació totalment ortodoxa del santoral franciscà (Domenge, Molina 2009).

No sembla probable que Elisenda hagués vist personalment ni una ni altra tomba per bé que en podia tenir notícia i fins i tot, referències concretes, més si tenim en compte el moment en que ella devia concebre la realització de la seva pròpia. És en aquest punt on cal ressaltar l'originalitat del projecte d'Elisenda

19. Nosaltres hem pogut veure aquests dibuixos a través de la seva reproducció en el llibre ja esmentat de Caroline Bruzelius (Bruzelius 2004, p. 152).

respecte a tots els casos precedents i d'altres als que no fem referència explícita tot i que en devia tenir coneixement, com el de la reina Maria d'Hongria, mare del rei Robert, a l'església de Santa Maria Donna Regina, també a la capital del regne de Nàpols.[20] Totes aquestes tombes, principalment, les angevines, ressaltaven el caràcter àulic de la reialesa que compartien tant Sança com Elisenda, pel que no és estrany trobar-hi les mateixes connotacions al respecte.

Si no en els seus detalls, Elisenda sens dubte va concebre la realització del conjunt del monestir com un tot, com a monestir per a les clarisses i al temps com a mausoleu, en segon terme quedaria la intenció de la construcció del seu palau, que s'entenia com una situació transitòria en vida d'ella. Aquest desig va quedar clarament manifestat en el seu testament on ordenava que la seva residència fos enderrocada un cop ella hagués passat de la vida terrenal; per a la posteritat hauria de quedar només la seva obra, el monestir i el seu mausoleu.

Com en d'altres aspectes del monestir de Pedralbes, s'ha parlat força de la tomba de la reina Elisenda des d'un punt de vista artístic, no obstant, no ha estat fins recentment que Eileen McKiernan l'ha analitzata des d'una altra perspectiva, atenent al seu grau de representativitat dins el conjunt de l'església i del monestir, i la recepció que d'ella n'havien de tenir aquells que la contemplarien, ambdós tipus d'estudis complementaris i el coneixement de la construcció de l'església ens permeten fer-nos una visió del pensament d'Elisenda sobre ella mateixa i el seu paper com a benefactora de la comunitat (McKiernan González, en premsa).[21]

La tomba de la reina es va construir entre dos dels contraforts de l'absis, l'espai més emblemàtic de l'església, en la paret del cantó sud que també serveix de tancament al claustre del monestir contigu. Si tal com hem avançat la construcció de l'església es va dur a terme de forma unitària, aixecant-se les successives filades des de la base, inclosos els contraforts, s'havia de preveure des d'un inici el lloc exacte on la reina volia la seva sepultura per deixar una obertura amb la mida del que havia d'ocupar el sepulcre. Posteriorment es faria la decoració de tot el conjunt que, a manca d'algun document que ens certifiqui l'autor i la data, els seus trets estilístics situen a l'entorn d'un dels tallers que treballaven a la corona catalana per aquells anys, s'ha apuntat a Pere de Guines o Aloi de Montbrai com a possibles autors, el que donaria al monument una cronologia entre els anys 1341-1343[22] que es convertiria en un element més per datar les obres de finalització de

20. No fem referència directa a la tomba d'aquesta reina de Nàpols, Maria d'Hongria, atès que aquesta va ser concebuda clarament com un projecte de memòria dinàstica, amb la representació en lloc destacat dels seus fills, sant Lluís, bisbe de Tolosa, que donava la sacralitat buscada a l'estirp, i Robert d'Anjou, l'hereu del tron. Remetem a l'estudi fet sobre aquesta tomba: Michalsky 2004, p. 62-77.

21. Agraïm a l'autora que ens hagi deixat llegir el seu treball i analitzar les dades que exposa, i compartim totalment el seu plantejament sobre la importància representativa de la tomba de la reina Elisenda i que el projecte respon a una voluntat expressa de la sobirana .

22. Mentre Pere Beseran s'inclina per Pere de Guines com l'autor de l'obra, Francesca Español creu que hi van intervenir tres Mestres un dels quals seria efectivament Pere de Guines. També Maria Rosa Manote i Rosa Terés creuen que l'autoria podria ser de Pere de Guines, però també,

l'església que ja apuntàvem en aquesta dècada. Serà també per aquests anys que es durà a terme l'encàrrec d'una altra obra significativa, la decoració de la capella de sant Miquel, al claustre del monestir, per l'abadessa Francesca ça Portella, neboda de la reina Elisenda, tema sobre el que tornarem més endavant.

Tal com assenyala McKiernan (McKiernan González, en premsa), la tomba d'Elisenda suposa un exemple excepcional en la seva concepció, cap altra exemple s'ha conservat en el que la tomba fos de doble cara i amb doble efígie, i pensada per a ser vista des de dos àmbits diferents i, per tant, dues audiències diferents. La decoració de la tomba és mimètica en els dos cantons, o quasi. Pel cantó de l'església, el sarcòfag s'emplaça al mig d'un arcosoli, sobre la tomba s'hi troba la figura jacent d'Elisenda abillada de reina amb túnica, corona i mantell reial, acompanyada per dos àngels turiferaris, sobre d'ella el pare celestial espera l'ànima de la reina que ascendeix cap a ell en forma del tors d'una petita figura femenina coronada, sobre un mantell sostingut per dos àngels. Pel cantó del claustre, l'escena és la mateixa, però la imatge de la reina va abillada aquest cop amb vestimenta de vídua o hàbit franciscà. Sobre aquesta darrera qüestió, tots els estudiosos que han analitzat el monument, han arribat a la mateixa conclusió, és difícil saber-ho amb certesa atesa la similitud d'ambdues vestimentes i davant el fet que la reina ni va ingressar a l'orde ni va especificar que volés ser enterrada amb l'hàbit monacal, no obstant, el fet que porti el cordó franciscà podria indicar que així va voler ser representada atès que en compartia l'esperit.[23] No podem dir amb certesa quina era la decoració del frontal de la caixa ja que les petites escultures que representen a sants franciscans, hi van ser col·locades el 1926; anteriorment és possible que l'espai fos ocupat per escuts, segons un dibuix que es conserva anterior a aquesta data o, tal com apunten alguns autors, figures de ploraneres, per la qual cosa no és possible fer comparacions amb la iconografia d'altres tombes en aquest punt (Escudero 1993, p. 10).

No sembla trobar-se cap precedent de reina que preveiés amb tanta precisió l'emplaçament de la seva futura tomba, tal vegada ho podia haver estat la de Sança a la Santa Croce, de manera que aquest ja es contemplés en la construcció de l'edifici mateix que patrocinava, així, els dos elements esdevenen un de sol. Si observem les seves disposicions testamentàries veurem que, efectivament, ella deixa clar que va ser voluntat seva l'emplaçament del monument:

> Eligimus corpori nostri sepulturam apud dictum monasterium Sancta Maria de Petralba, in ecclesia videlicet eiusdem monasterii, coram altarii scilicet maiori eiusdem ecclesia in monumento quod nos ibi habemus volentes et mandantes ac etiam ordinantes.[24]

Jaume Cascalls o/i Aloi de Montbrai, inclinant-se més per aquest darrer (Beseran 1991-1993, p. 215-245; Beseran 1998; Español, Manent 2002, p. 70-71; Manote, Terés 2007, p. 181-182).

23. Aquest ha estat un tema de debat recurrent sense que es pugui arribar a una conclusió definitiva. Remetem a la bibliografia ressenyada en notes anteriors sobre els estudis duts a terme sobre la tomba.

24. AHMP, *Llibre de Privilegis Reials*. P/17. Còpia del testament de la reina Elisenda de Montcada.

Elisenda va voler que la seva presència fos central en els dos espais destinats a públics diferents, l'església, l'espai sagrat obert al poble i al clergat secular, i el monestir, l'espai destinat a les religioses a qui els estava vetada l'entrada a l'església seguint les estrictes normes de clausura. A la resta de tombes reials analitzades, i a moltes d'altres on hi podem trobar representada en forma jacent la figura de la difunta o el difunt, o ambdós, aquests només es representen una sola vegada a la part superior del sepulcre, mentre que reserven les cares laterals per mostrar altres personatges o escenes amb les que es volen vincular, tal com ja hem vist. McKiernan, que ha analitzat amb tot detall aquest aspecte, només ha trobat un possible paral·lel, en la tomba reliquiari de santa Eufrasina, originàriament, en el convent dominic de Basilea, que forma part d'una paret enreixada que es troba entre el cor i l'església, també en aquest cas presenta una rica decoració en ambdós costats però només s'ha conservat la figura jacent de la santa pel cantó de l'església. Tot i que podria ser un cas semblant, tal com indica l'esmentada autora, estaríem davant d'un reliquiari d'una figura santa que era objecte de devoció tant pels fidels que acudien a l'església com per a la comunitat religiosa, no seria per tant, un paral·lel per la reina que devia pensar en ser objecte de veneració per la seva vida exemplar però no de devoció (MCKIERNAN GONZÁLEZ, en premsa). La tomba bifrontal de la tomba de la reina va servir de model per les altres dues tombes que es troben encastades a la mateixa paret i que pertanyen a Constança de Cardona i Pinós l'una, i a Beatriu de Montcada i Pinós l'altra, parentes i coetànies de la reina, que van voler ser enterrades al seu costat. Tot seguint el seu exemple, el seu sepulcre es pot veure des del claustre, en lloc preeminent al costat de la reina, i des de la capella de l'església que van fundar, però ens trobem en aquest cas no davant d'un sarcòfag sinó d'un ossari amb els escuts nobiliaris de les difuntes i una inscripció amb el seu nom com a única representació.

Atesa l'estricta clausura a la que estaven sotmeses les monges i que la reina coneixia prou bé, motiu pel qual havia demanat repetides exempcions al papa per tal que ella pogués entrar al monestir o les religioses acudir a la seva cort, Elisenda va preveure que la seva tomba memorial pogués ser igualment objecte de veneració tant pels fidels que acudissin a l'església com per les religioses que haurien de viure perpètuament en el monestir per pregar per l'ànima del rei, la reina i tots els seus, motiu pel qual va fundar el monestir: «so que per nostres merits no podem aconseguir, almenys per devotes pregaries d.aquelles consegescam».[25]

El fet que la tomba pogués ser visualitzada per ambdues bandes, va permetre a la reina establir un ritual que els clergues havien de dur a terme diàriament per l'interior de l'església, mentre les monges ho feien al mateix temps, pel cantó del claustre. D'aquesta manera, la reina s'assegurava que la seva memòria i la del rei es mantindrien "in eternum". Aquest ritual ja va ser establert per la reina en la seva primera ordenació, redactada el mateix any de la fundació del monestir, el 12 de juliol del 1327 i, per tant, encara en vida del rei que moriria poc després,

25. AHMP, Pergamí núm. 999; *Llibre de Privilegis,* P/15, f. 27-32v. *Lligall, núm. 124; Llibre de la Regla,* R/25.

el 2 de novembre. Els responsos van ser copiats també al llibre de defuncions del monestir, al costat d'un resum de les disposicions de la sobirana.[26] El text, redactat en català, disposava el següent:

> Segons la institució feta per la Senyora Reyna del monestir de Sancta Maria de Pedralba, es tenguda la abadessa del dit monestir qui ara es ho qui per temps sera, de tenir continuament .IIII. preveres qui cascun dia canten per anima del senyor Rey en Jacme, e de la dita Senyora Reyna. E que tots dies ne sien tenguts de cantar dues misses en l'altar maior de Sancta Maria, e la una de les dites misses sia de "Requiem eterna ho defunctorum" si doncs no era dia de dicmenge ho altre dia de festa en lo qual "Offici defunctorum" fer nos deia. E com ayen dita missa cascum clerge o solepniall o secreta absolven sobre la mostra.
>
> Item les dones del dit monestir sien tengudes de dir tots dies o en l'esgleya, o per eles matexes, per anima del dit Senyor Rey e de la dita Senyora Reyna, los .VII. Psalms penetencials ab la letenia. Encara quascum dia digens en lo cor, les Hores de la Passió o de Santa Creu. E les Ores dels morts, si no era dia de dicmenge ho altre dia de festa en que offici de morts nos degues fer.
>
> Item, apres la mort del dit Senyor Rey, per aytal dia com ell morra, la dita abadessa ab lo covent de dones, per la claustra e los clergues de part de l'esgleya, apres la missa, venguen al vas de la dita Senyora, e aqui absolven la anima del dit Senyor Rey, dient les oracions acustumades. Si empero la dita Senyora Reyna mor primera, allo mateix fasen de eyla totes setmanes per aytal dia com eylla morra. E si aquell dia es feriat, fasen ho altre seguent dia no feriat. E con abduy los dits Senyors Rey e Reyna sien passats d'aquesta vida, aso mateix fasen les dites dones, la una setmana per anima del dit Senyor Rey, e l'altra per anima de la dita Senyora Reyna.
>
> Item quascuna de les dites dones sia tenguda de dir per quascuna setmana, tot lo Psaltiri per anima del Senyor Rey, ho de la Senyora Reyna, so es d'aquell qui primer morra. E com abduy, he morts, diguen-lo la una setmana per anima del Senyor Rey, e l'altra, setmana per anima de la dita Senyora Reyna.

La devoció franciscana de la reina per la Passió de Crist i la figura de la Verge, no queda únicament testimoniada en la seva tomba, sinó en el conjunt de l'obra de l'església. La dedicació del temple a la figura de Maria i el dia escollit per a la seva consagració, el 3 de maig, festivitat de la Invenció de la Santa Creu, en que es commemorava el retorn a Jerusalem de la Creu on es creia havia mort Jesucrist, després d'haver-la recuperada dels perses, conjuguen a la perfecció les dues devocions. Encara més, al llarg del temple, a les claus de volta hi tornem a trobar representats els Set Goigs de la Verge, començant des del Cor de les monges fins al presbiteri on la darrera clau mostra la seva coronació.

Coincidint en les dates amb les proposades per l'acabament definitiu de les obres de l'església, l'11 d'abril del 1348,[27] la comunitat va encarregar a Arnau

26. AHMP, *Llibre de Defuncions*, D/1. Sobre aquestes pregàries i d'altres en honor del rei i la reina, remetem al nostre estudi Castellano i Tresserra 1998, p. 200-201.

27. AHMP. *Pintures*. Lligall 184. Full solt. Aquest document també es trobava en el Manual de Guillem Turell (1342-1348), f. 83v, avui desaparegut, però que va poder veure i transcriure en el decurs de la tesi doctoral, posteriorment publicada, de Manuel Trens: Trens 1936, p. 168-169.

Bassa, la decoració del frontal del cor de les Monges – la paret de tancament de l'església – amb la representació de l'Arbre de la Vida. No queden vestigis d'aquesta pintura, si realment es va arribar a realitzar. Pocs anys abans, el 1333, Taddeo Gaddi, un dels deixebles més avançats del mestre Giotto, havia dut a terme un Sant Sopar per presidir el refetor del convent franciscà de la Santa Croce de Florència, en la part superior de l'escena hi va representar l'Arbre de la Vida com al·lusió a la Crucifixió: de la Creu en naixerà la Vida. Al monestir de Pedralbes trobem constantment aquestes mateixes devocions com a testimoni que el missatge franciscà s'estenia per igual a banda i banda del mur que delimitava l'interior i l'exterior de la clausura, el món exterior i l'interior, i justament en aquest mur es trobava la tomba d'Elisenda: reina en el món exterior, penitent en l'interior.

5. *Elisenda de Montcada. La cort, el monestir i la comunitat de Pedralbes*

La dualitat interior-exterior que mostra la seva tomba com a reflex de la seva personalitat, la podem trobar també en l'existència de la cort al costat del monestir, entenent la cort tant com a espai físic, el palau, com en el cercle cortesà que vivia amb ella. Si Elisenda en molts aspectes havia copiat un model ja assajat per altres reines abans que ella, podem trobar un cert grau d'originalitat en la xarxa familiar que va teixir a l'entorn del monestir, que si bé no es pot dir que fos estrictament femenina, tenia l'element femení com a component principal, lògic d'altra banda atès el caràcter eminentment femení de la fundació.

En vida de la reina, la documentació es fa ressò de la confluència d'una generació de dones nobles que viuen a l'entorn de la cort de la reina mentre les seves filles religioses ocupen els càrrecs importants a la comunitat.[28] Elisenda no va trencar mai els lligams amb la seva família política ni amb la de sang, tal com testimonia bona part de la documentació que es conserva d'aquests primers anys, per això cal pensar que degué influir notablement perquè a la mort de la primera abadessa del monestir, sor Sobirana d'Olzet, vinguda a Pedralbes com a fundadora des del proper monestir de sant Antoni de Barcelona, fos escollida pel càrrec la seva neboda Francesca ça Portella i Pinós. Elisenda i Francesca formarien un tàndem que marcaria el fons i la forma que definirien el monestir en els anys inicials de la seva formació. La constatació de la convergència d'un mateix esperit religiós es pot observar en una de les obres cabdals i de més rellevància del monestir al costat de la tomba de la reina, les pintures murals de la capella dedicada a sant Miquel, que la mateixa abadessa Francesca ça Portella va encarregar al pintor Ferrer Bassa, encàrrec del que no creiem que en quedés al marge la mateixa Elisenda, si atenem la vinculació d'aquest mestre tant amb la cort com amb la família Montcada.

28. Sobre aquesta qüestió remetem al nostre estudi que recull el llibre ja esmentat Castellano i Tresserra 1998, p. 239-269.

Els lligams d'Elisenda amb la seva família es van posar novament de manifest en el seu testament en que no va oblidar cap dels seu parents, tampoc la seva neboda Margarita, filla del seu germà Guillem Ramon que havia instaurat una nova branca dels Montcada a Itàlia en casar-se amb la noble Luquina d'Alagó, senyora de Malta i Gozzo. Margarita havia ingressat justament en el convent de santa Clara de Nàpols fundat per la reina Sança al que hem al·ludit repetidament. Margarita viuria en aquest convent durant vint-i-cinc anys, anys marcats per la presència i la personalitat de la reina Sança, i no seria fins després de la mort d'aquesta el 1345, que sor Margarita de Montcada, amb dues monges més, va demanar permís al papa per poder traslladar-se al convent de Pedralbes. La butlla atorgada pel papa Climent VI a Avinyó, el 22 de febrer de l'any 1347, donava el consentiment del trasllat de les monges tot especificant que, en el cas de sor Margarita, aquesta comptava amb el vist-i-plau de la seva tieta, la reina Elisenda de Montcada, la fundadora del monestir.[29]

Quan Margarita es va instal·lar a Pedralbes acabaven de realitzar-se els murals de la capella de sant Miquel, una obra que tant pel seu estil i tècnica, com pel seu contingut, ens remeten sens cap gènere de dubtes a Itàlia, a l'estil dels mestres que en aquell moment estaven portant a terme la decoració de la major part de convents mendicants, amb un estil nou que abandonava els trets imperants fins el moment per obrir pas a les noves formes renaixentistes. Des del punt de vista estilístic són diversos els paral·lels que es podrien establir entre Pedralbes i altres murals italians, fins al punt que han portat a qüestionar-ne l'autoria a Ferrer Bassa; sobre el fet que no sembla haver-hi cap dubte, és sobre el caràcter profundament franciscà dels murals.

Francesca ça Portella quan va encarregar la decoració de la seva capella va pensar en que fos un espai on poder retirar-se a resar i meditar, més enllà de les oracions compartides al cor de dalt amb les seves germanes. Les escenes de la Passió de Crist en el registre superior i els Set Goigs de la Verge en l'inferior, l'havien d'ajudar en el seu camí de perfecció tot imitant les dues figures principals, el Crist crucificat i la Verge. Seguint el tipus d'espiritualitat franciscana eminentment emotiva, sor Francesca havia d'emmirallar-se en Jesucrist i en la seva mare, els seus referents, mitjançant la contemplació de les escenes.

Aquest tipus d'espiritualitat la trobem ja expressada en "l'Ofici de la Passió", l'oració escrita per sant Francesc on cercava la identificació espiritual amb el Crist a la Creu; la mateixa santa Clara emprava la mateixa oració però donant-li unes connotacions més físiques, volent experimentar el dolor de Crist i la Verge en carn pròpia. Si bé la influència de la mística de sant Francesc és totalment present en Clara, no és pot obviar tampoc la de les grans dones místiques del segle XII que havien obert el camí de la contemplació com a mitjà d'identificació

29. Archivio Segreto Vaticano (ASV), *Reg. Vat.* 174, núm. 1145, f. 376r-v. Volem donar les gràcies al professor Tilmann Schmidt que ha tingut la gentilesa de fer-nos arribar la transcripció d'aquesta butlla, que ell mateix ha analitzat per a l'estudi que en aquest moment està portant a terme sobre els segells pontificis que validaven les butlles papals.

amb Crist, i més encara, les seves contemporànies que ja escrivien en llengües vernacles i que propugnaven la contemplació i la imitació de Crist com a via d'autoconeixement.[30]

Resseguint els escrits de santa Clara es pot apreciar que la seva "teologia" és essencialment cristocèntrica, situant-se en el centre del seu pensament la figura del Crist Crucificat i la de la seva mare, per això no és d'estranyar la ràpida popularització entre les comunitats de clarisses d'un mètode de meditació com el que recollia un llibre anomenat *Meditationes Vitae Christi.*[31] Segons el que el llibre indicava la religiosa havia d'anar llegint els textos de la passió de Crist i interioritzant-los, fins reviure els esdeveniments com si els hagués viscut en primera persona. La contemplació visual de les escenes havien d'ajudar en aquest exercici de meditació; un cop aconseguit aquest estadi, la religiosa hauria de passar a la imitació en un procés últim d'identificació.

Un precedent clar en aquest sentit de visualització del text el trobem justament en el cor de les monges del monestir de clarisses de Donna Regina a Nàpols, el convent fundat per la reina Maria d'Hongria (FLECK 2004; HOCH 2004). Les monges en aquest cas, resaven al cor tot contemplant aquests murals amb la representació del cicles de la Passió, per exercitar el mateix mètode d'oració que preconitzava el llibre de les *Meditationes Vitae Christi* que les havia d'ajudar en el seu camí de perfecció. Algunes escenes mostren, segons Adrian S. Hoch, la implicació de la reina Maria en l'elecció de la seva iconografia, cal recordar que la sepultura de la reina es troba just al dessota, per la qual cosa les oracions i els cants de les religioses arribaven de forma directa a la seva sepultura, malgrat no tenir-hi visió directa (HOCH 2004, p.151).

El paral·lelisme sembla clar amb el cas dels murals de Pedralbes, on en el mur de tancament de la capella s'hi van representar dues figures emmarcades en dos compartiments rectangulars: un home i una dona vestits de cortesans, agenollats mentre un àngel els posa una corona de roses. Si tots els estudiosos coincideixen en veure en ells la representació d'uns benaurats entronitzats com a conseqüència d'un Judici Final favorable, Rosa Alcoy va més enllà i apunta a que no ens trobem davant la representació del Judici Final on es jutja el conjunt de la humanitat, sinó

30. A diferència del segle anterior, on les grans místiques com Hildegarda de Bingen o Elisabeth de Schonau escrivien les seves visions en llatí i a l'interior dels monestirs, a partir d'aquest moment, les llengües vulgars prenent el protagonisme i els escrits femenins s'estenen més enllà dels murs dels monestirs, prenent múltiples formes i difonent-se ràpidament. Són uns discursos que compaginen les formes de l'amor cortès i trobadoresc amb la teologia cistercenca del segle anterior; s'imposa un discurs que fa convergir en una única forma de vida i pensament els ideals apostòlics de pobresa, la vida activa i la contemplativa, la imitació de Crist i la introspecció a través de noves formes d'autoconeixement. Aquest tema ha estat tractat per CIRLOT, GARÍ 1999 .

31. Aquest llibre de les *Meditationes Vitae Christi*, atribuït inicialment a Sant Bonaventura, actualment sembla comunament acceptat que seria obra d'un deixeble seu, Giovanni de Caulibus, conegut també popularment, com pseudoBonaventura, i hauria estat redactat cap al final del segle XIII, com a exercici de meditació per una religiosa clarissa, d'un convent de la Toscana, potser del burg de San Gimignano. Es conserven alguns manuscrits originals del segle XIV d'aquesta obra, nosaltres hem utilitzat una traducció francesa de l'obra: CAULIBUS 1958.

la del Judici Individual, on els benaurats es podrien identificar amb els donants, que per les seves vestimentes bé podrien identificar-se amb el rei Jaume i la reina Elisenda (Alcoy 1989). D'acceptar aquesta hipòtesi ens trobaríem que de la mateixa manera que ho havia fet la reina Maria, també Elisenda hauria estat al costat de la seva neboda, l'abadessa Francesca ça Portella a l'hora d'escollir el repertori iconogràfic que havia de vestir la capella de sant Miquel. Si en el cas de Donna Regina, la tomba i el cor, on les monges resaven i s'hi trobaven representats els murals, es troben tant propers que semblen respondre a un programa conjunt, en el cas de Pedralbes, podríem plantejar el mateix: la tomba de la reina i la capella de sant Miquel, amb els murals de la Passió i les escenes de la vida de la Verge, es troben l'un al costat de l'altre, formant un clar programa conjunt. Que així era, ho acabaria de corroborar el fet que les dues representacions de la capella, La Vida de Crist i la Vida de la Verge, són exactament les mateixes devocions que també trobàvem a l'interior de l'església: els Goigs de la Verge en les claus de volta i la Passió de Crist representat en l'Arbre de la Vida en el Cor de les Monges.

Els referents italians i més concretament napolitans pel cas de Pedralbes, ja han estat posats de manifest per tots els estudiosos d'aquestes dues peces artístiques, i darrerament per Pere Beseran que afirma

> els paral·lels entre el monestir de Pedralbes i els convents de les clarisses napolitanes van més enllà d'una genèrica actitud espiritual i afecten tant l'organització de l'espai arquitectònic com l'arranjament dins seu de les sepultures dels membres de la família reial (Beseran 2009).

De tot el dit fins ara, podem concloure que Elisenda va construir el monestir de Pedralbes a memòria de la seva persona, de la seva posició de reina, el seu llinatge i el seu pensament franciscà; i tots aquests components es van plasmar de forma visual prenent com a referents altres fundacions ja dutes a terme anteriorment però, principalment, els projectes constructius i decoratius que s'estaven portant a terme als mateixos anys a la cort angevina de Nàpols. És probable que en el paper de transmissora d'aquest ideal franciscà que impregnava les dues corts, l'angevina i la catalana, hi hagués tingut un paper destacable la seva neboda Margarita de Montcada. La reina Elisenda de Montcada es trobaria en el centre d'una relació en la que en un costat hi hauria aquesta neboda i en l'altra Francesca ça Portella. Tot i amb això, en el *Llibre de la Marmessoria de la Reina Elisenda* es deixa constància que al seu enterrament hi van assistir tant la infanta de Nàpols com la de Portugal, el que certifica les estretes relacions que la reina va mantenir sempre amb les dues corts.[32]

32. AHMP, *Llibre de la Marmessoria*. T/5. 1364.

Núria Jornet-Benito

Sança de Mallorca, reina de Nàpols: la fundació monàstica en un projecte de consciència genealògica i espiritualitat franciscana

1. *Introducció*

El paper de les reines medievals en la fundació monàstica i, en general, a l'espiritualitat medieval, és un element constatat per un ampli registre documental i ha rebut també la seva interpretació i significació en la historiografia, especialment des de la història de les dones. De les reines i nobles de les primeres corts germàniques – que tingueren un rol essencial en la conversió dels seus esposos, famílies o pobles – fins a la Sança que ocuparà aquestes pàgines, es poden visualitzar tot un seguit de gestos i pràctiques, més o menys explícites, que van des de la fundació monàstica al matrocini d'obres, llegats i deixes pietoses, dotacions d'altars, promoció de joves, filles o parentes entre el noviciat, consecució de privilegis per a les comunitats, etc.

Sança de Mallorca (1286, Montpeller-1345, Nàpols),[1] se situa en aquesta cadena i aporta a la història de la topografia de l'espiritualitat femenina medieval una particular vivència del franciscanisme i una decidida intervenció en la creació d'espais dedicats a l'espiritualitat franciscana, de signe pauperístic, molt pròxima a la línia dels espirituals i a tot el debat a l'entorn de la vivència de la pobresa evangèlica i a l'herència de Francesc i de Clara. En aquest sentit és interessant i significativa la pràctica d'aquesta espiritualitat des de la cort reial, com també el fet que aquestes tendències abocaren, a l'interior de l'orde, però especialment en els ambients laics, a un apocalipticisme eclesial i a un radicalisme pauperístic – que es vinculà al seu torn amb les tesis joaquimites – que derivaren en molts casos en l'heretgia, especialment a la Península, al sud de França i Itàlia, on els seus

1. Figura poc coneguda, malgrat la seva interessantíssima biografia. Uns dels primers en estudiar-la fou Ronald G. Musto (Musto 1985). Més recentment l'han tractat a la historiografia francesa Monique Greiner (Greiner 2000-2001) i a la italiana, especialment, Mario Gaglione (Gaglione 2008; Gaglione 2009; Gaglione 2004). En l'àmbit català, no ha rebut un tractament monogràfic. Una de les primeres i més completes aproximacions, si bé des de la història de l'art, és la de Gabriel Alomar Esteve: Alomar Esteve 1976. Des d'aquesta perpectiva també destaquen: les recerques de Caroline Bruzelius (Bruzelius 1995) i Mario Gaglione (Gaglione 2007). Personalment he fet una primera aproximació a aquesta figura a *Diccionari biogràfic de Dones. Xarxa d'Universitats Joan Lluís Vives*, http://www.dbd.cat/index.php?option=com_biografies&view=biografia&id=460 [2011/12/13].

"simpatitzants" eren reconeguts amb el terme de "beguins o beguines", "bizochi" o "fraticelli". La historiografia s'ha posicionat de manera diversa a l'hora de precisar i situar la posició de Sança, i per extensió la cort napolitana, en el que de fet és una tènue frontera entre l'ortodòxia i l'heterodòxia – segons els moments o les relacions establertes per la sobirana – o la major o menor radicalitat del seu discurs pauperístic.

En el cas de Sança, a més, aquestes pràctiques i vivències de la religiositat i la intervenció en la topografia monàstica, es combinaren igualment amb una altra acció política: al costat del seu espòs, Robert, en la governança del regne, i a la mort d'aquest, el 1343, presidint el consell de regència que preparava el regnat de la futura Joana I, néta de Robert. En aquestes activitats, Sança va donar mostra de les seves habilitats organitzatives i de gestió, a més de la seva capacitat de mediació.[2] En aquest sentit, Sança ens permet acostar-nos al model i a la imatge de reina santa, reina pietosa, que, en el cas del reialme de Nàpols i amb la dinastia angevina en particular, es vincularà a la mateixa construcció monàrquica. Finalment, i és aquesta una de les línies que voldria remarcar en aquestes pàgines, Sança, des del meu present d'historiadora, la reconec també en una cadena genealògica que la situa al costat de Clara d'Assís i, com veurem, bona part dels seus gestos poden llegir-se també sota el seu exemple o mirall.

2. *Breu perfil biogràfic*

Filla de Jaume II i d'Esclarmunda de Foix, Sança va néixer probablement a la ciutat de Montpeller, el 1286. Vers el 1300 partí a Mallorca per rebre formació, de marcada influència franciscana, particularment gràcies a les influències de les doctrines d'Arnau de Vilanova i de Ramon Llull (Bertaux 1898; Musto 1985), si bé durant aquests anys visqué alternativament, amb els seus pares, tant a la illa com als territoris continentals del regne de Mallorca. Infanta de Mallorca, tingué 5 germans: Jaume – primogènit, qui renuncià a la corona per entrar a l'orde de sant Francesc –, Sanç – futur rei –, Felip – que es va fer del tercer orde franciscà i freqüentà el cercle d'espirituals, essent amic d'Angelo Clareno –, Elisabet – esposa de Don Juan Manuel –, i Ferran.

L'any 1304, entre juny i agost, es casà amb Robert d'Anjou,[3] aleshores duc de Calàbria i vidu de la seva primer muller, Violant d'Aragó, que el 1309 esdevenia rei

2. Per exemple, s'encarregà de la reforma de l'ofici del Mestre Racional i el seu arxiu, i va emetre una ordenança, confirmada pel rei, el 13 de juliol de 1339, en què no solament reformava el funcionament de l'ofici sinó també examinava personalment els funcionaris, canviant-los o rellevant-los a un altre servei. Mario Gaglione afirma: «L'ordinanza di Sancia contiene inoltre, come generalmente riconosciuto, quella ce puo esser considerata una delle prime normative in materia archivistica e archivi» (Gaglione 2004, p. 38). Monique Greiner en remarca les accions diplomàtiques, de pacificació i mediació (Greiner 2000-2001).

3. Gabriel Alomar, precisa que el matrimoni «tuvo efecto en Colliure el 19 de septiembre del mismo año [1304]» (Alomar Esteve 1976, p. 11), i el cronista M. Camera senyala les noces a Pro-

de Nàpols i comte de Provença. Poc després, la parella reial es traslladava a Avinyó on el papa Climent V els atorgà els títols nominals de reis de Jerusalem i de Sicília. A partir d'aquesta data, Sança es troba ja definitivament a la capital del regne, a Nàpols, des d'on desenvoluparà aviat una decidida intervenció en l'entramat monàstic de la ciutat. Sense fills, tingué cura, primer dels dos fills petits de Robert: Carles, primogènit, duc de Calàbria, i futur hereu, i Lluís; i després de les nétes, Joana i Maria, orfes de pare el 1228 i poc després de mare. En morir el seu espòs, Robert, el 1343, presidí el Consell de regència que preparava el govern de l'encara menor d'edat Joana I (1326-1382), coronada l'any 1343. Sança morí el 28 de juliol de 1345 com a germana clarissa del monestir de la Santa Creu de Palau, que havia fundat.

3. *L'activisme franciscà: la intervenció en els debats a l'entorn de la pobresa. La pràctica i vivència de l'espiritualitat*

Un primer document, datat el 1311, anuncia el paper que va exercir la sobirana en el panorama religiós del moment, i per començar la seva profunda devoció, en demanar al Papat la possibilitat de conviure i tenir «in hospitio sue» dues monges clarisses, triades pel mateix ministre general de l'orde; una pràctica que reprèn, de fet, el que la seva mare, Esclarmunda de Foix, especialment devota de l'orde franciscà i de les germanes de Santa Clara, havia fet ja a Perpinyà.[4]

Sança serà conscient d'aquesta vinculació, com veurem, i del punt de connexió genealògica que representen per a la devoció mendicant-franciscana tant ella com el seu espòs. En aquest sentit cal destacar la profunda vinculació de la Casa d'Anjou a la tradició franciscana, especialment a partir de la figura de Lluís, bisbe de Tolosa, germà de Robert, canonitzat l'any 1317, el qual participà de les idees pauperístiques i va mantenir relació epistolar amb Pere Olivi. Robert descendia a més de Sant Lluís, rei de França, per part del pare, i de Santa Isabel d'Hongria, per part de mare. En aquest entorn familiar, la santedat del llinatge ("beata estirp") es jugà clarament com un element polític, de promoció de la identitat monàrquica. A la cort napolitana-angevina Robert desenvolupà tota una estratègia de promoció reial, en què prenia un lloc essencial la creació artística, la pietat, el patronatge reial sobre les esglésies i monestirs, i, especialment, la pregària, els sermons – uns 300 han estat atribuïts al mateix sobirà – i tota una "perfomance" pública que no feia més que estendre la reialesa cap a la sacralitat, cap a la funció sagrada (PRYDS 2000; KELLY 2003).[5]

vença, detall que segueix Musto (MUSTO 1985, p. 185). Mario Gaglione, amb les poques dades dels registres angevins, proposa per contra que les noces se celebraren el juliol o agost de 1304 a la ciutat de Nàpols, si bé els tractats matrimonials s'iniciaren l'hivern a la Provenca i el mateix contracte es firmà al castell de Perpinyà, el 16 de juny (GAGLIONE 2004, p. 30).

4. De la seva mare va rebre també la devoció eucarística i la redempció de les prostitutes (patrocinant, com farà la seva filla, un monestir a Perpinyà, el de Santa Magdalena, de repenedides).

5. Dante anomena Robert «re da sermone», amb un punt d'ironia tanmateix. Des d'una altra òptica, més idealitzada, Francesc Eiximenis també fa protagonista Robert de molts dels exempla del

Per la seva banda, els reis de la casa d'Aragó, tant en la seva branca major com en la de Mallorca, mantingueren també aquestes fortes implicacions amb el franciscanisme. A la devoció particular i familiar vers les cases franciscanes i clarisses – que s'expressa sovint en l'elecció de la sepultura per part dels diferents membres de la casa reial –, cal afegir-hi especialment la decidida intervenció de la monarquia en el naixement i primera onada de creixement de l'orde franciscà a terres catalanes. Com Robert, Sança descendia a més de la família reial hongaresa, a través de Violant d'Hongria.[6]

Sança, en una de les seves cartes, és justament conscient d'aquest punt de connexió entre els dos llinatges, i del seu paper com a «serva humilíssima de tan gran Patriarca i de tot el seu orde» (carta del 25 de juliol 1334 al Capítol general de l'orde franciscà reunit a Assís), i com a mare de l'orde, sentint-se una única carn amb els framenors, estimant-los i ajudant-los com una mare faria amb els seus propis fills. I fa arrelar aquest seu paper en la genealogia familiar:

> heu de saber que el senyor em va fer néixer en aquest món de tal estirp i prosàpia que va ser la meva senyora i mare, Esclarmunda, reina de Mallorca de santa memòria, filla del benaurat pare sant Francesc. Va voler també la majestat divina que jo fos germana de Fr. Jaume de Mallorca, que essent primogènit, renuncià a la corona per amor de Crist i es va fer fill de Sant Francesc, entrant en la seva religió. Va fer també l'altíssima clemència que jo fos del llinatge de la benaurada Isabel, reina d'Hongria, filla veritablement devota del nostre Pare Francesc i mare de la religió, la qual va ser germana de la meva àvia, la mare del meu senyor i pare, el rei D. Jaume de Mallorca. Va fer també la divina majestat que jo tingués com a senyor i marit a Robert, rei de Jerusalem i Sicília, singular devot de Sant Francesc, fill de la reina Maria d'Hongria, la meva senyora, que va ser mare també de sant Lluís, que renuncià a aquests regnes i es va fer framenor (*Carta 25 de juliol 1334*).

La Casa d'Aragó, oberta protectora de la causa franciscana en els seus inicis, tindria entre els seus membres a defensors, o si més no simpatitzants, d'un franciscanisme de tall espiritualista, de radicalisme pauperístic (Ríos 1999). Aquest recolzament més o menys encobert o les simpaties envers els espirituals, es donaren especialment en la branca mallorquina.[7] En temps de Jaume II de Mallorca

Dotzè, com a veu de la saviesa i exemple de virtut cristiana; governant savi i humil (Viera, Piqué-Angordans 2005, p. 28-29). El "rei profeta", el "nou Salomó", són els altres apel·latius que ha rebut per part de tota una historiografia que situa la seva figura en el marc d'una construcció política, monàrquica, que, en una època de transició, prepara les monarquies de la Renaixença (Kelly 2003).

6. La reina Violant manifestà un fort lligam amb la "causa" mendicant i clarissa en particular; una vinculació que probablement naixia al seu torn dels forts vincles de la família materna amb el projecte de Clara d'Assís, no endebades Violant era neboda, de santa Isabel d'Hongria, considerada patrona dels terciaris de Sant Francesc. Entre d'altres accions, Violant apareix al darrere del que fou primer monestir de clarisses en terres catalanes, el de Sant Antoni de Barcelona; deixà en el seu testament una deixa important al beateri de santa Isabel d'Hongria, que fou el precedent del monestir de santa Clara de Lleida i visqué al convent de clarisses de la Puritat de València, tot i que fou enterrada finalment al monestir cistercenc de Santa Maria de Vallbona.

7. Una figura destacada dels espirituals mallorquins fou justament l'infant Felip, germà de Sança, que acabà afiliant-se al tercer orde de Sant Francesc. Regent durant la minoria d'edat del seu

i Esclarmunda de Foix, pares de Sança, eren evidents els lligams de la casa reial i els franciscans "pobres", i amb les doctrines de Pere Olivi i d'Arnau de Vilanova. La cort de Sança exercí una destacada protecció sobre laics i religiosos, acollint especialment els espirituals, "fraticellos" o beguins que començaven a ser perseguits al Midi francès (amb Narbona, Perpinyà i Montpeller com a focus principals). La mateixa reina es manifestà en aquesta direcció proposant i patrocinant la convocatòria de capítols generals de l'orde franciscà a la seva ciutat i intervenint en el debat que confrontava la cúria d'Avinyó i la més alta jerarquia franciscana amb els espirituals, que se sentien hereus directes de l'esperit i llegat de Sant Francesc i el seu testament: prescripció d'absoluta pobresa.

Podem sentir la veu de Sança a través de les cartes als ministres generals i autoritats franciscanes. Un corpus documental recentment ressenyat per Mario Gaglione (Gaglione 2008),[8] tot i que transcrit ja a la *Chronica generalium* (1369-1374) d'Arnaldo de Sarrant i als *Annales minores* de Lucas Wadding (Wadding 1628-1654); i, en part, en cròniques franciscanes anteriors, com la *Cronica universale* de fra Elemosina (1329-1331). També la podem escoltar en les "petitios" o súpliques que la sobirana adreça a la màxima autoritat i que encaminen alguna petició o autorització en relació a tot un programa de fundació monàstica a la ciutat de Nàpols, a la seva vivència personal i a la promoció de l'espiritualitat franciscana. És així, per exemple, que el 1342 demana que Joana, duquessa de Calàbria i hereva al tron, i Maria, filles del difunt Carles – fill del primer matrimoni de Robert a qui la reina declara haver estimat com un fill i haver-lo educat amb grandíssim afecte – puguin visitar els monestirs femenins de clausura, especialment els de l'orde de santa Clara, acompanyades d'un seguici de dames. I un any després, demana al pontífex l'extensió de totes les indulgències ja acordades per la Santa Seu als convents de framenors per la festa de Sant Francesc i de sant Antoni en ocasió de la festivitat de Sant Lluís de Tolosa.[9]

Però, sens dubte, on es mostra d'una manera més clara i decidida la intervenció de la reina en el moment espiritual i polític – fet que ha dut Gaglione a parlar

nebot, Jaume II, es rodejà a la seva cort de Mallorca d'espirituals i de beguins. El 1319 abandonà la illa com molts d'altres espirituals per refugiar-se a la cort de la seva germana Sança a Nàpols. Gabriel Alomar recorda també que la reina Sança «llevaba sangre càtara en sus venas, como hija de Esclarmunda de Foix» (Alomar Esteve 1976, p. 13).

8. L'historiador italià dóna també a conèixer la «litera ad sui subditis», datada després del 20 de gener de 1343, després de la mort del rei. Sança es declara vídua i manifesta el dolor per la mort injusta d'un sobirà, considerat per totes les nacions com un segon Salomó, perquè portava el títol de rei i per la seva saviesa; invoca la intervenció del Senyor per fer enrere els enemics i promet una resposta decisiva a tots ells i a les seves ofenses. Les cartes de Sança han estat també transcrites i analitzades per Isabelle Heullant-Donat (Heullant-Donat 2005), en el marc d'una història de la identitat de la família franciscana.

9. Sabem que els dos esposos participaren activament en la canonització de Lluís, bisbe de Tolosa, i custodiaren relíquies del sant. Sança comissionà, entre 1336 i 1337, la realització d'un braç reliquiari amb les seves armes, avui al Musée du Louvre. Segons Gabriel Alomar, aquesta peça d'orfebreria, d'alt valor simbòlic, passà, morta Sança, a Constança d'Aragó, reina de Castella, que li va afegir un segon peu amb el seu propi escut, i després el regalà a les clarisses de Medina del Campo (Alomar Esteve 1976, p. 35).

de "l'activisme" franciscà de Sança – són les 4 cartes al Capítol general dels framenors (dels anys 1316, 1329, 1331, 1334, respectivament, tot i que la darrera, conté alhora les anteriors). En totes, Sança s'autodefineix com a "mare" de l'orde franciscà, per al qual té especial estima i devoció: la mare que és una única carn amb el fill, el 1316, en el Capítol general celebrat a Nàpols i que va patrocinar la mateixa parella reial; l'amor que sent una mare pel seu fill, i per tant la defensa de la Regla de l'orde, fundada en l'Evangeli i aprovada pel Senyor a través els estigmes impresos sobre el cos de S. Francesc, el 1329, en Capítol de París; i en l'ajuda i consells que una mare dóna al seu fill, el 1331, en el de Perpinyà.

La carta de 1334 és el colofó a aquesta "maternitat espiritual" de Sança, en fer-se, com hem ressenyat més amunt, hereva de les dues estirps santes ("sanctae gentes") i els seus lligams de parentiu amb diversos personatges de l'orde franciscà. Segurament, seguint Gaglione, aquesta missiva és en realitat un artifici literari per a un "lector" no contemporani de les cartes, feta fins i tot pel compilador de la *Cronicha Generalium* o preparada durant la beatificació i procés de canonització de Sança, durant el pontificat de Climent VI: «filla humil i serventa del benaurat Francesc» i «mare veritable de l'orde franciscà» [...] «Jo us ho puc dir com una mare de tot l'orde; és així que jo no us anomeno servidors sinó fills íntims, com si vosaltres haguéssiu nascut del meu propi cos, i encara l'amor espiritual és més gran que l'amor físic». «Jo m'ofereixo a exposar, si és necessari, els meus interessos i el meu cos, a la mort, per a la defensa de la vostra Regla» (Gaglione 2008, p. 959-960).

La intervenció de Sança en aquest moment certament delicadíssim per a la família franciscana, en què es dirimeix el llegat de Francesc, és gairebé paral·lela a les paraules de Guillem d'Ockham, qui, en el seu *Dialogus* (redactat entre 1332 i 1334) legitima la intervenció de dones assenyalades per la «sapientia, bonitas, potentia», "dones excel·lents", que, en situacions excepcionals i crítiques, poden participar i són escoltades en els concilis, discutint qüestions de fe. Sens dubte el filòsof tenia en ment, sense nomenar-la explícitament, la sobirana (Gaglione 2009, p. 36). Francesc Eiximenis va esmentar-la també, tot i que indirectament – la «dita santa regina» – a l'hora d'emfasitzar, en una de les narracions del *Llibre de les dones*, que les dones sàpiguen llegir, en la mesura que la lectura dels textos espirituals comportaria una major devoció, i va reprendre els que els negaven el dret a la lectura. En un fragment de l'*Scala Dei* comenta la infidelitat del rei Robert i, «en un cas poc comú en els tractats eiximenians, una dona [Sança, tot i que Eiximenis la confon amb Constança] corregeix el comportament d'un home [Robert]» (Viera, Piqué-Angordans 2005, p. 25-26):

> E volets que sia yo Regina, prech vos que siats Rey, e fets obres de Rey, ço és que entenats en lo bon regiment del regne, e stiguats ab vostres consellers e cavallers tractant lo be del regne, e yo staré ab les mies donzelles en la cambra tots los hòmens foragitats (*Scala Dei*, f. 10r).

Més enllà d'aquest intervenció pública, quins eren els gestos i les pràctiques d'aquesta espiritualitat en l'experiència de la sobirana? És probable, per començar, que Sança practiqués la castedat matrimonial o també dit matrimoni "virginal" o "espiritual". Una castedat en el matrimoni propugnada pel mateix Olivi, en un model que la sobirana tingué molt a prop: el de la seva dama de companyia, Delfine de Puimichel,[10] vinguda de la Provença pels volts de 1314 acompanyant el seu espòs, Elzéar de Sabran, membre de la cort – més endavant ambdós beatificats. Sabem que aleshores (1316-1317) es va manifestar una certa crisi entre Sança i Robert, i que el Papa Joan XXII va escriure a la parella reial, recordant-li a ella el seu deure d'esposa; a ell, recriminant-li les seves infidelitats conjugals.

La devoció pel Cos de Crist, l'Hòstia Santa (nom del primer monestir que fundà a Nàpols), i la devoció per la Creu, entraran en allò propi de la devoció franciscana. És probable també que a l'entorn de la cort de Sança, Ugolino di Monte de Santa Maria escrivís els "Fioretti" (o Floretes de Sant Francesc), molt influenciats segons Ronald G. Musto per les idees d'Angelo Clareno. Però sens dubte, la pobresa evangèlica va conformar l'eix central de l'espiritualitat, i Sança va entrar en el debat que va tocar de ple la família franciscana. En aquest sentit s'alineà amb la postura de fra Miquel de Cesena, ministre general de l'orde, i les determinacions del capítol franciscà de Perugia en la seva confrontació amb Joan XXII – qui amb butlla de 10 d'agost de 1331 considerava herètic afirmar que Crist i els apòstols no havien tingut res en comú i en propi, i que solament havien gaudit de l'"usus facti" dels béns. Defensà que la regla franciscana era fundada en l'Evangeli i per tant justificada, i que els estigmes de Francesc constituïen la confirmació divina d'aquesta regla, i, conseqüentment, calia seguir l'exemple i la via marcada personalment pel sant. Sança va recolzar fra Cesena fins i tot després que fos deposat com a ministre general dels framenors i excomunicat pel Papa. Se sap així mateix que custodià, a la mateixa sagristia del monestir de Santa Clara de Nàpols, un corpus destacat d'obres de fra Cesena i d'altres escrits d'espirituals – lot de llibres requisat ràpidament pel Papat a la mort de la sobirana.

10. De família noble, òrfena de set anys, entrà a l'abadia de Sainte-Catherine de Sorps; després la seva educació va ser confiada a la seva familiar la monja Sibylle de Puge, que la influencià en el rebuig al matrimoni. Amb el seu espòs, Elzéar, seguiren vot de castedat i amb ell portà una vida de bones obres i pietat. Durant 17 anys fou dama de companyia i confident de la reina Sança fins que, a la mort del rei Robert, se'n tornà a la Provença, on menà una vida de reclusió i beguinatge. Primer a Apt, continuant amb la mendicitat pública que ja havia exercit a Nàpols; després es va recloure al costat de la capella de Saint-Jean de Roubians (on a través d'una finestreta podia parlar i rebre aliments). Poc després tornà a Apt, instal·lant-se en un pobre hostal, per continuar amb la seva vida mendicant; allí va entrar en contacte amb un confessor, gràcies al qual coneixem la seva vida. Finalment, es van reunir al seu voltant un grup de joves i vídues que seguiren el seu exemple, mantenint els vots de virginitat. El seu entorn va començar a parlar de miracles, a llegir signes de la seva santedat, i a considerar els seus poders taumatúrgics. Després de la seva mort, a Apt, el 26 de novembre de 1360, es va presentar una primera demanda de canonització, que no va reeixir. Per contra, després d'un procés difícil (era, de nou, massa tènue la frontera amb l'heretgia o, millor, amb les tesis dels espirituals) el seu espòs fou canonitzat entre 1369 i 1371. Entre 1372 i 1376, Lluís d'Anjou, comte de Provença, va finançar un nou intent de canonització de Delfine, que va acabar en fracàs; i un nou intent el 1382. El seu nom és present al martirologi franciscà, i l'honora el 26 de novembre. Paul Amargier, en l'estudi que li ha dedicat, comenta l'estret lligam que s'establí entre les dues dones, Delfine i Sança (AMARGIER 1987).

A la pràctica, en el pla de fundacions monàstiques marcat per la sobirana, assistim a un endurimient de l'observança de la pobresa. Una de les comunitats de clarisses que fundà, la de Santa Creu de Palau, va viure sota la primera regla de Santa Clara, més rigorosa en l'observança i sense dotació patrimonial; i, amb el temps, va fer abolir les rendes amb què havia dotat, a l'origen, la comunitat de framenors que tenia cura espiritual de les germanes de la comunitat de Santa Clara, havent-se de mantenir únicament amb la "quaestia" o "acapta" de l'almoina.

En vistes a la seva entrada al convent de Santa Creu de Palau, Sança va renunciar a tots els seus béns i rendes, i va marcar un seguit de disposicions perquè aquest patrimoni sostingués la dotació dels monestirs que havia fundat i d'altres obres pies (18 de gener del 1344). Va rebre, durant l'any de viduïtat, l'hàbit de clarissa, semblantment de mans del ministre general de l'orde, assumint significativament el nom de Clara. Les cròniques franciscanes remarquen la vida austera que portava, de dejunis i pregàries constants, del treball a la infermeria. Tot i que és probable que mantingués alguns dels privilegis papals que havia rebut amb anterioritat als seu estatus de monja, tal com subratllen les butlles papals transcrites per Wadding: permís per sortir de la clausura per visitar les pròpies fundacions, juntament amb dues clarisses (21 de nov. 1343); permís per escollir confessors personals (14 de des. 1344); permís per entrar a la clausura 10 persones del seu antic seguici o familiars (13 gener 1344).

Era molt fina la línia que separava aquesta espiritualitat de l'heretgia. Així, coneixem que els dos capellans personals de la reina, també confessors de les clarisses de Santa Clara de Nàpols, Andrea da Gagliono[11] i Pietro da Cadeneto, eren directes seguidors de les idees de Cesena, i foren processats el 1337 amb càrrec contra l'ortodòxia. Justament, un dels 49 articles de l'acusació contra fra Andrea, argumentava que:

> con sus sermones y enseñanzas contra Juan XXII y la Silla Apostólica, había hecho indevota a la reina D. Sancha, apartándola de los Sacramentos, de modo que soliendo antes oír Misas todos los días, después que había sido adoctrinada por aquél, sólo oía una cada tres días, y que continuamente la instigaba a proceder contra las Decretales del Papa y contra los religiosos católicos, de modo que persuadida por él removió de los cargos a los frailes sujetos a la Silla Apostólica, colocando en su lugar a otros que eran rebeldes y cismáticos (Pou Martí 1930, p. 272).

S'han conservat també cartes papals adreçades a la sobirana on se li recrimina el seu acostament a les doctrines i a la companyia dels "fraticellos"(Bullarium Franciscanum 1898, núm. 932, p. 508).

Aquest filoespiritualisme de Sança, posicionant-se alguns cops amb els espirituals més radicals, ha estat ja remarcat per Ronald G. Musto, Samantha Kelly, i més recentment per Caroline Bruzelius – que el decanta cap a posicions més mil·lenaristes i joaquimites – i Isabelle Heullant-Donat. Per Mario Gaglione tanmateix es tractaria més d'un «francescanesimo da corte» (Gaglione 2008, p. 966) amb elements diversos i, a voltes amb posicions diverses, algunes oposades:

11. El procés ha estat transcrit per Pásztor 1955.

des d'il·lustres representants de la jerarquia franciscana, com Miquel de Cesena, Landolfo Caracciolo i Guglielmo di Sarzano, als franciscans més radicals i dissidents, per començar els "fratres de paupere vita" del seu germà Felip de Mallorca, exponent dels espirituals radicals com Angelo Clareno, defensor de la necessària constitució d'una nova congregació monàstica, diferent a l'orde.[12]

Ingrid Würth, per la seva banda, ha definit Sança com "una altra Isabel" (WÜRTH 2007), en el sentit d'inspirar-se en el model de Santa Isabel d'Hongria (el seu culte era ben viu a Nàpols, gràcies a Maria d'Hongria, mare del rei Robert), amb qui Sança se sent, com hem vist, formant part d'una estirp "tocada" pel franciscanisme. En aquest sentit, la cadena important d'obres artístiques (frescos, sepulcres, taules, orfebreria) que matrocinà Sança li serví també per expressar tot un culte als sants de la dinastia, com la mateixa Santa Isabel o Sant Lluís de Tolosa (KLANICZAY 2000). Iona McCleery ha subratllat igualment interessants paral·lelismes entre Sança i la seva cosina Isabel de Portugal (1270-1336) (MCCLEERY 2006); les dues, com també Robert, descendien de la reial família hongaresa i matrocinaren el culte a Isabel d'Hongria, santa de la dinastia. Com Sança, Isabel, poc després de la mort del marit, va prendre l'hàbit de clarissa (tot i que no va professar com a monja) i també s'explotaren les evidències de la seva santedat, que en el seu cas, reeixiren en una primera Vita, de tall hagiogràfic, escrita vers 1340, i en un procés de canonització el 1626. Com Sança, Isabel recolzà àmpliament l'orde franciscà en un context, el portuguès, i en un patronatge reial fins aleshores molt focalitzat en l'orde cistercenc. Finalment, les dues exerciren un destacat paper polític.

Podem, finalment, traçar algunes analogies entre la vida de Sança de Mallorca i santa Clara d'Assís, en una relació genealògica. Si Clara fou la primera dona en rebre la confirmació papal a una regla monàstica, Sança va redactar unes *Ordinationes* per al monestir de Santa Clara, aprovades pel Papa, amb normes per a la vida monàstica. Clara defensà fra Elia (segons ella, intèrpret fidel del carisma de Francesc) contra el papa Gregori IX, mentre que Sança defensà els franciscans contra el Papa Joan XXII i Benet XII, i en polèmica amb Guiral Ot, nou ministre general després de Cesena. Clara esdevingué la memòria de sant Francesc, mentre que Sança custodià escrits de Cesena i d'altres franciscans protegits per ella. Sança va aconseguir que el Papat li atorgués una butlla, *Tenorem quarandum* (1343), que incloïa una transcripció autèntica de la Regla de Santa Clara, i la necessària autorització per aplicar-la als monestirs que fundés (OMAECHEVARRÍA 2004, p. 268).[13] Les connexions no s'acaben aquí. Clara, assabentada de la mort de franciscans al Marroc, manifestà la seva voluntat d'afrontar el martiri, mentre que Sança manifestà en les seves lletres una mateixa aspiració al martiri en la

12. És conegut el sermó de Felip de Mallorca contra el Papa, que féu a la mateixa església de Santa Clara de Nàpols. El seu nom apareix al procés d'Inquisició contra el noble Ademar de Mosset, l'any 1333.

13. El còdex de Messina, que conté una còpia autèntica del testament de Clara, es féu molt probablement al protomonestir per a la reina Sança, esdevenint el més antic, abans de l'anomenat manuscrit d'Uppsala, del monestir de les Brígides de Vadstena, adquirit per Santa Brígida a Itàlia (TRIVIÑO 2005, p. 58).

defensa de la fe i la regla de sant Francesc. Clara es dedicà a tasques assistencials als hospitals, amb els leprosos, mentre que Sança féu un treball similar a la infermeria del convent de la Santa Creu. Com ella, Sança va participar activament en el debat sobre la pobresa evangèlica que explosionava amb força i sota diferents aspectes al si de la família franciscana, i que esdevenia l'espina dorsal del seguiment a Jesucrist. Com la santa d'Assís, en la seva acció generadora directa o indirectament de noves fundacions damianites, Sança fou fundadora de monestirs a la ciutat, capital del seu regne, i mantingué relacions fluïdes amb d'altres comunitats de menoretes (especialment del sud de França i de Mallorca); i, com ella, també se'ns ha conservat la seva veu en les cartes.

Per desig de la reina Joana I es féu l'any 1352 una translació pública de les despulles mortals de Sança, per donar-li una millor sepultura al monestir de la Santa Creu, i es trobà el seu cos miraculosament incorrupte. Aquest fet portà la sobirana a adreçar una missiva al papa Climent VI destacant les virtuts de Sança. No s'obrí tanmateix cap procés de canonització oficial, i tan sols l'orde franciscà va continuar venerant-la el dia 28 de juliol. A la seva santedat també feia referència una perduda inscripció funerària.

4. *La fundació monàstica: de regina a "soror Sanctae Clarae"*

No es pot entendre la intensa acció fundadora de Sança sense aquest rerefons espiritual i sense la consciència personal, ja esmentada, de trobar-se, com a dona, en la cruïlla de dues famílies, la catalana-mallorquina i l'angevina, protectores de Francesc i de tot el seu orde.

Sança fou origen de quatre noves fundacions monàstiques a la ciutat de Nàpols, i una a Jerusalem – on establí que els franciscans fossin els guardians del sant Sepulcre, i construí el convent d'observants i l'església de Mont-Sió. L'acció d'aquesta reina, matrocinant directament un espai monàstic, incidint en aspectes d'organització i de definició del perfil comunitari, té una interessant successora, i significativament també dins la mateixa espiritualitat mendicant: Elisenda de Montcada, que fundà el 1327 el monestir de Santa Maria de Pedralbes a Barcelona, assentà les bases de la seva organització interna, intervingué de forma activa en les decisions més importants, i visqué al costat del monestir pocs mesos després de quedar-se vídua (Castellano i Tresserra 1998).

El primer monestir que la reina fundà a Nàpols va ser dedicat al Sagrat Cos de Jesús i a la Hòstia Santa, Corpus Domini, Sancti Corporis Christi, Hostiae Sanctae – més conegut després amb el nom de santa Clara –, una dedicació insòlita, almenys per al començament del segle XIV – seguint la tesi de Caroline Bruzelius –, i que es relacionava també amb el paper que jugava la veneració eucarística en la pietat de la sobirana. La fundació de Santa Clara va ser un dels primers actes de Sança i Robert, com bé ho recorda la inscripció del campanar de l'església monàstica, que marca la data del 1310. La trajectòria posterior, tanmateix, reserva un lloc especial per a Sança, tant per les butlles que li dirigia el

Papat en relació a aspectes bàsics del primer perfil comunitari, les peticions de concessions especials o indulgències a favor de la nova fundació, com pel flux monetari que hi destinà (3000 unces d'or, anuals, de la seva dot) per a la dotació del que serà un monestir gran, establert, a l'inici, per a unes 100 monges.

Com a bona part dels monestirs germans de clarisses, s'ubicà fora de les muralles de la ciutat, en un lloc encara parcialment habitat, i amb gran espai de terreny per a l'edificació. Segons Bruzelius, Sança intervingué de manera molt directa en la concepció espaial i arquitectònica del nou complex monàstic, marcant la planta de l'església amb al·lusions joaquimites, per la seva correspondència amb l'esquema de les 3 edats presents al *Liber Figurarum* de Joaquim de Fiore. Si bé Gaglione (GAGLIONE 2007) ha qüestionat que hi hagi darrera la concepció arquitectònica de l'edifici aquesta volguda i directa correspondència, Musto, recorda que, entre les idees joaquimites ben presents a la cort de Nàpols, existia certament la voluntat de construir un "tavernaculum", imatge del món espiritual, on els fidels poguessin estar en contemplació fins l'acompliment de les profecies (MUSTO 1997). L'església presenta també una particularitat arquitectònica en possibilitar la comunicació espaial entre el cor de les monges i l'altar de l'església a través de finestres o "comunichini", fet que donaria lloc a la visualització directa de la comunitat, en especial en el moment de l'elevació de l'hòstia (BRUZELIUS 2005). No endebades, i recuperant aquí "l'exemplum" de Clara d'Assís, Sança compartia un especial culte a la devoció de la Sagrada forma.

Assistim de fet al que la historiadora de l'art Eileen P. McKiernan González anomena "experimentacions" que es donaren al llarg dels segles XIII i XIV, especialment a partir de l'enduriment de la clausura i de les regles que restringien la visibilitat i les activitats de les monges de les comunitats, i que buscaven un emplaçament ideal per al cor de les germanes a les esglésies monàstiques. De manera radical, a Santa Clara de Nàpols, el cor s'emplaçà a l'est, a l'altar, en un punt en la planimetria de l'edifici que coincidiria, en el manuscrit joaquimita analitzat per Bruzelius, amb l'espai de la Tercera edat, la de l'Esperit Sant, i on el compliment de la profecia es desenvoluparia en presència d'un cor d'anacoretes i verges, que, amb fra Elia, atendrien la resurrecció de Francesc i la restauració de l'església (BRUZELIUS 2005, p. 166-167). Per McKiernan, la innovació creativa de Sança, en el sentit de buscar solucions per compensar les restriccions visuals imposades, pot comparar-se amb la d'Elisenda de Montcada, la qual, en una creació també original, combinà en el seu monument funerari dues representacions de la seva persona: la de la sobirana, de cara als fidels; i la d'una dona pietosa, amb elements de l'hàbit monàstic, visible només des del claustre monàstic, de cara a la comunitat de germanes (MCKIERNAN GONZÁLEZ, en premsa).

Per a aquesta comunitat Sança va escriure unes Ordinacions[14] que vénen a perfilar el funcionament intern de la comunitat monàstica femenina: sobre el

14. *Instrumentum super constructione, dotationes et ordinatione* (30 de gener de 1321), ratificat per Robert i confirmat pel papa Joan XXII amb la butlla *Speciosus forma* el 26 de febrer de 1321 (WADDING 1628-1654, vol. VI, p. 631-646). Són, en part, analitzades per Francesco d'Andrea

nombre de germanes i la constitució paral·lela d'una comunitat de frares – en relació de 100 germanes i 20 frares; sobre l'ingrés al monestir – requisits d'edat i d'honorabilitat i que almenys 1/5 part de les germanes provinguin de la ciutat de Nàpols; sobre la categoria de converses, anomenades al text «servitrices», les quals es determinava que havien de tenir menys de 18 anys, amb bona salut i preparades per servir al monestir, observants també de la clausura i amb un nombre limitat – per 100 monges o germanes de cor, 16 converses – i amb una mestra pròpia que les ensenyés el seu treball manual; sobre l'obligació de contínues oracions i el «laborent et filent»; sobre la instrucció de les novícies;[15] sobre el «victum et vestitum»; sobre el dejuni, la infermeria, el comportament a tenir en el cor en relació al cant i a les lectures litúrgiques; sobre la pràctica del silenci.

Algunes normes guarden relació amb el govern de la comunitat, format per l'abadessa, el guardià i les 6 discretes; i amb aspectes d'administració econòmica (existència de dos «procuratores receptores ed expensores» amb obligació de retre comptes trimestralment, amb els diners guardats en una caixa amb tres panys, custodiada al dormitori). S'assigna també a la comunitat un metge pagat per la "Camera reginalis", amb una habitació prop del mateix monestir. Finalment, hi ha també prescripcions relatives a l'elecció del guardià i al capítol, a la disciplina interna i als dos confessors de les monges, a les obligacions litúrgiques i de la missa amb motiu de festivitats diverses, i a les litúrgies funeràries amb motiu de la mort del Papa, del rei o de membres de la família reial.

Pel que fa a quina regla monàstica tenia aquesta primera comunitat, és una qüestió que no queda del tot clara. En un punt, brevíssim, de les Ordinacions, es diu que el monestir havia de viure sota la primera regla clarissa confirmada el 1253 o segons la regla concedida per Innocenci IV (que podia ser la de 1247). Sabem, en tot cas, que amb les ordinacions, Sança dotà el monestir amb nombrosos béns immobles i va preveure que dos procuradors laics s'encarreguessin d'aquest ingent patrimoni. Aquest fet allunyava la comunitat de la vivència de la primera regla – fundada en l'absoluta pobresa «tam in speciali quam in comuni» –, no així la norma del 1247, que preveia l'existència de propietats comunitàries de béns i rèdits. L'analista Lucas Wadding determina que visqueren sota la primera regla de santa Clara amb alguns retocs i modificacions en relació sobretot a les propietats i, després de la mort de Sança, adoptaren la regla d'Urbà IV (Wadding 1628-1654, núm. 99, vol. VI, p. 631-646). Podem entendre aquesta evolució normativa de la comunitat si analitzem també el paper que de forma paral·lela va anar prenent l'església del convent de santa Clara en "l'escenografia" del poder reial i de la cort de Nàpols, en allotjar un seguit de sepulcres reials, espectaculars,

Gioachino (Gioacchino 1987). Elisenda de Montcada atorgà 4 ordinacions, les primeres, el mateix any 1327, destinades a dotar el monestir i la manera d'administrar aquestes rendes; les segones, les més extenses, el 1334, amb aspectes com el nombre de germanes (i el de frares del Conventet), la tercera el 1341; i una darrera l'any 1345.

15. Francesco d'Andrea Gioacchino parla de l'existència al monestir, a part de la infermeria, d'un "educandato": lloc de formació de les nenes de les famílies nobles i benestants, que rebien una educació civil i religiosa per un període de temps més o menys llarg.

al mateix altar o molt a prop, entre els quals el del rei Robert, que va inaugurar la idea d'un cert culte dinàstic ("beata estirp").

L'acció fundadora de Sança no s'acabà aquí, sinó que va continuar amb una constant adaptació, modificació dels diferents punts de les ordinacions, entre 1324 i 1342, dates en què s'hauria implicat també en la creació d'altres espais monàstics tant a la ciutat de Nàpols com fora. Sabem que matrocinà la creació d'un monestir de clarisses a Aix (Provença), sota l'advocació de la Nativitat del Senyor. Coneixem els lligams estrets que mantingué amb els monestirs, especialment de l'orde clarissa, del regne de Mallorca, que en molts del casos implicaren obsequis de la sobirana.[16]

A la ciutat de Nàpols, va fundar el monestir de Santa Magdalena i el de Santa Maria Egipcíaca, dues comunitats dedicades a aquestes santes penitents i que arrenquen pròpiament de l'acció de la sobirana en la protecció i conversió de les «mulieres vitae levis», assegurant «l'aliment i el vestit» de les «repentitae». Una acció que, seguint Wadding, la sobirana hauria desenvolupat, ben aviat, molt influenciada pel seu confessor, el beat Filippo di Aquerio, i que solament en la dècada dels anys 40 hauria desembocat pròpiament en una monacalització (GAGLIONE 2004, p. 35).

El darrer monestir fundat en aquesta ciutat, el de la santa Creu de Palau (per trobar-se a prop del Castel Nuovo), va tenir una especial significació en la trajectòria personal i espiritual de Sança, perquè fou el lloc triat per al seu retir monàstic, ja vídua, després de liderar el consell de regència de Nàpols. Fou també la comunitat amb la norma més austera – vivint de l'almoina demanada pels framenors que vivien en l'annex convent de la Trinitat, que s'encarregaven també de la seva cura espiritual – i més propera a l'esperit de Clara d'Assís. Si atenem la butlla fundacional de Climent VI, de 21 de novembre de 1342, Sança ja hauria obtingut, pel seu gran afecte per Santa Clara i el seu orde, autorització de Benet XII de poder fundar un monestir a Nàpols amb monges procedents del mateix monestir de santa Clara de la ciutat d'Assís, que es regirien per la primera regla de la santa. Fou a Santa Creu de Palau on Sança visqué durant 6 mesos i 7 dies, amb el nom de Clara de la Santa Creu.

5. *La promoció artística: l'empremta de la devoció franciscana*

Sança impregnà les obres d'art que va promocionar amb aquest signe vinculat a la seva profunda espiritualitat mendicant. Gabriel Alomar és rotund en aquest aspecte quan afirma que la iconografia de les obres que va matrocinar segueix de prop els seus ideals pauperístics, a part de constatar que no hi ha molts casos de personatges històrics anteriors al 1350 de qui ens hagin arribat tantes representacions iconogràfiques com en el cas de Sança (ALOMAR ESTEVE

16. Alomar creu molt probable que la gran taula representant Santa Clara asseguda en un tron fou un regal de Sança al monestir de Santa Clara de Palma de Mallorca, com també el tríptic del "Imago Pietatis"; ambdues obres es conserven a l'actual monestir de clarisses de Mallorca (ALOMAR ESTEVE 1976).

1976). Sança fou també la inspiradora d'una iconografia en què mostra el seu fort esperit franciscà i el seu rol de sobirana (Hoch 1996), això és, en tant que dona profundament vinculada al missatge franciscà i alhora com a sobirana, com a governant. La seva acció a més s'insereix en un context més ampli, el de l'intens i cohesionat patronatge exercit per la dinastia angevina a Nàpols que, sense cap mena de dubte, modificà la topografia artística i arquitectònica del regne entre els anys 1266 i 1435.

És un exemple d'aquesta càrrega intencionada de l'obra d'art, una taula que probablement va formar part d'un retaule major, pintat segurament a Nàpols, i que deuria ser un regal de Sança a un monestir de Provença, el d'Aix, o bé provindria de l'església que Robert i Sança construïren a Marsella, justament dedicada a Sant Lluís de Tolosa (Alomar Esteve 1976). La taula representa el sant Bisbe Lluís, que tot i la capa pluvial i la mitra, duu l'hàbit franciscà, sense ornaments ostentosos, amb les figures de Sança i Robert agenollades als seus peus (actualment al Musée Granet, Aix-en Provence).[17] Es conserven també quatre sarges que formarien part d'un conjunt més complet, fet probablement per al monestir de la Santa Creu (vers 1338), on figura un retrat de Sança, amb un detall iconogràfic interessant: en la sarga que representa la impressió dels estigmes, sant Francesc vesteix amb un hàbit clarament més curt, tant de llargada como de mànigues. Un detall que, seguint Alomar, recorda l'hàbit propi dels espirituals o "fraticellos". Sembla que uns anys després es va donar l'ordre de retocar la pintura per allargar-ho. A una altra de les sargues, que representa la Crucifixió, hi ha de nou la parella reial: la reina porta una toga transparent i una corona de flors de lis, en una imatge gens ostentosa. Encara una tercera obra, el retaule de marbre de Tino de Camaino, "La Verge i el Nen amb la reina de Nàpols, els sants i els àngels" (1335, avui a la National Gallery of Art. Washington), marca en aquest cas una volguda genealogia amb els sants fundadors de l'orde: al voltant del tron de la Verge, hi apareixen Francesc i Clara; aquesta i la Verge posen la seva mà sobre una monja agenollada, que s'ha identificat amb Sança, la qual es treu explícitament la seva corona reial.

Però l'obra que representa amb més claredat aquesta desitjada connexió entre la creació artística i els postulats i ideals espirituals, encarnant-ho en la persona de Sança, reina i monja, és el seu sepulcre.[18] Construït per Pacio Bertini, quan es féu la translació de la difunta, mostra la doble imatge o representa-

17. Gabriel Alomar contrasta aquesta peça de to pauperístic, amb el volgudament "antipauperístic" Sant Lluís, de Simone Martini, patrocinat per Robert. Significativament en aquesta taula no apareix Sança.

18. Comissionat per la reina Joana i originalment per a l'altar de l'església del monestir de la santa Creu, aquest sepulcre es destruí el 1810. Hi havia una lauda amb referències a la seva santedat: «Hic iacet summe humilitatis exemplum habeas venerabilis sancte memorie sororis Clare olim domine Sancie regine Hierusalem et Sicilie regis que post obitum euisdem regis viri sui agens viduitatis debite annum deinde transitoria cum eternis commutans ac inducens eius corporie pro amore Christi voluntariam paupertatem bonis suis omnibus un alimoniam pauperum distributis hoc celebre monasterium sancte Crucis opus manum suarum sub ordinis obedientia est ingressa anno Domini Millesimo tricentesimo quadragesimo quarto die XXI ianuari XII indict. in quo vitam beatam ducens secundum regulam beati Francisci patris pauperum tandem vite sue termini religiose

ció, com a persona pública i com a persona privada: en un costat, apareix Sança amb vestimenta reial, en el tron, en el moment de rebre l'homenatge d'un grup de framenors agenollats, a la dreta, i d'un grup de clarisses agenollades, a l'esquerra; i en l'altre costat, com a simple clarissa, enmig d'una taula de 9 monges assegudes en conversa o menjant (amb pans i peixos), mentre Sança prega amb les mans juntes i amb la corona reial als seus peus, en senyal de renúncia. Segons Francesco Aceto (Aceto 2000), en aquest disseny artístic i iconogràfic en el qual intervingué activament fra Roberto de Mileto, apareixen al·lusions a les virtuts de la humilitat, de la caritat, i sobretot de la pobresa; al Crist de l'Última Cena, al miracle de les Noces de Canà i a la multiplicació dels pans i dels peixos; i recorda, al mateix temps, l'episodi de Santa Clara de la multiplicació dels pans a la comunitat de Sant Damià, que esmenta sor Cecília al procés de canonització de la Santa.

D'altres obres d'art comissionades per la reina ens ofereixen més accentuat el seu vessant més laic, en el seu rol de sobirana. Es tracta d'obres on Sança apareix sovint al costat del seu espòs Robert i amb d'altres components de la família, del llinatge. N'és un clar exponent la Bíblia de Nicolau Alife (Biblioteca del Seminari de Malines, Bèlgica). Patrocinada por Nicolau, jurista de la cort de Robert i Sança, vers 1340, té una pàgina miniada en tres pisos amb tres règies parelles dels Anjou de Nàpols: Carles I i Beatriu de Provença; Carles II i Maria d'Hongria; Robert i Sança de Mallorca; als peus d'aquesta, dues figures petites, les dues filles del seu fillastre, Carles, duc de Calàbria. Sança, amb la mà dreta, acarona una d'elles, Joana (futura Joana I); a l'esquerra, duu un llibre.

Sança s'encarregà també dels sepulcres reials de l'església de Santa Clara. En el del seu espòs, ella apareix de cos sencer, asseguda en un tron – tot i que no resulta massa visible –, amb mantell tancat amb un gran medalló decorat amb una flor de lis, sostenint amb la seva mà dreta un ceptre rematat també per una altra flor de lis. La sepultura del rei i les dels seus descendents – grans i espectaculars creacions artístiques, ubicades en un lloc preeminent, a l'altar o molt a prop – atorgaven a l'església monàstica de Santa Clara un component ineludiblement vinculat a la dinastia reial i a la construcció de tota una imatge monàrquica. Esdevenia així un lloc on convergiren política, religió i art, en la seva precisa voluntat de connectar construcció de l'espai i decoració amb les tendències mil·lenaristes atribuïdes als franciscans i als seus reials patrons; com també seu dels sepulcres de la família reial, pol ideal d'una aristocràcia de cort, i escenari de l'activitat d'alguns dels més grans artistes italians del seu temps, com Giotto i Tino de Camaino (Committenza artistica 2011). De fet, Sança resseguia aquí també l'estela d'una altra dona, la seva sogra, Maria d'Hongria, que havia inaugurat al monestir de Santa Maria Domina et Regina, més conegut com a Donnaregina, la que per Gabriel Alomar esdevé «la más hermosa serie de monumentos funerarios de la Edad Media» (Alomar Esteve 1976, p. 14).

consumavit anno Domini MCCCXXXXV die XXVIII iulii XV indictione nequenti vero die per actis exequiis tumulatur».

6. *Conclusió*

Les fundacions monàstiques de Sança se situen en un punt de la història del franciscanisme en què les germanes han trobat, no sense problemàtiques i fissures, un lloc en la fraternitat franciscana: han quedat enrere les friccions pel tema de la "cura monialium" amb els framenors, i des del Papat s'ha exercit, en un primer moment, una important acció per situar comunitats "semirreligioses" o "informals" de dones (beguines, beates) que s'apropen al missatge de Clara en el nou orde de les "germanes pobres recluses de l'orde de Sant Damià"; i, en un segon moment, s'han uniformitzat les diverses reglamentacions i formes de vida de les primeres clarisses, ara sota la regla majoritària d'Urbà IV, i, en tot cas, sota l'orde de Santa Clara.

Sança, seguint l'estela de Clara – hem retrobat en aquest text similituds en alguns dels seus gestos i accions –, conscient del seu moment i del punt que ocupà en un entrecreuament de llinatges tocats per l'espiritualitat franciscana, va fundar espais de religiositat, monestirs de clarisses i d'acolliment de les anomenades "repenedides", modificant sensiblement la topografia conventual de la ciutat de Nàpols. La seva acció fundadora no pot entendre's sense la seva intervenció en el debat a l'entorn de la pobresa que trastocà la família franciscana, i la seva connexió amb les tesis pauperístiques, de perfils mil·lenaristes, l'acostaren, en una fràgil i movible frontera, a l'heretgia.

Sança és la dona pietosa – per alguna historiografia fregant el tòpic de la dona extremadament religiosa, la eterna "monacanda" de Rinaldis (Rinaldis 1920) –, però és també la dona que governa, aconsella i col·labora amb Robert en els afers d'estat, que exerceix de mediadora (amb la seva família d'origen), que té cura dels fillastres primer i de les filles d'un d'ells, després, que presideix el consell de regència, executa les voluntats testamentàries del marit. És la dona "excel·lent" que pot parlar i intervenir en els debats teològics (Ockham), la que deixa petjada de la seva espiritualitat en la creació artística. I és la dona que "ordena" i crea món, amb les constitucions que estableix per al primer monestir que funda a Nàpols. En aquest punt sabem, com bé ha assenyalat Annarosa Butarelli, que les regles, les ordinacions monàstiques tenen un punt d'interès extraordinari per qui té passió per la política en el sentit que poden esdevenir veritables i pròpies constitucions que ordenen una convivència. Constitueixen un món i posen ordre a un món a venir, en el qual ella vol estar i vol deixar testimoni, memòria (Buttarelli 2005, p. 130).[19]

Des del nostre present és fascinant sens dubte la seva forta personalitat, com també per nosaltres, una vegada més, és enigmàtic l'entrecreuament de la Sança defensora de l'ideal evangèlic, la "soror" Clara, amb la potent Sança, monarca; les «dues forces que dominaven la seva vida», perfectament representades en el sepulcre que la seva néta Joana feu erigir el 1353 (Hoch 1996).

19. Estudio aquest perfil de la sobirana en el marc del projecte de recerca: "La política del simbólico en la historia y en la historia del arte. Creadoras de lenguaje histórico en dos periodos de transición: los siglos XIV-XV y XIX-XX", HAR 2011-28773-C02-01.

Delfi-Isabel Nieto-Isabel

«Qui spiritus ambo sunt unum». La red de espiritualidad beguina del Languedoc a inicios del siglo XIV

El 14 de marzo de 1298, Pedro de Juan Olivi muere en el convento de los franciscanos de Narbona.[1] Tras de sí deja una extensa obra teológica, una polémica lectura de la regla de San Francisco y un ejemplo vital que impregnará la espiritualidad de todos los que, muy pronto, le venerarán como santo no canonizado. El 6 de agosto de 1325, Na Prous Boneta, una mujer laica de apenas treinta años, arrestada y llevada ante el inquisidor, decidirá confesar sin las restricciones de un interrogatorio y prestar un radical testimonio profundamente vinculado a la persona y al mensaje de Olivi, un testimonio que sabe la llevará a la hoguera.[2]

Los treinta años que separan uno y otro acontecimiento son el escenario de un diálogo entre los textos de él y las palabras de ella. El guión que la deposición de Na Prous revela es su propia vida; los protagonistas, ambos. Uno y otra se relacionan así figuradamente en un diálogo entre teología y experiencia espiritual, un intercambio de ideas y gestos al que sólo asiste el lector futuro. El caso de Na Prous es sin duda excepcional pero no es, sin embargo, la excepción. Este mismo diálogo recorrerá las calles de las ciudades y pueblos del Languedoc, el Rosellón y el norte de Cataluña durante más de dos décadas, instilando a su vez una conversación en la que mujeres y hombres intervendrán por igual.

En las páginas siguientes intentaré seguir los caminos por los que ese diálogo discurre, capilarizándose en una densa red de intercambio dotada de estructura. Una red en la que mujeres y hombres conversarán entre sí con la palabra y a la vez dialogarán a través de los papeles claramente diferenciales y sorprendentemente equitativos que asumirán.

Las fuentes inquisitoriales nos permiten acercarnos a esta realidad desde el singular punto de vista del que intenta reprimirla. El interrogatorio mudo del que sólo nos llegan las respuestas, es a su vez un diálogo involuntario y hostil entre lo que interesa al inquisidor y lo que preocupa a acusados y acusadas. Revelador por cuanto que nos ofrece la posibilidad de asomarnos a una efervescente escena

1. El nombre por el que probablemente se le conocía en su propio entorno era Peire de Joan Oliu, sin embargo, en este caso y por seguir el mismo criterio que la literatura especializada en lengua española, me referiré a él como Pedro de Juan Olivi.

2. El testimonio de Na Prous Boneta se conserva en la Bibliothèque nationale de France (BnF), Colección Doat (CD), volumen XXVII, f. 51r-79v.

espiritual en la que los conceptos teológicos se convierten en un debate abierto al margen de las instituciones, en que el momento presente se vive en clave histórica y la espiritualidad de los cuerpos se mezcla con la de las palabras en la danza de compromiso y sacrificio personal de todo un colectivo, el de los beguinos y beguinas. Con este apelativo me referiré en lo sucesivo a todos los implicados e implicadas, directa o indirectamente, en lo que los documentos llaman «haeresi begguinorum combustorum», la herejía de los beguinos quemados, ya sean laicas y laicos, formen parte del clero o de la orden franciscana.

Si bien algunas fuentes sugieren que entre ellos se denominaban Pobres Hermanos y Hermanas de la Penitencia (Mollat 1964, p. 119), el nombre por el que habitualmente se les conocía era el de beguinos y beguinas, y es importante destacar aquí que los registros inquisitoriales especifican claramente el femenino y el masculino del término, detalle que de entrada apunta a una elevada participación femenina en estas comunidades. La composición de los grupos que se ven envueltos en estos procesos inquisitoriales es, sin embargo, heterogénea, incluyendo a un colectivo en el que figuran clérigos, terciarios y terciarias franciscanos o laicos y laicas, hubieran adoptado o no los referentes externos que identificaban a los conocidos como beguinos y beguinas.[3] A lo largo de este trabajo y por cuanto que todos ellos fueron víctimas del mismo contexto y, de hecho, pertenecieron en un grado u otro a la misma supra comunidad seguiré este mismo convenio.[4]

Son precisamente las fuentes inquisitoriales las únicas de las que disponemos para intentar recuperar la realidad de estos grupos de beguinos y beguinas, siempre teniendo en cuenta que esta documentación es, por definición, posterior al inicio de la persecución y por tanto sólo habla de esa realidad anterior de una manera indirecta. Los documentos relativos a estas mujeres y hombres se conservan en su mayoría en las copias del siglo XVII de los manuscritos originales,

3. Hay que decir sin embargo que estos referentes, detallados por Bernard Gui en su *Practica Inquisitionis heretice pravitatis* (Mollat 1964), se asimilan a los que distinguen a los miembros de la orden terciaria franciscana. Esta asimilación va incluso más allá de factores externos hasta el punto de que en cierto sentido el dominico equipara a beguinos y beguinas con terciarios y terciarias. Volveré sobre esta cuestión más adelante.

4. El uso más frecuente del término "beguina" designa a las "mulieres religiosae" que ya desde el siglo XII, viviendo solas, en pequeños grupos o en comunidades más extensas pero en general al margen de las instituciones, armonizan una vida de contemplación y pobreza con una faceta más activa de implicación y compromiso con el tejido social urbano. Usan de la palabra, oral y escrita, no tienen un corpus común de creencias y constituyen un grupo, por lo general heterogéneo, que no responde a un momento fundacional, sino que se encuentra profundamente entretejido con las formas de piedad laica bajomedieval de la región centro-septentrional europea. Para distinguir al colectivo del que aquí trato, la opción más frecuentemente adoptada por la crítica ha sido tomar nota de la mayor proporción de hombres que lo componen, respecto a las beguinas del norte, y denominar a estos grupos con el masculino "beguinos". Ésta es sin embargo una solución que introduce un sesgo equivocado, puesto que la participación de mujeres y hombres en las comunidades estudiadas no es sólo similar cuantitativamente, sino que es trascendente desde el punto de vista cualitativo e incluso los propios inquisidores creen necesario insistir en expresiones como «beguini et beguine», «beguinus et beguina». Mantendré por tanto la dualidad en el género de la palabra y los denominaré en lo sucesivo "beguinos y beguinas".

destruidos durante la Revolución Francesa, que forman la colección Doat alojada en la Bibliòtheque national de France.

Según el criterio anteriormente expuesto y a partir de los manuscritos XXVII y XXVIII de la Colección Doat,[5] del *Liber Sententiarum* de Bernard Gui (PALÈS-GOBILLIARD 2002), de la edición del juicio a Bernat Mauri (MANSELLI 1959, p. 331-345) y de una edición del Martirologio beguino que se conserva en la Biblioteca de Wolfenbüttel[6] (BURNHAM 2008, p. 189-193), se ha elaborado una base de datos que contiene doscientos registros, cada uno de los cuales corresponde a uno de los implicados e implicadas.[7] Estos registros organizan la información relativa a los datos personales disponibles, las declaraciones desgranadas, los detalles de la acusación y la condena y las personas y lugares vinculados al acusado o acusada.

Esta herramienta es la pieza central de una metodología que pretende componer un mapa geográfico y humano de la red de espiritualidad beguina, en concreto en la zona del Languedoc.[8] En cuanto a la cronología, si bien los procesos analizados se inscriben en el período que va de 1318 a 1334, la realidad a la que éstos remiten se remonta a la última década del siglo XIII y al período inmediatamente posterior a la muerte de Olivi.

La región languedociana en este momento se encuentra bajo el dominio de la monarquía capeta, que abarca también la jurisdicción parcial sobre Montpellier vendida por el obispo de Maguelone a Felipe IV el Bello en 1293.[9] Los reyes franceses sin embargo, en una posición de poder consolidado y con la Santa Sede cómodamente instalada en la vecindad aviñonense, no participarán de ningún modo en los episodios relativos a beguinos y beguinas.[10] Sí intervendrán, sin embargo, los miembros de la Casa de Aragón que, rodeados ellos mismos de un ambiente de influencia franciscana, contribuirán activamente a la protección de los fugitivos.[11]

Imprescindible para poder comprender el desarrollo del drama es inscribirlo justamente en el marco de esa espiritualidad franciscana que impregna durante buena parte de los siglos XIII y XIV el contexto espiritual europeo, en especial en

5. CD XXVII y XXVIII en lo sucesivo. He trabajado sobre copias digitales de ambos manuscritos obtenidas gracias al proyecto HAR2008-02426/HIST "Topografía de la espiritualidad femenina mendicante en Cataluña y Reinos Peninsulares de la Edad Media" liderado por Blanca Garí y financiado por el Ministerio de Educación y Ciencia.

6. Wolfenbüttel Herzog-August-Bibliotek, ms. 1006.

7. Base de datos *Beguinos y beguinas del Languedoc*.

8. Las fuentes consultadas pertenecen a esta área geográfica, la incorporación a la base de datos de la información relativa a los beguinos y beguinas de otras zonas se aborda en un trabajo actualmente en curso.

9. En 1349 lo último de Montpellier será vendido por Jaume III de Mallorca. Para una historia detallada de la evolución jurisdiccional de Montpellier véanse COMBES 1990, p. 9-37; GERMAIN 1851, p. I-LXXXIV.

10. A diferencia de su implicación en el conflicto cátaro a lo largo de la mayor parte del siglo XIII.

11. Las figuras de Sancha de Mallorca, su hermano Felipe o su esposo Roberto de Nápoles y su papel como simpatizantes, militantes y protectores de la espiritualidad y la causa franciscana espiritual han sido objeto de numerosos trabajos, véase en particular la reflexión de Núria Jornet Benito en el capítulo anterior de este libro.

el sur de Francia, Italia y la Península Ibérica. La propia situación intestina de la orden franciscana es determinante para la gestación misma de las comunidades beguinas y, desde luego, también para entender su destino último. Lo que se inicia como una controversia entre los partidarios de una imitación rigorista de la vida de Francisco y los que abogan por una mayor adaptación a los cambios de estatus sufridos por la Orden, irá escalando posiciones hacia un enfrentamiento abierto e incluso violento.

Hacia finales del siglo XIII la orden se halla virtualmente dividida en dos grandes grupos, que por supuesto distan mucho de ser homogéneos, conocidos tradicionalmente como conventuales y espirituales. En vida de Olivi, el debate se mantendrá en cierta forma en el plano teórico con su defensa del concepto del "usus pauper", una idea en realidad abierta y que da alas al valor de la introspección y la experiencia personal.[12] Tras su muerte, sin embargo, esta postura será radicalizada por igual por seguidores y detractores.

Lo que es más, los conflictos que hasta entonces se habían desarrollado a nivel provincial despertarán en este momento la atención papal. Desde Nicolás IV a principios de los 90 a Clemente V en el Concilio de Vienne (1312), intentarán acabar con las disensiones formulando soluciones progresivamente basadas en la obediencia a los superiores. La muerte de Clemente y el interregno de más de dos años que seguirá, serán el detonante para el estallido de revueltas violentas en el sur de Francia que acabarán por consumar este planteamiento. Cuando unos y otros se dirijan al nuevo pontífice, Juan XXII, usarán el argumento de la obediencia como piedra angular de sus acusaciones cruzadas. El papa zanjará el asunto en esos mismos términos. Desde el momento en que se relacione la desobediencia a los edictos papales con la acusación de herejía, la suerte estará echada y los inquisidores entrarán en juego.

En mayo de 1318 cuatro frailes franciscanos de la facción espiritual serán entregados a las llamas en Marsella como heréticos por negarse a obedecer las órdenes del papa. Su argumento será la incapacidad de éste para modificar los preceptos de la regla a la cual han consagrado su vida. Muchos otros comulgarán con esta idea y la difundirán.

Ya desde finales del siglo anterior y especialmente en el Languedoc donde aún seguía vigente la huella del catarismo, se respiraba un clima de manifiesta hostilidad eclesiástica hacia los movimientos espirituales ainstitucionales que, justamente por su ainstitucionalidad, desbordaban a menudo los márgenes de la ortodoxia. El recelo había ido progresivamente en aumento a lo largo del siglo XIII, como lo atestiguan las constituciones del IV Concilio Laterano en 1215 o el II Concilio de Lyon en 1274. El propio Concilio de Vienne ya en 1312, con su condena a lo que sintetiza en los postulados llamados del Libre Espíritu, constituía un paso más en la escalada de la desconfianza jerárquica.[13] Los seguidores de

12. Para un análisis detallado del conflicto véase Burr 2001, p. 43-66.

13. La idea de la renuncia como vía para la libertad espiritual que ya se aprecia en Francisco es también el principio que subyace a una potente corriente espiritual que discurre con fuerza por

Olivi, afines a los postulados espirituales, acabarían pronto en el punto de mira inquisitorial.

De hecho, en el momento en que la red beguina empieza a desarrollarse choca ya con la oposición y la sospecha. Además del malestar contra la ainstitucionalidad, la misma posición de delicado equilibrio que Olivi había mantenido dentro de su orden durante el último cuarto del siglo XIII desencadena, ya desde el año siguiente a su muerte, la condena y quema de sus obras. No es casual que en el mismo concilio provincial celebrado en Béziers en 1299 se censure a los beguinos y beguinas (MARTÈNE, DURAND 1717, p. 225-228). Se les conoce por su práctica de nuevas formas de "penitentia", su forma de vestir, igual para hombres y mujeres, y sobre todo por su prédica de que el fin del mundo se acerca y que el tiempo del Anticristo prácticamente ha llegado. El concilio les acusa de reunirse por la noche para predicar la palabra de Dios[14] y de justificarse diciendo que no predican sino que se limitan a hablar de Dios.[15] Las actas del concilio también hacen notar que muchos de estos beguinos han hecho votos de virginidad o castidad que se sabe han sido violados.[16]

A pesar de que en ningún momento se menciona a Olivi, es fácil asociar a sus seguidores con la descripción anterior.[17] Él mismo utiliza en una ocasión el verbo «inbeginiri» para describir su efecto sobre aquellos que se acercan a él en busca de consejo.[18] Convertirse en beguino o beguina pasaba, en este caso, por seguir

todo el siglo XIII y que culminará de alguna forma con la obra de Meister Eckhart. Podría definirse de hecho como una gran corriente de pensamiento laico que influye a buena parte de su propio contexto espiritual. La Iglesia le dará concreción al sintetizarla en unos postulados que condenará como la herejía del Libre Espíritu, con el punto álgido en las condenas respectivas de Margarita Porete en 1310, el propio concilio de Vienne en 1312 y la condena de Eckhart en 1329 (MCGINN 2005, p. 48-79).

14. «Ad officium praedicationis verbis Dei».

15. «quod non praedicant sed loquuntur de Deo».

16. «The cultural "topos" that equated secretive religious groups with ilicit sexuality, older than Christianity, was to appear again and again» (MCGINN 2005, p. 53-54).

17. Mientras algunos autores dan por cierto este vínculo (BURNHAM 2008, p. 34), otros exponen que la falta de mención explícita hace que no pueda descartarse la independencia entre la condena de la obra oliviana y la censura a estos grupos (BURR 2001, p. 92). Sin entrar en esta polémica, lo cierto es que los grupos de mujeres y hombres sensibilizados con una espiritualidad comprometida y el mensaje oliviano coexistieron y confluyeron en un determinado momento, consolidándose su estrecha relación cuanto más avanzaba el siglo. Por otro lado y teniendo en cuenta que los beguinos y beguinas ya existen con anterioridad a Olivi, 1299 parece una fecha demasiado temprana como para que las ideas apocalípticas que predican provengan precisamente de la *Lectura super Apocalipsim* que ve la luz sólo un año antes. Tiempo quizá insuficiente para que pasajes de la obra se traduzcan y circulen. Aún así, más adelante citaré algunos casos que parecen apoyar esta temprana difusión de las obras del maestro.

18. En 1295, en una época probablemente contemporánea a la redacción de la *Lectura*, los príncipes de Anjou, hijos de Carlos II de Nápoles, los futuros Roberto de Nápoles y San Luis de Tolosa y su hermano Ramon Berenguer, asistidos por franciscanos, ruegan al maestro Pedro de Juan que vaya a visitarles al exilio en la corte del rey de Aragón, Alfonso III. Olivi declinará la invitación y en su lugar escribirá a los príncipes una carta edificante exponiéndoles su modelo de lo que debe ser la vida de un cristiano. En el prefacio, al relatar sus motivos para no acudir, Olivi menciona el

su interpretación del "usus pauper" y adherirse a su visión apocalíptica, que no escatológica, de la historia de su tiempo. Visión ésta expuesta especialmente en su comentario sobre el Apocalipsis, una de las obras que circulaban, si bien en su versión vernácula, entre estos grupos.[19]

Las obras que circulan, quién las posee, quién las lee y quién las escucha, conforman de hecho un punto central del proceso, pero los inquisidores, casi dos décadas después, continuarán considerando definitorio del crimen del que se les acusa su nivel de "credentia" en lo que llaman las ideas de los beguinos quemados. Como las fuentes traslucen, el interrogatorio se conduce hacia un esclarecimiento del grado de adhesión de los acusados y acusadas a estas creencias.

Por otro lado, las mismas fuentes muestran que la composición de las comunidades beguinas es mayoritariamente urbana[20] pero considerablemente heterogénea, además de en otros aspectos, en cuanto a su nivel social y económico. Los aglutinantes simbólicos[21] que van a ordenar la vida beguina deben pues ubicarse en un ámbito transversal a estas facetas. Todo lo que sabemos de ellos induce a pensar que ese ámbito es el de las creencias.

Si asumimos que éstas son el eje central de las comunidades beguinas, su vertebración se organiza en particular a partir de los postulados de los franciscanos espirituales y, tal y como las fuentes constatan, del pensamiento oliviano.[22] Cabe preguntarse si es el mensaje el que constituye el punto de partida de los grupos que se aglutinan a su alrededor o si estos grupos están ya formados y la recepción del mensaje les confiere una mayor cohesión.

miedo que el padre de los infantes podría sentir a que el maestro franciscano los "beguinizara". La carta está publicada en Denifle, Ehrle 1885, p. 535-540.

19. Tanto algunos extractos de la *Postilla super apocalypsim* como los tratados pastorales circularían ya en lengua vernácula poco tiempo después de la muerte de Olivi. Una prueba en ese sentido es la historia del franciscano Mateu de Bouzigues, que llega a Roma en 1299 huyendo de su convento, acompañado de laicos y laicas y llevando obras de Olivi traducidas del latín (Manselli 1959, p. 41-46; Lerner 1994, p. 191). Al caso de Mateu de Bouzigues podríamos añadir otros, como el del fraile de origen catalán Pons Bautugat que muere en prisón en 1302 por no querer entregar las obras de Olivi (Burnham 2008, p. 45).

20. Esta característica urbana del movimiento beguinal se ha asociado al ámbito de actuación inquisitorial, la mayoría de acusados y acusadas procedería de ciudades porque las encuestas inquisitoriales y los mecanismos de control de los tribunales funcionarían mejor en el ámbito urbano que en zonas rurales (Burr 2001, p. 240). Sin embargo, si en otras cuestiones la acción del tribunal sesga la composición de las comunidades, no así en éste. El motivo principal de la residencia urbana del 100% de los encausados y encausadas no me parece aquí relacionado con los mecanismos de los inquisidores. Los beguinos y beguinas tienen base urbana porque su foco central de creencias está en los frailes franciscanos y éstos se mueven y predican en medios urbanos. No hay que olvidar que muchos de los acusados que nacen en zonas rurales apartadas, se trasladan justamente a vivir a centros más urbanizados muchas veces movidos por motivos espirituales

21. Esta expresión es tributaria del uso que de ella hace Blanca Garí (Garí 2010, p. 218).

22. Al final de su sentencia de 1318 Michel le Moine, inquisidor de Marsella, cita la fuente de la herejía de los frailes espirituales: el pensamiento de Pedro de Juan Olivi (Mansi 1761-1764). El propio Bernard Gui es taxativo al respecto: «Item, informati seu potius deformati ex doctrina quam auriunt ex postilla prefati Petri Johannis super Apocalipsim» (Mollat 1964, p. 142).

Las fuentes nos hablan de su existencia sólo después de que el mensaje oliviano haya llegado hasta ellos, sin embargo es vital insistir en la importancia de ubicarlos en el marco espiritual europeo, justamente porque es difícil suponer que una propuesta de militancia activa, como la que Olivi propugna, pudiera calar hondo en un colectivo que no estuviera ya sensibilizado por sus propias inquietudes espirituales. El contexto de la economía de lucro propone unas preguntas que necesitan ser respondidas y la piedad franciscana, en particular la oliviana, propone respuestas que se antojan válidas en su contexto concreto. Pero beguinos y beguinas pertenecen además a un contexto más amplio en que la adhesión a las propuestas de los franciscanos espirituales podría entenderse como una manifestación más de un sustrato de efervescencia espiritual de aquéllos y aquéllas que anhelan nuevas formas de vida. Este manto freático de piedad ainstitucional aflora en distintos lugares y de distintas formas. Salvo contadas excepciones, esta coyuntura no se ha intentado poner en relación con los procesos a beguinos y beguinas y esto ha redundado en un doble perjuicio, tanto para la interpretación de la compleja realidad que desemboca en estos procesos, como para la comprensión global del contexto espiritual europeo.

La nueva espiritualidad constituye un entramado subyacente, con el pensamiento franciscano, en especial el de talante más rigorista, como uno de los tejidos que sobre ella se construyen. Ambas realidades contribuyen a la formación y desarrollo de las redes de espiritualidad beguina. Sólo mediante esta conjunción puede explicarse su aglutinamiento alrededor del ideal de pobreza y de la percepción apocalíptica de Olivi y de sus seguidores dentro de la orden. Conviene no olvidar tampoco la especificidad de la región meridional francesa que ya ha visto surgir en su seno un potente movimiento ainstitucional y claramente anticlerical ante el que la jerarquía sólo ha ofrecido una respuesta represiva.[23]

Dicho esto, los factores principales que deben considerarse para analizar las vías de llegada del pensamiento oliviano al seno de la espiritualidad beguina son las obras del maestro franciscano y los intermediarios entre éstas y las propias comunidades. La lectura colectiva es un elemento definitorio de estas comunidades, siendo a la vez uno de los principales elementos unitivos de estos grupos y uno de los principales vehículos de llegada del mensaje vital que constituye el nexo fundamental entre ellos. Esto por supuesto no es exclusivo de beguinos y beguinas. Todos los grupos que desarrollan propuestas ainstitucionales de espiritualidad en este momento, se articulan en mayor o menor medida en torno al

23. Disto mucho aquí de sugerir que la represión del catarismo fuera vista con reticencia por los que luego engrosarán las filas de las comunidades beguinas. El propio Olivi habla con dureza de los cátaros. El punto de vista del dogma es ciertamente clave, los beguinos y beguinas se considerarán siempre defensores de la ortodoxia y las propuestas cátaras serán vistas como ajenas y claramente heréticas. Unos y otros comparten el factor contextual que hace que se presenten ciertas similitudes, pero éstas deben interpretarse a mi parecer más en base al marco de referencia en el que ambos movimientos se inscriben que como auténticas influencias mutuas. Todo esto, sin embargo, no cambia el hecho de que las preguntas formuladas por el laicado y un amplio sector del clero no habían sido satisfactoriamente respondidas por la institución.

uso de la palabra y, en particular, en torno a un foro abierto de lectura colectiva en que la palabra sagrada, pero también los contenidos morales, se leen de modo activo o pasivo, pero siempre comunitario, para después ser comentados entre los miembros del grupo.[24]

Entre los encausados figuran tanto laicos y laicas como franciscanos espirituales y miembros del clero.[25] El laicado supone sin embargo una amplia mayoría, con 173 de los 200 registros que componen la base de datos *Beguinos y beguinas del Languedoc*, un colectivo que a priori desconoce la lengua latina y necesita de traducciones para poder acceder tanto a los textos canónicos como a otras obras de carácter moralizante.[26] Es de suponer, por tanto, y así parecen confirmarlo las fuentes, que las obras de las cuales parte esa lectura edificante, las que forman el marco que sostiene el diálogo o la conversación y que a la vez son uno de los soportes primordiales de la difusión de las creencias, deben ser obras escritas en lengua vulgar, una mezcla en este caso de occitano-provenzal.[27]

El análisis detallado de las fuentes alumbra unos resultados sorprendentes. Sólo en menos de una quinta parte de los registros (en un 18,5%) se menciona la práctica de lectura colectiva.[28]

24. Esto se da tanto en los movimientos beguinales femeninos centro-septentrionales como entre valdenses o humillados. El uso de la palabra es de hecho un eje vertebral de la nueva espiritualidad.

25. El criterio que he seguido para definir el grado de implicación y para crear un registro individual en la base de datos *Beguinos y beguinas del Languedoc,* incluye a aquellas personas que sin lugar a dudas se vinculan con las comunidades beguinas según atestiguan o bien sus propios testimonios, o bien los de otros. Han quedado fuera los nombres de los encausados y encausadas que, pese a aparecer listados junto a otros claramente acusados de la "herejía beguina", no ofrecen ninguna pista sobre la naturaleza de la acusación que pesa sobre ellos.

26. La condición de iletrados que, a renglón seguido de los registros inquisitoriales, los autores atribuyen a algunos de los protagonistas del drama beguino, admite un nuevo análisis a la vista del contenido de algunas de las confesiones que sugieren que quizá se ha hecho un uso un tanto anacrónico del término. Si beguinos y beguinas, en su gran mayoría, no leían ni escribían latín, no es tan seguro que muchos de ellos no lo hicieran en su lengua materna. Baste citar a Na Prous Boneta a modo de ejemplo.

27. En este momento en el Languedoc coexisten occitano, provenzal y catalán en un contexto de intertextualidad en el que las tres lenguas debían ser comprensibles entre ellas. Por ejemplo, y apoyando esta afirmación, se documenta cómo Arnau de Vilanova se dirige a los beguinos de Narbona en catalán (Perarnau 1978); por otro lado, hay que tener en cuenta el singular caso del *Llibre de les Revelacions* de Constança de Rabastens, oriunda del mismo Rabastens, un pueblo situado cuarenta kilómetros al noreste de Tolosa. Esta obra, que debió escribirse en occitano, se conserva sólo en una traducción al catalán, fechada con posterioridad a 1386, que ya circulaba en esta época en la zona del sur de Francia. Véanse al respecto Cabié 1988; Cabié 1995; Garí 2009, p. 237-247. Para la fecha del manuscrito, consultar el recurso electrónico en línea elaborado por Lluís Cabré y Montserrat Ferrer (eds.), *Cens de traduccions al català medieval fins a 1500*, p. 72-73, http://www.narpan.net [2011/05/20].

28. Es necesario aquí insistir de nuevo en el hecho de que 54 de los registros totales de la base de datos *Beguinos y beguinas del Languedoc* ofrecen sólo una información básica, por cuanto que provienen del martirologio beguino y por tanto sólo pueden tenerse en cuenta a nivel estadístico en lo referente a género, condenas a muerte, pertenencia a la orden franciscana y, en unos pocos casos, procedencia. Para todas las estadísticas concernientes a otros aspectos, he eliminado del cómputo

En lo que a las obras se refiere, únicamente dieciocho de los 146 encausados y encausadas mencionan explícitamente textos concretos,[29] nombrando un total de doce obras distintas de las cuales tres corresponden a textos que circularían después de iniciadas las persecuciones y no en un principio.[30] Asimismo, siete de las doce obras pueden identificarse claramente con traducciones de escritos olivianos, el resto son: un comentario al Libro de Daniel obra de un reconocido espiritual, Bartomiu Sicard, un opúsculo sobre la muerte de Olivi,[31] un tratado de Vicios y Virtudes de autoría indefinida y un breviario. La existencia y la preeminencia de Sicard entre los espirituales durante la primera década del XIV está bien documentada[32] y la única obra que se le atribuye es esta *Postilla super Danielem* que parece haber circulado en ambientes franciscanos durante todo el siglo.[33]

De entre las obras de Olivi, la mayoría de menciones se refieren a un único trabajo, la *Lectura super Apocalipsim*,[34] también conocida como *Postilla super apocalipsim*, nombre éste último por el que beguinos y beguinas se refieren a ella, el resto hablan de pequeños tratados pastorales *De paupertate*, *De mendicitate*, *De questionibus, De dispensationibus* y de unas glosas a los Salmos atribuidas al maestro. Por otro lado, cinco menciones se refieren a escritos de Olivi de forma genérica.

total estos 54 casos con el objetivo de que enriquezcan la muestra cuando pueden hacerlo y no la distorsionen cuando en realidad no tenemos información sobre ellos.

29. De nuevo faltan en este conteo los beguinos y beguinas que sólo aparecen en el martirologio. Los dieciocho que mencionan obras concretas son: Bernarda d'Antusan, Raimon d'Antusan, Guilhema Berenguer, Raimon de Bosch, Peire Calvet, Peire Dayssan, Raimon Esteve, Peire Gastau, Peire Guirau, Esteve Gramat, Peire d'Honors, Raimon de Joan, Peire de l'Hospital, Bernat Mauri, Peire de Na Bruna, Joan Roger, Guilhem Ros y Peire Tort.

30. Peire Calvet menciona la lectura de la confesión de un condenado a la hoguera, Arnau Pons (PALÈS-GOBILLIARD 2002, p. 1368); Bernarda d'Antusan habla de la lectura de confesiones de beguinos y beguinas quemados (PALÈS-GOBILLIARD 2002, p. 1352). Estos dos casos introducen una cuestión interesante, puesto que estos escritos parten claramente de la oralidad, de la pronunciación del Sermón General en el que morirían estas personas. Por otro lado, Peire d'Honors menciona la lectura en voz alta de la letanía de los mártires beguinos que él mismo ha compuesto, sabe de memoria y, de hecho, recita ante Bernard Gui (PALÈS-GOBILLIARD 2002, p. 1608).

31. Obviamente no podemos estar seguros de en qué momento circulaba entre los beguinos este opúsculo, sin embargo, no hace referencia al saqueo de su sepulcro que Gui sitúa hacia 1318.

32. Bartomiu Sicard aparece en la bula por la que Clemente V dispensa de obediencia a sus superiores a los que actuarán como representantes de las posturas espirituales en las deliberaciones del Concilio de Vienne. Así mismo es uno de los espirituales que Clareno afirma han muerto en circunstancias sospechosas justamente después de esa dispensa (PIRON 2003, p. 87-109).

33. Se conservan tres copias de este manuscrito y parece haber sido una de las principales influencias de Bernardino de Siena. Cuando esta obra es citada se habla de Bartomiu como «socius ac discipulus» de Olivi (PIRON 2003, p. 87-88).

34. En un ambiente cada vez más tenso entre las distintas facciones de la orden, y poco antes de su muerte, Olivi concluirá la que quizá es su obra más estudiada, la *Lectura super Apocalipsim*, la que más claramente muestra la visión apocalíptica que Olivi tiene de su propio tiempo y que impregnará, alimentará e inflamará las posturas doctrinales adoptadas por beguinos y beguinas. Algunos análisis sobre esta obra pueden encontrarse en MANSELLI 1955; BURR 1993; BURR 1997, p. 285-305.

Por último, cuatro de las referencias a la lectura colectiva no especifican la obra de la que oyen leer y esto se suma a los escritos sin definir que suelen acompañar las menciones a la *Postilla* oliviana. En muchas ocasiones el secretario del tribunal se limita a sustituir el nombre de la obra por un sucinto «qui nominat»,[35] además tampoco es descartable que en algunos casos los asistentes a las reuniones de lectura desconocieran la obra concreta de la que procedían los pasajes a pesar de que la autoría oliviana les concediera legitimidad.

Para intentar identificar con más precisión qué otras fuentes escritas estaban a su disposición, es necesario de nuevo recurrir a una fuente inquisitorial, si bien de otra variedad. El compendio, coetáneo a los hechos, más completo de obras que se manejaban en el entorno beguino lo ofrece de nuevo el propio Bernard Gui en su *Practica*. En ésta, el dominico dedica varios capítulos a la caracterización detallada de beguinos y beguinas, sus prácticas y las obras de las que leen o escuchan leer, así como a la forma más adecuada de interrogarlos para extraer el máximo de información.

No sería sorprendente que Gui dispusiera de una información que el registro de las deposiciones niega a la investigación histórica, el «qui nominat» se despliega en sus manos para proveer a sus colegas inquisidores de toda la información posible que facilite un mayor discernimiento a la hora de ejecutar su función. Como tantas veces, es imprescindible considerar el objetivo y el público potencial de una fuente para poder colegir sus redundancias y omisiones. El registro inquisitorial se guarda como prueba inculpatoria o eximente para futuras consultas. El tribunal, y en su nombre el inquisidor, se reserva el derecho de modificar la pena impuesta a los acusados,[36] y el propio proceso de la "inquisitio", con sus encuestas repetitivas, necesita tener constancia documental de los procesos y juramentos anteriores. Una abjuración mal registrada, por ejemplo, puede ser la diferencia entre la hoguera y una pena más leve.[37] Es de suponer por tanto que ciertas informaciones que se consideran innecesarias o que ya se saben registradas en otros documentos se omitan.

El manual del inquisidor en cambio, es una obra escrita por un inquisidor para la instrucción de otros inquisidores, su naturaleza expositiva y didáctica no necesita de la brevedad, al contrario. El texto debe ser lo más explícito posible, incluso a costa de redundancias,[38] para que resulte útil.

35. Este comentario se repite también muchas veces para sustituir los nombres de otras personas implicadas en la declaración en curso, el sintético carácter de este tipo de fuentes justifica estas omisiones que, por lo demás, dificultan considerablemente la investigación.

36. «[...] retinemus autem nobis et nostris in inquisitionis officio successoribus, pleraniam potestatem addendi, diminuendi, agravandi, mitigandi et etiam remittendi in predicta poenitentia sive poena [...]», CD XXVII, f. 94r-94v.

37. Dado que el castigo de los que incurren en falta después de haber abjurado de sus creencias "heréticas", los relapsos, es invariablemente la hoguera, si hay dudas en la abjuración se elige otra pena menos severa, como puede verse en las consultas entre expertos que salpican ambos manuscritos CD XXVII y CD XXVIII.

38. Buen ejemplo de esto es la sección que Gui destina a la descripción de todas las fases del Sermón General (Mollat 1964, p. 123-148).

Las cronologías dan una pista en ese sentido, el Manual se considera escrito entre 1323 y 1324,[39] después de los juicios que hoy se recogen en el *Liber sententiarum* del mismo Gui, y su contenido refleja a la perfección toda la información que éstos contienen, siendo el campo de las lecturas significativamente mayor que en el resto de procesos. Las intencionalidades juegan también sin duda su papel. Conviene recordar en este punto que en el momento de estos juicios y de la redacción de Gui, el pontífice Juan XXII se encuentra en el punto clave de un largo proceso que concluyó con la condena formal de los textos olivianos,[40] y que el propio inquisidor de Marsella, Michel Le Moine, es, como ya he comentado, el que tras los primeros interrogatorios ubica la fuente de los «errores haereticos» en las enseñanzas del maestro de Serignan.

Así las cosas, no es de extrañar que las deposiciones repitan una y otra vez el nombre de Olivi. El acusado o acusada responde sobre Olivi porque se le pregunta por Olivi. El secretario registra sistemáticamente las menciones a la *Postilla* y deja el resto en el anonimato porque, ya conocido, no es relevante.

El listado de obras al alcance de las comunidades beguinas que Bernard Gui ofrece a sus colegas aparece recogido en diversos párrafos del *Manual*. A las obras ya mencionadas se añaden sólo un tratado «de preceptis et de articulis fidei et de legendis sanctorum» (MOLLAT 1964, p. 110) y otro de «septem spiritibus malignis» (MOLLAT 1964, p. 114).

La crítica ha incluido tradicionalmente otras obras de Olivi de carácter menos académico en el corpus textual al alcance de beguinos y beguinas,[41] siendo ya tradicional la oposición entre dos visiones. Una de ellas considera que estas obras serían una simplificación que el propio maestro, perteneciente a una esfera de espiritualidad cultivada, elabora para aquellos que por su contexto y formación no pueden aspirar a la comprensión de complejos conceptos teológicos. En un lenguaje más llano, que la misma traducción acentúa y a la vez colorea, estas obras permearían con más facilidad un contexto popular menos preparado. En el otro lado de la balanza, las diferencias que pueden percibirse entre las declaraciones y las obras originales del maestro se hacen recaer en una contextualización fruto del momento dramático en el que éstas se producen. Mientras Olivi puede ser vago en ciertos aspectos de su discurso, el propio desarrollo del drama que él profetiza responde y empuja a la vez a los beguinos a una consecución concreta del mismo.[42]

39. El manual está compuesto en realidad por cinco libros, el quinto de los cuales es el que afecta a lo relacionado con beguinos y beguinas y al que corresponden las fechas señaladas. Respeto a la redacción y cronologías de la obra véase el apartado "Date de composition du Manuel" del prefacio de Guillaume Mollat (MOLLAT 1964, p. XI-XV).

40. Puede encontrarse una explicación detallada del proceso de condena de las obras de Olivi en BURR 1993, p. 198-239.

41. Entre estas obras se encuentran los opúsculos ascéticos sobre los que volveré en breve.

42. La primera postura es defendida principalmente por Manselli en las obras que ya hemos citado y en especial en MANSELLI 1976a, p. 187-202; la segunda es argumentada por David Burr en especial en BURR 1999, p. 309-318.

En mi opinión, los estudios en antropología de la espiritualidad han dejado claro que la complejidad de sus formas no está relacionada con el nivel cultural de aquéllos y aquéllas que la experimentan y practican. Si bien las fuentes muestran algunas personas sencillas de una espiritualidad muy arraigada en la gestualidad más física, y que se manifiesta en muchos casos en el culto a las reliquias de sus mártires que beguinos y beguinas desarrollan, también es cierto que distan de la credulidad y de los argumentos simples, y muchos entre ellos, hombres y mujeres, son capaces de elaborar e interpretar según su propio criterio complejos conceptos, y de razonar sus argumentos.[43] De nuevo el destinatario de la fuente determina el lenguaje y el desarrollo de la misma, pero en este caso, a mi parecer, no en cuanto a la formación requerida de ese lector potencial, sino en cuanto al hecho de si éste es o no un franciscano y si, por tanto, debe exigírsele o no un grado superior de compromiso y ejemplaridad.

Manselli afirma que las obras que circulan no son las teológicas sino los opúsculos de carácter ascético, mas los datos que ofrecen las fuentes consultadas van en una dirección claramente opuesta. No hay mención alguna a la versión vernácula del *Miles armatus*, llamado *Lo cavalier armat,* tampoco a la *Informatio Petris Joannis* ni a los *Remedia contra temptationes spirituales.*[44] Tampoco se encuentran referencias, ni siquiera en la comunidad de Narbona, de las obras de Arnau de Vilanova o de la influencia misma de Arnau.[45]

Finalmente pues, a la luz de los datos analizados, si menos de un 20% de los beguinos y beguinas implicados mencionan de forma explícita la lectura colectiva (y apenas poco más de una décima parte proporciona títulos concretos), a pesar de que el patrón de interrogatorio específico para beguinos y beguinas detalla que debe preguntarse al encausado por este hábito y por la naturaleza de

43. La deposición de Na Prous Boneta es desde luego el máximo exponente de esto, pero los ejemplos son múltiples: Guilhem Verrier justifica el hecho de que Cristo y los apóstoles no tuvieran posesiones de la siguiente manera «Item dixit quod si Christus habuerit in proprio vel in communi, sanctus Franciscus esset perfectior Christo, quod non est verum» (CD XXVIII, f. 243v.); Alaraxis Biasse, sobrina de Olivi y activa participante de la vida comunitaria declara, con verdadera ironía y después de haber expuesto claramente sus creencias que «mulieres sunt talis conditionis quod quando audiunt aliquid tale novum dici, credunt illud de facili» (CD XXVIII, f. 218v.); Joana Lleó, viuda de un mercader de Montreal, preguntada sobre la santidad de uno de los mártires franciscanos más nombrados, Bernat Lleó, también de Montreal y quizá familia suya, se obstina en que Bernat está en el paraíso «propter bonam vitam quam duxerat» y a pesar de la opinión del inquisidor, el secretario se ve obligado a anotar que al final del proceso ella «cogitavit et continuo cogitans» exactamente lo mismo al respecto (CD XXVIII, f. 193r).

44. Para los opúsculos ascéticos de Olivi ver Manselli 1959, p. 46-52; Manselli 1976a, y un análisis más detallado del mismo autor en Manselli 1976a, p. 187-202. En el mismo volumen se publica la edición de la versión provenzal del *Miles armatus*, véase Manselli 1976b. Hay además constancia en Cataluña para esta misma época de la producción y difusión de escritos en lengua vernácula para comunidades de carácter beguinal, siendo el autor más destacado Arnau de Vilanova.

45. Este resultado parece ciertamente extraño habida cuenta de las referencias que a Vilanova se hacen en algunas de las obras especializadas en el tema. Sin embargo, las fuentes de este trabajo muestran una realidad distinta y rotunda. Indagar en las razones de esta discrepancia se suma a los objetivos del estudio en curso.

las obras, surge una pregunta importante: ¿cómo se transmite entonces la doctrina oliviana?

Las obras no son desde luego la única vía de llegada del mensaje franciscano-oliviano. De hecho es muy probable que las ideas contenidas en esas obras alcanzaran en un primer momento al colectivo de beguinos y beguinas de una forma directa mediante el contacto con los frailes espirituales. Diversos indicios apuntan en esa dirección.

El primer contacto con las ideas olivianas, en un contexto que estaba sin duda ya impregnado de los elementos de la nueva espiritualidad bajomedieval y sensibilizado por la perspectiva minorítica, procede desde luego del propio Olivi. Sabemos de su trato frecuente con personas ajenas a la orden, un trato que se traduce en influencia mutua. En esto, de hecho, Olivi no hacía sino seguir una tradición arraigada entre los franciscanos con un buen número de ejemplos anteriores y posteriores. La influencia de Olivi es, por otra parte, innegable además de sobre los franciscanos espirituales del sur de Francia, en los medios beguinales. En cualquier caso es cierto que el sepulcro de Olivi atraía verdaderas masas de espirituales y de laicos en lo que constituía el inicio de un auténtico proceso de canonización medieval del «frater Petrus Joannis».

El siguiente eslabón en la cadena de intermediarios fueron los propios espirituales que, en contacto directo con Olivi primero y con sus obras después, y ejerciendo su labor pastoral entre el resto, actuaban como vehículo de las obras, de las ideas y de la opción de vida pauperística de orientación franciscana. Las fuentes nos permiten en este caso trazar un claro panorama.

En el período que se abre con la muerte de Olivi y se cierra con la muerte en la hoguera de los cuatro espirituales en Marsella en 1318,[46] la interacción entre los franciscanos de los conventos de Narbona y Béziers con la población del Languedoc es frecuente. La variada procedencia de los beguinos y beguinas que mencionan esta «familiaritas», da fe del apoyo con que contaban, desde esos primeros momentos de orfandad espiritual hasta lo más crudo de sus experiencias. De hecho podemos identificar de forma directa a veintidós franciscanos espirituales que guardan algún tipo de relación con el resto de miembros de las comunidades beguinas.[47]

46. Los cuatro frailes de Marsella son frecuentemente mencionados por la historiografía especializada, pocas veces se citan sus nombres. Sirva esta nota como recordatorio de ellos: Joan Barrau, Deodat Miquel, Pons Roca y Guilhem Santon.

47. Esto supone aproximadamente un 10% del global de los implicados en los procesos, esta vez sí contando todos los registros puesto que el martirologio distingue a los miembros de la orden franciscana como tales. A partir de las cartas con las que Juan XXII les llamó ante la curia sabemos que los convocados a Aviñón fueron sesenta y uno (BULLARIUM FRANCISCANUM 1898, p. 118-120), una vez promulgada *Quorundam exigit* todos fueron llamados a la obediencia y el ministro general Miguel de Cesena fue el encargado de interrogarles sobre dicha cuestión. Los que accedieron a obedecer la orden papal fueron enviados a «conventus remotos». Los que se negaron, veintiséis, fueron enviados en cambio a Michel Le Moine, el inquisidor de Marsella (VIDAL 1913, p. 35-37). Todos excepto cinco abjuraron, de los cinco restantes, uno acabó por abjurar al final y murió en la cárcel. Ya hemos hablado del destino de los otros cuatro. He vuelto aquí sobre este punto para

A pesar de la intensa participación de algunos personajes, los franciscanos representan una fracción mínima en cuanto al peso poblacional de las comunidades beguinas, muchos de ellos además aparecen especialmente tras las persecuciones. Esto induce a preguntarse qué otras vías vehicularon el modelo espiritual y teológico oliviano. Es aquí donde entra en juego la tercera puerta de entrada del mensaje oliviano, esto es, los propios beguinos y beguinas, que sabemos seguían el modelo de los frailes espirituales. Y la clave del proceso transmisor es la conversación entre los propios miembros de esas comunidades.[48]

Dada la poca frecuencia de la aparición de la lectura colectiva, la escasez relativa de referencias a obras y la poca proporción de espirituales, aunque la vehiculación del mensaje no es exclusiva de uno u otro medio, sí parece cierto que el medio principal por el que las creencias se constituyen en un pilar de cohesión comunitario son las propias conversaciones entre mujeres y hombres que, desde la oralidad, no se limitan a transmitir un mensaje aprendido sino que opinan y discuten alrededor de los textos, alrededor de la palabra.

Las fuentes revelan en efecto una cotidianeidad en la que quizá el rasgo más destacable sea una doble componente. Si beguinos y beguinas se reúnen en sus grupos de lectura y conversación en torno a las Escrituras y los preceptos de la fe, lo cierto es que a la vez participan de los foros públicos en los que interviene el resto de la población.[49]

Por otro lado, la vertiente activa incluye también una intensa presencia en actos caritativos, en el cuidado de los enfermos, algo que repiten muchas de las confesiones, o en la donación de bienes y limosnas para atender a los más desfavorecidos. Los beguinos y beguinas no se ocultan, eligen muchos de ellos la mendicidad como forma de vida, por considerarla más loable que el trabajar con las propias manos.[50]

destacar que de los cincuenta y seis frailes que sobrevivieron al periplo de Aviñón sólo me referiré, por razones obvias, a aquellos que vuelven a aparecer en las fuentes disponibles con posterioridad a este episodio. De los que no vuelven a nombrarse, muchos acabaron abandonando la orden y huyendo, pues es cierto que en las declaraciones de beguinos y beguinas aparece con frecuencia la expresión «fugitivos apostatas quos nominat», mientras que algunos otros se adaptarían a las duras condiciones que les esperaban en los conventos en manos de superiores poco favorables.

48. «Nonnulla quoque ipsi Bequini per adinventiones proprias seducti addiderunt[...] secundum suum intellectum depravatum sibi ipsis applicant et exponunt[...]» (Mollat 1964, p. 110-114).

49. Un buen ejemplo de ello es la confesión de Na Prous Boneta, que relata cómo asiste a los distintos oficios que componen la liturgia de Semana Santa y, a la vez, aporta información sobre la conversación que, tras éstos, se da en el seno de su propio grupo: «[...]die veneris sancta [...] ipsa esset in ecclesia Fratrum Minorum Montispessulani ubi audiebat servicium cum aliis personis, adoravit crucifixum ut est moris, et facta adoratione huiusmodi, dum recessa fuisset ad sedem suam [...] Et cum fuit in domo et essent in mensa cum sociabus suis, et loquerentur de sermone facto [...] Et postea iverunt ad servicium Tenebrarum [...] Item dixit et asseruit quod die sabbati sancta tunc sequenti, dum iterato esset in dicta ecclesia ad servicium, facta levatione Corporis Christi [...] (CD XXVII, f. 51v-53r).

50. «[...] ivit Narbonam et inibi habitavit, donec capta fuit, querendo panem amore Dei, credens tunc melius facere querendo victum suum et vestitum[...]», confesión de Amada, hija de B. Sepian, procedente de Limoux y habitante de Narbona, en CD XXVIII, f. 237v.

Junto con la conversación sobre Dios, en la que participan hombres y mujeres, quizá la práctica más mencionada entre beguinos y beguinas es la celebración de la fiesta de Olivi. En el aniversario de su muerte, muchos son los que peregrinan a Narbona para visitar su sepulcro e incluso se le atribuyen cualidades milagrosas y atributos de santidad.[51]

Factor trascendente, por su valor simbólico como aglutinante social, y generalmente desatendido son las prácticas alimentarias. Los beguinos y beguinas no tienen prescripciones específicas en este sentido, es decir, éstas no constituyen un elemento definitorio de su pertenencia al grupo desde el punto de vista del inquisidor, sin embargo, en el análisis de las fuentes puede verse que más de la mitad de los procesos hacen referencia a la alimentación en uno u otro sentido.[52] Estas referencias tienen relación bien con prácticas de comensalidad, de carácter habitual y previo a la persecución, bien con la provisión de alimentos, más frecuente tras la persecución. Si a priori puede parecer que esta proporción no es abrumadora, es necesario recordar que al fin y al cabo la base de estos procesos es fundamentalmente dogmática. Dado que entre las características de los beguinos y beguinas que los inquisidores buscan identificar no figura ningún código alimenticio particular, la inclusión en un aproximado cincuenta por ciento de los casos de referencias a la alimentación es significativo.

Estas referencias presentan dos claros formulismos, por un lado las que pueden considerarse manifestaciones de comensalidad, es decir, los casos en que acusados y acusadas confiesan haber compartido mesa con personas sospechosas o convictas de herejía. Adoptan la forma «cum eis comedit et bibit». Por el otro las que se refieren a la provisión, situaciones en que el inculpado o inculpada admite haber proporcionado alimento y/o bebida a fugitivos, sospechosos e incluso presos. Estos casos pueden tomar la forma genérica de «de bonis suis dedit eis», o bien precisar cuáles son los víveres que donan.

El primer caso se inscribe en la característica prohibición inquisitorial de relacionarse con herejes, pero no es un aspecto más. A la misma mesa sólo se sientan los miembros de una misma familia o los amigos que forman parte del círculo más íntimo y periférico a ésta. El hecho de sentarse a la mesa y compartir la comida y la bebida no sólo establece vínculos sociales sino que representa una suerte de comunión espiritual que cohesiona simbólicamente al grupo. Que a los acusados se les interrogue explícitamente, además de sobre faltas extremadamente graves a nivel dogmático, sobre si han compartido el alimento refleja la importancia que este hecho reviste y su significación en cuanto a la pertenencia de los acusados y acusadas al grupo herético.

51. «[...] credidit [...] dictum Petrum Ioannis esse sanctum, et quandam filiam suam que patiebatur infirmitatem in gutture, scilicet scrottos, ad sepulcrum suum dixit et curata fuit, et credidit tunc et adhuc credit quod per orationem dicti fratris Petri curate fuerit [...]», confesión de Sibil·la Cazelles, viuda de Gignac, en CD XXVII, f. 18r.

52. Para obtener esta proporción (en concreto del 61%) he tenido en cuenta, de nuevo, sólo a aquellos beguinos y beguinas de los que podemos obtener información al respecto.

Por lo que se refiere al caso de la provisión de alimentos y bebida, entra claramente en el ámbito de las prácticas clandestinas en el seno de la persecución. Una vez desatada ésta, beguinos y beguinas activan una red de solidaridad por medio de la cual intentarán sobrevivir de manera individual pero también comunitaria, una red de refugios donde podrán esconderse los que huyen y donde podrán encontrar sustento.

El impacto en el tejido social que las comunidades beguinas tenían debió ser en cualquier caso considerable. Bernard Gui nos habla de los amigos de los beguinos, pero incluso las confesiones de los procesos dejan ver esta estrecha relación y hasta qué punto los postulados beguinos habían calado en el ambiente que los rodeaba. Hay casos concretos como el de Germà Frener de Carcasona o Raimon Boer posadero de Villemagne, que si bien no es probable que estuvieran directamente involucrados con las comunidades beguinas, revelan en sus declaraciones una clara influencia de los postulados de éstas o, en cualquier caso, de los postulados olivianos.[53]

Los beguinos y beguinas formaban un intrincada red espiritual cuya estructura trato aquí de desentrañar, pero esta red estaba profundamente incardinada en la realidad de las ciudades y pueblos en los que vivían, y ellos y ellas eran aceptados y admirados como «bonos homines» que llevaban una «bona vita». Esa red no es sin embargo una reacción espontánea que surge ante la adversidad sino que se sustenta en solidaridades anteriores que llevan forjándose al menos dos décadas sobre una base espiritual.

Al cuestionar los modos de articulación de la misma, una respuesta frecuente ha sido la imitación de la estructura de las comunidades de terciarios franciscanos[54] que se organizan en grupos coordinados por uno de los miembros que ostenta el cargo de "minister" y son supervisados por frailes. Sin embargo, los documentos estudiados mencionan una proporción mínima de terciarios y terciarias entre las comunidades beguinas, que además se concentran en una región muy concreta: las villas de Cintegabelle y Belpech. En total sólo se registra un "minister"[55] que pertenece también a la misma zona. La información sobre ellos procede íntegramente de las sentencias emitidas por Bernard Gui que a partir de ellas redactó su *Practica* y estableció, tanto para sus colegas como para la investigación futura, la visión que él tenía de la construcción de estas comunidades.

53. Germà Frener se lanza durante una borrachera a una dura crítica de Juan XXII y en apoyo de Pietro da Corbara como verdadero papa, cf. CD XXVII, f. 18v-20r. Raimon Boer defiende inocentemente ante una posada llena de oficiales del rey a uno de los beguinos quemados, su mujer intenta hacerle callar pero él se enfada con ella, la insulta y le grita que se vaya, y sigue afirmando que comió y bebió con el beguino, cf. CD XXVII, f. 200r-201r.

54. En 1289 el papa Nicolás VI dota de una regla a la Tercera Orden de San Francisco mediante lo dispuesto en la bula *Supra Montem* y, entre otros asuntos, regula su organización comunitaria. La bula está editada en (Gaude 1859, p. 90-95).

55. «Petrus de Maseriis alias cognominatus de Na Bruna, minister Beguinorum, habitator de Bellopodio dyocesis Mirapiscensis, Beguinus vel de tercia regula sancti Francisci [...]», de la confesión de Peire de Na Bruna (Palès-Gobilliard 2002, p. 1310).

La conclusión parece clara: Gui introdujo el sesgo de los vecinos y vecinas de Cintegabelle y Belpech, que sí eran en su mayoría terciarios.

Por otro lado, y así lo han demostrado las obras de otros autores, más centradas en el análisis de las creencias que sustentan procesados y procesadas (MANSELLI 1959, p. 179-214), los grupos de beguinos y beguinas presentan deposiciones de contenido marcadamente diferente en función de su lugar de residencia habitual.[56] Aquí hay que tener en cuenta el sesgo propio que pueda introducir el inquisidor,[57] pero esta diferenciación también debe servir para notar el extraordinario peso de la disposición de la comunidad sobre el territorio. Tradicionalmente se ha supuesto que los dos grandes focos beguinos eran Narbona y Béziers, en especial porque los franciscanos rebeldes convocados por Juan XXII procedían de estos dos conventos. Montpellier sería el tercero en discordia por su posición privilegiada, tanto jurisdiccional como de polo de atracción socio-económica (REYERSON 1979, p. 257-281; REYERSON 1995). En estas ciudades, un centro duro de espirituales atraería a beguinos y beguinas y a simpatizantes, «credentes» o «fautores» según su grado de adhesión en palabras del inquisidor. Sin embargo, las herramientas metodológicas que he empleado para analizar la articulación de las comunidades proponen otro modelo.

A partir de las procedencias disponibles de los encausados y encausadas, así como de los lugares en los que podemos ubicarles, tanto por sus propias declaraciones como por las menciones que a ellos hacen las declaraciones de otros, he elaborado un mapa de "densidad beguina". Se trata de un mapa en el que se señala cada uno de estos lugares con una gradación de intensidad que va en función del número de veces que cada uno de ellos aparece en las fuentes. Los resultados son claros, por un lado, frente a la centralización a menudo propuesta alrededor de los tres focos de Narbona, Béziers y Montpellier, el mapa parece más bien mostrar una estructura enormemente capilarizada en la que estos tres importantes centros de población sumarían juntos menos del 36% del total de las menciones computadas.[58] Lo que podríamos llamar actividad beguina[59] se extiende pues, siempre según los textos analizados, por un total de 64 villas de mayor o menor importancia que se ubican claramente siguiendo los caminos y las vías más transitadas del momento, en particular la Via Domitia, desde Niza hasta Tolosa (COMBES 1990, p. 9-37).

Todo esto no hace sino sugerir que el mensaje de estas comunidades es un mensaje vivo y en movimiento. Si el foco inicial y desde luego el más mencionado, es Narbona, donde muchos de los acusados y acusadas van en algún momento

56. Por ejemplo los beguinos y beguinas de Cintegabelle y Belpech ofrecen declaraciones eminentemente dogmáticas, los de Clermont y Lodève declaran en especial sobre el culto a las reliquias de los mártires quemados.

57. De esta cuestión es buen ejemplo lo expuesto sobre la identificación de terciarios y terciarias con beguinos y beguinas que hace Gui.

58. Que suman un total de 282 menciones para los 146 beguinos y beguinas sobre los que tenemos información significativa.

59. Desde luego así lo llamaría sin problemas el inquisidor.

llevados por la devoción al sepulcro del maestro,[60] no parece menos cierto que el mensaje se extiende con rapidez hasta instalarse de forma estable en puntos cercanos como Lodève o tan alejados entre sí como Cintegabelle, Montreal, Apt o el mismo Aviñón.[61]

Así pues, si el mensaje parece ser móvil, es necesario preguntarse por la forma que tiene de vehicularse o, lo que es lo mismo, por establecer su cadena de transmisión. En las ciudades en las que había un convento franciscano, el nexo de unión parece claro, sin embargo sabemos que esto no sucede en la mayoría de los casos. Los textos, además, limitan considerablemente el número de franciscanos espirituales involucrados activamente en las comunidades beguinas y, en cambio, insisten en la importancia de la conversación en el seno de éstas, una conversación que el propio inquisidor considera un importante medio de transmisión de creencias. Es decir, esta conversación comunitaria sobre conceptos teológicos de gran calado y sobre contenidos morales se apoya, y a la vez genera y dinamiza, una red de espiritualidad que abarca todo el Languedoc.[62] Esta red capilar se estructura de forma clara a partir de esa necesidad de encontrarse y conversar.

Los beguinos y beguinas que conviven en una misma villa se reúnen en un mismo lugar, un lugar que suele ser la casa de una parte del grupo, una casa que, más allá de los «mansiuncula» o «casas de pobreza» sobre los que insisten tanto Gui como otros inquisidores, es simplemente la casa en la que viven núcleos de individuos que comparten, en ocasiones, vínculos familiares y, siempre, vínculos espirituales. Estos núcleos constituirían lo que me gustaría aquí llamar un repositorio de creencias, un centro de intercambio de ideas en el que conversar sería la costumbre y el método habitual por el que beguinos y beguinas reforzarían la cohesión del propio grupo y accederían a una faceta espiritual que las instituciones no satisfacían y que estaba acorde con una opción de vida tomada de forma voluntaria y absolutamente personal.

Una característica central de esta conversación que es imprescindible destacar es el equilibrio perfecto que se establece entre los sexos. Son numerosas las referencias, provenientes tanto de hombres como de mujeres, en las que se especifica que la conversación los incluye a unos y a otras sin distinción ni jerarquización.[63] No hay escalafones en el seno de estas comunidades, algunos miembros gozan de una cierta autoridad que les confiere su modo de vida ejemplar, no hay

60. Narbona acumula un aproximado 20 % de las menciones y contamos con la ventaja de saber que estas peregrinaciones son siempre anteriores al período de las persecuciones y, por tanto, de gran interés para establecer patrones anteriores a éstas.

61. Lodève agrupa un 5,5% de las referencias, Cintegabelle un 3%, Montréal un 5%, Apt un 3% y Aviñón un 4%.

62. Esta red extiende sus ramificaciones hacia otros territorios como la Gascuña, Catalunya y el norte de Italia. La búsqueda de esos otros caminos se encuentra en fase de desarrollo.

63. «Alia vice cum quibusdam mulieribus quas nominat habuit colloquium [...]», confesión de Bernat Peirotas, en CD XXVIII, f. 26r; «Item quarumdam Begguinarum quas nominat et aliarum, familiaritatem habuit, ab eis audivit loqui de Regula fratrum minorum et legi libros aliquos», confesión de Amada Sepian, en CD XXVIII, f. 238r.

más rangos que los que las propias decisiones prestan y estos se basan únicamente en un "cursus honorum" de méritos que se apoyan en la adhesión al modelo crístico y franciscano de pobreza y, por supuesto, en la capacidad de acceso a la divinidad sin mediación. En esto hombres y mujeres son espíritus afines.[64]

Pero a la conversación se suma también un diálogo no explícito entre los sexos, puesto que hay ciertos aspectos que señalan la existencia de factores diferenciales que coexisten y se complementan. En efecto, en primer lugar, los núcleos de creencias que los textos sugieren en muchas de las poblaciones referidas tienen a menudo una importante base femenina.

Para trazar la validez de esta hipótesis me he servido nuevamente del uso de mapas. Por un lado lo que he llamado mapas de movilidad, que recogen, para cada uno de los beguinos y beguinas de los que tenemos información más o menos detallada, esto es 146 hombres y mujeres, su lugar de origen, el de residencia y todos aquellos lugares en los que las fuentes los sitúan en uno u otro momento, además de los lugares que caen en las zonas de paso entre unos y otros destinos y que por tanto probablemente visitaron. Estos mapas permiten determinar el radio de acción de cada una de estas personas y además suponer, sin asumir demasiados riesgos deductivos, con qué grupos pudo establecer un contacto más o menos duradero. El resultado en este caso confirma lo esperable, un radio de acción mucho mayor en hombres que en mujeres.[65] La superposición de los distintos mapas redunda en el trazado aproximado no sólo de la red permanente sino de la red móvil que se le superpone y con la que se conjuga, y que estaría formada básicamente por el elemento masculino de la comunidad.

Para apoyar esta línea de trabajo he utilizado diagramas de relación en los cuales cada beguino y beguina aparece vinculado con todas aquellas personas que cita explícitamente en su declaración, con todas aquellas en cuya declaración aparece citado o citada y también con aquellas relaciones que parecen del todo probables.[66] Estos diagramas pretenden describir los lazos existentes entre los diferentes acusados y acusadas, de forma que aquellos con más peso en la red espiritual tienen diagramas más complejos o bien aparecen en un mayor número de ellos, mientras que los miembros con menos influencia del grupo tendrán una menor presencia en estos esquemas.

Los hombres aparecen así en promedio en un mayor número de diagramas como corresponde a su amplio patrón de movilidad que, por otro lado, responde en buena medida a los factores propios del contexto social. Las mujeres, en cambio, si bien aparecen en general en un menor número de éstos, muestran en su mayoría los esquemas más complejos, en particular aquellas en cuya casa se

64. Este rasgo de equilibrio entre los sexos en el interior de las comunidades espirituales no es exclusivo de beguinos y beguinas sino que lo comparten con otros grupos como los Guillermitas del norte de Italia (MURARO 1997) o los Amigos de Dios en Alemania (MCGINN 2005, p. 407-431).

65. Esto por supuesto no implica que las mujeres no gocen de movilidad, de hecho los traslados de motivación espiritual como las peregrinaciones son frecuentes y así lo reflejan los registros.

66. De nuevo aquí he sido conservadora intentando minimizar el riesgo de suponer relaciones indirectas donde no sea contrastable con un margen de error aceptable.

asienta uno de los núcleos de la red espiritual. Para identificar estos núcleos he superpuesto los resultados obtenidos a partir de los diversos diagramas de relación individuales para obtener un dibujo esquemático de la red de espiritualidad beguina cuyo resultado ha sido sorprendentemente complejo.

En algunas ocasiones conocemos los nombres de estas mujeres y hombres: la casa de las hermanas Boneta en Montpellier, la casa de Alaraxis Biasse en Sauvian, la casa que comparten Alasais, Jacma y una compañera en Aviñón,[67] la casa de Peire Baró y sus dos hijas Flor y Paula en Montreal[68] o la casa de los tres hermanos Durban, Esclarmunda, Joan y Bernat.[69] Si la proporción de mujeres y hombres es de 1 a 3 en el cómputo total beguino, la composición de estos núcleos altera radicalmente el porcentaje, de cada cuatro personas que residen en estas viviendas, 3 son mujeres. Y esto sólo en los casos en los que podemos conocer los nombres. En muchos otros, lamentablemente, el registro inquisitorial los arrastra al anonimato, como a las tres beguinas que menciona Astruga de Rundaria, mujeres que saben leer y viven juntas pero cuyos nombres no han sobrevivido finalmente al fuego, situación ésta que no es excepcional.[70]

Por otro lado, y continuando con el diálogo entre los sexos, es significativo que en lo que se refiere a las prácticas alimentarias las proporciones de comensalidad y provisión que aparecen en las declaraciones puedan correlacionarse con el género del acusado o acusada, aumentando las de provisión significativamente para las mujeres, en cuyas declaraciones, además, se hallan la mayoría de las menciones detalladas de los tipos de alimento con los que se provee a los necesitados en cada caso. Esto podría estar relacionado con el papel de la mujer como proveedora, estrechamente asociado a la simbología de la alimentación (Bynum 1987) y sería además coherente con la estructura de los núcleos que se activarían como red de casas francas una vez iniciadas las persecuciones.

En conclusión, el análisis de las fuentes sugiere que tanto las casas de pobreza en las que conviven varios beguinos, muchas veces sólo beguinas y en ocasiones beguinos y beguinas juntos,[71] como otras viviendas en las que encontramos a un único grupo familiar, a menudo exclusivamente femenino, actúan como focos de creencias, como repositorios de espiritualidad. En ellos se reúnen los miem-

67. Este núcleo aparece descrito en la confesión de Bernat Mauri, él mismo deduce el origen catalán de la tercera compañera por su forma de hablar.

68. No se ha conservado la confesión de Peire Baró, aunque sabemos que fue arrestado, las confesiones de sus hijas, que participan activamente de las actividades del padre y las confesiones del resto de la comunidad de Montréal dejan pocas dudas sobre la existencia de este núcleo.

69. Los hermanos Durban son de hecho cuatro, el cuarto, Raimon, es el herrero de Clermont, el lugar de origen de la famila. La comunidad de Clermont mantiene con los tres Durban, que se trasladan a Lodève por razones espirituales, una estrecha relación.

70. «Item cum tribus Begguinabus quaedudum stabant Narbonæ [...] familiaritatem habuit», confesión de Astruga de Rundaria, terciaria de Cussac, habitante de Narbona, en CD XXVIII, f. 224v-225r. Los núcleos que no pueden identificarse con los nombres de sus integrantes no se han incluído en esta fase del estudio de la red espiritual.

71. El propio Peire Trencavel, una de las figuras que más aparece en los procesos, viaja con su hija Andrea y otra mujer compañera de ésta, Cecilia.

bros de la comunidad, muchos de ellos itinerantes. Justamente esta itinerancia, mayoritariamente masculina, es la que asegura la comunicación entre focos. De esta forma puede reconstruirse un patrón estructural que subyace a la red beguina, que estaría así formada por un conjunto de núcleos de base espiritual eminentemente femeninos en contacto entre sí gracias a la acción de agentes transmisores de información, mayoritariamente masculinos.

Las comunidades beguinas estarían, como cuentas en un rosario, enlazadas en una superestructura en la que todos los elementos tenían un peso y jugaban un papel. Desde este punto de vista, puede explicarse la perspectiva dominante, que ha visto en determinados hombres a los cabecillas de un movimiento del cual eran en cierta forma instigadores. Peire Trencavel, Raimon de Joan, Guilhem Verrier o Guilhem Serraller, han ocupado tradicionalmente ese lugar en virtud, básicamente, del hecho de ser los más nombrados por confesiones ajenas.[72] La aproximación de la red espiritual con sus núcleos y sus agentes transmisores móviles, permite contemplar un nuevo enfoque. Los más citados, y además siempre por personas procedentes de poblaciones distintas, son simplemente los que más movilidad tienen. Y éstos generalmente, y como corresponde al contexto medieval, son hombres. No se les cita más porque su papel sea más importante, les conoce más gente porque son precisamente los que se mueven entre núcleos. Los núcleos de creencias, por el contrario, son citados justamente por esos agentes transmisores y, además, por gran número de personas, en general pertenecientes a una misma población, la propia del núcleo en cuestión, o a sus alrededores. Aún más, si se observan aquellas poblaciones de la red con una suficiente masa crítica de beguinos y beguinas pero para las cuales no puede trazarse la existencia de uno de estos núcleos espirituales, el mapa de la red espiritual muestra que en esas villas justamente apenas hay mujeres documentadas en los procesos, lo que sin duda redunda en favor de la validez de la hipótesis inicial.

Por último, del análisis de la estructura organizativa de beguinos y beguinas a escala global se desprende que la hipótesis de un movimiento centralizado alrededor de las tres grandes ciudades de la zona, Narbona, Béziers y Montpellier, parece flaquear ante un patrón mucho más capilarizado. Las ideas en constante movimiento, recorrerían las vías principales y encontrarían terreno fértil en colectivos sensibilizados ya por los hilos conductores de la nueva espiritualidad bajomedieval: el nuevo uso de la Palabra y la adhesión a la pobreza voluntaria. El resultado sería la presencia de comunidades estables en la mayoría de villas más o menos importantes de la zona. Comunidades cuyo nexo sería el mensaje en circulación, pero también las prácticas devocionales colectivas que contribuirían a la cohesión de los distintos grupos.

Ese terreno fértil contenía además un nuevo componente, una participación significativa de mujeres que compartían también las nuevas inquietudes espirituales. Entre beguinos y beguinas, de hecho, esa relación entre los sexos va a

72. Falta aquí por considerar otro de los casos más nombrados, el de Peire de Tornamira, cuya confesión no forma parte de las fuentes consultadas.

constituir un pilar sobre el que se fundamenta la misma red espiritual. La conversación constituye el principal medio de difusión de las creencias y las opiniones, y en ella participan hombres y mujeres por igual. El sexo de uno de los miembros de estos grupos, no define la autoridad con que cuentan sus opiniones en el seno de las reuniones espirituales. Unos y otras ponen en común sus argumentos y se reconocen mutuamente el criterio necesario para elaborarlos. Ni siquiera el acceso a la palabra escrita marca diferencias. En los procesos, se hace referencia del mismo modo a hombres y mujeres capaces de leer que a hombres y mujeres que participan de la lectura pasiva.

Una estructura, en suma, que sólo es posible desde la base de la conversación y el diálogo equitativo entre sexos, las mujeres actúan como depositarias de los contenidos espirituales del movimiento y los hombres conversan entre ellos y con ellas sin mediar distinción de género.

Araceli Rosillo-Luque

«Habeant ecclesiam Santorum Blasy et Latzari ediffficatam iuxta dictum eorum monasterium Sancte Clare»: evidencias e hipótesis sobre la fundación de Santa Clara de Manresa

La historiografía ha venido constatando que, desde finales del siglo XII, los cambios dentro de la sociedad feudal y la emergencia urbana hicieron posible la eclosión de unos movimientos de renovacion espiritual que, de forma general, se materializaron ideológicamente en una nueva conceptualización de la pobreza y del ideal apostólico. Esa nueva mirada promovió usos de la palabra y de la devoción religiosa que se desarrollaron más allá de la institución eclesiástica y fueron puestos en práctica también por hombres y mujeres laicos.[1] Es en este contexto en el cual debemos entender a personalidades como Joaquín da Fiore, Pedro Valdo o Francisco de Asís, y también a figuras femeninas como Clara de Asís. La vivencia que esta mujer experimentó de aquellos movimientos de renovación y su profunda interiorización y compresión personal de la espiritualidad franciscana, hicieron que Clara Favorone pudiera elaborar un modelo femenino de convivencia fraterno-evangélica, que se plasmó en la Regla aprobada por el Papa Inocencio IV el 11 de agosto de 1253. De esta manera, las clarisas se convirtieron en la única orden femenina del siglo XIII jurídicamente autónoma en un plano téorico. En la práctica, desde los primeros años de vida de la comunidad de San Damián, las figuras del Cardenal Protector y del Visitador vinculaban a Clara y sus hermanas al Papado y a los franciscanos, hecho que generó no pocos problemas (Omaechevarría 2004, p. 28-29). Pero la "plantita" de Franciso comenzó a producir nuevos brotes, y ya durante la vida de Clara los monasterios que deseaban llevar su forma de vida se extendieron por toda Italia, llegando a la Península Ibérica en 1228, con la fundación del monasterio de Santa Engracia en Pamplona (Gutiérrez 1978).

Según Álvarez Rodríguez (Álvarez Rodríguez 2010, p. 172-175), los estudios de ámbito hispánico que han tratado sobre las clarisas han sido realizados tradicionalmente por miembros de la propia Orden franciscana o por eruditos locales, y no ha sido hasta finales de los años 80 y principios de los años 90 del siglo XX que el estudio del movimiento clariano y su expansión institucional por el territorio hispánico ha interesado a los investigadores e investigadoras universitarios. Es a partir

1. En este sentido son fundamentales, por citar sólo algunos de los más relevantes, los siguientes trabajos: Grundmann 1961 (existe traducción italiana e inglesa); Little 1978; Chenu 1954, p. 58-59; Manselli 1974. Más recientemente, estas cuestiones han sido tratadas por Blanca Garí (Garí 2006).

de esas fechas que se han producido importantes congresos y numerosos estudios monográficos, los cuales, teniendo presente las investigaciones anteriores y sin menoscabar su importancia, han tratado desde una óptica interdisciplinar la aparición y el desarrollo de conventos de clarisas en un espacio medieval diverso.[2]

En el ámbito catalán, la investigación se ha desarrollado de una forma paralela a lo que acabamos de mencionar, si bien los resultados no son todavía comparables a los de otras áreas peninsulares, como la castellana o la andaluza. El conocimiento sobre estas comunidades es relativamente escaso si tenemos en cuenta la precocidad de la llegada de las "damas pobres" a nuestros territorios y la cantidad de conventos de clarisas que nacieron y se desarrollaron en la Corona catalano-aragonesa a lo largo de la Edad Media y Moderna. De manera general, además de las crónicas de Josep Batlle[3] o Jaume Coll (Coll 1981), por citar dos con las que trabajaremos en el presente artículo, tenemos el trabajo realizado en 1959 por el fraile y cronista franciscano Pere Sanahuja (Sanahuja 1959), que todavía es referencia obligada para cualquier investigación sobre clarisas catalanas. En la actualidad la investigadora inglesa Jill R. Webster,[4] a través de numerosos artículos y sobre todo su libro *Els menorets* (Webster 1995), ha trazado la aproximación más completa hasta el momento de las casas franciscanas, sobre todo de los frailes, en los territorios de la Corona de Aragón en la Edad Media.

Tal como refiere Manuel de Castro, en fecha del tránsito de Clara había en la Península Ibérica 22 casas de clarisas (Castro y Castro 1989, p. 80). Cuatro de ellas pertenecían a territorios catalano-aragoneses: siguiendo un orden cronológico, el primer convento de «menoretas» fue el de Sant Antoni de Barcelona – 1234 – (Jornet Benito 2007), seguido del de Santa Clara de Lleida – 1241 – (Mateu Ibars 1994), Santa María Magdalena de Tarragona – 1248 – y la Purísima Concepción de Valencia – 1249 – (Andrés Antón 1991), aunque sin duda uno de los monasterios de clarisas más emblemáticos en Cataluña es el de Santa Maria de Pedralbes (1327). Ésta es la única casa de clarisas que ha sido estudiada de forma constante desde el siglo XIX, y ha producido gran cantidad de informaciones y estudios que siguen en marcha actualmente (Anzizu 1897; Castellano i Tresserra 1998; Sanjust i Latorre 2010). Unos años antes - alrededor de 1322 – se constituyó el convento de Santa Clara en Manresa, objeto del presente artículo.

En su *Chronica,* Jaume Coll nos habla sobre las clarisas manresanas en este sentido:

> No traen la fundacion de este convento ni Gonzaga en la Chronica General de la Religion, ni Uvadingo en sus Anales [...] Pero la trae en su Chronica manuscrita el Reverendo Padre [...] Fray Joseph Batlle, en el fol. 63 (Coll 1981, p. 361).

2. Sólo por citar algunos de los más recientes: Viforcos, Paniagua 1993; Martí Mayor, Graña Cid 1994; Campos y Fernández de Sevilla 2005; Graña Cid, Boadas Llavat 2005; Viforcos, Campos 2005; Fernández-Gallardo 2006; Clarisas, en prensa.

3. Biblioteca de la Universitat de Barcelona (BUB), Fray Joseph Batlle, *Chrónica seraphica de la Regular Observancia de la provincia de Cathaluña*, ms. 993-994. La crónica manuscrita de Joseph Batlle ha sido descrita formalmente en López 1919.

4. Relevantes aquí por tratar de clarisas son Webster 1994; Webster 1998.

Según la obra de Batlle, el 9 de septiembre de 1306 Jaume II concedió a los procuradores elegidos por las monjas la exención de algunos impuestos, a saber, de pechos, alcabalas y otras contribuciones.[5] Este dato debió extraerlo de la consulta personal del pergamino que se conserva en el Archivo del Convento de Santa Clara y significaría que a principios del siglo XIV ya existiría una comunidad de clarisas en Manresa. Desafortunadamente, la fecha dada por Coll es una mala lectura de este pergamino, que data de 1327. Si aún tenemos alguna duda al respecto, podremos comprobar que uno de los testigos de este documento, Gastón de Montcada, firma como obispo de Huesca, cargo de desempeñó entre 1324 y 1328.

Por otra parte, el célebre historiador manresano Joaquim Sarret i Arbós estableció la fecha fundacional en 1322, basándose en documentación de archivo, y en concreto en el permiso de establecimiento que otorgó a la comunidad el pavorde de la Seu de Manresa, en virtud del cual se les permitía construir una casa cerca de la Culla (SARRET I ARBÓS 1924, p. 240-241). Este lugar puede identificarse con una masía de origen altomedieval, situada aproximadamente a un kilómetro hacia el este, extramuros de la ciudad y muy cerca del camino que llevaba de Manresa a Barcelona, en el rabal de Codines.

A partir del trabajo de Sarret i Arbós, otros investigadores que han abordado el tema han confirmado la fecha dada por él: así lo hicieron el padre Pere Sanahuja anteriormente mencionado (SANAHUJA 1959, p. 814) y más recientemente el historiador y canónigo de la Seu de Manresa Josep Mª Gasol (GASOL I ALMENDROS 2000, p. 48-49). Siguiendo la pista de la referencia dada por Sarret, la consulta del *Llibre del Paborde* del "Arxiu de la Seu"[6] nos ha revelado dos datos: el primero es que durante el año 1322 no hay indicios de los acontecimientos relatados por el erudito manresano. Dadas las características de este libro, que no muestra signos de desperfectos en el cosido ni tampoco indicios de que se le hayan sustraido páginas, debemos tener precaución a la hora de afirmar que efectivamente la fecha de fundación del convento sea 1322. El segundo dato es que sí está consignado el permiso del pavorde para construir un monasterio junto a la iglesia de San Blas y San Lázaro, que está efectivamente cerca de la masía de la Culla, pero este registro data de 1326. Es, sin duda, la copia del pergamino original, que se encuentra en el Archivo del Convento de Santa Clara, y que está datado el 3 de noviembre de 1326.[7] También en este archivo se encuentra otro pergamino fechado el 21 de febrero de 1324, por el cual la abadesa del convento de Santa Clara y la comunidad adquieren un terreno alodial para construir un horno.[8] Este documento confirmaría que la comunidad ya existía. No nos proporciona su localización, aunque sí una pista sobre la posible situación – distinta a la capilla de San Blas y San Lázaro – que comentaremos más adelante. Dado que no encontramos el

5. BUB, Fray Joseph Batlle, *Chrónica,* f. 63v.

6. Arxiu de la Seu de Manresa (ASM), *Llibre del Paborde*, f. 131v-132r.

7. Archivo del Convento de Santa Clara de Manresa (ACSCM), pergamino de 3 de noviembre de 1326.

8. ACSCM, pergamino de 21 de febrero de 1324.

registro de 1322 pero tenemos este otro documento de 1324, la fecha en la cual podemos entender "configurado y activo" al convento de Santa Clara de Manresa es 1324, si bien posteriores investigaciones pueden confirmar la fecha dada por Sarret, como sería lo más lógico.

Esta es la primera de las cuestiones abiertas acerca de la fundación de Santa Clara en Manresa. El presente artículo desea además mostrar las principales hipótesis acerca del origen de esta comunidad y del proceso de su fundación, partiendo de la documentación conservada en los archivos públicos de la ciudad de Manresa (Arxiu de la Seu, Arxiu Històric Comarcal de Manresa) y en los fondos privados custodiados en el propio recinto conventual, donde actualmente reside una comunidad de religiosas dominicas.

Se dividirá la exposición en cuatro bloques. El primer apartado intentará examinar la relación de esta comunidad de mujeres con los franciscanos de Manresa, para comprender la naturaleza de la relación que existió entre los frailes que vivían en Manresa y las mujeres que formaron la comunidad de clarisas de Santa Clara.

El segundo punto tratará de esclarecer el papel asistencial del convento, y si fue usado en algún momento de su etapa inicial como hospital o leprosería.

La tercera parte mostrará la variedad de personalidades e instituciones que promovieron y permitieron la creación y consolidación del cenobio, valorando las diversas fuentes y documentos que nos hablan de los primeros momentos de la comunidad clarisa y de su desarrollo inicial, así como de la configuración de un primer conjunto patrimonial. Creemos pertinente en este punto acotar la cronología hasta 1350, año en que termina el abaciado de la abadesa fundadora, Alamanda de Vilafreser. Además, debe tenerse en consideración que a partir de 1348, con la llegada de la peste negra, ya no tiene sentido hablar de proceso fundacional de la comunidad sino de estrategias de supervivencia de la misma.

Por último, se perfilarán, dentro de las escasas posibilidades existentes hasta ahora, las identidades de las primeras monjas de la comunidad de Santa Clara, intentando ofrecer unas primeros apuntes sobre su origen y sus conexiones sociales locales a través de la onomástica.

De manera general, el artículo desea ofrecer unas hipótesis abiertas que persiguen valorar el interés y la necesidad de la fundación de una comunidad de clarisas en Manresa partiendo de una premisa que nos parece evidente: al margen de fechas fundacionales, localizaciones y atribuciones, a principios del siglo XIV existía en esta ciudad un grupo de mujeres con inquietudes religiosas, que acabó plasmando su vocación en un convento clariano.

1. *Los franciscanos de Manresa y las mujeres del convento de Santa Clara*

A finales del siglo XIII, la orden franciscana había conseguido fundar conventos de frailes en varios núcleos urbanos relevantes del Principado, como Lleida (1221-28), Vic (1225), Girona (1232), Tarragona (1242) o Cervera (1245) (Sanahuja 1959; Giné i Torres 1989, p. 128 y ss). No se consiguió, sin embargo, fundar convento masculino en Manresa (como tampoco en Conques ni Balaguer, donde sí encontramos monjas), si bien la presencia de frailes franciscanos en la ciudad ha podido documentarse ampliamente. Jill R. Webster ha sugerido que la imposibilidad de esta fundación masculina podría explicarse por la competencia con las comunidades carmelita y dominica, que habían conseguido establecerse en Manresa en 1308 y 1318, respectivamente (WEBSTER 1987, p. 127). Desde hace algunos años se ha replanteado la "relación necesaria" entre la presencia de los frailes y los conventos de monjas clarisas. Para María del Mar Graña «este mecanismo, que efectivamente funciona, no es automático ni universal» y a veces obedecía a intereses ajenos a la Orden franciscana, al menos en Castilla (GRAÑA CID 1994, p. 682). Núria Jornet, por su parte, considera la aparición de un nuevo convento de clarisas como un fenómeno complejo, que no puede basarse exclusivamente en la presencia previa de frailes (JORNET BENITO 2007, p. 50). De cualquier modo, la historiografía que se ha ocupado de estudiar el convento de Santa Clara, anterior a estas voces críticas, ha venido asociando la fundación de la casa de las clarisas con la comunidad de franciscanos que vivió en Manresa desde finales del siglo XIII.

Durante la primera mitad del siglo XIII se ha podido documentar que algunos frailes y monjas se establecían en pequeñas casas, incluso en ermitas u hospitales, como era el caso de las clarisas de Tarragona que se acomodaban en el eremitorio de Santa Magdalena o los menorets de Barcelona, que se alojaron en el hospital de Sant Nicolau (GINÉ I TORRES 1989, p. 135). Para el caso de Manresa, Sarret i Arbós asegura la presencia de dos frailes que se encargaban de la capilla de San Blas y San Lázaro, construida por el rector de Santa María de Viladordis, Guillem de Condamina. Más tarde, dos frailes venidos de Girona, uno de ellos fray Simó de Costa, habitaron delante de esta capilla, donde se dedicaron a tareas de apostolado y predicación. El estudioso alude a esta presencia de frailes franciscanos como elemento motivador del despertar vocacional de algunas mujeres piadosas, que acabarían conformando la comunidad de Santa Clara (SARRET I ARBÓS 1924, p. 240). Esta tesis se adecua de forma general a lo que sucedía en otras ciudades catalanas, donde los frailes fundaban una casa franciscana y propiciaban la aparición de un convento de clarisas, a las cuales asistían. A modo de ejemplo, así ocurrió, en un primer momento, en Barcelona y Castelló d'Empúries y ya entrado el siglo XIV en las ciudades de Vic, Cervera, Tárrega o Balaguer, si bien estas fundaciones más tardías tuvieron serios problemas de subsistencia. En algunas ocasiones, las dos casas estaban muy cerca la una de la otra o existían espacios creados para los frailes anexos al monasterio femenino o dentro del recinto conventual, como fue el caso del "conventet" de Santa María de Pedralbes (CASTELLANO I TRESSERRA 1998, p. 102-103, 128, 216, 228) y el de Santa Clara de Balaguer (SANAHUJA 1959, p. 835).[9]

Pero un examen un poco más riguroso de la documentación revela la posibilidad de una situación distinta. Webster confirma la presencia de frailes francis-

9. Sobre los "conventets" véase WEBSTER 1995, p. 925-933.

canos en Manresa por lo menos desde 1292, año en el que el Rey Jaume II libera de la obligación militar y de algunos impuestos a Ferrer Sala, «helemosinarii hospicis fratum Minorum in Minorisa» (Webster 1987, p. 136),[10] y atribuye la presencia de fray Simó de Costa y su compañero a la previa existencia del convento de clarisas y no al contrario (Webster 1987, p. 129 y 132). A través de la documentación se puede confirmar que el año en el cual llegaron estos dos frailes, 1322, coincide con el año en que Berengaria d'Olm, en su testamento, dispone que una cuarta parte de sus bienes, una vez muerto su sobrino Arnau, se usen para la obra del monasterio de monjas, si es que no se construye el de frailes.[11] Parece posible, pues, que debido a circunstancias que ignoramos por el momento, en Manresa prosperó la rama femenina de la Orden Franciscana, y no la masculina.

Se pueden establecer algunas hipótesis, que naturalemente distan mucho de estar resueltas en estos momentos. La primera es que un grupo de mujeres de vocación clariana podía existir anteriormente a los primeros franciscanos en la ciudad. Se trataría de averiguar si la comunidad ya existía de manera no institucionalizada y cúal era su relación con los franciscanos que en estos momentos se encontraban en Manresa. El padre Coll nos cuenta:

> Fue la primera fundacion de este convento de monjas de Santa Clara dentro de los muros de la ciudad de Manresa, y por estar alli las religiosas muy incomodas por la cortedad del lugar, un devoto clerigo llamado Guillermo de Condomina, cura que havia sido de la Parroquial de Santa María de Villadordis, en el Obispado de Vich, cedió á favor de la Abadessa, y monjas de Santa Clara de Manresa una Capilla, y casa, que á sus expensas havia fabricado fuera de los muros de la Ciudad (Coll 1981, p. 361).

Efectivamente, el testamento de Guillem de Condamina, rector de Santa Maria de Viladordis, fechado en 1319, confirma que había construido una capilla dedicada a San Blas y San Lázaro y que en 1326, como ya hemos visto, el pavorde de la Seu les concede permiso para construir el monasterio junto a esta iglesia, en la zona sureste de la ciudad, extramuros. Pero el aspecto que ahora nos interesa del fragmento es que en él se hace referencia a un supuesto espacio intramuros donde estas mujeres ya vivían en comunidad antes de trasladarse cerca de los "menorets". ¿Cúal pudo ser este lugar? Se pueden barajar varias localizaciones, pero todas ellas nos proporcionan espacios que en el siglo XIV estaban extramuros. El primer espacio es la capilla de San Cristóbal, enfrente de la Seu al otro lado del río Cardener, lugar donde a finales del siglo XIII parece que vivió un grupo de "deodatas". Esta comunidad, sin embargo, se institucionalizó en el año 1306 bajo la regla de San Agustín y perduró hasta la exclaustración (Sarret i Arbós 1924, p. 199-202). Otro lugar que pudo albergar a estas mujeres pudo ser la iglesia-hospital de Santa Lucía. Según Sarret i Arbós, esta capilla estaba situada

10. Archivo de la Corona de Aragón (ACA), RC 260, f. 68r, 21 abril. El artículo reproduce en el apéndice la transcripción completa del texto.

11. ASM, carpeta 37, Testaments, s. XIV. Fechado en 1 de junio. Citado en Sarret i Arbós 1924, p. 241; Webster 1987, p. 132.

entre dos curtidorías cerca del río Mirabile (SARRET I ARBÓS 1924, p. 218), que corresponde a la actual vía de San Ignacio. Precisamente, en el Archivo del Convento existe un pergamino datado en enero de 1303, por el cual Elisenda, mujer de Pere Cuya, vendía a Guillem Pinós y Bernat de Villa un huerto que en una de sus afrontaciones limita con un «hospicia», propiedad de los dichos Guillem y Bernat. El documento continúa describiendo el huerto y dice lo siguiente:

> Et est subtus hospicia vestra mura supri torrentem de riuo mirabili qui affrontant cum orto Berengari de Turri et cum hospicis muris et cum via qua decem dica ad fontem qui est in dicto torrente.[12]

No sería descabellado identificar este hospicio con la capilla de Santa Lucía, que fue usada como hospital, como veremos más adelante, ni tampoco es una hipótesis absurda pensar que éste fuera el lugar donde residían estas mujeres. ¿Qué hace este pergamino en los fondos del convento de Santa Clara, si no? En cualquier caso, éste es un dato sobre el que se deberá reflexionar.

Otro dato nos llama la atención de este emplazamiento, y son los nombres de los primeros hospitaleros que se han podido documentar: un matrimonio formado por Bartomeu de Vilarrasa y su mujer Ferrera, que están referenciados desde el año 1274 al 1280 (TORRAS I SERRA 1997, p. 18). Como veremos más adelante, una de las primeras monjas de la comunidad de Manresa se llamaba Magdalena Ferrer, apellido que coincide con el nombre de pila de la mujer del hospitalero. Aunque todavía no podemos asegurar ninguna relación de parentesco entre estas dos mujeres que dé sentido a la coincidencia onomástica, si llegara a confirmarse podría establecerse algún vínculo entre dicha monja, este matrimonio y una posible ubicación de la primitiva comunidad de mujeres con vocación clariana.

Con todo, cabe la posibilidad de que estas mujeres residieran en casas particulares, por lo que la investigación está lejos de dar una explicación definitiva.

La segunda hipótesis sobre el éxito de la fundación femenina franciscana en Manresa es que la Custodia de Barcelona tuviera especial interés en establecerse en dicha ciudad, ya fuera con una casa de frailes o de monjas. Las Custodias fueron una pieza esencial de la organización de la orden franciscana ya desde sus inicios y fue paralela a la creación de las Provincias (SANAHUJA 1959, p. 67-68). Tanto la Custodia de Barcelona como la de Lleida estaban sometidas jerárquicamente al Ministro de la Provincia de Aragón (que además integraba a las Custodias de Zaragoza, Navarra y Valencia) pero pese a ello tenían suficiente margen de maniobra para administrar y gestionar los conventos de frailes y monjas. ¿Es posible plantear la competencia entre las Custodias de Barcelona y Lleida y entenderla dentro de los mecanismos de desarrollo de la Orden Franciscana?

Como se ha visto, cerca del recinto de San Blas residieron los primeros framenores de Vic y en 1322 vinieron dos más, Fr. Simó y su compañero, del convento de Girona. Todos ellos pertenecían a los dos conventos de frailes más antiguos de la Custodia de Barcelona, que poseía en esos momentos diez casas de

12. ACSCM, pergamino de 14 de enero de 1303.

frailes – frente a las nueve de la Custodia de Lleida – y seis conventos de clarisas – Barcelona, Castelló d'Empúries, Girona y Vilafranca del Penedés, Ciutadella y Palma de Mallorca – frente a los cuatro de la Custodia de Lleida – Lleida, Montblanc, Tarragona, Tortosa. Teniendo presente estos datos es interesante plantear que la Custodia barcelonesa intentara afianzar su posición frente a Lleida, más aún si tenemos en cuenta una evidencia: de los monasterios barceloneses, cuatro seguían la regla damianita, la Regla de Clara, y dos la regla de Urbano IV. En Lleida, dos conventos eran damianitas y dos urbanistas. Es posible entender el interés de la Custodia de Barcelona en promover nuevas fundaciones que profesaran la regla urbanista – como efectivamente fue en Manresa y Pedralbes – si enmarcamos estas decisiones dentro de un contexto más amplio, en el cual la polémica entre conventuales y espirituales empieza a adquirir tonos dramáticos y se buscan vías de uniformidad que se alejen de postulados que pronto van a ser considerados heréticos.

Dejando estos puntos abiertos a discusión e investigación, lo que sí sabemos es que en 1326 las monjas se establecen junto a la Iglesia de San Blas y San Lázaro, cerca de la cual viven algunos franciscanos. Webster nos dice que son ellos los que sirven al convento de Santa Clara (Webster 1987, p. 127-129), como se espera por su condición de franciscanos. Esta situación estaría en consonancia con un fragmento del capítulo sexto de la Regla de Clara, en el cual ella misma escribe hablando de Francisco:

> [...] nos redactó la forma de vida en estos términos: «Ya que por divina inspiración os habéis hecho hijas y siervas del altísimo y sumo Rey Padre celestial y os habéis desposado con el Espíritu Santo, eligiendo vivir según la perfección del santo Evangelio, quiero y prometo dispensaros siempre, por mí mismo y por medio de mis hermanos, y como a ellos, un amoroso cuidado y una especial solicitud». Lo que cumplió diligentemente mientras vivió, y quiso que sus hermanos hiciesen siempre lo mismo (Omaechevarría 2004, p. 283).

Hoy sabemos que las fórmulas por las que las monjas recibían asistencia y se colocaban bajo la jurisdicción de los frailes no siempre cumplieron la sencilla promesa que Francisco le hizo a Clara. Conviene recordar que también en el capítulo primero de la Regla de Clara se establece lo siguiente:

> La forma de vida de la Orden de las Hermanas Pobres, instituída por el bienaventurado Francisco, es ésta: guardar el santo Evangelio de nuestro Señor Jesucristo, viviendo en obediencia, sin nada propio y en castidad.
> Clara, sierva indigna de Cristo y plantita del benditísimo padre Francisco, promete obediencia y reverencia al señor papa Inocencio y a sus sucesores elegidos canónicamente, y a la Iglesia Romana (Omaechevarría 2004, p. 273).

Desde la muerte del Padre Seráfico, las instituciones del Cardenal Protector y del Visitador fueron frecuentemente foco de conflictos entre el Papado y los Prelados de la Orden (Omaechevarría 1973, p. 139-141). Por lo que sabemos, los frailes de Manresa estaban bajo la jurisdicción de la Custodia de Barcelona y ya desde 1297 estos frailes tenían un procurador, Ferrer de Sala (Webster 1987, p.

129). Con respecto a las religiosas, sabemos que se encontraban bajo la obediencia y jurisdicción de Fray Simó de Costa, confesor de las mismas (SANAHUJA 1959, p. 815). Este fraile y un compañero suyo se encontraban en Manresa con permiso del ministro provincial para dedicarse al servicio del culto público, confesar a los fieles y ejecer tareas de apostolado y predicación y, como ya hemos comentado, ambos llegaron a la ciudad procedentes de Girona alrededor de 1322.

La naturaleza de la relación entre los franciscanos y las monjas de Manresa aún está por desentrañar, aunque no podemos descartar una convivencia tranquila y sin tensiones, pues no hay rastros en la documentación consultada de conflictos a este respecto.

2. *El convento de Santa Clara y la asistencia a leprosos*

Durante los siglos XIII y XIV existieron en Manresa dos tipos de casas dedicadas al cuidado de enfermos y pobres: los hospitales y las «domus infirmorum». Los primeros acogían a enfermos no contagiosos y a pobres y, posteriormente, se hicieron cargo de los huérfanos. Los segundos eran los que comunmente se conocían como leproserías (TORRAS I SERRA 1997, p. 12-13).

La historiografía del siglo XIX enumera los recintos asistenciales que había en la ciudad; así, para Magí Canyelles, alrededor del año 1300 existían tres hospitales: San Andrés para los extranjeros, Santa Lucía para los pobres enfermos y San Marcos, hospital de ermitaños (CANYELLES 1896, p. 456). Sobre éste último, Cornet i Mas dice que servía como leprosería (CORNET I MAS 1860, p. 155). Recientemente, Marc Torras, utilizando documentación de archivo, ha podido establecer los siguientes lugares de asistencia: dos hospitales (San Andrés u «hospital superior» y Santa Lucía u «hospital inferior») y un «domus infirmorum» o leprosería que fue cambiando de ubicación: anteriormente a 1274 estaría localizado en la capilla de San Bartolomé, a finales del siglos XIII, sobre 1292, se habría trasladado al convento de Santa Clara, y con la venida de las monjas – el autor dice que en 1322 – pasaría a localizarse en la capilla de San Marcos y Santa Bárbara, actualmente San Pablo (TORRAS I SERRA 1997, p. 15). La propuesta de Torras menciona el convento, pero no dice nada sobre la iglesia de San Blas y San Lázaro ni tampoco se plantea en qué condiciones se produjo el cambio de uso de este recinto, que pasó de ser un hospital de leprosos a albergar a las monjas clarisas.

Las evidencias de archivo que hemos encontrado no contradicen la cronología propuesta por Torras, pero conviene hacer algunas precisiones. En los documentos, que veremos enseguida, no se menciona el convento, que aún no se ha establecido, sino que es la iglesia de San Blas y San Lázaro la que aparece citada dentro de la enumeración de casas asistenciales de Manresa. Recordemos que la advocación a San Lázaro trae a la memoria este personaje bíblico que resucitó milagrosamente después de fallecer a causa de la lepra; vinculado a este pasaje del evangelio de Juan (Jn 11,1-45), una de las maneras de referirse a las leproserías fue la denominación de "lazaretos".[13] Puede asumirse que, para la cronología dada por Torras, en la iglesia de San Blas y San Lázaro existía un lazareto. Así, por ejemplo, el testamento de Elisenda, mujer de Berenguer de Salellas, en 1305 deja seis dineros para cada uno de los siguientes establecimientos: «Item dimito Sancto Marcino, Sancto Christoforo, Sancto Barcholomeo, Sancto Blasio, Sancto Andree et utrumque hospitalium Minorise et domus infirmorum eiusdem utrumque sex drios».[14]

De manera similar, en 1317, Ferran de Olm hace una donación de doce dineros a una serie de altares de las diferentes iglesias de Manresa y en su enumeración dice: «in ecclesia sancti Andree [...] et sancto Marcino sancto Barcholomeo sancto Blasio et utrumque hospitalium minorise cuilibet XII drs».[15] Tendrá que verificarse si en fecha posterior a 1326, cuando sabemos que de facto las monjas están junto a esta iglesia, siguen apareciendo este tipo de enumeraciones en las donaciones testamentarias de los habitantes de Manresa, y en caso de aparecer, si incluyen o no a las monjas.

Este último punto nos parece muy interesante de señalar, ya que la historiografía que se ha ocupado de Santa Clara desvincula sistemáticamente la leprosería de la comunidad de religiosas. Tenemos que Mas i Casas (Mas i Casas 1836, p. 44) puntualiza que del actual edificio del convento «tienese noticia que servía de hospital para leprosos, y estinguido fue entregado en 1342 á las religiosas de S. Francisco de Asís para su convento, y titulose de Sta. Clara». Este autor habla sobre el uso de la construcción pero no lo asocia con las monjas, de la misma manera que Torras presupone que las monjas nunca se instalaron mientras funcionaba como «domus infirmorum», como acabamos de ver. El mismo Sarret, siguiendo a Canyelles, ni siquiera plantea que hubiera hospitales más que el de San Andrés, el de San Marcos y el de Santa Lucía, y ni mucho menos relaciona a las monjas con tareas asistenciales (Sarret i Arbós 1924, p. 242). Más explícito en su vinculación con Santa Clara es Cornet i Mas (Cornet i Mas 1860, p. 160), el cual dice que «se tienen noticias que servía de hospital para leprosos antes del siglo XIV». Creemos, no obstante, que esta aseveración esconde una identificación entre la iglesia de San Blas y San Lázaro y el convento que no responde a propósito alguno de rigurosidad académica, pues no aporta datos o referencias que puedan ser contrastados sino que se limita a reproducir una información anecdótica, la necesaria para una guía de viaje.

Teniendo presente estos antecedentes ¿no sería posible plantear que las monjas clarisas, una vez establecidas, pudieran asistir a los leprosos de la iglesia de San Blas y San Lázaro? De entrada, la hipótesis es altamente improbable y por el momento no encontramos documentación que nos hable de San Blas como hos-

13. El término "lazareto" parece tener su origen en que fue la Orden de San Lázaro, fundada en 1048, la que se dedicó casi exclusivamente a la atención de leprosos y con el paso del tiempo se fue asociando a los recintos donde se atendían enfermedades contagiosas, estuvieran o no a cargo de la Orden (Riquelme Jiménez 1996, p. 507).

14. ASM, *Llibre del Paborde*, Testaments, s. XIV, 1305.

15. ASM, *Llibre del Paborde*, Testaments, s. XIV, 1317.

pital en fecha posterior a la venida de las monjas. Es cierto que hasta el momento, en ninguna otra casa clariana estudiada se ha podido atestiguar que las monjas se dedicaran a la asistencia de enfermos. También puede considerarse que este silencio en las evidencias se deba a que la atención a leprosos fuera una actividad cotidiana de las monjas, por la cual no recibían ningún pago ni distinción, y que por tanto no generaría ningún tipo de registro documental.

Otro aspecto que puede hacernos reflexionar sobre este asunto es que algunos de los restos del convento puede pensarse que sirvieran para el cuidado de enfermos. Nos referimos a una de las salas del convento situada dentro de la clausura, adyacente al antiguo claustro, y cuya gran amplitud hace que podamos considerarlo un lugar de acogimiento en masa, pero claro está que es complentamente lógico que fuera una sala del hospital sin que ello signifique que las monjas desempeñaran ninguna tarea asistencial en ella.

En cualquier caso, retomando la faceta cotidiana de la vida de esta comunidad, sería interesante y de gran relevancia considerar la relación que podría existir entre la asistencia a enfermos leprosos y la congruencia espiritual de estas mujeres, que habían optado por una forma de vida que tenía como referentes a Clara y a Francisco. De sobra conocida es la historia ejemplificante de Francisco y el leproso endemoniado, relatada en el capítulo 24 de las *Florecillas* y muy significativas a este respecto son las palabras con las que inicia su *Testamento*:

> El Señor me dió a mí, el hermano Francisco, el comenzar de este modo a hacer penitencias: pues, como estaba en pecados, me parecía extremadamente amargo ver a los leprosos; pero el Señor mismo me llevó entre ellos y practiqué con ellos la misericordia. Y, al separarme de ellos, lo que me parecía amargo se me convirtió en dulzura del alma y del cuerpo; y, despues de un poco de tiempo, salí del mundo (GUERRA ZUBILLAGA 2003, p. 145).

Hemos querido reproducir el fragmento porque creemos muy importane hacer notar que la transformación de Francisco, aquello que le permitió salir del mundo para entregarse a una nueva forma de vida, fue la asistencia a enfermos de lepra. Así lo recuerda él y ésa es la primera parte de su legado testamentario. Valorar el impacto que este escrito pudo tener en unas mujeres que vivieron un siglo después de la muerte de Francisco no es tarea fácil, dado el conocimiento tan limitado que tenemos de las primeras monjas, como veremos más adelante. Creemos, sin embargo, que vale la pena considerar este planteamiento: sabemos que en 1327 se les dio permiso para que, junto con otras pertenencias, llevaran al convento sus libros.[16] El contenido de los mismos lo ignoramos pero, como clarisas, es lógico pensar que participaran de la tradición literaria y espiritual franciscana. Este último aspecto nos ayudaría a comprender por qué, aún no dedicándose a tareas asistenciales en la vida real, el universo espiritual de estas mujeres las vinculaba con lugares donde se habían realizado tareas de asistencia a enfermos. Estaríamos ante una simbolización del espacio asistencial, que daría

16. ACSCM, pergamino de 20 de febrero de 1327.

contenido y substancia a la vida contemplativa de toda la comunidad. La oración diaria dentro de la clausura no desvirtuaría en esencia el mensaje de Clara, que deseaba por encima de todo la pobreza, ni tampoco el espíritu de Francisco, que vivió entre leprosos para alcanzar pobreza espiritual.

3. *Benefactores y benefactoras en la creación y configuración del primitivo patrimonio conventual*

Mediante la documentación consultada o referenciada hasta ahora pueden diferenciarse tres tipos de "promotores" que hicieron posible el proceso de establecimiento y fundación del convento de Santa Clara de Manresa: por un lado la jerarquía eclesiástica, por otro lado la monarquía catalano-aragonesa, y por último un conjunto de ciudadanos y ciudadanas que, con sus donaciones testamentarias, contribuyeron a la construcción y la creación del patrimonio primitivo del convento. Así, tenemos que el 1 de junio de 1322, Berengaria, mujer de Arnau d'Olm – cuñada de Ferran d'Olm, citado con anterioridad – deja que una cuarta parte de sus bienes, una vez muerto su sobrino Arnau, se usen para la obra del monasterio de monjas – «in opere monasteri Sancte Clare» – si es que no se construye el de frailes.[17] En otro testamento femenino, esta vez de 1337, Sibila dejaba constancia ante el notario Pere Nadal que donaba la cantidad de 30 sous a la iglesia monasterio de San Blas de hermanas menores, con el fin de que se celebraran misas para remedio de su alma.[18] También hay que recordar que en 1324 la comunidad había adquirido, por el precio de 80 sous barceloneses de terno, un terreno para construir un horno.

Por lo que se refiere a la jerarquía eclesiástica, el principal benefactor de las monjas de Santa Clara que tenemos documentado hasta ahora fue Guillem, pavorde de la Seu de Manresa, que, como ya hemos comentado, concedió el 3 de noviembre de 1326 el permiso para el asentamiento de las monjas junto a la capilla de San Blas y San Lázaro, además del patronato de su beneficio. Considero este documento, que se conserva por duplicado en el Archivo del Convento[19] y del cual también existe copia en el Arxiu de la Seu, como ya hemos visto, de vital importancia ya que además del apoyo del pavorde se apela al consentimiento del obispo de Vic, que en estos momentos es Berenguer de Guardia, tío de Elisenda de Montcada (Pladevall 1969, p. 27). Parece, pues, que desde el obispado de Vic también se vió con buenos ojos la aparición de una comunidad clarisa en Manresa.

La mención de Elisenda de Montcada trae a colación el interés que tuvieron los miembros de la monarquía catalano-aragonesa en promover las fundaciones mendicantes, y su especial predilección por los franciscanos. No es esta una evidencia nueva, pues la historiografía se ha hecho eco de los estrechos vínculos que establecieron diferentes miembros de la monarquía con casas de frailes y de clari-

17. ASM, Carpeta 37, *Testaments*, s. XIV, 1322. Citado en (Sarret i Arbós 1924, p. 241).
18. ASM, Carpeta 37, *Testaments*, s. XIV, 1337.
19. ACSCM, pergaminos de 3 de noviembre de 1326.

sas y cómo participaron de la espiritualidad franciscana, llegando incluso algunos de ellos a profesar como frailes o monjas (SANAHUJA 1959, p. 108 y ss).

En el caso de las clarisas de Manresa, la intervención de la monarquía se va a producir para realizar autorizaciones de tipo administrativo y para otorgar y reafirmar donaciones pecuniarias.

La muestra que tenemos de privilegio administrativo es la concesión de exenciones fiscales a los procuradores de las monjas de Santa Clara, que podían ser designados por ellas, dada por Jaime II el 9 septiembre de 1327.[20] Por tanto, sabemos que poco después del establecimiento junto a San Blas y San Lázaro, el rey otorga privilegios a los encargados de la gestión administrativa del cenobio, aunque en este primer momento no podamos identificar quienes son. Es evidente que con la existencia de una persona que se encargaba de los asuntos de las monjas, éstas podían dedicarse a sus tareas espirituales sin que por ello quedaran desatendidos sus intereses, del tipo que fueran. En este sentido podemos mostrar como una de las atribuciones que la abadesa Alamanda otorga en 1344 a Nicolau Vilalta es precisamente la de recoger limosnas «et alia pia karitatis» para permitir el sustento de la comunidad.[21]

Siguiendo con el patronazgo de la monarquía, otro tipo de gracias reales se otorgaron a medida que se consolidaba la comunidad, como es el caso del documento de donación de 500 "sous" anuales que Pedro el Ceremonioso les concedió sobre las rentas del castillo de Vacarisas, fechado en 13 julio 1342.[22] Podemos comprobar como en 1347 esta renta sigue percibiéndose, aunque en dos plazos: la abadesa Alamanda confirma haber recibido de manos de Jaume Ledo 250 "sous" de los 500 anuales de renta «ex donatione inde nobi et dicto nostro monasterio facta per illustrissimum dominum regem».[23] Unos meses después, el 27 de octubre, vuelve a confirmar la recepción de los 250 sous restantes.[24] Como apunta Webster (WEBSTER 1987, p. 133), parece que el convento de Santa Clara percibió algunas rentas más por parte de la monarquía: un donativo especial de 31 sous para los cuatro frailes franciscanos y las monjas a principios de octubre del año 1344, probablemente por la celebración de la fiesta de San Miguel.[25]

Parece claro, pues, que la comunidad clarisa de Manresa no tenía problemas en aceptar donaciones pecuniarias ni tampoco en sostenerse a través de rentas que se aplicaban a bienes raíces. En este punto, es forzoso preguntarse cómo interpretaron estas mujeres el voto clariano de pobreza. Siendo este un aspecto a la vez fundamental y polémico de la espiritualidad de la fundadora de la Segunda Orden desde sus propios inicios, cabe plantearse cuáles fueron las circunstancias que hicieron que estas religiosas vivieran conforme a la conventualidad franciscana.

20. ACSCM, pergamino de 9 de septiembre de 1326.

21. ASM, *Llibre del Paborde*, doc. de 13 de marzo de 1344, f. 36r.

22. ACSCM, pergamino de 13 de julio de 1342.

23. Arxiu Històric Comarcal de Manresa (AHCM), *Llibre particular de Santa Clara 1332-1354*, AHCM/Ecles. C-46 (Santa Clara IV), doc. de 3 de marzo de 1347, f. 43v.

24. AHCM, *Llibre particular de Santa Clara 1332-1354*, AHCM/Ecles. C-46 (Santa Clara IV), doc. de 3 de marzo de 1347, f. 45v.

25. ACA, RP 423, doc. de 1 de octubre, f. 88v.

Conviene, además, no perder de vista los conflictos internos que las diversas interpretaciones acerca de la pobreza generaron dentro de la Orden Seráfica. La pugna entre conventuales y espirituales alcanzó un momento dramático con la quema de cuatro frailes espirituales en Marsella, en 1318, tan sólo unos años antes de la aparición del convento de clarisas en Manresa. El vaciado de la todavía inédita documentación nos permitirá sopesar dos aspectos en este sentido: hasta qué punto estas mujeres actuaron en consecuencia con la corriente dominante, y triunfante, dentro de la Orden Franciscana y cómo pudo pesar que, ya desde los orígenes de la orden clarisa y sobre todo después de la muerte de Clara, se estableciera jurídicamente a través de la Regla de Urbano IV un concepto de pobreza paralelo al que practicaban los frailes conventuales.

4. *Las monjas de la comunidad: primeros apuntes de la evidencia onomástica manresana*

Identificar con claridad a las primeras mujeres que configuraron la comunidad de Santa Clara de Manresa es una tarea, en estos momentos, muy difícil de realizar. Los primeros datos que tenemos de las religiosas, ya establecidas como tal en el convento, no son antes del año 1333, cuando constan como monjas en Santa Clara trece mujeres:[26] Alamanda de Vilafreser, que es la abadesa, Anglesia Torrada, Dulcia de Serranio, Domenga de Trilla, Bonamada Gogescha, Beatriz de Fontanellas, Geralda de Sallent, Francesca de Area, Maria Folguera, Magdalena Ferrer, Guilelma de Muntsech, Sibilia de Plano, Bonamanda de Riuseca.

En 1346 son quince monjas: Alamanda sigue obstentando el cargo de abadesa y también encontramos a Bonamada, Maria, Beatriz, Geralda, Francesca y Sibila. Además, se han incorporado Margarida Ricolfa, Romia de Olzinellas – que será la siguente abadesa – Guillerma de Manresa, Saura de Sano, Margarida de Area, Agnes de Condamina, Margarita de Sarradello y Ermesenda Çarrania. Como vemos, su número se ha mantenido estable, pero debemos tener presente que todavía no ha llegado a territorio catalán la peste, por lo que los datos que encontraremos en fechas posteriores probablemente dejen de reflejar esta estabilidad.

¿Qué podemos saber ahora de estas religiosas? En estos momentos, la vía de comparación onomástica nos parece un primer paso necesario para comenzar a rescatar a estas mujeres de los documentos. Cornet i Mas (Cornet i Mas 1860, p. 160) aseguraba, sin aportar datos, que en este convento profesaron hijas de monarcas aragoneses, pero el propio Sarret dudaba que pudiera afirmarse tal cuestión (Sarret i Arbós 1924, p. 243).

Podemos ofrecer algunas evidencias a través de la posible relación de las religiosas que viven en Santa Clara con algunos ciudadanos de Manresa. Para establecer este nexo hemos utilizado una lista que se elaboró en 1322 con motivo

26. AHCM, *Llibre particular de Santa Clara 1332-1354*, AHCM/Ecles. C-46 (Santa Clara IV), f. 8r.

de la fiesta del Corpus.[27] En ella se anotaron los nombres y apellidos, y en algunos casos también el oficio, de aproximadamente cuatrocientas personas, hombres y mujeres, que realizaron donaciones a la iglesia de Santa María de la Seu con motivo de esta celebración.

Dejando ahora al margen los aspectos económicos, se han correlacionado los apellidos de siete del total de las veintiuna monjas que hemos podido fichar hasta el momento. Estas religiosas son: Domenga de Trilla, que podría relacionarse con Guillem de Trilla, del mas de Trilla, entendemos que agricultor;[28] Sibila de Plano, que tendría tres posibles "parientes": Pere de Planes, rector de la iglesia de Santa Maria de Viladordis,[29] Ramon de «Planis», que era cordelero[30] o Ramon de Plano, del mas de Plano,[31] que también podemos interpretar como agricultor; Margarida Ricolfa, que, dada la singularidad del apellido podemos deducir vinculada a Tomeu Ricolfa,[32] Arnau Ricolfa[33] y a Agnes, mujer de Jaume Ricolfa.[34] En este caso, nos inclinamos por pensar que todos son miembros de una misma familia; Romia de Olzinellas, que consideramos vinculada a Pere de Olzinelles;[35] Guillerma de Manresa, que podría ser pariente del caballero Bernat de Manresa;[36] Francesca y Margarida de Area, posiblemente parientes entre ellas, pertenecerían a una familia de peleteros, pues a este oficio se dedican los dos hombres con apellido Area, Francesc[37] y Berenguer[38] y, finalmente, Agnes de Condamina, que podría ser hija de Bartomeu de Condamina, maestro de obras.[39]

Por lo que podemos mostrar hasta ahora, debemos dar la razón a Sarret, pues no hay evidencias de que ninguna de estas mujeres estuviera vinculada a la realeza. Una de ellas, Sibilia de Plano podría tener parientes vinculados a la iglesia de Santa Maria de Viladordis, cuyo anterior rector, Guillem de Condamina, había construido la capilla de San Blas y San Lázaro, pero fuera de estas conexiones, parece que este convento se nutrió de mujeres del ámbito local con un perfil social heterogéneo.

Queda por resolver la cuestión planteada con anterioridad sobre Alamanda de Vilafreser. Parece plausible que esta mujer fuera oriunda de tierras gerundenses, pues Vilafreser es un pequeño pueblo de la provincia de Girona que tiene referencia documental desde el siglo X.

Poco más podemos decir de estas mujeres: no hemos encontrado todavía rastros legislativos que nos aseguren qué regla era la que configuraba la vida en

27. ASM, *Llibre del Paborde*, f. 39r.
28. ASM, *Llibre del Paborde*, f. 45v.
29. ASM, *Llibre del Paborde*, f. 41v.
30. ASM, *Llibre del Paborde*, f. 43v.
31. ASM, *Llibre del Paborde*, f. 44v.
32. ASM, *Llibre del Paborde*, f. 39v.
33. ASM, *Llibre del Paborde*, f. 42r.
34. ASM, *Llibre del Paborde*, f. 41r.
35. ASM, *Llibre del Paborde*, f. 39v.
36. ASM, *Llibre del Paborde*, f. 39r.
37. ASM, *Llibre del Paborde*, f. 40v.
38. ASM, *Llibre del Paborde*, f. 42v.
39. ASM, *Llibre del Paborde*, f. 45v.

comunidad, pero por la denominación que aparece siempre en los documentos («abbatissa et conventum») y por el hecho de ser una fundación cronológicamente tardía, parece probable seguir la exposición de Triviño y considerar que se regían por la regla de Urbano IV (Triviño 2005, p. 65). En cualquier caso, cabría matizar cómo entendían el voto de clausura si logramos demostrar que se dedicaron de forma efectiva a tareas de asistencia a enfermos.

6. *Reflexiones finales*

La primera reflexión que debe hacerse sobre la fundación y la historia de este convento de clarisas es que es necesaria una investigación en profundidad, que con seguridad reelaborará los conocimientos que hasta ahora se tienen de ella. Aunque se han estudiado algunos aspectos del convento a través de documentación del Arxiu Històric Comarcal de Manresa, una investigación científica sobre la vida de estas mujeres sólo puede realizarse con la recopilación y el análisis de la documentación custodiada dentro del propio convento y su complementación con las evidencias depositadas en otras bibliotecas y archivos.

Existió un convento de Santa Clara en Manresa, con seguridad a partir del año 1324, vinculado de una forma que aún desconocemos a los franciscanos de habitaban en Manresa, sin que éstos tuvieran convento. Además, la construcción del monasterio se realizó junto a la iglesia-capilla de San Blas y San Lázaro, extramuros, lugar que la documentación ha mostrado como dedicado a la asistencia de enfermos. Que continuara o no con esta actividad una vez instaladas las monjas es algo que de momento no puede demostrarse y que parece por el momento improbable, pero será interesante analizar en futuras investigaciones la importancia simbólica que para estas mujeres podía tener residir en un espacio que se había usado para la asistencia a leprosos, cosa que dotaría a su vida contemplativa de una dimensión espiritual entroncada de forma directa con la más pura tradición franciscana.

Este convento, como muchos de su época, se nutrió de la generosidad y la caridad de reyes, cargos eclesiásticos y ciudadanos y ciudadanas de a pie. A través de legados testamentarios, donativos pecuniarios y rentas, el convento mantuvo un número estable de monjas durante sus primeros 30 años de existencia. Algunas de estas mujeres han podido identificarse de forma incipiente: parece probable que la mayoría de religiosas fueron de la propia Manresa y que su procedencia social fue diversa, pero nunca relacionada con la nobleza o la realeza. El hecho de que pueda considerarse la procedencia local de las monjas nos ofrecería pautas de explicación para comprender cómo el primitivo núcleo de mujeres con vocación religiosa que ya existía en la ciudad pudo encontrar los medios para consolidar un convento de clarisas, y no sucedió lo mismo con el convento de frailes, que provenían de fuera. En este sentido, se abren otras cuestiones que no estaban contempladas al inicio del artículo y son las que tendrán que examinar las relaciones interpersonales entre las monjas clarisas y los ciudadanos de Manresa.

Núria Silleras-Fernández

Exceso femenino, control masculino: Isabel la Católica y la literatura didáctica*

> Dos cosas son de notar: ni nunca hembra harta de bienes se vido ni beudo harto de vino, que cuanto más bebe, más ha sed. Por tanto, la mujer que mal usa e mala es, no solamente avariciosa es hallada, más aún envidiosa, maldiciente, ladrona, golosa, en sus dichos no constante, cuchillo de dos tajos, inobediente, contraria de lo que le mandan e viedan, superbiosa, vanagloriosa, mentirosa, amadora de vino la que lo una vez gusta, parlera, de secretos descobridera, lujuriosa, raíz de todo mal e a todos males hacer mucho aparejada, contra el varón firme amor no teniente. Esto es de la mala o malas; que es dicho que las buenas no han par ni que decir mal dellas; antes como espejo son puestas a los que miran.
>
> Alfonso Martínez de Toledo, *Arcipreste de Talavera o Corbacho* (1438)
> (Martínez de Toledo 1998, p. 109)[1]

> Visto como las mujeres naturalmente son vergonçosas, lo cual en ellas es de loable condición, veamos de la segunda buena condición dellas, que es ser piadosas… Las mujeres son piadosas por otra razón, que dicen que han los coraçones tiernos y blandos, como diximos de los moços; por lo cual no pueden soportar ninguna dureza.
>
> Martín de Córdoba, *Jardín de nobles doncellas* (c. 1468)

Estos dos fragmentos ofrecen una visión complementaria de la concepción de la mujer en la Baja Edad Media. En el primero, Martínez de Toledo (c. 1398-1470), Arcipreste de Talavera, en su libro del mismo título, después conocido como *El Corbacho*, resume a la perfección lo que los escritores misóginos medievales consideraban los defectos característicos de las mujeres, o cuanto menos de las malas mujeres. El arcipreste las describe como avariciosas, envidiosas, maldicientes, ladronas, glotonas, inconstantes, desobedientes, soberbias, mentirosas, amantes del vino, habladoras, incapaces de guardar secretos, lujuriosas e imposibilitadas para amar al hombre. No obstante, de esta lista interminable de defectos y vicios, resalta

* Escribí este artículo como contribución al grupo de investigación "La topografía de la espiritualidad mendicante femenina en los reinos peninsulares medievales," dirigido por la profesora Blanca Garí (Universidad de Barcelona) y subvencionado por el Ministerio de Educación español. Debo de agradecer a la Dra. Garí y al resto de las participantes en nuestros tres años de jornadas de trabajo (2009-2011) su estímulo y comentarios.

1. Citado por Archer que subraya: «As we saw when discussing Eiximenis, Córdoba, and Vives … greed is a characteristic commonly used to define female nature even by writers whose didactic aims are the moral and educational reform of women and whose work has nothing to do with the denunciation of their role in false earthly love» (Archer 2005, p. 73 y 75).

uno sobre todos los demás: la avaricia. El arcipreste inicia su retahíla escribiendo «no solamente avariciosa es hallada…» porque entiende que este es el primero de sus pecados, de sus malos atributos, de sobras conocido y al que, por supuesto, acompañan otros muchos que tampoco resultan nada desdeñables.[2]

La avaricia era particularmente odiosa en el contexto medieval, que la opuso a la deseada liberalidad, una cualidad necesaria y asociada a la nobleza, la monarquía, la cercanía a Dios y el comportamiento virtuoso. Aristóteles, en su *Ética a Nicómaco*, tan valorada en la Edad Media, concibió la liberalidad como el término medio entre dos opuestos que debían evitarse. La medianía es la clave del ejercicio ético aristotélico, siempre conducente al equilibrio, en este caso entre la inclinación desordenada a las posesiones y los placeres (avaricia) y el despilfarro y el exceso (prodigalidad).[3] Pero además, en el contexto cristiano la avaricia era mucho más que un defecto grave, era un pecado de exceso, de deseo de acumulación de riquezas. Era uno de los siete pecados capitales, junto a la lujuria, la gula, la pereza, la ira, la envidia y la soberbia. Así pues, para Álvarez de Toledo, la mujer mala era una suerte de epítome de los pecados capitales. Si bien ningún principio teológico o filosófico propiciaba que la avaricia estuviera asociada a un género en concreto, para Martínez de Toledo, y para los escritores que como él optaron por realizar una caricatura misógina de las mujeres, éstas estaban mucho más inclinadas hacia la maldad que los hombres.

El segundo fragmento, escrito unos treinta años después, hacia 1468, sirve de complemento a voces como las del Arcipreste de Toledo. El texto forma parte del *Jardín de nobles doncellas*, escrito por Martín de Córdoba para la educación de la princesa Isabel, después conocida como la reina Católica. En este tratado, como en muchos otros del mismo tipo, en su aparente defensa didáctica de la mujer, y en su tono más serio, se esconden buena parte de las mismas críticas de los misóginos. La intención de esta obra es revelar la verdadera naturaleza de la mujer para que, con este conocimiento de sí misma, la futura reina Isabel, y las mujeres que lean el tratado, aprendan a dominar sus pasiones y puedan mejorarse a sí mismas. La idea es conducir a Isabel hacia la piedad y las virtudes más masculinas (las cardinales). En este sentido los *specula principum* destinados a príncipes proponían que el rey, además de ser liberal, estuviera adornado con las cuatro virtudes cardinales (templanza, coraje, justicia y sabiduría) y, como las reinas, con las tres virtudes teologales (fe, esperanza y caridad).[4] De esta manera, los moralistas medievales tendieron

2. En la segunda parte de su libro, el arcipreste aborda los vicios y defectos de las mujeres, el primer capítulo de esta sección se titula: «De los viçios e tachas e malas condiçiones de las perversas mugeres, e primero digo de las avariçiosas» (Martínez de Toledo 1998, p. 145-153).

3. En palabras de Aristóteles: «es más propio del liberal dar antes que recibir y, en modo alguno, adquirir lo que no le corresponde». A continuación añade: «Quizá los más queridos sean los liberarles, entre los virtuosos, tanto por lo útiles que son como por lo que dan». Obviamente, la liberalidad se concebía conmensurada al tamaño de la fortuna personal, lo importante no era la cantidad dada, sino la disposición con la que se donó (Aristóteles 2009, p. 146-147).

4. Desde el siglo XIII las virtudes cardinales se transformaron en la base de la virtud política. Respecto a los espejos de príncipes castellanos del siglo XV, se caracterizaron por una progresiva

a relacionar la liberalidad y la generosidad con la caridad, que pasó de concebirse como una virtud teologal consistente en amar a Dios sobre todas la cosas, y al prójimo como a nosotros mismos, a concretizarse, en términos prácticos, en la necesidad de hacer buenas obras y donaciones piadosas. Hombres y mujeres debían ser caritativos, y no avaros, pero como Fray Martín apunta, ellas eran más proclives, por lo que se las debía guiar y animar a seguir este camino virtuoso.

El presente artículo analiza la confluencia de estos elementos: la construcción del género femenino hecha sobre todo por escritores religiosos que establecieron una peculiar estrategia discursiva, escribiendo obras en las que consolidaban estereotipos de lo femenino, ya fuera en su versión negativa: la mujer avariciosa (otras veces también despilfarradora, lujuriosa…) o bien positiva, la mujer piadosa/devota cuya tendencia al exceso se dirige hacia algo virtuoso, la donación de su dinero a la Iglesia, la fundación de monasterios y otros proyectos similares. Para concretizar un argumento como éste, de gran alcance, analizaré el uso del discurso expuesto, y relativo a la mujer piadosa, en dos textos didácticos. Se trata de dos obras literarias destinadas a la educación de la mujer, y que están vinculadas con Isabel I la Católica, Reina de Castilla, y con su nieta, Catalina de Austria, Reina de Portugal. Por una parte, la previamente mencionada, el *Jardín de nobles doncellas* de Fray Martín de Córdoba; y por otra, el *Carro de las donas*, traducción expandida al castellano, y publicada en 1542, del *Llibre de les dones* escrito en catalán por Francesc Eiximenis c. 1390. En el *Carro* el nuevo fraile ejerciendo de traductor/autor, y sólo treinta y ocho años después de la muerte de la reina Isabel, la incorpora como un personaje literario más. Aparece convertida en un arquetipo de mujer ejemplar y es recordada, casi de manera exclusiva, por su piedad y sus numerosas fundaciones monásticas. Se la rememora por el mismo tipo de proceder piadoso que Fray Martín le recomendó en su *Jardín de nobles doncellas*. Ambas obras, escritas por religiosos y dedicadas a reinas, y más en general al público femenino, son contrastadas con la vida y obra de la reina Isabel la Católica, que ciertamente fundó muchos monasterios y fue reconocida por su devoción, pero que también subvirtió ese modelo al gobernar por derecho propio.

1. *Jardín de nobles doncellas: un modelo para la futura reina*

Como anticipé, el *Jardín de nobles doncellas* es un speculum reginae que el fraile agustino Martín de Córdoba escribió hacia 1468 para educar a la princesa Isabel, y probablemente buscando algo que no consiguió, introducirse en el círculo de sus allegados.[5] El tratado sigue la estela del espejo del también agustino,

incorporación de fuentes clásicas y por el uso de una mayor variedad de géneros literarios en su redacción. Por ejemplo, Fray Iñigo de Mendoza y Gómez Manrique los compusieron en verso y Alonso Ortiz en forma dialogada (Nogales Rincón 2006, p. 17).

5. Pocos detalles se conocen sobre la vida de Fray Martín. Goldberg señala que desde 1420 fue lector del convento agustino de Salamanca, y que siempre se mostró muy interesado por la

Egidio Romano, cuyas propuestas el capítulo de la orden agustina celebrado en Florencia en 1278 consideró de obligado seguimiento.[6] En palabras del propio Fray Martín en su dedicatoria: «Donde, Señora, quise tomar este trabajo de hacer una breve escritura que hable de la generación y condición, composición de las nobles dueñas; es especial, de aquellas que son o esperan ser reinas» (Córdoba 1953, p. 9). El propio fraile entiende que «aunque no todas [las mujeres] puedan ser reinas ni princesas, pero todas han de trabajar de así componer su vida que *sean dignas* de ser reinas y princesas» (Córdoba 1953, p. 59). El contexto político de la redacción fue particularmente complejo, ya que era entonces cuando Isabel se postulaba como heredera al trono de Castilla, como sucesora de su hermanastro, Enrique IV. Entonces Isabel continuaba soltera, un año después se casó con Fernando de Aragón y cinco años más tarde se alzó con el trono; no sin antes ganar una cruenta guerra civil (1475-1479) que la enfrentó a la otra pretendiente a la corona, su sobrina Juana la Beltraneja, entonces casada con Alfonso V de Portugal. Juana partió en desventaja en el conflicto al ser desprestigiada por sus oponentes que la consideraron hija ilegítima de Beltrán de la Cueva, favorito del rey, de ahí lo de "Beltraneja". Con dos mujeres como pretendientes al trono, con Isabel como clara favorita, pero con mucha incertidumbre e inquietud sobre el futuro que se avecinaba, Martín de Córdoba escribió su obra para legitimarla como soberana, ayudarla a alzarse con la corona y, sobre todo, para explicarle como debía actuar una reina.

El *Jardín de nobles doncellas* es un manual de reginalidad que sigue la estela tradicional de los espejos de príncipes. Su autor lo concibió como un código de principios morales, un tratado que combinaba ideas relativas a la educación femenina y doctrinal con consejos puramente prácticos dedicados concretamente a Isabel. Tradicionalmente críticos literarios e historiadores por igual incluyeron este tratado dentro del corpus de literatura pro-feminista, porque, entre otras cosas, expone claramente que una mujer, podía y debía ocupar el trono de Castilla.[7] Sin embargo, coincido con la opinión de Weissberger, Liss, Guardiola y aquellos autores que matizan esta interpretación y apuntan que la intención del agustino redactor, después de reconocer los derechos de Isabel, es pedirle que se someta al orden "natural", a la jerarquía de género establecida (Weissberger 2003, p. 30; Liss 2004, p. 56; Guardiola-Griffiths 2011, p. 23-24). Isabel debe entender que

enseñanza. Recibió su doctorado en teología por la Universidad de Toulouse lo que propició que después de 1461 ejerciera de profesor en la Universidad de Salamanca. No aparece documentado en la corte de la reina Isabel (Goldberg 1974, p. 18-28).

6. El *Regimiento de príncipes* de Egidio Romano, que a su vez está influenciado por Vincent de Beauvais, fue muy difundido en la Edad Media: se conservan 284 manuscritos y 78 traducciones a lenguas vulgares. En Castilla se divulgó principalmente gracias a la traducción/adaptación de Juan García de Castrojeriz de 1345 y de su versión impresa en Sevilla en 1494 (Rodríguez Velasco 1996, p. 200-201).

7. Sobre el debate pro y anti femenino en las letras castellanas y su vinculación con la *Querelle de femmes* véase el artículo fundacional de esta problemática Ornstein 1941. Recientemente hay voces críticas que cuestionan y matizan la existencia de tal debate, véase Archer 2005.

no debe ser una reina gobernante, sino consorte, y conformarse a la voluntad de su esposo. Sólo siguiendo estas pautas, podría Isabel calmar la ansiedad del escritor y de la sociedad de su tiempo, y lograría convertirse en una mujer ejemplar, en un verdadero espejo para sus súbditas. Ya en el proemio el fraile agustino empieza construyendo unas jerarquías específicas que deben regir la estructura social:

> Que los hombres que son sabios son de los otros naturalmente regidos, e por esto los viejos naturalmente han de regir a los mozos y *el varón a la mujer* y los hombres a las bestias, y en el cuerpo humano la cabeza, do es la silla del seso, rige los otros miembros (CÓRDOBA 1953, p. 8).[8]

El *Jardín* consta de un proemio y tres partes. La primera parte explica la creación de la mujer, la materia de la que fue creada y como este proceso afectó a su naturaleza. Repasa la noción de pecado original, y la responsabilidad de Eva, para después ofrecerle a Isabel el modelo a seguir, el de la Virgen María. Según el fraile la mujer fue creada por Dios para procrear y evitar la fornicación (a través del matrimonio), pacificar disputas familiares y unir linajes. De hecho, en el imaginario medieval, la reina desarrollaba una función importante como pacificadora e intermediaria entre el rey y sus súbditos. La segunda parte del tratado es mucho más relevante al argumento de este artículo, ya que aborda las tres condiciones buenas que tienen las mujeres: son vergonzosas, piadosas y obsequiosas. Son vergonzosas porque su naturaleza es débil, y persiguen ser alabadas y reconocidas públicamente; lo cual las lleva a refrenar el pecado para guardar su reputación. El segundo capítulo de la segunda parte lleva por título: «Que las mujeres naturalmente son piadosas, y por qué lo son; en especial las grandes dueñas por que han de ser piadosas». En su opinión las mujeres tienen los «coraçones tiernos y blandos... por lo cual no pueden soportar ninguna dureza». Todas las mujeres son piadosas, pero la reina debe de serlo aun más que las demás, por tres razones fundamentales: porque la reina es madre (el rey es padre), es abogada (intermediaria, como lo fue la bíblica reina Esther) y escudo protector de sus súbditos. Estas tres funciones: madre, abogada y escudo son características también de la Virgen María, a la que la reina debe emular. En este punto vemos que además de la jerarquía de género tenemos que tener presente la jerarquía social. Isabel tiene que ser un modelo para las mujeres de su reino, por lo que no basta que sea piadosa y buena donadora de limosnas, tiene que serlo mucho más que las demás mujeres. De este modo, las dos primeras buenas cualidades mencionadas: la vergüenza y la piedad están estrechamente relacionadas con la tercera, con el hecho de que son obsequiosas, serviciales. Lo son por tres razones: son devotas a Dios, sienten compasión por el prójimo y atienden a su casa (el esposo es el que debe procurar fuera de la casa, en el espacio público, la mujer dentro, en el ámbito privado).[9] De hecho, Fray Martín considera a las mujeres más devotas que

8. Respecto a los agustinos y sus ideales véase LOBATO 1988.

9. Dice el fraile: «en el regimiento doméstico y casero los oficios del varón y la mujer son repartidos, ca el marido ha de procurar lo de fuera de casa, y la mujer lo de dentro de casa» (CÓRDOBA

los hombres y las sitúa más próximas a las virtudes teologales: fe, esperanza y caridad. Reiteradamente, el fraile le pide a Isabel que muestre más devoción, fe y caridad que el resto de las mujeres. Para una soberana, que tiene que hacer más y ser más que las demás, y que según el fraile debido a su naturaleza femenina está preocupada por su reputación, las limosnas y las grandes donaciones, como lo son las fundaciones de monasterios – reservadas sólo para los más poderosos – parecen el camino a seguir.

Estas tres cualidades que Fray Martín identifica están a su vez vinculadas con otras tres menos buenas que caracterizan lo femenino. Las mujeres también son intemperadas, parleras/porfiosas y variables en sus opiniones, por lo que necesitan consejeros mayores y maduros – obviamente el fraile estaba pensando en sí mismo como un futuro candidato para el cargo. Por último, las mujeres tienen una condición que no es necesariamente ni buena ni mala, pero que tiene la potencialidad de serlo si no se controla: todo lo hacen en exceso. Este punto es especialmente interesante porque, como apunté, el modelo de virtud medieval está fuertemente influenciado por los principios éticos de Aristóteles, encaminados a la búsqueda del equilibrio, a encontrar la medianía entre dos opuestos para acceder a la virtud. Esta falta de autocontrol es la que puede conducir a las mujeres a extremos, ya sea hacia la avaricia, o hacia la prodigalidad, cuando lo deseable y adecuado es la liberalidad. Siguiendo esta línea argumental Isabel debe trabajar para adquirir la virtud del hombre, vista como superior. Es interesante notar que Martín de Córdoba, como tantos autores medievales, aboga por la performatividad del género, en el sentido butleriano del término (Butler 1999, p. 1-3 y 6-16). El escritor considera la virtud asociada con lo masculino, por lo que para ser realmente virtuoso se tiene que ser hombre, y se puede ser hombre. Por lo tanto, en este texto el género se escapa de modelos simplistas y binarios para adentrarse en la performatividad, y más concretamente en el topos de la mujer viril, con el que el fraile acaba contradiciendo y desestabilizando sus propias ideas monolíticas referentes a las condiciones "naturales" de las mujeres. En palabras de Martín de Córdoba:

> Pues ved aquí cómo es mejor el pecado del varón que la buena obra de la mujer, que Dios más ama pecador penitente que justo soberbio. Pues la Señora, *aunque es hembra por naturaleza, trabaje por ser varón en virtud*, y así haga bien que no se ensalce por vanagloria, mas que abaje por humildad (Córdoba 1953, p. 107).

Esta idea es repetida en el transcurso del tratado: «E si esta conjugación han de hacer todas la mujeres, mucho más la princesa, que es más que mujer y en cuerpo mujeril debe traer ánimo varonil» (Córdoba 1953, p. 87). No sólo eso, sino que, además, la reina tiene que actuar como «lugarteniente de Dios» y «no codiciar riquezas para atesorar [no ser avara], mas para dar a los suyos y hacer cosas magnificas, como son templos, hospitales, puentes y cosas que hacen servicios públicos» (Córdoba 1953, p. 63 y 67).

1953, p. 53). A continuación puntualiza que las grandes señoras tienen su propio estado, independiente del esposo, del que también deben ocuparse.

Esta estrategia de pedir a mujeres principales que no sean avaras y donen su dinero a la Iglesia, y que se dediquen a obras devotas y a orar, es característica de los tratados de conducta femenina escritos por eclesiásticos.[10] En este sentido, si comparamos el *Jardín* de fray Martín con otros espejos de príncipes contemporáneos, y también dedicados a los Reyes Católicos, como el del consejero áulico Gómez Manrique (c. 1412-1490) podemos ver como este noble matiza y critica esta estrategia discursiva de los eclesiásticos. En su *Regimiento de príncipes*, escrito hacia 1474, nuevamente muy poco antes del ascenso de Isabel al trono de Castilla, elabora el "topos" de la mujer viril como modelo a seguir, y le advierte de que no se exceda en sus ejercicios de piedad, que ocupe su papel de reina, y que no quiera ser monja.[11]

Por último, la tercera parte del tratado de Fray Martín ofrece más consejos, muchos relativos a la importancia de la castidad. Elabora un catálogo de mujeres ilustres a las que Isabel puede imitar, procedentes de la biblia, la historia y el santoral. A modo de ejemplo, se trata de personajes como Noemí, Semíramis, Judith... Esta parte se inscribe dentro de un género literario muy popular en la Edad Media, cultivado, entre otros, por Giovanni Boccaccio, *De mulieribus claris* (1374) y en la propia Castilla por Álvaro de Luna (c. 1390-1453) que escribió el *Libro de las virtuosas e claras mujeres*. Muy pronto, la propia reina Isabel se convirtió en uno de estos arquetipos literarios a incluir en catálogos de mujeres a imitar.[12]

2. *Isabel la Católica creando y subvirtiendo arquetipos*

Isabel la Católica, como cualquier reina medieval que quisiera tener un papel político predominante en sus reinos, necesitaba contar con cierto nivel de cooperación por parte de sus súbditos. Requería del apoyo de los miembros de la alta nobleza, el alto clero y su propia familia; lo que implicaba el cuidado atento de su reputación y que entendiera lo que se esperaba de ella como soberana. Es de sobras conocido que en la Edad Media hubo reinas con buena y mala fama pública, ya estuviera esto "justificado" o no; lo que contribuyó a su habilidad para gobernar y ejercer influencia.[13] Las que gozaron de buena reputación, como Isabel la Católica o, por citar algunos ejemplos de la Corona de Aragón, Leonor

10. Por ejemplo en la obra que Eiximenis dedicó a la reina de Aragón, María de Luna, el *Scala Dei* o *Tratat de la contemplació* le hacía notar que «Car axí com l'aygua apaga lo foch, axí la almoyna apaga lo peccat» Biblioteca Nacional (BN), Francesc Eiximenis, *Scala Dei*, ms. 92, f. 53v.

11. Weissberger señala esta importante diferencia entre ambos espejos (WEISSBERGER 2003, p. 56-57).

12. A modo de ejemplo, la reina es un personaje en el *Diálogo* latino que Alonso de Ortiz le dedicó, y con el que quería aconsejarla sobre la educación de su hijo, el infante Juan (ORTIZ 1983).

13. En algunos casos esa "mala fama" ha sido simplemente inventada por la historiografía. Por ejemplo, eso es lo que Adams asegura que sucedió en el caso de la reina de Francia Isabeau de Bavaria (c. 1370-1435) (ADAMS 2010).

de Sicilia, María de Luna y María de Castilla, fueron reinas que estuvieron muy atentas al modelo de conducta femenina expuesto en libros del tipo del *Jardín de nobles doncellas*.[14] Con ello no quiero implicar que obedecieran los preceptos anunciados en estos manuales, sino que supieron asimilar el modelo para, simultáneamente, subvertirlo. Construyeron una imagen de sí mismas de reinas piadosas, atentas a sus familiares y súbditos, fueron grandes patronas de instituciones e individuos, y siempre fundaron y protegieron monasterios. Cuidaron el ambiente político y cultural de su corte, mesuraron sus diversiones y atuendos. No fueron avaras, sino liberales, pero sin ser pródigas. Una vez construida esta imagen que sigue el "topos" de la reina protectora y abogada – una mezcla de las bíblicas reina Esther y Virgen María – podían ocuparse de aspectos que, en teoría, estaban más allá de su competencia: el gobierno de los reinos.[15]

Isabel la Católica es un ejemplo paradigmático de este tipo de actuación, con lo que en ningún momento pretendo poner en tela de juicio su devoción, que no contradice lo expuesto. La reina patrocinó el clero (regular y secular) y, como sus inventarios evidencian, en su biblioteca abundaban los libros devocionales, pero tampoco descuidó la política, la historia, los clásicos y la literatura de entretenimiento. Además, promocionó la producción de obras literarias, historiográficas y artísticas que reforzaban su persona y gestión política. No es casual que en muchos de sus retratos se la represente rezando. Todo ello debía hacer palpable su modestia, recogimiento y su interés en los aspectos litúrgicos de la práctica religiosa diaria en la corte (Muñoz Fernández 1989, p. 420-421). Las que se desplazaron de este modelo, y dejaron de lado el "topos" de la reina Esther, fueron comparadas con reinas vituperables, como la también bíblica Jezabel, mujer vanagloriosa, preocupada por afeites y ropajes y que en su maldad persiguió a los judíos.[16]

Como apunté con anterioridad Isabel accedió al trono de Castilla en 1474, entonces ya llevaba cinco años casada con Fernando, que a su vez, y en 1479, heredó la Corona de Aragón de su padre, Juan II. Su matrimonio tuvo repercusiones importantísimas para el futuro de la península ibérica, ya que unió dinásticamente las coronas de Castilla y Aragón – culminando un proceso iniciado en 1412, cuando ambas coronas pasaron a ser gobernadas por dos ramas diferentes del mismo linaje, el de los Trastámaras. En enero de 1469 Isabel y sus consejeros diseñaron unas capitulaciones matrimoniales a implementar entre ella y Fernando que, entre otras cosas, hacían de Castilla el centro neurálgico de la nueva unión,

14. Por ejemplo, en el caso de la Corona de Aragón hubo una serie de reinas que tuvieron un papel político importante como lugartenientes de sus esposos, entre ellas dos destacan por su importante labor en el gobierno, y su buena reputación de reinas piadosas y eficientes: María de Luna (r. 1396-1406) consorte de Martín I y María de Castilla (r. 1416-1458), casada con Alfonso el Magnánimo. Véanse Silleras Fernández 2008, p. 1-7 y 163-167; Earenfight 2009.

15. Sobre la reginalidad medieval, véanse Nelson 1999; Silleras Fernández 2003; Silleras Fernández 2005-2006.

16. De hecho, Isabel la Católica, que acabó no sólo expulsando a los judíos de sus reinos, sino que también creó la Inquisición, fue deificada en las poesías compuestas por conversos al inicio de su reinado, que esperaban que con ella mejorara su precaria situación (Kaplan 1998).

y del que Fernando no tenía la potestad de sacar a sus propios hijos (AZCONA 1993). Contrajeron matrimonio unos meses después, en octubre, en Valladolid, en secreto. Unos años después, en 1475, la Concordia de Segovia, el «acuerdo para la gobernación del reino» volvió a reiterar el hecho de que Isabel era la reina propietaria de Castilla, y Fernando su consorte en Castilla, siendo sólo rey por derecho propio en Aragón (AZCONA 1993, p. 245; EARENFIGHT 2009, p. 18). En su matrimonio se produjo una inversión de ciertos papeles de género. Por ejemplo, fue Fernando el que se trasladó a Castilla y, si bien es cierto que su corte era itinerante, por lo que ambos viajaron a la Corona de Aragón en determinadas ocasiones, residieron principalmente en Castilla, que entonces requería de mayor atención (ARMAS 1974). Isabel no fue la reina consorte que Fray Martín de Córdoba le recomendó ser, se escapó de ese modelo binario de buena/mala reina para introducirse en los matices de una construcción del género y un ejercicio de la virtud más performativo y práctico. Fue una reina gobernanta que participó en todos los aspectos de la administración de los reinos, y que delegó en su marido el control del ejército, la diplomacia y la Corona de Aragón. El resto lo hicieron juntos, como su lema gustaba de recordar: «Tanto monta, monta tanto, Isabel como Fernando» (WEISSBERGER 2003, p. 47-50). Consecuentemente, tanto Isabel como Fernando fueron responsables de los acontecimientos más sobresalientes (y terriblemente controvertidos) de su reinado: la fundación del tribunal de la Santa Inquisición (1478-1480), la conquista del reino de Granada – que acabó con la llamada Reconquista y por la que el papa Alejandro VI les otorgó el título de "Reyes Católicos" – la expulsión de los judíos, la llegada de Colón a las Américas y el inicio de su colonización y, por último, las agresivas políticas de conversión forzosa de los musulmanes granadinos al cristianismo (que pasaron de mudéjares a moriscos). Obviamente, Isabel fue partícipe de otras actuaciones destinadas al refuerzo de la monarquía, como por ejemplo la creación de la Santa Hermandad destinada a instaurar el orden en sus territorios.

Y pese a todo ello, la soberana siempre se mostró cauta. Siguió modelos al uso, sobre lo que debía constituir una mujer, como los propuestos por Fray Martín, escribiendo en un tono sumiso y recogido, con modestia, desautorizando su propio discurso, cuando su interlocutor era su confesor, Hernando de Talavera, o su propio esposo, el rey Fernando.[17] En eso sí que siguió el consejo del *Jardín* (que no era novedoso en sí mismo) y se mostró "femenina" cuando debía, al mismo tiempo que se apropió de la autoridad pública, supuestamente masculina. Entendió la potencialidad del discurso presente en los textos y los dotó de un significado que le resultó satisfactorio. Por ello se ocupó de la educación de sus hijos y de la suya propia, aprendiendo latín en su edad adulta, siguiendo con ello la nueva

17. Por ejemplo, Isabel escribió a su confesor, Hernando de Talavera: «Muy reverendo y devoto padre. Tales son vuestras cartas ques osadia responder a ellas, porque ni basto ni se leerlas como es razón: mas se cierto que me dan la vida y que no puedo decir ni encarezer, como muchas vezes digo, quanto me aprovechan: tanto que no es razón de cansar ni dexarlas, sino escribir con quantos aca vinieren…» (CLEMENCÍN 2004, p. 373). Véase también WEISSBERGER 1998.

órbita del modelo humanista que caracterizó su reinado (Gil Fernández 2003). Aumentó el poder de la Iglesia con la creación de la Inquisición y la patrocinó fundando una veintena de monasterios. Esta abundancia se debió a motivaciones puramente prácticas, y no sólo a la creación de una imagen o memoria colectiva, o a un anhelo de servir a Dios. La reina erigió principalmente monasterios masculinos y mendicantes (franciscanos y dominicos) en el recién conquistado Reino de Granada, para vertebrar el territorio, castellanizarlo e introducir el cristianismo.[18] De hecho, algunas de estas fundaciones fueron acompañadas de leyendas que sirvieron para impulsar una imagen mesiánica de los reyes.[19]

3. *Isabel la Católica como arquetipo literario en el* Carro de las donas

Sin duda alguna, Isabel I superó el modelo de reginalidad característico de la Edad Media al actuar de manera rotunda como una reina gobernante, implicada en la toma de todo tipo de decisiones. En ese sentido no fue una reina excepcional, hubo más como ella, aunque no necesariamente reinas por derecho propio. Se trató, sobre todo, de reinas consortes que ocuparon un papel destacado en sus respectivos reinos como regentes o lugartenientes (Silleras Fernández 2008, p. 1-7). Lo destacable de Isabel es la duración de su ejercicio en el poder, el tipo y el alcance de las políticas que inició y la inmediata mitificación que su reinado y su persona tuvieron en la conciencia colectiva de los que la siguieron. Isabel la Católica aparece incluida como un personaje literario más en numerosos textos durante su reinado y en otros posteriores, hasta nuestros días (Marino 2008, p. 186-199). Esta proyección de la obra y las personas de los Reyes Católicos empezó durante su propio reinado ya que ambos, pero sobre todo ella, se preocuparon extraordinariamente de cuidar su imagen y su reputación. Prueba de ello son las crónicas oficiales que encargaron sobre su reinado, y como orquestaron una campaña de "damnatio memoriae" de Enrique IV, que querían que fuera recordado únicamente como un rey incompetente e impotente, incapaz de engendrar a Juana la Beltraneja (Liss 2004, p. 40-46; Ladero Quesada 2008, p. 40-49).

El largo reinado de los Reyes Católicos (1474-1504/1516) se aventura ya en el llamado Renacimiento. Con ellos termina la Edad Media tal y como se concibe en los reinos hispánicos, y también la dinastía Trastámara. Fueron sucedidos por su nieto Carlos I/V, un Habsburgo, que ligó el futuro de los reinos peninsulares a sus territorios europeos a los que rápidamente se añadieron las nuevas conquistas en las Américas, las provincias de Nueva España (1519-1521) y Perú

18. Graña Cid ha analizado la introducción y avance de los franciscanos en Granada (Graña Cid 1993; Graña Cid 1997).

19. Isabel relacionó la conquista de Granada con una profecía que le hiciera fray Lorenzo de Rapariegos, lego franciscano de Arévalo. Una crónica recoge las supuestas palabras que Isabel pronunció tras la caída de la ciudad: «Oy se han cumplido las dos cosas que me dixo Fray Lorenço Rapariegos, de que avia de ser Señora de Granada; y la Missa primera que se avia de decir en ella, avia de ser de la Encarnación» (Atienza López 2008, p. 101-102).

(1531). Los Reyes Católicos constituyeron un referente para los que durante el Siglo de Oro añoraban un pasado medieval menos global, más concentrado en lo ibérico y en lo que consideraban unos valores tradicionales y supuestamente auténticos. Por ejemplo, Baldassare Castiglione, apenas un cuarto de siglo después de la muerte de Isabel, la alabó en su leidísimo *Cortesano*, asegurando que desde el cielo continuaba velando por su pueblo. La describió de este modo: «... supo esa señora así bien juntar el rigor de la justicia con la blandura de la clemencia y con la liberalidad...» (CASTIGLIONE 1997, p. 389). De la misma manera, tanto Isabel como Fernando son personajes literarios en numerosas obras teatrales de autores tan destacados como Lope de Vega, Tirso de Molina y Luis Vélez de Guevara.[20]

Pero el texto en el que me quiero detener es el *Carro de las donas*, en el que Isabel I ejemplifica a una mujer ilustre, digna de encomio e imitación. Junto a ella también aparecen someramente retratadas sus hijas: las princesas Isabel y María, reinas de Portugal, Juana (la Loca), reina de Castilla y Catalina, reina de Inglaterra. El *Carro de las donas*, editado en Valladolid, en 1542, es una traducción/adaptación, con muchos añadidos nuevos, de un texto catalán escrito por el franciscano Francesc Eiximenis hacia 1390.[21] Isabel la Católica, influenciada por sus confesores mendicantes, Hernando de Talavera y el cardenal Cisneros, valoró mucho este libro de Eiximenis. Consta que la traducción al castellano encargada para su corte, y titulada *Libro de las donas*, fue usada para educar a sus hijas y, en general, para ilustrar a las doncellas de su casa.[22] Sin embargo, la versión que me interesa es la de 1542, dedicada a la reina de Portugal, Catalina de Austria (1507-1578), casada desde 1525 con su primo, Joao III de Portugal. El fraile/autor con su texto tiene la intención de aculturar la corte portuguesa al modelo castellano (antes catalano-aragonés). No necesitó publicar el libro en portugués porque Catalina era castellana, y porque la corte portuguesa del siglo XVI era bilingüe castellano/portugués.[23] Además, así podía ampliar su número de lectoras/cortes potenciales dado que, cabe recordar, que en 1542 Catalina ya tenía 35 años y que una de sus hijas, María Manuela, sólo un año después se casó con su primo Felipe, príncipe de Asturias – luego conocido como Felipe II, el soberano en cuyo imperio nunca se ponía el sol. Con el *Carro de las donas* su autor ofrecía

20. Por ejemplo, aparecen en: *El mejor mozo de España* y *El niño inocente de la Guardia* (Lope de Vega), *Antona García*, *El amor médico* y *Doña Beatriz de Silva* (Tirso de Molina) y *La luna de la sierra*, *La serrana de la Vera* y *La corte del demonio* (Vélez de Guevara) (OSTLUND 1997; CABA 2008).

21. Tres obras de Eiximenis el *Llibre de les dones, la Vita Christi* y el *Tractat dels àngels* se tradujeron al castellano y fueron muy populares en Castilla en los siglos XV, XVI y XVII (ROJAS 2007, p. 364).

22. Se conservan siete códices del siglo XV del *Libro de las donas* (WITTLIN 1983).

23. Por ejemplo, la hija de Catalina, la infanta María Manuela, estudió portugués, castellano y latín. La reina Catalina tenía una biblioteca en la que abundaban sobre todo los libros en castellano. En 1541 Catalina desembolsó 1648 reales para comprar ocho ejemplares de la gramática castellana de Nebrija, para educar a su hija y a todas sus damas (BUESCU 2007, p. 267-268). Véase también CASTRO 2002.

a la reina Catalina una versión más adaptada a los nuevos tiempos de lo que ya leyera su madre, Juana la Loca, en la corte de Isabel y Fernando (Viera 1978, p. 145-155). Esta nueva versión está tamizada por la influencia del humanista valenciano Juan Luis Vives y su *De institutione feminae christianae* (1524), en el que también aparece Isabel la Católica, y que asimismo fue escrito para una nieta suya, Mary Tudor, por encargo de la madre de esta, Catalina de Aragón. Respecto al *Carro* lo único que se sabe del autor/traductor es lo que él mismo explica en su texto: se trata de un franciscano de Valladolid que formó parte del séquito del que fuera mentor de Carlos V, gobernador de Castilla y finalmente pontífice, es decir, Adriano de Utrech, luego Adriano VI (1522-1523). En el momento de la publicación el fraile ya residía en Portugal, en la corte de la reina Catalina. La más reciente edición del *Carro*, obra de Clausell, identifica a P. Cardona, confesor del Papa Adriano, como su autor; mientras que otras atribuciones anteriores propusieron a los también franciscanos, Luis de Escobar y Alonso de Tudela (Clausell Nácher 2007, vol. 1, p. 12).[24]

El original catalán, que llevaba por título *Llibre de les dones*, fue desde su composición un libro conocido y valorado en la corte real catalano-aragonesa. El libro de Eiximenis es un tratado didáctico bastante extenso dedicado a las mujeres, pero que también incluye numerosos elementos que pueden ser del interés de los cristianos en general. En la tónica habitual de este tipo de tratados, y al igual que después haría Martín de Córdoba en su *Jardín*, enseña a las mujeres como conocerse a sí mismas, para que sepan gobernarse y controlar sus vicios y pasiones. Su definición de mujer, procedente del comentario de Alanus de Boecio, es breve y clara: «hom occasionat… fet per occasió d'açò qui és principal e pus perfet en la espècia aquella» («hombre ocasionado… hecho para ocasión de aquello que es principal, y más perfecto en aquella especie»: Eiximenis 1981, p. 12-13). El libro de Eiximenis estaba dividido en dos partes: la primera introduce los temas a tratar y analiza la naturaleza femenina, mientras que la segunda expone y razona sobre las diferentes etapas en la vida de las mujeres (infantas, doncellas, casadas, viudas y religiosas). La sección dedicada a las religiosas es larguísima, por lo que una de las "modernizaciones" del traductor es transformarla en algo diferente porque, obviamente, la reina y sus doncellas no iban a ser monjas. De este modo, el *Carro* pasa a estar dividido en cinco libros dedicados a las doncellas, las casadas, las viudas, los cristianos en general y la preparación para la muerte (Graña Cid 1996, p. 130-131; Clausell Nácher 2007, p. 23). También incluye una serie de ejemplos nuevos como el de la reina Isabel, sus hijas y otras nobles castellanas importantes y reconocidas por su piedad extrema, como fueron Teresa Quiñones, esposa del almirante de Castilla, y su nieta Teresa Enríquez, casada con Gutiérrez de Cárdenas, contador mayor de los Reyes Católicos (Graña Cid 1996, p. 134-136). En palabras del autor del Carro: «se quitaron muchas cosas que él [Eiximenis] avía puesto las quales no eran para estos tiempos, porque ansí

24. Anteriormente otras autorías diferentes fueron propuestas, los frailes franciscanos Luis de Escobar (Meseguer 1959a; Meseguer 1977) y Alonso de Tudela (Vázquez Janeiro 1981).

lo aconsejaron los letrados que avían visto esta doctrina; e ansí se acrecentaron muchas cosas...».[25]

La semblanza que el autor del *Carro* realiza de Isabel la Católica es en buena parte deudora de la *Crónica de los Reyes Católicos*. En este artículo sólo me voy a detener a examinar esta pequeña sección del *Carro*, un libro extremadamente complejo, extenso e interesante. Lo destacable de estas pocas páginas es la caracterización que realiza de Isabel, qué elementos le parece que su nieta, Catalina de Austria, y la hija de ésta, María Manuela, y más en general las mujeres y la sociedad castellana y portuguesa, tienen que entender y recordar. El fraile presenta a Isabel como una reina devota. Destaca dos aspectos: la afición de la reina a hacer donaciones piadosas, sobre todo fundando monasterios, y su predilección por los franciscanos observantes. Tanto Francesc Eiximenis, que se sitúa al principio de la observancia en la península ibérica, como el franciscano traductor del *Carro,* eran observantes.[26] El autor empieza explicando primeramente las "perfecciones" con las que Dios dotó a la "cristianísima" reina, puestas ya en evidencia en la primera parte de su vida cuando, apartada de la corte, residía con su madre y su abuela en Arévalo. Seguidamente, narra los sucesos que le acontecieron después, cuando la llevaron a Ávila para nombrarla heredera al trono, si bien, «nunca esta cathólica princesa quiso consentir a los grandes que la alçassen por reyna, antes les hizo una plática maravillosa sobre la obediencia que han de tener a los parientes mayores [su hermanastro, el rey Enrique IV]».[27] Cuando finalmente la nombraron heredera a la corona «escribió a muchas casas de sant Francisco, señaladamente a sant Francisco de Arévalo, a quien ella señaladamente tenía devoción, porque la casa lo merescía, porque es casa muy devota y donde nuestro Señor Dios se sirve».[28] A continuación explica los prolegómenos del casamiento de la princesa, y lo discreta que fue, y como lloró, ayunó, rezó y escribió a religiosos y religiosas, sobre todo franciscanos, pidiendo oraciones y consejo. Estos ayunos y rezos la sitúan en la órbita de otra reina ejemplar, la bíblica Esther. Además en el *Carro* se asegura que Isabel, con su unión matrimonial, sólo buscaba «el bien y utilidad destos reynos de Castilla y de León». Destaca seguidamente su papel de esposa y madre, y el cuidado con el que mantenía su corte y educaba a sus damas y doncellas, «todo era perfección y sanctidad».[29]

Pero donde el franciscano observante se detiene para proporcionar un mayor nivel de detalle es cuando llega el momento de tratar las numerosísimas fundaciones monásticas de las que Isabel fue patrona: «Hedificó muchos monasterios de muy sumptuosos hedificios». Una veintena de estas ricas fundaciones, de buenos edificios y mejores rentas, son mencionadas: San Juan de los Reyes (franciscano, Toledo), San Pedro de Montoro (franciscano, Roma), Santa Engracia (jerónimo,

25. *Carro de las donas*, vol. I, p. 141.

26. Respecto a la observancia de Eiximenis y de la corte catalano-aragonesa de su tiempo véanse LÓPEZ 1915; LÓPEZ 1929; SILLERAS FERNÁNDEZ 2008, p. 122-135.

27. *Carro de las donas*, vol. I, p. 417.

28. *Carro de las donas*, vol. I, p. 418.

29. *Carro de las donas*, vol. I, p. 419.

Zaragoza) San Francisco (franciscano, Granada), Santa Isabel la Real (clarisas, Granada), San Luis (franciscano, cerca de Granada), Santa Cruz (dominico, Granada), Hospital (Granada), Capilla de la Iglesia mayor de Granada, San Jerónimo (Granada), Monasterio de la orden de Santiago, San Francisco (Málaga), Santo Domingo (Málaga), Nuestra Señora de la Victoria (mínimos), muchas más fundaciones franciscanas en el Reino de Granada (en Loja, Guadix, Almería y Toros), Santo Tomás (dominicos, Ávila), Santa Cruz (dominicos, Segovia), San Antonio (clarisas, Segovia) y muchas fundaciones franciscanas más en Granada que el fraile ya no especifica, porque fueron tantas...[30] Y por si esta retahíla de fundaciones monásticas no fuera suficiente para ensalzar debidamente la religiosidad de la reina, el fraile también destaca otros aspectos de su devoción, y de su mesura. Este punto es importante porque Isabel no es representada como una mujer que tendiera al exceso: fundar una veintena de monasterios es visto como apropiado para una reina liberal y de alta talla moral. Igualmente, todavía hizo más buenas obras «grandes limosnas en lugares devidos, y a mugeres viudas y de linage, siendo nescessitados y pobres, les hazía limosnas».[31] Además de erigirlos honraba a los monasterios con su visita, para ejercer un contacto más estrecho con los religiosos que allí moraban, sobre todo con las monjas. Procuraba siempre tener un confesor Franciscano observante – movimiento de reforma del que fue protectora e impulsora (Meseguer 1959b, p. 153-195).

Entonces, y por sólo cuatro líneas, se apunta que la reina y el rey se reunían con su consejo secreto. No dice más, esta es la única y escueta mención que denota que la reina estaba involucrada en el gobierno. Eso sí, pasa a punto seguido a comentar su política con respecto a las minorías religiosas, porque este elemento sí que puede relacionarse con la imagen que está construyendo de reina piadosa y liberal. Por esta política sí que le da total reconocimiento porque: «Esta christianíssima reyna quitó las heregías de Castilla y de Aragón y de todos sus reynos y señoríos, y echó los judíos y moros de sus reynos».[32] El elogio de la reina Isabel acaba con la inclusión obligada de que «viendo el rey la grande abilidad que la reyna tenía en la gobernación, todas las cosas graves remitía al buen saber y juyzio de la reina».[33] A continuación añade un fragmento de su testamento, que la sitúa nuevamente en estrecho contacto con los franciscanos. Se trata de la sección en la que especifica que quiere ser enterrada vistiendo el hábito de San Francisco (y no el de las clarisas), en el monasterio franciscano de la Alhambra, en una sepultura sencilla y humilde.[34] En su testamento invoca a San Francisco al que llama: «se-

30. *Carro de las donas*, vol. I, p. 419-420. Respecto a la conexión entre la observancia franciscana, las clarisas y la reina Isabel y su círculo, véase (Graña Cid 2010b). Sobre las fundaciones monásticas en tiempos de los Reyes Católicos véase Atienza López 2008, p. 97-122.

31. *Carro de las donas*, vol. I, p. 421.

32. *Carro de las donas*, vol. I, p. 422.

33. *Carro de las donas*, vol. I, p. 422.

34. La reina, encontrándose enferma, otorgó testamento el 12 de octubre de 1504, al que añadió un codicilo el día 23. Murió el 26 de noviembre en Medina del Campo (Cabañas, López, Ser Quijano 2007, p. 243-257).

ráphico confesor, patriarca de los pobres e alférez maravilloso de nuestro Señor Jhesuchristo...» (Fernández Álvarez 2004, p. 434-435).

4. *Conclusiones: textos, teoría y práctica*

En definitiva, lo expuesto nos muestra la relación que existió en la Edad Media entre ciertos libros, el modelo teórico de conducta que proponían, y el resultado que tuvieron en las vidas y actuaciones de aquellos que los leían en su propio tiempo, y aun la recepción que tuvieron mucho después – en función del "horizonte de expectativas" de los lectores, que diría Jauss. Es decir, la relación que evidentemente existió, pero que es difícil de establecer, entre tres elementos cruciales: textos, teoría y práctica (Ashley, Clark 2001, p. 18-21; Feros Ruys 2008, p. 18-21).

En este sentido, y curiosamente, no sabemos si Isabel I llegó a leer el *Jardín de nobles doncellas*, que no consta en el inventario de su biblioteca – sí que tenía el libro del Arcipreste de Talavera y varios ejemplares de la ética aristotélica, entre muchos otros volúmenes.[35] Sin embargo, y en cualquier caso, lo relevante es que el libro de Fray Martín no es original en sí mismo, y que las estrategias descritas referentes a como debía comportarse la reina, si quería evitar suscitar lo que Breitenberg denomina "masculinidad ansiosa" entre sus súbditos varones, si que se observan en la cuidada imagen que Isabel construyó de sí misma.[36] Y esto es lo que recoge y exagera el *Carro de las donas*, que la transformó en una figura que debía quedar fijada en la memoria como esposa, madre, y más que cualquier otra cosa, como protectora y mecenas de la Iglesia, de sus monasterios y de los franciscanos observantes. El autor del *Carro* se aleja expresamente de la imagen de la mujer viril y activa en el gobierno, con que Isabel es caracterizada en otros textos, como la continuación de la Crónica de los Reyes Católicos, o los de Juan de Lucena y Fernando del Pulgar (Howe 2003, p. 94). Al fraile le interesaba que la nieta de Isabel, Catalina de Austria siguiera el ejemplo de su abuela. Ciertamente Catalina entendió el modelo, durante su reinado apoyó el movimiento de observancia franciscana, que pronto tendría que competir con la ascendencia de los jesuitas, y se instauró la Inquisición en Portugal (Buescu 2005, p. 192-200). Al igual que en el caso de Isabel, Catalina estuvo muy involucrada en el gobierno como consejera de su marido y después como regente de su nieto Sebastián.

En cualquier caso, Isabel supo navegar en la cultura de su tiempo y se ahorró el modelo negativo, las críticas que recibió en vida fueron más bien mesuradas

35. Que no tuviera el libro en su biblioteca no implica que no lo leyera. El fraile tampoco se introdujo en el círculo de patronazgo y allegados de Isabel I. Véase el inventario de su biblioteca en Clemencín 2004, p. 435-481.

36. Por ejemplo, el humanista Pietro Martine d'Anghiera tras la muerte de Isabel la comparaba con la Virgen María considerándola más piadosa, pura y honesta que cualquier otra (Ishikawa 2003, p. 103). Respecto a la masculinidad, véanse Breitenberg 1996, p. 7; Long 2002. Véase también la introducción de Weissberger 2003.

y sutiles.[37] En su caso se la representa siguiendo dos arquetipos literarios más o menos positivos: ya fuera el modelo de mujer viril, fuerte y virtuosa, o el de reina piadosa y devota. No es casualidad que en los textos que ella promocionaba se la describa como una mujer viril y amante de su esposo e hijos, y que en los que le dedican otros, sobre todo los religiosos, se la encamine a la piedad y la donación piadosa. En cualquier caso, ambos arquetipos tenían en común el hecho de que la transformaron en una mujer excepcional. No podía haber otra como ella. De ahí los problemas que tuvo que afrontar su hija Juana cuando accedió al trono de Castilla en 1504, pasando por delante de su padre, Fernando el Católico, y de su esposo, Felipe el Hermoso.[38] El gobierno femenino tenía que ser una excepción, no una regla. Juana no supo, o no pudo, seguir las estrategias de su madre para negociar con la ansiedad que provocaba tener a otra mujer gobernando en una cultura tan marcadamente patriarcal. Juana no fue avara, pero tampoco fundó monasterios, y en Castilla se rumoreaban todo tipo de cosas sobre su vida en Flandes, como que descuidó sus obligaciones religiosas y que estaba obsesionada con su marido.[39] Fue gracias a libros como los de Martín de Córdoba, Francesc Eiximenis y el fraile autor del *Carro* que reinas como Isabel y Catalina, y muchas otras mujeres entendieron las reglas del juego patriarcal, que siguieron, sin seguirlas, disimulando, si querían tener éxito. No en vano, Isabel la Católica fue acusada de "disimular" sus verdaderas intenciones y a obrar con cautela excesiva, más allá de lo prudente.[40] Las que se arriesgaron, las que se desviaron del modelo, como la reina Juana, fueron apartadas, descalificadas; como Juana, a la que se conoce como La Loca.[41] No por nada, el Arcipreste de Talavera, que en su libro no sólo hablaba de la avaricia… sino del amor, identificaba el amor y la sexualidad con la enfermedad. Juana, melancólica, pegada al féretro de su marido muerto, al que se negaba a abandonar, se transformó en el arquetipo de la loca sin balance. Los enfermos de amor literarios, el amor "hereos", se construyeron como masculinos, y las novelas sentimentales que sublimaron el mal de amor siempre acababan mal.

37. Fernando el Católico también recibió críticas. Por ejemplo Francisco Guicciardini, embajador italiano en su corte entre 1512-1513, le describe como poco liberal y de poca palabra: «Es un rey muy notable y con muchas grandes prendas; y sólo se le acusa, sea o no cierto, de no ser liberal y buen guardador de su palabra; en todo lo demás brilla su urbanidad y consideración. No es jactancioso ni sus labios pronuncian nunca sino palabras pensadas y propias de hombres prudentes y rectos» (Fabié 1879, p. 214).

38. Juana parece haber sufrido una profunda depresión tras la muerte de su esposo, Felipe el Hermoso, que la incapacitó para gobernar, situación que fue aprovechada para encerrarla en Tordesillas y apartarla definitivamente del gobierno. Véanse Aram 2005, p. 166; Fernández Álvarez 2010, p. 143-154.

39. En 1516 y 1520 Juana recibió exorcismos para curarla. También se negó reiteradamente, estando ya enferma, y durante unos años, a confesarse (Aram 2005, p. 148)

40. Isabel sobre todo, pero también Fernando, fueron acusados de disimulo excesivo. Véanse Fabié 1879, p. 214; Fernández de Córdova 2002, p. 76.

41. El Arcipreste de Talavera consideraba el amor y la sexualidad una enfermedad. El mal de amor es un tema habitual en la literatura medieval, y todavía más durante el reinado de Isabel con la aparición de la novela sentimental. Véanse Solomon 1997, p. 49-66; Piera 2007, p. 320.

La reina Catalina no conoció a su abuela Isabel personalmente, pero supo de ella en los libros y por aquellos que, como su madre, la conocieron y trataron. Catalina creció junto a Juana, su madre "loca", ambas encerradas en el castillo/cárcel de Tordesillas. Cuando su hermano, Carlos V, la sacó, para casarla con Joao III de Portugal, entendió que era mejor seguir las estrategias de la abuela, que las de la madre. Como bien decía Foucault, la verdad, la moralidad y el sentido se crean a través del discurso que se perpetúa gracias a aquellos que controlan su comunicación (FOUCAULT 1980), pero cómo se recibe ese mensaje y cómo se usa es otra cuestión. Y desde entonces hasta hoy: el arquetipo literario didáctico perdura y la estrategia discursiva busca repetirse. En el año 2002 la Conferencia episcopal española presentó una propuesta a la Santa Sede para reabrir el proceso de beatificación de Isabel la Católica iniciado en 1958, que nuevamente es presentada por los religiosos como un arquetipo de Reina Santa y mujer devota, descrita como: obediente, humilde, prudente y muy religiosa.[42]

42. Weissberger inicia su excelente estudio sobre la reina Isabel y su literatura comentando los detalles de este proceso de beatificación (WEISSBERGER 2003, p. XI).

Ana Maria S.A. Rodrigues

Espiritualidade e patrocínio religioso na Coroa Portuguesa no século XV: reis, rainhas e infantes

É de há muito conhecido que os reis da primeira dinastia fundaram directamente inúmeros mosteiros e apoiaram, com as suas doações, isenções e privilégios, fundações feitas por membros da nobreza ou do clero. Basta pensar no papel de D. Afonso Henriques (rei 1128-1185) na origem dos mosteiros de Santa Cruz de Coimbra (Martins 2003, p. 192-202) e S. Vicente de Fora de Lisboa (Ordens 2005, p. 200), de cónegos regrantes de Santo Agostinho, ou ainda do de Alcobaça, de monges cistercienses (Cocheril 1989, p. 25-28). Quanto a D. Dinis (rei 1279-1325), não só fundou e dotou o mosteiro cisterciense feminino de Odivelas (Vilar, Silva 1992, p. 590-593), como nele se fez sepultar, inaugurando um novo panteão régio que, porém, não teve seguimento; também financiou a construção do chamado Claustro do Silêncio, no mosteiro de Alcobaça, e mandou terminar as obras do convento de S. Francisco de Portalegre, iniciadas pelo seu pai, e da igreja do convento de S. Francisco de Alenquer, começadas por sua mãe (Pizarro 2008, p. 224).

Se, no caso dos primeiros monarcas portugueses, a fundação de cenóbios e a entrega de áreas muito vastas às ordens religiosas e militares tinham como objectivo a ocupação, valorização económica e defesa do território, não podemos todavia excluir as considerações políticas e religiosas. Por um lado, era importante conseguir o apoio da Igreja (quer a de Roma quer a local) para uma monarquia emergente num primeiro tempo, e depois frágil e com dificuldades em se afirmar perante um vizinho que esperava o mais pequeno sinal de fraqueza para de novo a absorver. Por outro lado, acreditava-se que beneficiar os homens e as mulheres de Deus era uma das melhores formas de obter a protecção desse mesmo Deus para o reino (ou para a cidade, a comunidade em que se vivia) e alcançar a salvação eterna. Isto para já não falar da autoridade e do prestígio garantidos pela proximidade do sagrado.

As rainhas consortes acompanharam os seus maridos nestes gestos de generosidade e benevolência para com a Igreja, sendo os seus nomes referidos, regra geral, a seguir aos deles nas cartas de fundação e de privilégio. Algumas, porém, tiveram uma actividade própria: a D. Mafalda de Mouriana (rainha 1146-1157) atribuiu-se a fundação do mosteiro de Santa Marinha da Costa de Guimarães, inicialmente de cónegos regrantes de Santo Agostinho; D. Urraca de Castela (rainha

1208/9-1220) teria contribuído para a fundação do primeiro convento franciscano de Coimbra, mais tarde chamado de Santo António dos Olivais por nele ter feito o seu noviciado o referido santo (Benevides 2007, p. 105 e 123); os estudos mais recentes, contudo, não corroboram estas atribuições, veiculadas pela tradição (Ordens 2005, p. 162 e 345). Em contrapartida, é bem conhecido o processo pelo qual D. Isabel de Aragão (rainha 1282-1336) relançou em novas bases o convento de Santa Clara de Coimbra, criado por uma senhora da aristocracia local, D. Mor Dias. A Rainha Santa não só obteve uma solução satisfatória para o conflito que opôs a fundadora aos cónegos de Santa Cruz de Coimbra, como financiou a construção dos edifícios conventuais e acompanhou de perto a obra, vivendo ao longo de toda a sua viuvez num paço que mandou edificar junto ao cenóbio (Santos 2000).

Com efeito, era considerado muito apropriado às damas da nobreza – incluindo as rainhas – recolherem a um cenóbio após a morte dos seus esposos; as mais jovens escusavam-se, assim, a segundos casamentos não desejados ou suspeitas de má conduta se permanecessem sozinhas, e as mais velhas evitavam ficar na dependência dos filhos, que herdavam a maior parte da fortuna dos falecidos pais. As mais ricas dessas damas, aliás, preparavam com antecedência tal possibilidade, mandando construir casas de religião para depois nelas professarem, tornando-se suas abadessas ou mantendo, mesmo se simples monjas, uma grande influência sobre a organização e o destino das respectivas comunidades. Mas não era só em relação às viúvas que isso acontecia: os pais de donzelas da aristocracia que não tinham meios económicos e prestígio suficientes para as casar a todas à altura do seu estatuto – o que podia acontecer, até, a monarcas com uma prole demasiado numerosa – também preferiam encerrá-las em conventos a deixá-las permanecer no mundo, sujeitas aos respectivos perigos.

O exemplo mais notável destes procedimentos é, certamente, o das três beatas filhas de D. Sancho I (rei 1185-1211), as rainhas – pois era assim que eram chamadas nos documentos do pai, e se intitulavam a elas mesmas nos seus diplomas – Teresa, Sancha e Mafalda. D. Teresa (c. 1176-1250), casada e depois separada de Alfonso IX de Leão (rei 1188-1230), viveu entre os dois reinos e em ambos esteve ligada a mosteiros cistercienses femininos: em Leão, fundou o de Villabuena del Bierzo por 1228-1231, numa terra que lhe fora dada em arras ao tempo do seu casamento (Cavero Domínguez 1997); em Portugal, obteve a transferência do mosteiro beneditino masculino de Lorvão para mãos femininas, introduzindo as primeiras monjas e nele passando grandes temporadas no ocaso da sua vida (Marques 1998, p. 130-142). D. Mafalda (1195/6-1256) foi também casada com um rei, Enrique I de Castela (rei 1215-1217), de quem a obrigaram a separar-se por motivo de consanguinidade, tal como acontecera a sua irmã mais velha. Tendo recebido do pai, em 1210, os padroados dos mosteiros de Bouças e Arouca, decidiu retirar-se para este último no seu regresso a Portugal, introduzindo nele os costumes cistercienses (Coelho 1977, p. 39-40 e 58-59). Em ambos os casos, tratou-se, pois, de refundações dos cenóbios em outras bases e não de criações de raiz.

Quanto a D. Sancha (1180?-1229), a única que permaneceu solteira, sabe-se que, cerca de 1222, ofereceu aos franciscanos em Alenquer, vila de que tinha o senhorio por doação de seu pai D. Sancho I, um paço para construírem o seu convento; aí se acolheram os cinco frades que viriam a ser, anos mais tarde, os chamados Mártires de Marrocos. Pela mesma altura, a infanta fundou o mosteiro de Celas, junto a Coimbra, com monjas cistercienses provenientes de Lorvão. Para lá se transferiram, um pouco mais tarde, as beatas enceladas que ela também protegia em Alenquer (MORUJÃO 2001). Ao invés do que acontecera com as iniciativas das suas irmãs, tratou-se, pois, de verdadeiras fundações. Mas o certo é que, apesar dos enormes investimentos que fizeram nos referidos cenóbios, de terem neles residido durante largas temporadas e tido uma influência marcante nos respectivos destinos, nenhuma das três infantas-rainhas chegou a professar, guardando sempre o seu estatuto secular e a sua posição de grande prestígio e poder na casa real (ROSA 2000, p. 455). Isso não as impediu de serem beatificadas, tal como D. Isabel de Aragão foi santificada, apesar de também não ter professado em Santa Clara de Coimbra e ter mantido os seus bens e as suas funções de rainha-mãe até à sua morte.

Se, para as infantas, a construção e patrocínio de mosteiros femininos era uma forma de garantirem um lugar apropriado para passarem os seus últimos dias, aos infantes servia para ostentarem o seu prestígio, riqueza e poder. Por exemplo, o filho bastardo preferido de D. Dinis, Afonso Sanches (1289-1329) – cuja influência junto do progenitor levou à revolta do herdeiro do trono e a uma guerra civil em que D. Isabel de Aragão tomou o partido do filho contra o esposo (DIAS 1997, p. 160-164) –, fundou o convento de Santa Clara de Vila do Conde juntamente com sua mulher D. Teresa Martins, em 1318, no regresso de uma romagem a Santiago de Compostela em que ambos haviam acompanhado o monarca. Tratava-se de um convento de clarissas urbanistas, destinado a viúvas e jovens solteiras nobres que tivessem caído na pobreza. O bastardo régio dotou-o largamente com padroados de igrejas e diversas herdades e povoações sobre as quais tinha direitos senhoriais. O próprio rei D. Dinis fez doações a esse convento, colocando-o sob sua protecção e isentando-o das leis de desamortização que impediam a herança e compra de bens de raiz pelas ordens. Pensa-se que a intenção de Afonso Sanches foi construir uma instituiçao capaz de rivalizar, em tamanho e riqueza, com o que a rainha edificava então em Coimbra, e que guardasse para sempre a sua memória e a da sua linhagem. Para isso, fez da respectiva igreja a sua última morada, mandando aí sepultar também sua mulher e seus sucessores (NEVES 1982, p. 13-27).

A partir de finais do reinado de Dinis, porém, terminadas a conquista e colonização do território nacional (MARQUES 1997, p. 47-53), estando também consolidada a monarquia, quer interna quer externamente, devido à actuação desse monarca e de seu pai Afonso III (rei 1248-1279) (MATTOSO 1985), nota-se uma sensível diminuição das fundações religiosas de iniciativa régia. Os monarcas do século XIV, e ocasionalmente as suas esposas, confirmam os privilégios dados às casas de religião pelos seus antecessores, autorizam as fundações particulares e até fazem doações a mosteiros e conventos de sua particular devoção, nomeadamente nos seus testamentos, mas estamos longe dos grandes projectos construtivos e das generosas concessões do passado. A protecção divina parece adquirida e a Igreja local controlada, enquanto o papado se vai afundando em querelas e divisões que o levam a solicitar o apoio dos diferentes reis da Cristandade em vez de, como outrora, estender sobre eles a sua protecção e oferecer-lhes legitimidade (Chélini 1991, p. 465-558; Vilar 2000).

Não admira, assim, que no século XV, reis, rainhas e infantes da segunda dinastia não se tivessem evidenciado por construírem imponentes cenóbios ou concederem grandes proventos e privilégios às ordens religiosas. Houve, contudo, algumas excepções. E todos eles participaram na construção de casas de religião, em geral mais pequenas, que entregaram a novas ordens religiosas ou a observantes das antigas, além de patrocinarem os movimentos reformistas e darem o seu apoio a formas de vida mais radicais, como as dos eremitas e emparedadas. Neste breve ensaio, tentaremos explicar estas mudanças, assim como as referidas excepções, à luz do contexto político e religioso da época.

Uma das excepções foi o fundador da segunda dinastia, D. João I (rei 1385-1433). Tratava-se de um filho bastardo de D. Pedro I (rei 1357-1367), feito muito cedo mestre da ordem militar de Avis. Quando o seu meio-irmão legítimo, D. Fernando (rei 1367-1383), morreu, deixando como única herdeira a infanta D. Beatriz (rainha de Portugal 1383, rainha de Castela 1383-c.1420), casada com Juan I de Castela (rei 1379-1390), surgiu a sua grande oportunidade. Não vou recordar aqui todos os episódios políticos e militares da chamada crise de 1383-1385, que consistiu num conflito civil rapidamente transformado numa guerra contra Castela (Arnaut 1959). Para o nosso propósito, basta recordar que foi a batalha de Aljubarrota, por ele vencida a 14 de Agosto de 1385 (Monteiro 2003), que efectivamente lhe garantiu o trono para que fora eleito meses antes, em Coimbra, pelos três estados reunidos em cortes (Caetano 1985). Por isso, mandou erigir muito perto do lugar onde se deu o recontro entre portugueses e castelhanos, que era uma zona rural escassamente habitada, o mosteiro de Santa Maria da Vitória, também conhecido como mosteiro da Batalha, em cujas proximidades foi crescendo uma povoação com o mesmo nome. Tal mosteiro foi pouco depois entregue aos frades dominicanos, de quem o monarca era especialmente devoto e a quem confiou a salvação da sua alma e a preservação da sua memória, pois foi ali que mandou construir uma capela para servir de panteão à dinastia de Avis (Gomes 1990, p. 3-5 e 129-141).

Embora, depois de subir ao trono, João I tenha confirmado os privilégios e isenções que os mosteiros das ordens mais antigas (beneditinos, cistercienses e agostinhos) se apressaram a submeter-lhe, foram os dominicanos e franciscanos que receberam mais apoio da sua parte e foi ainda entre eles que escolheu os seus confessores, pregadores e conselheiros (Coelho 2008, p. 289). Com efeito, além de criar de raiz o mosteiro da Batalha, o rei colaborou na fundação de vários conventos dominicanos. Só em Lisboa, foram dois: o de S. Salvador, construído em torno da igreja do mesmo nome, cujo padroado o rei doou ao bispo D. João

Esteves da Azambuja em 1391; e o de S. Domingos de Benfica, edificado numa quinta dessa zona, cedida pelo monarca a Frei Vicente de Lisboa para aí viver com os seus companheiros, em 1399. Depois da conquista de Ceuta, D. João I fundou lá o convento dominicano de S. Jorge e, em 1421, consentiu ainda na criação do de S. Domingos de Vila Real (Cácegas, Sousa 1977, p. 740-741, 815, 913-915 e 970-973).

No que toca aos frades menores, a sua actuação foi, por vezes, desencadeada a pedido ou em conjunto com a sua esposa D. Filipa de Lencastre (rainha 1387-1415), que também alternou entre franciscanos e dominicanos na sua escolha de confessores (Silva 2009, p. 205). Em S. Francisco de Leiria, D. João I financiou parte das obras de ampliação da igreja conventual, mandando esculpir na frontaria desta o seu brasão e o da rainha (Gomes 1997, p. 133-134). Sob patrocínio de D. Filipa, que obteve do papa a necessária licença, e a pedido do seu confessor, frei João Xira, o monarca fez construir no Porto um novo convento para as clarissas que estavam instaladas no Torrão, em Entre-os-Rios; a rainha já não teve, porém, ocasião de acompanhar o esposo na solene fundação do novo cenóbio, feita em Março de 1416, porque falecera no ano anterior (Coelho 2008, p. 290).

Estranhamente, nada mais se sabe sobre o patrocínio religioso de D. Filipa, de que tanto os cronistas seus contemporâneos como os historiadores hodiernos acentuam, todavia, a profunda e esclarecida religiosidade, que ela teria transmitido aos filhos – um dos quais, D. Fernando, viria a tornar-se santo (Fontes 2000), e outro, D. Henrique, apresentado como casto e de vivência austera pelos cronistas do seu tempo, mas considerado um homossexual disfarçado por um historiador dos nossos dias (Johnson 2004). A principal actuação da soberana no campo religioso parece ter sido a introdução do rito litúrgico inglês de Salisbúria, conhecido por *Old Sarum*, mais complexo e esplendoroso do que o até então em uso na corte portuguesa, e que exigia um maior conhecimento do breviário por parte dos féis, rito esse que se manteve vivo, pelo menos, até ao tempo do seu neto D. Afonso V (rei 1438-1481) (Silva 2009, p. 198-201). O desaparecimento do testamento da única rainha inglesa de Portugal impede-nos de ir muito mais longe no conhecimento das suas devoções e das casas religiosas que mais favoreceu.

Regressando à actuação mecenática de D. João I em relação aos irmãos menores, este mandou ainda reedificar o convento de S. Francisco de Guimarães, que havia sido destruído pelo rei D. Dinis durante a guerra civil com o respectivo filho. Também deu um impulso decisivo ao convento de Santa Clara de Portalegre, fundado pelo seu antecessor mas cuja construção tinha deparado com muitos obstáculos (Ordens 2005, p. 273 e 323). Por fim, e porque foi durante o seu reinado, em 1392, que os Observantes entraram em Portugal, confiou-lhes a reforma do velho convento franciscano de Alenquer (Coelho 2008, p. 289).

D. João I também apoiou a introdução dos Jerónimos no reino, doando a Frei Vasco uma propriedade perto de Alenquer onde este ergueu um eremitério, e obtendo do papa Bonifácio IX, em 1400, licença para criar dois mosteiros hieronimitas: o do Mato, fundado a partir desse eremitério, e o de Penha Longa, construído pouco depois junto à vila de Sintra (Ordens 2005, p. 155). Ainda em

Sintra e no mesmo ano, o monarca mandou edificar um convento da Ordem da Santíssima Trindade, que se dedicava ao resgate dos cristãos caídos nas mãos dos mouros (Almeida 1967, p. 337). E protegeu formas de vida religiosa mais radicais, dando esmolas quotidianas a duas emparedadas de Lisboa e a frei João da Barroca, e isentando de tributos os «homens da pobre vida» da Serra de Ossa, de Montemuro e de S. Gens (Coelho 2008, p. 290).

No seu testamento, todas as entidades referidas receberam a sua atenção, mas foi aos dominicanos da Batalha que mais rendimentos deixou, para que terminassem as obras do convento, o sepultassem com a solenidade devida e para sempre sufragassem a sua alma e a da sua esposa (Monumenta Henricina 1961, III, p. 131-139). Para um cristão profundamente devoto como ele, era fundamental cuidar da sua salvação eterna; mas para um bastardo régio que havia sido elevado ao trono pela vontade popular expressa em cortes e nele se conservara pela força das armas, era não menos importante legitimar o seu poder e o dos seus sucessores através de um monumento sagrado, celebrando e colocando sob o patrocínio de Santa Maria não apenas uma batalha vitoriosa mas todo um reinado.

D. Duarte (rei 1433-1438), o primogénito legítimo – havia um meio-irmão mais velho, mas bastardo, o conde de Barcelos D. Afonso (1377-1461) –, sucedeu a D. João I sem quaisquer dificuldades em 1433, num reino que estava internamente serenado e em paz com o vizinho castelhano. Não teve, por isso, que justificar por decisões de cortes, memoriais de vitórias, celebrações jubilosas e escritos laudatórios a sua ascensão ao trono, embora seja da sua responsabilidade grande parte do que foi feito em prol da legitimação de seu pai e da exaltação da dinastia que este havia inaugurado (Duarte 2008, p. 179-180 e 207-212; Fonseca 2007, p. 319-321). Não pensamos, porém, que tenha sido apenas a sua incontestável legitimidade dinástica mas também a brevidade do seu reinado o motivo da escassez das suas fundações.

Com efeito, além de ter procedido à confirmação geral dos privilégios concedidos pelos seus antecessores às diferentes casas religiosas do reino, habitual nos inícios dos reinados, o monarca, nos seus curtos cinco anos de governo, mostrou simpatia por conventos dominicanos e franciscanos, pobres da Serra de Ossa, Jerónimos e cónegos de S. João Evangelista (Ventura 1997, p. 54). Mas a sua principal fundação foi feita em 1431, ainda enquanto infante associado ao pai no governo, quando transformou a ermida de Nossa Senhora da Adema no convento franciscano observante de Santa Maria das Virtudes da Azambuja. Tal foi levado a cabo em cumprimento uma promessa feita por ocasião da conquista de Ceuta, em 1415, e o convento foi confiado Frei Afonso do Paraíso, um franciscano bacharel em Teologia que haveria de ser seu pregador e confessor. Outros confessores seus foram igualmente franciscanos: Frei Gil Lobo, mestre em Teologia e provincial dos frades menores de Portugal, e Frei Vasco Pereira (Duarte 2008, p. 254-255 e 259-260).

D. Duarte também apoiou, juntamente com a sua esposa D. Leonor de Aragão (rainha 1433-1440), a construção do convento de frades pregadores de Nossa Senhora da Piedade de Azeitão, empreendida por volta de 1435 pelo confessor da rainha, o doutor dominicano Frei João de Santo Estêvão, vigário geral dos mosteiros da observância. O monarca concedeu privilégios e esmolas, enquanto a rainha ofertou paramentos, livros litúrgicos e imagens sacras. A isto, adicionou ainda à hora da sua morte cinco mil reais em dinheiro, cinco moios de trigo e cinco cântaros de azeite, para que os frades cantassem, por alma dela, uma capela e cinco aniversários, e tratassem dos enfermos internados na albergaria anexa ao convento. Estes géneros e dinheiro deveriam ser pagos aos dominicanos, anualmente, pelos frades de S. Jerónimo do Mato, a quem a soberana deixara no seu testamento (que está perdido e de que se conhece apenas este legado), uns moinhos de azeite e pão que havia mandado construir em Alenquer.[1]

A preferência da rainha pelos dominicanos já vinha de trás: o capelão que trouxe do seu reino de origem, Frei Alfonso de Benavente, pertencia a essa ordem (MONUMENTA HENRICINA 1974, XV, p. 229-230), tal como o seu outro confessor conhecido, Frei João de Moura (PINA 1977b, p. 664-665). Também o seu pregador Frei Vasco da Alagoa era dominicano (PINA 1977b, p. 614). Mas D. Leonor beneficiou igualmente casas religiosas pertencentes a outras ordens: ainda infanta, em 1429, doou aos frades de S. Francisco de Alenquer a jugada de um lavrador à sua escolha,[2] e em 1434 tomou as donas do mosteiro de Santos (da ordem militar de Santiago), assim como os seus homens e gados, à sua guarda e encomenda.[3]

Se a consorte régia não teve uma actuação mais alargada neste domínio foi, como o seu esposo, por ter carecido de tempo. Após a morte de D. Duarte, em 1438, D. Leonor de Aragão assumiu a regência do reino em nome do seu filho Afonso V, que tinha pouco mais de 6 anos. Desta tarefa, e da tutela de todos os seus filhos, fora incumbida pelo próprio monarca no seu testamento, hoje também desaparecido mas que na altura foi lido perante os irmãos do falecido e ninguém contestou. Pouco depois, porém, foram-se erguendo vozes na corte e entre a burguesia de Lisboa contra o governo da rainha, mulher e estrangeira, cujos poderosos irmãos – Alfons V (rei 1416-1458), Joan II (rei 1458-1479) e Enrique de Aragão (1400-1445)[4] – andavam há muito em conflito com o rei Juan II de Castela (rei 1406-1454) e podiam arrastar Portugal, de novo, para uma guerra indesejada. Os infantes de Avis conseguiram convencer D. Leonor a partilhar o poder com o mais velho de entre eles, D. Pedro; mas, ao fim de mais algum tempo, um golpe palaciano legitimado em Cortes privou a rainha da parte do governo que ainda conservava e da tutela dos seus dois filhos varões. No final de 1440, D. Leonor fugiu para Castela, esperando conseguir o apoio dos irmãos e do seu primo Juan II para regressar a Portugal e recuperar o poder; mas isso nunca chegou a acontecer, e ela acabou por falecer no convento de Santo Domingo el Real de Toledo, em 1445, destituída da sua dignidade de rainha e dos seus bens, sem nunca ter

1. Arquivo Nacional da Torre do Tombo (ANTT), Convento de Santa Maria da Piedade de Azeitão, *Livro 18*, f. 7-7v, 16v, 20-21v, 25v-26v, 31-32v, 33v-34, 82v.

2. ANTT, Casa das Rainhas, *Livro 1*, f. 193v-194.

3. ANTT, Mosteiro de Santos-o-Novo, caixa 1, nº 84.

4. Veja-se a Genealogia II.

voltado a ver os filhos (Moreno 1979, p. 3-190). Com a soberana viúva, fugiram também para Castela os membros mais chegados da sua corte, nomeadamente o seu confessor Frei João de Santo Estêvão, que abandonou o convento de Azeitão. A construção foi interrompida e os frades dispersaram, levando consigo os livros e os objectos mais preciosos. Só quando D. Afonso V começou a reabilitar os partidários da sua mãe pôde esse frade regressar a Portugal e retomar a sua missão.[5]

Com efeito, quando o soberano atingiu a idade de 14 anos, em Janeiro de 1446, poderia ter tomado o poder nas suas mãos, mas deixou que o seu tio paterno, o infante D. Pedro (1392-1449), continuasse a governar em seu nome. Um ano mais tarde, porém, e ao que dizem por influência do seu outro tio – o bastardo D. Afonso, antigo partidário da sua mãe e então já feito duque de Bragança –, agradeceu ao regente os serviços prestados e afastou-o. As críticas à regência foram-se avolumando e D. Pedro abandonou a corte, refugiando-se no seu ducado de Coimbra. Mais tarde, quis limpar o seu nome e dirigiu-se para Lisboa à cabeça de um pequeno exército senhorial; acabou por morrer, em 1449, na batalha de Alfarrobeira, que o opôs ao exército real do sobrinho. A reabilitação dos membros da antiga casa da rainha D. Leonor ganhou, a partir de então, um ritmo mais acelerado, enquanto os de D. Pedro, por seu turno, caíram em desgraça (Moreno 1979, p. 243-512).

Acontece que D. Afonso V era casado com a filha do vencido de Alfarrobeira, D. Isabel de Coimbra (rainha 1447-1455). O casamento entre ambos fora proposto por D. Leonor ao seu opositor D. Pedro logo após a morte de D. Duarte, quando os prometidos tinham apenas 6 anos de idade, como forma de o atrair à sua causa. O desentendimento entre a rainha viúva e o cunhado levou à quebra da promessa, mas logo após o exílio de D. Leonor, o regente apressou-se a fazer ratificar pelas Cortes essa decisão. Os futuros noivos conviveram desde muito cedo, pois o regente tinha a tutela do pequeno rei, e logo que o monarca atingiu a idade canónica D. Pedro exigiu-lhe que realizasse a cerimónia nupcial e consumasse o matrimónio, de forma a torná-lo irreversível. Assim aconteceu, apesar de nessa altura a posição do regente estar já muito ameaçada. D. Afonso V nunca faltou com respeito e amor à sua consorte, que soube gerir as suas lealdades de esposa e filha com grande sensatez e, assim, passou incólume pela crise que redundou na desgraça de Alfarrobeira. Mas D. Isabel foi, também, uma rainha sem tempo, pois faleceu em Dezembro de 1455, aos 23 anos de idade, de hemorragias ao que parece ainda decorrentes do parto do príncipe D. João, o futuro monarca (Rodrigues 2009).

Pouco sabemos da vivência religiosa de D. Isabel, para além das palavras estereotipadas que os cronistas da época lhe dedicaram: que era muito crente e piedosa, e amiga de Deus. Ficaram-nos testemunhos, porém, de que tinha especial devoção por S. João Evangelista, já que interveio junto do marido e da Santa Sé para benefício dos cónegos regrantes dessa invocação, inspirados na Congre-

5. ANTT, Convento de Santa Maria da Piedade de Azeitão, *Livro 18*, f. 22, 23v., 28v, 33v; Chancelaria de D. Afonso V, *Livro 31*, f. 69v-70.

gação de S. Jorge em Alga de Veneza e instalados em Vilar de Frades (Gomes 2009, p. 121-122). Tanto assim foi que, no seu primeiro testamento, de 1452, com os vinte e oito mil escudos que o esposo lhe concedera a título de arras mandou construir um mosteiro da invocação de S. João Evangelista em Lisboa. O local preciso da respectiva edificação seria escolhido pelo esposo, entre Xabregas e Santo Elói, ouvidos o seu confessor e capelão mor Álvaro Gonçalves e o bispo de Viseu D. João Vicente, fundador da congregação em Portugal (a que, no segundo testamento, incompleto e sem data, acrescentou Gonçalo Vaz da Serra de Ossa). D. Isabel doou ainda a esse mosteiro as suas relíquias e os seus livros e objectos litúrgicos, assim como as suas roupas de seda e ouro para fazer paramentos (Sousa 1947, p. 62-65).

Embora nenhum dos dois testamentos da soberana fosse válido, por não obedecerem ao articulado da lei sucessória – nomeadamente, por disporem ambos da totalidade da fortuna de D. Isabel, sem terem em consideração os seus herdeiros obrigatórios, os príncipes D. Joana e D. João, ainda não nascidos ao tempo em que ela ditara as suas últimas vontades – D. Afonso V comprometeu-se a cumprir o ordenado pela rainha, garantindo pela sua terça[6] os fundos necessários à construção do mosteiro (Sousa 1947, p. 6). Este foi edificado no lugar de Xabregas, com a morosidade habitual neste tipo de empreendimentos, pois, ainda em 1467, numa súplica ao papa, D. Filipa (1437-1493), irmã da falecida rainha, alude ao andamento das respectivas obras (Costa 1986, p. 430).

Se D. Afonso V se associou a esta fundação póstuma da sua consorte, a sua principal obra foi, porém, o convento de Santo António do Varatojo, situado junto a Torres Vedras. Para um monarca que reinou durante quarenta e três anos (dez dos quais, é certo, por intermédio de regentes) e a quem não faltaram os recursos económicos para se lançar em conquistas no Norte de África – daí, o seu cognome de o "Africano" –, parece singularmente pouco: um só cenóbio, de reduzidas dimensões e dotação modesta, como convinha, aliás, a frades franciscanos observantes.

Era essa, com efeito, a matriz devocional de D. Afonso V, que tinha um especial apreço por Santo António, embora sem negligenciar Santa Maria e São Vicente, este, o mais antigo padroeiro da casa real portuguesa (Gomes 2009, p. 336). No convento do Varatojo, fundado em 1470 e edificado sob a supervisão de Diogo Gonçalves Lobo, antigo vedor da casa da rainha D. Leonor de Aragão, o rei mandou construir uns aposentos privativos que davam para a igreja por uma tribuna, de onde ele podia ouvir missa sem ser visto (Soledade 1705, p. 312). Se alguma vez pensou retirar-se para lá depois de entregar o governo do reino ao seu herdeiro, como disseram alguns autores, acabou por não o fazer. Mas nele estanciou várias vezes, nomeadamente após a profissão, em Novembro de 1480, no convento de Santa Clara de Coimbra, de Juana de Castela (1462-1530), a

6. A terça parte dos bens era a porção de que qualquer testador, segundo a lei portuguesa, podia dispor para fazer celebrações e fundações por sua alma, legados a amigos e parentes, ou ainda beneficiar mais amplamente algum dos herdeiros obrigatórios. A estes estavam reservados, integralmente, os dois terços restantes.

sua frustrada segunda esposa – a "Beltraneja" para os castelhanos, a "Excelente Senhora" para os portugueses –,[7] profissão essa contrariada e que tanto o abalou. Curiosamente, no seu último testamento, D. Joana pediu para ser sepultada nesse mesmo convento, mas tal não veio a acontecer, ficando o seu corpo guardado para a eternidade em Santa Clara de Lisboa (Braga 2005, p. 81-95).

D. Afonso V também foi inesgotável em protecção e fornecimento de recursos ao mosteiro de Santa Maria da Vitória para a conclusão das obras iniciadas pelo avô e pelo pai, tendo mandado aí sepultar em grande pompa, em Janeiro de 1456, na Capela de Nossa Senhora do Rosário, a sua esposa D. Isabel. Já no ano anterior tinha feito inumar na Capela do Fundador, mais discretamente, o pai dela, o regente D. Pedro, que após Alfarrobeira tinha sido enterrado na igreja de Abrantes sem quaisquer honras. O soberano fez ainda repatriar o corpo de sua mãe, D. Leonor, sepultado no mosteiro onde falecera, para o colocar junto ao de D. Duarte nas capelas que este mandara construir para si e para os seus no mesmo mosteiro da Batalha e que, por terem ficado inacabadas até hoje, se chamam as Capelas Imperfeitas (Gomes 2009, p. 120-121 e 122-123).

Da filha mais velha de D. Afonso V, D. Joana (1452-1490), dizem as fontes hagiográficas que, desde cedo, manifestou uma intensa espiritualidade. Por isso, em finais de 1471, com dezanove anos, o pai permitiu-lhe que se recolhesse no mosteiro cisterciense de Odivelas, fundado por D. Dinis, e onde se encontrava uma irmã de sua mãe, a já referida D. Filipa. Os procuradores das principais vilas e cidades do reino protestaram que a princesa – a 2ª na ordem de sucessão do trono, depois do irmão, que ainda não tinha filhos – deveria manter-se secular para poder casar, se tal fosse necessário. Todavia, no ano seguinte, D. Joana transferiu-se para o convento dominicano observante de Jesus de Aveiro, que havia sido fundado por uma dama próxima da sua mãe e foi por ela engrandecido com doações e privilégios obtidos do rei seu pai. Ali se manteve D. Joana até à sua morte, sem professar mas levando uma vida apartada do mundo. Não tão apartada, porém, que não tivesse sido incumbida da criação de um filho bastardo de seu irmão, como veremos, o que a levou a privar com o humanista Cataldo Parísio Sículo, preceptor do pequeno D. Jorge (1481-1550); ou não mantivesse servidoras e escravas, bem como propriedades e rendas, cuja gestão implicava contactos com procuradores e oficiais, e gerava grandes proventos (Gomes 2009, p. 125-129).

Foi essa a conciliação possível entre o estatuto de princesa que conservou, mesmo no convento, e a experiência religiosa radical que almejava e conseguiu, efectivamente, viver. Pois há que recordar que D. Joana não se refugiou num convento por ter sido repudiada ou ter ficado viúva, como as suas longínquas antecessoras, nem lá a fecharam por não poderem pagar o seu dote. Ela lutou para impor à família e ao reino a sua opção religiosa. E essa opção, segundo a sua hagiógrafa, que com ela conviveu no claustro, era bastante arrojada: a futura santa, na sua identificação a Cristo sofredor, recriava as formas de agonia deste;

7. Juana era filha de Enrique IV de Castela (rei 1450-1474) e D. Joana de Portugal (rainha 1455-1474), e por isso sobrinha direita do monarca português. Veja-se a Genealogia I.

chorava e gemia ao ouvir ler a Paixão; submetia-se a dolorosas penitências para redenção dos pecados, seus e alheios; rezava continuamente pela salvação dos pecadores (Rosa 2000, p. 501-502).

Já o irmão da Princesa Santa Joana, D. João II (rei 1481-1493) não se celebrizou pela sua espiritualidade, nem pela protecção dada à Igreja ou aos respectivos membros, quanto mais não fosse por contraste com a sua esposa. A verdade é que o papel desempenhado neste campo por D. Leonor de Lencastre (rainha 1481-1525), conhecida como fundadora das Misericórdias, do hospital das Caldas, do mosteiro da Madre de Deus, em Xabregas, e ainda como protectora de muitas outras casas de religião, igrejas e estabelecimentos de assistência, levou a uma subalternização do papel do rei, provavelmente imerecida, como veremos adiante.

D. Leonor de Lencastre era filha do infante D. Fernando (1433-1470), irmão de D. Afonso V, e da infanta D. Beatriz (143?-1506). Esta, por sua vez, era filha do infante D. João (1400-1442), irmão do rei D. Duarte, e de D. Isabel (1402-1465), filha de D. Afonso, conde de Barcelos, duque de Bragança e meio-irmão do seu marido.[8] A promessa do casamento da primogénita de ambos, D. Leonor com o príncipe herdeiro D. João, foi ainda arrancada por D. Fernando a D. Afonso V, mas o enlace só teve lugar já depois da morte do duque de Beja e Viseu, em 1471, quando a noiva atingiu a idade núbil.

D. Leonor foi criada no mesmo ambiente devocional franciscano observante em que cresceu o marido, e que era aquele que, há algumas décadas, inspirava os membros da casa real portuguesa. Os seus pais forneceram-lhe o exemplo de uma fundação piedosa e ao mesmo tempo destinada a conservar e exaltar a memória da sua linhagem: em 1459, D. Fernando e D. Beatriz obtiveram de Pio II autorização para transformar, em Beja, uma casa de terceiras franciscanas em casa de clarissas. O convento de Nossa Senhora da Conceição viu assim a luz, entregue a uma comunidade de clarissas urbanistas observantes que podia chegar até ao número de cinquenta e duas religiosas, libertas da obrigação de pobreza. D. Beatriz bateu-se para que a posse e direcção espiritual do cenóbio fossem aceites pelos franciscanos observantes, o que só veio a acontecer por 1482, quando a duquesa se comprometeu a construir um oratório para os frades que iriam assistir as monjas. A longa resistência dos frades explica-se pelo seu receio de que os duques interferissem na vida da comunidade religiosa e impedissem, pela sua excessiva generosidade, a vida austera que se almejava para as freiras (Rosa 1998, p. 268-269). O que veio, efectivamente, a acontecer: a igreja conventual cedo se transformou no panteão da casa ducal de Beja, com o enterramento de D. Fernando e dos seus filhos D. João (1448-1472) e D. Diogo (1450-1484) na capela-mor, a que se seguiu o da própria D. Beatriz em capela autónoma, sendo grande parte dos recursos das clarissas provenientes do culto funerário a eles prestado (Sousa 2002, p. 467-468).

Foi ainda durante o reinado de seu esposo, e com o apoio deste, que D. Leonor de Lencastre deu início à sua obra caridosa e assistencial. Em 1483, a

8. Veja-se a Genealogia I.

rainha criou, em Évora, uma Arca da Piedade destinada a recolher esmolas para os presos (SOUSA 2002, p. 240). Por 1485, fundou um hospital junto a umas fontes termais sulfurosas conhecidas por curar diversas doenças, perto de Óbidos, vila de que era senhora. O rei promoveu o desenvolvimento desse hospital concedendo privilégios, em 1488, a quem fosse residir na povoação, que tomou o nome de Caldas da Rainha (SÁ 2011). Em 1492, D. Leonor visitou, em conjunto com o esposo, as obras do convento de Jesus de Setúbal, de clarissas urbanistas observantes, fundado dois anos antes por Justa Rodrigues Pereira, ama de seu irmão D. Manuel; D. João II comprometeu-se então a custear a construção da respectiva igreja, ao passo que a rainha obteve do papa autorização para transferir para essa casa sete freiras de Santa Clara de Gandía, formadas nos princípios de Santa Coleta (SOUSA 2002, p. 474-477).

A atentar nestes exemplos, e no modo como o cronista Rui de Pina descreveu as aparições públicas do rei e da rainha, haveria entre ambos:

> uma grande unidade religiosa e devocional, expressando-se por peregrinações, protecções e uma "praxis" religiosa com assumidos pontos de contacto, nomeadamente no desenvolvimento de uma espiritualidade privada com ligações relevantes aos movimentos e aos protagonistas da Observância de S. Francisco [...] (SOUSA 2005, p. 24).

Os historiadores têm, contudo, ressaltado sobretudo as divergências no seio do casal: enquanto D. João teria fundado a sua soberania no ideal do rei justo, sendo implacável na aplicação da justiça, D. Leonor teria pautado, desde sempre, a sua acção pela misericórdia (SOUSA 2005, p. 237-242).

O primeiro momento em que se tornou manifesto o contraste entre os esposos foi durante as conspirações de 1483 e 1484. O soberano não hesitou em condenar à morte D. Fernando (1430-1483), duque de Bragança e cunhado da rainha, considerado culpado de conspirar contra ele, e apunhalou com as suas próprias mãos o irmão mais velho desta, D. Diogo, acusado do mesmo crime; os respectivos cúmplices foram punidos com idêntica severidade (FONSECA 2007, p. 94-104). D. Leonor submeteu-se sem mostrar publicamente a sua revolta, tal como sua mãe e seus irmãos Isabel e Manuel, mas decerto nenhum perdoou a violência régia, e alguns anos mais tarde as circunstâncias proporcionaram-lhes uma inesperada vingança.

D. João II e D. Leonor, possivelmente por causa dos sucessivos casamentos consanguíneos no seio de ambas as suas famílias,[9] só conseguiram ter um filho, o príncipe D. Afonso (1475-1491), que faleceu num acidente a cavalo com a idade de 16 anos (BRAGA 2008, p. 93-97). Sendo uma das principais funções das rainhas consortes o fornecimento de herdeiros ao trono (RODRIGUES 2007, p. 139), D. Leonor encontrou-se assim, subitamente, desprovida daquilo que mais a legitimava como soberana: o seu filho varão primogénito. Isso era tanto mais doloroso para o seu coração de mãe, e preocupante para a sua posição de rainha, quanto D. João

9. O próprio D. João II era filho de dois primos direitos: D. Afonso V, filho do rei D. Duarte e de D. Leonor de Aragão, e D. Isabel de Coimbra, filha do infante D. Pedro e de D. Isabel de Urgell. Veja-se a Genealogia I.

II havia tido um bastardo já depois de casado com ela, o acima referido D. Jorge (PIMENTA 2001, p. 65-74), que a partir de então o monarca procurou legitimar para lhe suceder.

É certo que a rainha tinha apenas trinta e três anos e o rei, trinta e seis; estavam ainda em idade de procriar e poderiam ter tentado fazer outro filho. Mas, para além do fracasso de tentativas anteriores – D. Leonor sofrera, pelo menos, um aborto, e o casal chegara a peregrinar a S. Domingos da Queimada, junto a Lamego, para pedir ao santo a graça de uma descendência (PINA 1977a, p. 925-926) –, estavam agora separados pelos interesses dinástico e linhagístico: D. João II desejava pôr no trono um varão do seu próprio sangue, o seu bastardo D. Jorge; a rainha, em contrapartida, pugnava para que fosse reconhecido como herdeiro do trono o seu irmão mais novo, D. Manuel, duque de Beja e o mais próximo parente masculino do rei. As tentativas feitas por D. João II, junto do papa, para legitimar D. Jorge não surtiram, assim, efeito devido à acção combinada de D. Leonor e dos Reis Católicos, seus primos,[10] ajudados por D. Jorge da Costa, cardeal português da cúria romana de há muito inimigo do rei (MENDONÇA 1995, p. 456-460). Às portas da morte, em 1493, D. João II teve de se resignar a deixar o reino ao cunhado no seu testamento.

Depois do falecimento do esposo e da aclamação de D. Manuel I (rei 1493-1521), D. Leonor retirou-se para o seu paço lisboeta, que havia mandado construir junto do convento de Santo Elói, e cujos aposentos privados estavam ligados por um passadiço à igreja conventual, para poder assistir mais comodamente aos divinos ofícios (SÃO PAULO 1967, p. 55). Por ter passado a residir longe da corte, a rainha viúva não deixou, porém, de manter uma enorme influência sobre o rei seu irmão, que a cumulou de benesses, permitindo-lhe prosseguir e até intensificar a sua acção assistencial e o seu patrocínio religioso.

A medida por que D. Leonor de Lencastre se tornou mais conhecida, foi a criação da Confraria da Misericórdia de Lisboa, a 15 de Agosto de 1484. D. Manuel I tinha tido de se deslocar a Castela com sua primeira esposa, Isabel de Castela para ser jurado herdeiro do trono castelhano, depois da morte do príncipe Juan, irmão dela e único filho varão dos Reis Católicos. Nomeara D. Leonor regente, deixando-lhe instruções precisas a respeito do governo do reino. Contudo, a rainha viúva parece ter criado a referida confraria por sua própria iniciativa, com o objectivo de pacificar socialmente a cidade, agitada pela conversão forçada dos judeus ao cristianismo e pelo confinamento dos que a recusaram a um terreno vago por trás dos Estaus, em condições dramáticas. No seu regresso a Portugal, D. Manuel I aprovou a iniciativa da irmã e deu incentivos que encorajaram a fundação de confrarias idênticas por todo o território nacional e ultramarino, ao

10. A rainha Isabel I de Castela era filha de Juan II e de D. Isabel de Portugal, irmã mais velha de D. Beatriz, mãe da rainha D. Leonor. Isabel I tinha todo o interesse em apoiar, como candidato ao trono, D. Manuel, pois era seu primo direito e tinha convivido com ele em resultado do Tratado das Terçarias, em 1480-1483, quando ele esteve como refém em Castela (GOMES 2009, p. 302-309). Veja-se a Genealogia II.

mesmo tempo que produziu uma abundante normativa destinada a organizá-las e colocá-las sob supervisão régia. Assim, se hoje já não se pode considerar D. Leonor a fundadora das Misericórdias, não se lhe deve negar o papel pioneiro e inspirador que efectivamente teve (Sá 2009).

Foi também já no reinado de D. Manuel I que D. Leonor fundou o convento em que viria a passar parte dos seus últimos anos e a ser sepultada. Com efeito, além de ter promovido, como vimos, a introdução das coletinas em Portugal, patrocinado a reforma das clarissas urbanistas (Sousa 2002, p. 518-523) e protegido as ordens preferidas da casa real portuguesa (os franciscanos observantes, os cónegos de S. João Evangelista, os Jerónimos, os eremitas da serra de Ossa), bem como muitos outros religiosos e clérigos seculares (Sousa 2002, p. 647-717), a rainha fundou, em 1509, o convento da Madre de Deus em Xabregas, destinado a clarissas coletinas. Mandou vir as sete primeiras irmãs do convento de Jesus de Setúbal, juntando-lhes diversas donzelas da sua casa, num total de vinte religiosas cuja direcção espiritual foi confiada, uma vez mais, aos franciscanos. D. Leonor fez deste convento um importante santuário, doando-lhe um grande número de relíquias, entre as quais o corpo de Santa Auta, uma das Onze Mil Virgens martirizadas juntamente com Santa Úrsula, relíquia essa que lhe foi oferecida pelo imperador Maximiliano I de Habsburgo (1459-1519), seu primo[11] e cuja chegada a Lisboa foi retratada num retábulo que ainda hoje existe no cenóbio (Sousa 2002, p. 488-513).

A rainha também doou à comunidade, como não podia deixar de ser, numerosos bens e rendimentos para sustentar as freiras, embora estas continuassem a dispor de «pedidores de esmolas», já que não podiam dedicar-se elas mesmas a essa actividade caracteristicamente mendicante (Sá 2011). E, além do convento, onde dispunha de aposentos próprios para poder acompanhar a vida da comunidade, mandou construir um novo paço em Xabregas, para também poder receber visitantes cuja entrada no claustro era interdita. Foi lá que morreu, em 1525, sendo enterrada no claustro do convento, com o hábito de terceira franciscana, numa campa rasa, como o exigia a regra coletina. Finalmente despojada da influência política e das riquezas a que em vida nunca quisera renunciar, porque lhe permitiam fazer o bem, é certo, mas também manter uma independência e uma liberdade raras numa mulher dessa época.

11. Maximiliano I era filho do imperador Frederico III e de D. Leonor de Portugal, irmã de D. Afonso V e do infante D. Fernando, pai de D. Leonor de Lencastre.

Genealogia I (simplificada) - Reis de Portugal

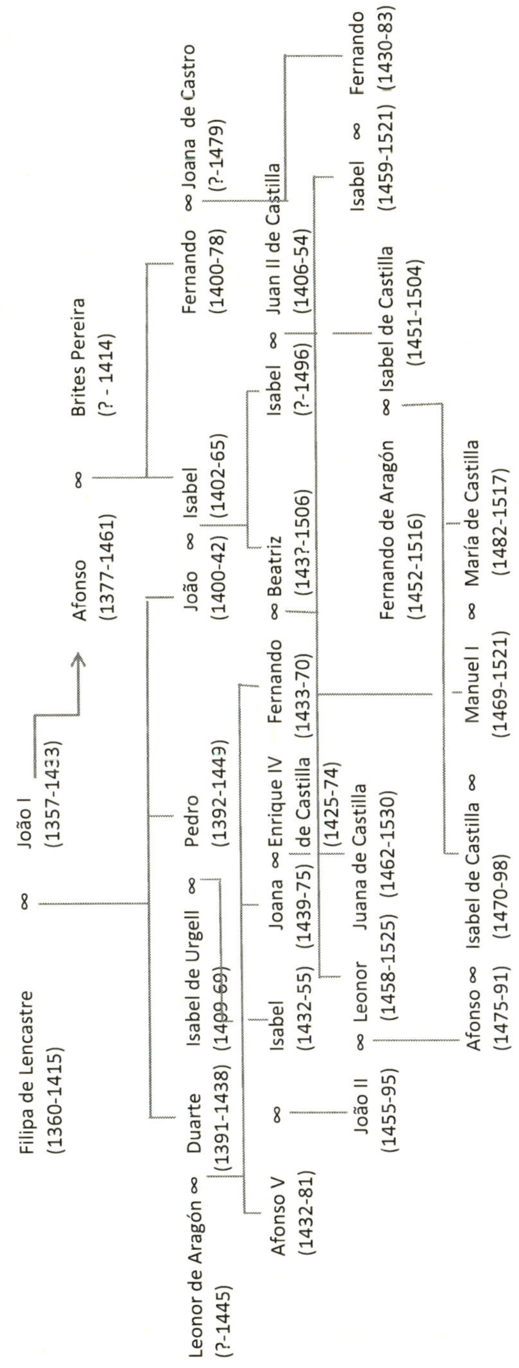
Filipa de Lencastre (1360-1415) ∞ João I (1357-1433)
Afonso (1377-1461) ∞ Brites Pereira (? - 1414)
Leonor de Aragón ∞ (?-1445)
Duarte (1391-1438)
Isabel de Urgell ∞ (1409-69)
Pedro (1392-1449)
João ∞ Isabel (1400-42) (1402-65)
Fernando ∞ Joana de Castro (1400-78) (?-1479)
Afonso V (1432-81) ∞ Isabel (1432-55)
Joana ∞ Enrique IV de Castilla (1439-75) (1425-74)
Fernando (1433-70) ∞ Beatriz (143?-1506)
Isabel ∞ Juan II de Castilla (?-1496) (1406-54)
João II (1455-95) ∞ Leonor (1458-1525)
Juana de Castilla (1462-1530)
Fernando de Aragón (1452-1516) ∞ Isabel de Castilla (1451-1504)
Isabel ∞ Fernando (1459-1521) (1430-83)
Afonso ∞ Isabel de Castilla ∞ Manuel I ∞ María de Castilla
(1475-91) (1470-98) (1469-1521) (1482-1517)
Legenda:
Filiação legítima
Bastardia

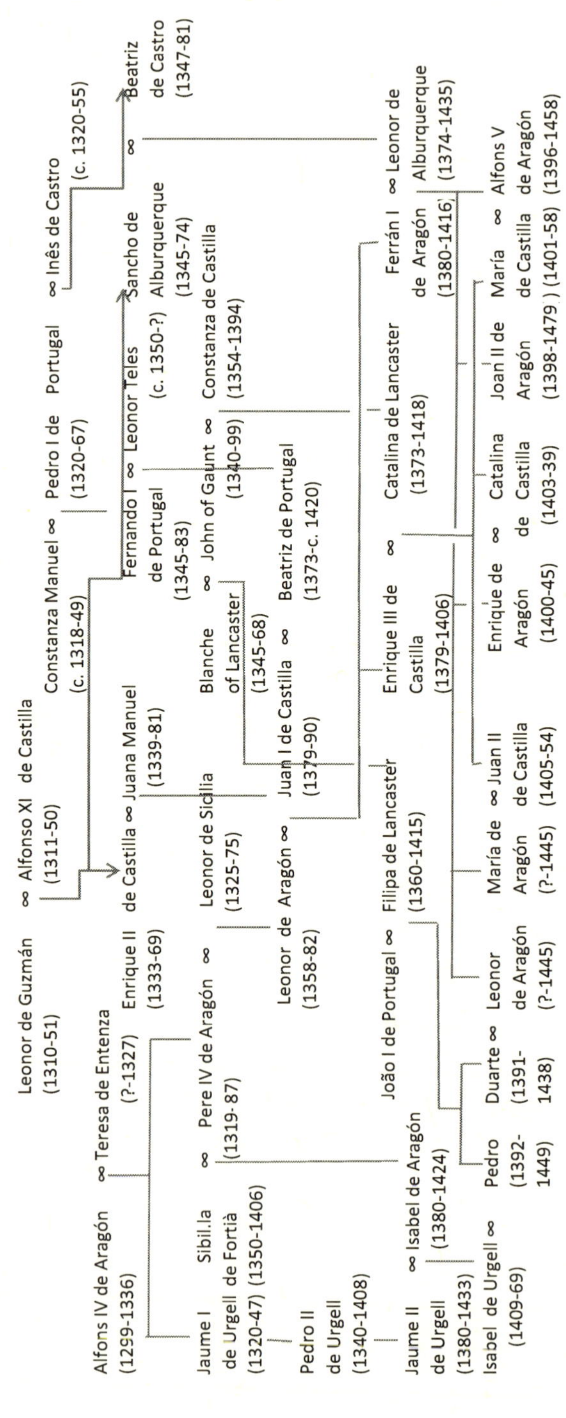

Genealogia II (simplificada)- Reis de Aragão e Castela
Leonor de Guzmán (1310-51)
∞ Alfonso XI de Castilla (1311-50)
Constanza Manuel ∞ (c. 1318-49)
Pedro I de Portugal (1320-67)
∞ Inês de Castro (c. 1320-55)
Alfons IV de Aragón (1299-1336)
∞ Teresa de Entenza (?-1327)
Enrique II (1333-69)
de Castilla ∞ Juana Manuel (1339-81)
Fernando I de Portugal (1345-83)
∞ Leonor Teles (c. 1350-?)
Sancho de Alburquerque (1345-74)
∞ Beatriz de Castro (1347-81)
Jaume I de Urgell (1320-47)
Sibil.la de Fortià (1350-1406)
∞ Pere IV de Aragón (1319-87)
Leonor de Sicilia (1325-75)
Blanche of Lancaster (1345-68)
∞ John of Gaunt (1340-99)
∞ Constanza de Castilla (1354-1394)
Pedro II de Urgell (1340-1408)
Leonor de Aragón ∞ (1358-82)
Juan I de Castilla ∞ (1379-90)
Beatriz de Portugal (1373-c. 1420)
Jaume II de Urgell (1380-1433)
∞ Isabel de Aragón (1380-1424)
João I de Portugal ∞
Filipa de Lancaster (1360-1415)
Enrique III de Castilla (1379-1406)
∞ Catalina de Lancaster (1373-1418)
Ferrán I de Aragón (1380-1416)
∞ Leonor de Alburquerque (1374-1435)
Isabel de Urgell ∞ (1409-69)
Pedro (1392-1449)
Duarte ∞ (1391-1438)
Leonor de Aragón (?-1445)
María de Aragón (?-1445)
∞ Juan II de Castilla (1405-54)
Enrique de Aragón (1400-45)
∞ Catalina de Castilla (1403-39)
Joan II de Aragón (1398-1479)
María de Castilla (1401-58)
∞ Alfons V de Aragón (1396-1458)
Legenda:
Filiação legítima
Bastardia

Cristina Sanjust i Latorre

Seguint els passos de la fundadora. Teresa de Cardona i el monestir de Santa Maria de Pedralbes

La fundació d'un convent no és l'únic gran moment d'una comunitat. Si no hi hagués altres iniciatives que conservessin o augmentessin el patrimoni moble i immoble d'un cenobi, la comunitat podria arribar a extingir-se. Així, podríem considerar també com a promotors aquelles monges o laics que, per exemple, varen fundar aniversaris en l'església del convent o varen contribuir a la reforma i ampliació de l'edifici. En una institució, doncs, comptarem amb el/la fundador/-a i altres petits promotors o "post-fundadors" que eventualment voldran imitar la primera figura. Un cas paradigmàtic d'aquesta actitud és el de sor Teresa de Cardona, abadessa del monestir de Pedralbes des del 1521 fins el 1562.

En el present article pretenem resseguir la seva biografia, l'ingrés al Reial monestir de Santa Maria de Pedralbes, el seu paper en la culminació de la reforma eclesiàstica que s'hi estava duent a terme, així com les obres que hi va promoure, tant arquitectòniques com d'art moble. Aquestes intervencions deixaran la seva petja en l'edifici i en canviaran la lectura dels espais.[1]

Teresa de Cardona era filla del duc de Cardona, Joan Ramon Folch (IV), i d'Aldonça Enríquez de Quiñóes; o sigui d'un noble català i una aristòcrata castellana. Aldonça era germana de Joana, mare del rei Ferran d'Aragó. Tot i que la noblesa catalana al llarg del segle XV s'havia anat castellanitzant, emparentant-se amb famílies foranes, això no volia dir que perdessin el seu poder i representativitat en el si del Principat (Torras i Tilló 2001).[2] Així, els Cardona estigueren molt a prop de les altes esferes del poder, i participaren de les seves estratègies diplomàtiques. Els germans de Teresa en són un bon exemple: Ferran fou duc de Cardona; Lluís, arquebisbe de Tarragona, i encara Enric, fou arquebisbe de Mont-real i cardenal. Arribat el dia, doncs, Teresa es veia com una candidata de prou rang per casar-se amb Llorenç II de Medici, duc d'Urbino.[3] El rei Catòlic

1. Aquest capítol recull i amplia algunes de les aportacions fetes en la nostra tesi doctoral llegida el 2009 (Sanjust i Latorre 2010).

2. En la introducció, l'autor fa un repàs de l'ascenció social de la família Cardona que s'inicia el 1375 quan reben la dignitat comtal, i s'afiança el 1491 quan se'ls concedeix la distició ducal.

3. Llorenç II era nét de Llorenç el Magnífic. Des del 1516 fou senyor de Florència. El 1518 es casà amb Madeleine de la Tour amb qui tingué una filla, Caterina, que va néixer un mes desprès que ell morís de sífilis. Caterina es casà més tard amb Enric II de França.

tractà aquest matrimoni, però ella el va rebutjar. El 1515, la futura abadessa de Pedralbes renuncià als seus drets a l'herència paterna i a la materna a favor del seu germà el duc Ferran de Cardona, així com al dot de 10.000 ducats d'or que mai no es va efectuar. El 1516 féu donació a la seva mare de totes les parts de la legítima paterna a ella competents amb reserva de 3000 lliures.[4]

Seguidament, ingressà al monestir de Santa Maria de Jerusalem de Barcelona, de monges clarisses observants, i cap al 1514 o 1515 passà al de Santa Maria de Pedralbes del que en fou elegida abadessa el 1521 (Coll 1981, p. 269). I diem bé "elegida" perquè amb ella fou recuperat el dret de triar abadessa entre les monges, que havia estat segrestat per Ferran el Catòlic per tal d'imposar la reforma observant. Amb Teresa, doncs, es consolidarà aquesta reforma religiosa.[5]

Les causes de la reforma dels convents des de finals del segle XV fins al Concili de Trento són diverses, tot i que en conjunt se centren en retornar a una manera de viure dins els monestirs més d'acord amb les regles que els regeixen. Al monestir de Santa Maria de Pedralbes, com en d'altres, s'anaren multiplicant els incompliments dels compromisos adquirits, fins i tot dels més sagrats com la celebració de misses, o bé el seguiment de les oracions de l'ofici. La reina Elisenda de Montcada, que fundà el monestir el 1326 va establir – i la comunitat s'hi va obligar per escrit – que es resessin cada dia els set psalms penitencials amb lletania, i les hores de la Passió, o de la Creu, l'ofici de difunts, i que cada monja particular recités tot el psalteri cada setmana. També consta en cada una de les quatre ordinacions que féu la Reina que els sacerdots, frares i capellans havien d'aplicar la missa sempre per les ànimes del rei i de la reina, cantar cada dia dues misses en l'altar de santa Maria i un dia cada setmana, aquell corresponent al dia de la mort de cada un d'ells, anar en processó fins davant el sepulcre de la reina a cantar una absolta. Cap d'aquestes indicacions no es complia a principis del segle XVI quan sor Teresa de Cardona anà a Pedralbes per ajudar a sor Maria d'Aragó en la reforma del monestir. Els resos s'havien deixat del tot, i com que s'havien admès fundacions des de l'any 1410, o ja poc abans, les monges consideraven que resant les misses de rèquiem de les diverses fundacions i recordant al final de cadascuna d'elles els reis fundadors, ja n'hi havia prou. Sor Teresa de Cardona volgué que es reprengués el que havia fixat Elisenda de Montcada, i així tant la comunitat com cada monja particular es posés en compliment d'una obligació demanada de la reina fundadora, com era la dels resos; ho acabà aconseguint però amb poca o cap satisfacció. Veient que les monges resaven més per claudicació a l'autoritat abacial que no per devoció a la fundadora, l'abadessa va resoldre sollicitar una dispensa a l'autoritat apostòlica el 1538.[6] Quant als resos de psalms penitencials, amb lletania de la Passió, o de la Creu, o de difunts i del saltiri

4. Arxiu del monestir de Pedralbes (AMP), Lligalls, *Donació* (95), 1516.

5. Per tal de conèixer la bibliografa i documentació detallada d'aquest procés, en el monestir de Santa Maria de Pedralbes, iniciat a finals del segle XV i en el que s'hi van veure implicades les abadesses Sor Violant de Montcada, Sor Teresa Enríquez, i Sor Maria d'Aragó veure (Sanjust i Latorre 2010, p. 72-82).

6. AMP, *Chronològic*. Cita al pergamí 137.

s'acordà que fossin reduïts i commutats en resar en el cor, immediatament de matines, sexta i vespres els psalms següents: *Deus in nomine tuo salvum me fac: A dominum cum tribularer clamavi* i *De profundis*, junt amb les oracions: *Deus cui proprium est: perpetua quosumus Domine pace custodi: i fidelium Deus*. Les reduccions de càrrega litúrgica també s'aplicaren a sacerdots, frares i capellans, tot i que en cap cas podien deixar de celebrar les misses ordenades per la reina fundadora. Un detall que pot indicar-nos fins a quin punt el res de les oracions va tenir importància en l'acció reformadora de Teresa de Cardona és que hi havia molt d'interès en què les pregàries es pronunciessin bé. Per això, quan Anna de Montcada, fervent novícia, va complir vint anys i va voler professar va generar un debat en el si de la comunitat perquè era balbucient. Finalment es va escriure al nunci apostòlic i aquest amb breu donat a Toledo el dia 1 d'abril de 1561 l'habilità commutant-li el res de l'ofici diví pel nombre de Pare Nostres i Ave Maries que li indiqués el custodi o el prelat.[7]

Un altre punt a reformar era la permanència de les monges en el monestir. Durant l'abadiat de sor Teresa de Cardona, tampoc no cessen les sortides injustificades de sors. Els llibres de comptes en alguna ocasió recullen despeses curioses sobre alguna d'aquestes sortides com per exemple el 1523, en relació a un viatge a Toledo emprès per sor Gralla.[8]

Un dels eixos per reforçar el tarannà reformador del monestir de Santa Maria de Pedralbes fou establir una intensa relació amb el de Montserrat, signant-se cartes de germandat (Anzizu 1899). En aquell moment era abat del monestir montserratí, Pere de Burgos, deixeble i seguidor de Cisneros (Albareda 1977, p. 76 i ss). Pacten que, per cada monjo o ermità que morís a Montserrat el monestir de Pedralbes celebraria missa solemne en sufragi de la seva ànima, com també cada una de les monges coristes resaria un ofici de difunts, i cada una de les llegues, cent parenostres i avemaries. També Pedralbes convidava a Montserrat a participar en les seves activitats espirituals. Ambdós monestirs es comprometien a guardar còpia d'aquestes cartes en els seus respectius arxius.[9] D'aquesta bona entesa derivaria segurament el fet que en el monestir de Montserrat es confeccionessin diversos llibres il·luminats per fra Perpinyà per al monestir de Pedralbes.

De l'obra reformadora de Teresa de Cardona la documentació no en recull massa res més d'explícit per això haurem de recórrer a analitzar les obres que deixà a Pedralbes per tal de poder tenir una visió més àmplia del personatge i el seu rol en la història del monestir reial.

La vida de Teresa de Cardona més enllà de la posició institucional que ocupava no és fàcil de recuperar documentalment parlant. Els registres històrics sovint no esmenten res sobre el seu caràcter, el seu pensament o aspectes íntims de

7. AMP, *Chronològic*. Aquest document cita el pergamí nº117 que «non vidimus».

8. AMP, *Llibre de comptes*, 117, f. 93 (2): per Sor Gralla es lloga una mula que també aprofita una monja castellana per anar a Montserrat. AMP, *Llibre de comptes*, 117, f. 93 (3): pagaments a un traginer per portar la roba de sor Gralla a Toledo. AMP, *Llibre de comptes*, 117, f. 93 (4): pagament perquè Pere Guilla, prevere sotsprocurador perquè l'acompanyi.

9. 22 de setembre de 1523. AMP, *Pergamins*, nº169, lletra J.

la seva biografia. Tanmateix, els cronistes del monestir de Pedralbes ens permeten conèixer un breu episodi que ens dóna alguna pista sobre la salut de Teresa de Cardona mentre va ser al monestir. Sembla ser que va tenir un trencament d'una vena ocular. Segons el pare Coll (Coll 1981, p. 342) i Sor Eulàlia d'Anzizu (Anzizu 1897, p. 143) es recuperà gràcies a les oracions de sor Delfina, però els documents comptables recullen una possible altra explicació. El 1526 es fa un pagament especial de 2 lliures i 8 sous a dos metges, mestre Caldofol i mestre Liura per la col·lació que han pres al monestir amb mestre Bernat Miquel, mestre Sorts i mestre Bartomeu – aquest darrer cirurgià del monestir –, «pel mal dels ulls que ha tingut l'abadessa Teresa de Cardona».[10]

Sor Teresa de Cardona morí el 1562 i fou la darrera abadessa vitalícia. La succeí sor Isabel de Cardona (1562-86) i després d'ella les abadesses ja seran escollides sempre triennalment, seguint les indicacions donades pel Concili de Trento. L'abadiat de Teresa de Cardona devia tenir força trascendència en la història de la comunitat. El seu record no només era present en totes les obres que encarregà, on deixà clar el seu llinatge amb la presència d'escuts, sinó també a través de les seves despulles. Potser recollint una llegenda, el cronista Coll indica que després de quatre anys de la seva mort, el seu cos va ser trobat incorrupte (Coll 1981, p. 342; Anzizu 1897, p. 143).

La situació econòmica del monestir de Pedralbes en aquestes dates podem considerar que diferia de molts altres monestirs on segurament no es gaudia del mateix grau de benestar. A més de les obres que es varen finançar en aquell moment que detallarem més endavant, Pedralbes continuava oferint caritat a altres cenobis, com per exemple el de Girona. Exactament s'oferí un donatiu de 2 lliures i 8 sous.[11]

El fet de restaurar físicament una església o monestir es pot relacionar amb l'origen de l'orde franciscà (Mistretta 1983). La primera experiència mística de sant Francesc va ser a l'esglesieta de Sant Damià quan Déu se li va revelar exhortant-lo des del crucifix pintat dient-li: «Vés i repara la meva casa, que com veus amenaça ruïna». A partir d'aquí el sant es va dedicar a reconstruir les esglesietes de Sant Damià, Sant Pere i Santa Maria de la Porciúncula, invertint-hi la fortuna del seu pare. Aquest gest al·ludeix a la figura de sant Francesc com un nou Crist, és a dir com algú que ha de refundar l'Església. També el situa com a creador, emulant la Creació del món i l'univers. Sant Francesc serà conegut també com «l'architetto di Dio» (Mistretta 1983). La reina Elisenda, fundadora del monestir de Pedralbes va voler construir-lo amb les seves pròpies despeses com si es volgués vincular a una mena de línia de santedat que l'enllaçava primer amb les clarisses de Barcelona, després amb santa Clara, d'aquesta a sant Francesc, i d'ell a Déu. En aquest sentit les obres empreses per Teresa de Cardona, no només es poden llegir com una voluntat d'adecentar i adequar els espais per a un major confort de les sors, i en conseqüència per vetllar per a un millor seguiment de la

10. AMP, *Llibre de comptes*, 118, f. 90 v (4).
11. AMP, *Llibre de comptes*, 117, f. 95v (1).

regla, sinó que també podria tenir un significat més trascendent. El sentit de pertinença en una comunitat monàstica és molt important, i sobretot en el cas d'una mare abadessa escollida per les seves germanes. La línia genealògica que es traça en aquest punt, permet establir la possibilitat que Teresa actués com hereva de la línia dinàstica del monestir.

A continuació resseguirem les intervencions en l'edifici dutes a terme durant l'abadiat de Teresa de Cardona, començant per aquelles de caràcter més general i estretament vinculades amb la reforma monàstica i continuant pels següents espais: cuina, cisterna, infermeria i dormitori. Dedicarem un breu episodi a la cel·la que ocupà de forma individual sor Teresa, l'actual biblioteca Florensa.

En termes generals, Teresa de Cardona consolidà la reforma religiosa al monestir de Pedralbes, posant-lo sota l'observança. Això s'evidenciarà físicament perquè es reforçaran tots els elements relacionats amb la CLAUSURA. En la infermeria es compraran reixes per les finestres el 1522[12] a Francesc Roca, mestre ferrer, per 11 lliures. D'aquesta partida també en formen part les reixes col·locades al dormidor i en d'altres estances del monestir. Anys més tard, el 1543,[13] es repeteix una partida semblant, però en aquest cas és Pere Joan Plensa qui rep només 4 sous a tal fi.

Centrant-nos ara en les zones més vinculades a la vida quotidiana del monestir, hem d'afirmar que l'aspecte actual de la CUINA MENOR sembla força deutor d'una intervenció duta a terme a mitjans del segle XVI durant l'abadiat de Teresa de Cardona (BASSEGODA NONELL 1978, p. 14; CAMAÑES I SÁNCHEZ 1991, P. 388). De fet, l'escut d'aquesta abadessa està esculpit sobre la pica de la cuina, i també en el pou exterior situat entre la infermeria i la cuina. En aquest escut s'hi mostren cards sobre un camp de gules a més dels senyals d'abadessa i de pertinença a la família Enríquez. A Pedralbes hi havia dues cuines, una més gran i aquesta que esmentem aquí, la menor. Sovint, però la informació que ens en dóna la documentació no és gaire explícita a l'hora de mencionar a quina cuina es feren les obres. Per això val la pena tenir en compte altres aspectes com ara l'heràldica. Sigui com sigui, les intervencions estan vinculades a la voluntat de millorar la circulació de l'aigua dins el monestir, cosa que, a més de l'evident millora en salubritat i confort, té el contingut simbòlic de l'aigua com a element renovador i purificador. A Teresa de Cardona, també se li atribueix l'entrada d'aigua corrent a l'interior del monestir (a les dues cuines i als safareigs) i la construcció de l'obertura al fons de la cisterna pròpia de la infermeria (ESCUDERO I RIBOT 2003, p. 6).

Les dades que podem relacionar amb la cuina són diversos pagaments fets l'any 1526,[14] que coincideixen amb l'abadiat esmentat. El primer és del 16 de març, a Gaspar Ginebreda, per dues lliures de calç «li han presa per a l'obra dels fogons de pedra y altres obres». Quinze dies més tard es repeteix el pagament aquesta vegada per a 1 lliura i 4 sous de calç. Entretant, el 23 de març, es compren

12. AMP, *Llibre de comptes*, 116, 1521-22.
13. AMP, *Llibre de comptes*, 132, 1542-43.
14. AMP, *Llibre de comptes*, 118, f. 86-87.

4 aixetes de coure que costen 1 lliura i 6 sous a Pere Arnau que les «ha portades a la sennora abbadessa per al llevador de la cuina». Els treballs es devien prolongar durant el mes d'abril, però el pagament de la paga porrata al mestre de cases Joan Mateu arriba fins al mes de setembre. Al novembre s'anota que es compraren al mes de juliol 5 canons de mig peu, i 5 canons de braç al ferrer Pere Arnau, i que foren col·locats a la cuina. No s'especifica quina però suposem que deu ser també en aquesta cuina menor.

Una altra obra destacable, i en la línia del sistema hidràulic dins el monestir de Pedralbes, és la de la construcció d'una NOVA CISTERNA al claustre principal. Aquesta obra, com de fet totes les que es dugueren a terme en el monestir, va haver de ser executada i finançada de mica en mica. Prova d'aquest allargament de les obres, i de les conseqüències negatives per l'economia del cenobi, són les següents súpliques al Consell de Cent fetes entre 1547 i 1549:

> Quant a la subvencio demanada p*er* part de la abba*dessa* y convent del m*onest*ir de Pedralbes supplica*n*ts que ates q*ue* la casa reste enderrerida a causa d*e*ls grans guasts y despeses han fetes en la obra de la sisterna ço es feta en dit monestir, li remetes dit consell lo que per dit monestir y convent es degut a dita ciutat per aquelles C quarteres de forment foren leixades graciosame*n*t per dita ciutat a dit monestir y convent les quals son obligades a tornar o pagar a dita ciutat.[15]

> Quant a la caritat e subvencio demanada p*er* part de la Abba*dessa* y convent del monestir de Pedralbes encimada de la obra de la systerna se es feta en dit monestir p*er* la qual obra se han fetes moltes y excessives despeses de les quals resta dita casa enderrerida, supplicaren a dita ciutat li plaua remetre a dit m*onest*ir y conve*n*t lo que deu a dita ciutat p*er* rao de aquell cent quarteres de forment sien leixades graciosament per dita ciutat y d'aquelles e o d*e*l cost d'aquelles resten a dita ciutat debuts.[16]

Aquests dos fragments indiquen l'estreta col·laboració i dependència de la comunitat en relació al Consell de Cent. En un moment d'extres en la despesa d'obra, les monges han de recórrer al forment donat en gràcia o caritat pel Consell de Cent. No suficient amb això, més endavant han de sol·licitar que se'ls condoni el deute per poder sufragar les despeses ocasionades per les obres. Això demostra, doncs, aquesta demora a la que ens referíem.

Aquestes notícies que acabem d'enumerar posen de manifest la dificultat de poder atribuir cronològicament o estilística la decoració de la boca del pou de la cisterna. Cal distingir entre els dos pilars i el coronament final. En els primers es desplega un repertori decoratiu vegetal, classicitzant i de grutescos. En la cornisa hi ha una inscripció de l'època de l'abadessa Gabriela Ladrón de Guevara que indica l'any 1771. En el coronament, en una banda, hi ha una imatge de la Mare de Déu amb el nen, envoltada d'un filacteri on es pot llegir: «EC EST ILLA IN CUIUS UTERO VERBU CARO FACTUS QUE SALUS TOTO ORBI HE VENIT». A

15. Arxiu Històric de la ciutat de Barcelona (AHCB), Consell de Cent, 1B, II, 60, *Pedralbes obras*, f. 73 v.

16. AHCB, Consell de Cent, 1B, II, 60, *Pedralbes obras*, f. 76 r.

l'altre costat, s'hi desplega la imatge de santa Clara envoltada d'un altre filacteri on es llegeix: «OC OPUS FACTU EST ANO DOMINI MDXLVIII ESET ABATISSA DOMINA TERESA DE CARDONA». El conjunt és coronat per un ou amb una creu metàl·lica amb dos coloms als costats. Als laterals del coronament rampen dos lleons que sostenen un escut, tot i que s'assembla força al de Teresa de Cardona, l'absència d'algun element obliga a dubtar de la indentificació directa que donaria la inscripció del filacteri. A la part baixa de la cisterna, l'aigua s'expulsa a través d'un lleó.

Les obres d'endreça del monestir varen afectar també al CLAUSTRE on ja s'havien començat a portar a terme obres per adecentar-lo amb l'arribada de l'anterior abadessa, Maria d'Aragó.[17] El 1514,[18] Joan Calvet cobrà 2 lliures i 18 sous per 58 quarteres de calç per a fer blanc el claustre del cor i també el dormidor. Fer blanc indica encalar les parets segurament amb una finalitat higiènica, però també es pot pensar que fou en aquest moment en què es realitzaren les pintures que es troben a la porta d'entrada del cor alt de l'església des de la banda del claustre.

La següent gran intervenció és anotada en la documentació el 24 d'abril de 1532.[19] Per aquestes obres reberen també ajuda en el finançament per part del Consell de Cent.[20] Per mitjà de la taula de Joan Cortés, cambrador, es paga al mestre de cases Joan Mateu i al mestre fuster Jaume Montseny, que treballaven ja habitualment per al monestir, per l'escarada[21] d'haver cobert el claustre. L'escarada era de 67 lliures però el majordom ja els havia pagat 16 lliures i 3 sous per avançat. Pel tipus de contracte a preu fet l'anotació no és gens detallada i per tant no podem dir quin abast va tenir aquesta breu anotació de «les claustres havien cobertes». Segurament fa referència a l'erecció del TERCER PIS DEL CLAUSTRE. No ens hauria de sorprendre una obra d'aquesta envergadura en aquest any perquè és el mateix moment en què es fan obres al dormidor. En aquest sentit és difícil poder precisar per quina de les moltes obres que es van dur a terme foren utilitzades les 250 rajoles de pavimentar (4 lliures i 3 sous) que el monestir comprà a Miquel Villar el 28 de novembre de 1532.[22] La darrera notícia que coneixem del segle XVI ens dóna indici que el claustre devia estar començant un procés de degradació que no s'aturaria fins a mitjans del segle XVIII. Concretament, el 1559,[23] Joan Flix cobrarà 17 lliures 15 sous per apuntalar el claustre en alguns llocs i per «enlatar[24] de nou» en els llocs on hi havia necessitat. Aquesta dada,

17. Per conèixer els detalls del procés constructiu del claustre a través de les dades documentals SANJUST I LATORRE 2010, p. 156 i ss.

18. AMP, *Llibre de comptes*, 111, f. 89v (1).

19. AMP, *Llibre de comptes*, 122, f. 120 (1). RUIZ-OLALLA SERISIER 1987, p. 361.

20. AHCB, *Registres de deliberacions*, RB-II-52, f. 315.

21. En l'original hi ha escrit "scarada". Escarada: contracte de treball a preu fet en què es paga a tant la feina feta, i no a tant per unitat de temps. En castellà és *destajo* ALCOVER, MOLL 1962).

22. AMP, *Llibre de comptes*, 122, f. 120v (1).

23. AMP, *Llibre de comptes*, 126, f. 126 (2).

24. Enlatar o posar lates o llates. Llata: Cadascuna de les peces de fusta rectes i estretes que es posen damunt les bigues o cairats, en sentit perpendicular a aquests, i serveixen per a sostenir les teules.

potser menuda, no només ens permet entendre com evolucionen les obres al llarg dels anys dins el cenobi, sinó que també palesa la voluntat de Teresa de Cardona de mantenir físicament l'edifici on residia.

Una de les altres zones on s'intervindrà durant l'abadiat de Teresa de Cardona serà la INFERMERIA. Sabem que es varen portar a terme obres menors al llarg de la primera meitat del segle XVI, però no podem ubicar-les amb precisió.[25] Entre els mestres que hi participaren cal remarcar la presència dels reputats germans Mateu o del fuster Jaume Montseny. Aquestes intervencions podrien haver estat generades pel major grau de degradació d'aquesta zona per trobar-se situada en la zona baixa de la pendent del terreny on s'arrela el monestir, on el sòl és menys sòlid i s'hi troba el curs de diversos torrents naturals provinents de la veïna Serra de Collserola. Els murs de la infermeria, doncs, s'aniran reforçant al llarg de tota la història del cenobi.

Durant els anys vint del segle XVI, corresponents al curt abadiat de Damiata de Mendoza i a l'inici de l'abadiat de Teresa de Cardona, les notícies d'obra recollides en la documentació no són d'índole constructiva. La principal obra serà la instal·lació d'una nova FONT.[26] A partir de març de 1520 es comencen a comptabilitzar pagaments a tal fi, sempre fets per ordre de l'abadessa.[27] En aquest cas cal tornar a fer esment dels mestres Joan i Pau Mateu.

Aquests dos mestres de cases també seran molt rellevants per una intervenció significativa al DORMIDOR.[28] A principis de segle se n'havien emblanquinat les parets,[29] i si això en devia canviar l'aspecte, la construcció d'un trespol de fusta a mitja alçada, als anys 30' del segle XVI, en modificà també la concepció de l'espai. El rebaixament del sostre sota l'embigat crearà un passadís poc transitable anomenat "purgatori". La finalitat d'aquesta obra segurament era la d'aconseguir un major confort tèrmic, especialment a l'hivern. Aquesta intervenció es pot documentar a partir del contracte del 16 de gener del 1533,[30] entre l'abadessa Teresa de Cardona i el mestre d'obres Jaume Mateu i el fuster Jaume Montseny per a construir i obrar en el dormidor pel preu de dues-centes lliures barcelonines. Els avaladors van ser els fusters Antoni Carbonell i Joan Garcia, i els mestres de cases Pau i Antoni Mateu, a raó de cinquanta lliures cadascun. El 22 de febrer següent, un instrument ratifica aquest contracte. Els llibres de comptes conservats al monestir recullen la despesa del lloguer de les mules (9 sous) d'Antoni Carbonell i «altres mestres que anaren al dit monestir per veure l'obra del dormidor

25. Per conèixer els detalls del procés constructiu de la infermeria a través de les dades documentals (SANJUST I LATORRE 2010, p. 172 i ss).

26. Vid. SANJUST I LATORRE 2010 el capítol dedicat a l'aigua dins el monestir, especialment a les seves fonts.

27. AMP, *Llibre de comptes*, 114, 1520, f. 56 i 57.

28. Per conèixer els detalls del procés constructiu de la infermeria a través de les dades documentals SANJUST I LATORRE 2010, p. 248 i ss.

29. AMP, *Llibre de comptes*, 111, f. 89v (1).

30. Arxiu Històric de Protocols de Barcelona (AHPB), 284/14 Fco. Gerard Fogassot, *Manual* 23 (1533). Aquest dada és aportada per Marià Carbonell a CASTELLANO I TRESSERRA; JULIÀ I CAPDEVILA 2005, p. 17-23.

ensems amb lo senyor Governador». La despesa d'aquesta visura està registrada el 24 de maig 1533.[31] Jaume Mateu ja havia estat implicat en diverses obres del monestir, junt amb els seus col·laboradors habituals entre els que destaca el seu germà Joan: la construcció del mirador sobre el capítol el 1516 i les obres de la tercera galeria del claustre el 1532. S'ha dit que totes les obres dutes a terme el 1532 reberen l'ajuda del Consell de Cent (BASSEGODA NONELL 1978, p. 14),[32] i així consta en els registres municipals.[33] Tanmateix els llibres de comptes del monestir que sí que recullen aquesta despesa no indiquen que es rebés res del Consell de Cent per a cap millora. En el llibre de l'any 1532 ens diuen que, de les 396 lliures del dot d'entrada de sor Foxana, se'n destinaren 126 al dormidor, afegint-ne també d'altres 50 d'aquelles que havien estat cobrades dels deutes endarrerits de Joan Montcada. A més a més, tallaren pins dels seus boscs, part dels quals foren venuts com a llenya menuda; tot això se'ns indica en els dos llibres de comptes (1532 i 1533). L'any que aquest capítol té un percentatge sobre el total més elevat és el 1532 (8'34%), precisament per causa d'aquesta obra i d'altres, però n'és una excepció car la mitjana dels anys examinats només és de l'1'66% (RUIZ-OLALLA SERISIER 1987, p. 361).

Sobre la intervenció al dormidor pròpiament dita, les notícies conservades no són gaire generoses. En primer lloc, el 1532,[34] els llibres de comptes recullen un pagament de 37 lliures i 16 sous a Joan Mateu per sis jornals d'ell i els seus joves per a diverses obres entre les que s'esmenta «preparar el pis de les monges». El sis de març d'aquest any 1532,[35] el mateix mestre de cases rep cinquanta lliures per ordre de l'abadessa «per adiutori[36] de subvenció de l'obra del dormidor»; és a dir que cobra una bestreta de l'obra que s'ha de fer, amb el deute de Joan Montcada. Aquest capital per endavant li devia permetre poder comprar el material, però no devia ser suficient perquè el 26 de maig de 1533,[37] es paguen 54 lliures a Vicenç Sern per fusta de Tortosa. En principi la notícia indica que en aquest preu hi és inclòs el port, segurament fet en vaixell. Tanmateix, el 3 de febrer de 1534[38] el patró Joan Ametlló cobra 10 lliures i 7 sous per al port d'aquestes fustes, i una setmana més tard, l'11 de febrer,[39] Dalmau Roc de Lloret cobra pel mateix 23 lliures i 5 sous.

La propera notícia és del 25 d'octubre de 1551,[40] quan Joan Pleusa fa una reixa per al «dormidor nou», n'adova una de vella. També es recullen pagaments

31. AMP, *Llibre de comptes*, 122, f. 96v (6).

32. Bassegoda, a més d'apuntar al Consell de Cent com a finançador de les obres, avança aquesta data uns deu anys, als anys 20' del segle XVI.

33. AHCB, *Registres de deliberacions*, RB-II-52, f. 315.

34. AMP, *Llibre de comptes*, 122, f. 121 (1).

35. AMP, *Llibre de comptes*, 122, f. 121 (5).

36. Adiutori o adjutori: retribució per a ajudar a algunes despeses.

37. AMP, *Llibre de comptes*, 123, f. 95v (1).

38. AMP, *Llibre de comptes*, 123, f. 96 (6).

39. AMP, *Llibre de comptes*, 123, f. 96 (7).

40. AMP, *Llibre de comptes*, 130, f. 71 (1).

quantiosos per a obres que no s'especifiquen. La quantitat cobrada és molt elevada. Podria ser que el trespol no fos encara acabat gairebé vint anys després d'haver-se comprat el material? Una altra hipòtesi podria ser que donat que el 1532 s'havia fet la tercera galeria del claustre, fos necessari d'obrir noves finestres al dormidor.[41] Anzizu és més resolutiva en el seu *Índex* i diu «se fa lo dormidor tot nou» (ANZIZU 1899). Per últim caldria analitzar els tres nivells de cel·les adossades a la paret de l'església i a les que s'accedeix per una escala de cargol per saber si es tractaria precisament de la construcció d'aquestes cambres. La CEL·LA més notable seria la de la IMMACULADA, tal vegada del segle XVI, amb una porta amb guixeries flamígeres i que a l'interior té una volta amb nervadures i claus gòtiques, també de guix. El paviment d'aquest espai és de ceràmica vidriada d'elements geomètrics en blau, possiblement també d'inicis del segle XVI. Aquest espai s'ha atribuït a Sor Teresa de Cardona (ESCUDERO I RIBOT 1988, p. 18-19, i 34).

Un altra cel·la de dia que s'ha de vincular amb Teresa de Cardona és la que es troba al primer pis de la infermeria i que es coneix com a BIBLIOTECA FLORENSA. Segons el dietari de l'Arxiu del monestir de Pedralbes, aquest espai s'anomenava cel-la de Sant Joan i fou restaurat el 1927. S'hi va treure la calç que hi havia al sostre, i en veure que la volta era de fusta, es tornà a enrajolar i s'habilità com a biblioteca. Es tracta d'una sala quadrangular coberta amb una volta octopartita, segurament de fusta com esmentàvem, amb una clau central policromada i d'altres de secundàries que es presenten actualment encalades. Tant al frontó d'accés, com a la clau de volta central hi ha l'escut de l'abadessa. En el mur que dóna a la façana de l'hort, s'hi va obrir una finestra amb festejadors decorada amb ceràmica vidrada.

La multiplicació de cel·les de dia en tot el monestir de Pedralbes, des de finals del segle XV i al llarg del segle XVI, podria respondre a la voluntat de crear un eremitori dins del claustre.[42] El principal detonant, tot i que no l'únic, de l'erecció d'aquestes cel·les, serà el retorn rigorista a la vida de les primeres clarisses que s'imposà a les Corones d'Aragó i Castella al darrer terç del segle XV. A Castella (Tordesillas) hi va haver una reforma important de les clarisses al s. XV. La majoria de convents varen seguir aquesta nova norma. Les monges que varen venir a reformar el monestir de Pedralbes provenien d'aquests convents reformats i tal

41. La Comissió Territorial de Patrimoni de la Generalitat, en l'expedient 96/88, de 1988, estableix aquesta mateixa hipòtesi però indica erròniament al nostre parer, que la tercera galeria fou construïda al segle XV, de manera que pot justificar la construcció de les finestres fetes de nou el 1499.

42. Un fenomen particular del monestir de Pedralbes són les anomenades cel·les de dia. En l'argot propi del convent també s'anomenen retrets, capelles, o bé la cambra d'una monja o abadessa. Algunes d'elles fins i tot reben un nom propi, com ara cel·la de sant Aleix, o bé capella de sant Miquel. Habitualment estan construïdes amb materials senzills – la tàpia o bé el guix –, adossades a estructures més fermes del monestir com ara entre els contraforts que donen al claustre del dormidor, el refetor o bé la infermeria. També n'hi ha, o n'hi havia, sobre les teulades d'aquests edificis, o bé en espais intermedis. A la majoria hi ha habilitat un petit espai com a altar, fins i tot algunes contenen un arcosoli per a tenir-hi un retaule. Per una descripció exhaustiva SANJUST I LATORRE 2010, p. 165 i ss, i per a un anàlisi del seu ús i la seva simbologia SANJUST I LATORRE 2010, p. 411 i ss.

vegada això comportà la introducció de noves vivències de la fe a Pedralbes. Una cel·la que exemplifica aquesta hipòtesi és la de sor Maria d'Aragó, en el primer pis de l'ala del refetor del claustre.

En aquelles mateixes dates, en altres indrets també hi havia un retorn a considerar el monestir com l'avant-sala de la mort i per tant les cel·les com un lloc que havia de ser forçosament petit i fosc per a recordar una tomba. Savonarola en el XV, per exemple, es lamenta que s'ha perdut el rigor en l'obediència de les directrius dels sants fundadors dels ordes i que cal un retorn a la pobresa i austeritat. També considera les cel·les com un sepulcre:

> La povertà in tale modo vuole essere: che né in commune né in particulare tu abbi cosa alcuna, salvo la tua necessità, e quella abbi con fatica. Oh, come è oggi osservata questa povertà da' religiosi? Va', guarda le religioni: non povertà in quella si truova. A' tempi passati era osservata da' padri nostri. E' uno monasterio antico de' frati nostri, che ha *quelle celle, che paiono sepulcri, vorrei le potessi vedere, non si adoperrebbono adesso: uno terrore sono!* – Chi erono? – Come noi –; oggi le cose nostre, che povertà! Abbondanzia di superfluità.[43]

Aquestes cel·les de dia tenien un cert MOBILIARI. Més enllà de taules o cadires sovint comptaven amb un petit altar on s'hi solia ubicar un retaule, i també amb reclinatoris perquè les monges poguessin portar a terme les seves oracions. Recentment (BOERNER 2004, p. 119-131) s'ha insistit en la importància de valorar quin rol jugaven les representacions plàstiques tant escultòriques com pictòriques en els entorns monàstics per tal de poder estudiar millor les imatges en general de les darreries de l'edat mitjana. Les imatges servien per tal de fer comprensible allò immaterial, espiritual. Calia un préstec en el món material per expressar allò immaterial. L'experiència de la fe, en conseqüència esdevé una pràctica corporal, que involucra tots els sentits. Aquests aspectes han estat estudiats a Alemanya perquè encara es conserven en força monestirs fonts antigues com les vides de les sors, «vitae sororum», i els llibres de les sors *Schwesternbücher* (BOERNER 2004, p. 122). Aquests textos evidencien relacions molt intenses entre les sors i les imatges. Malauradament, però, moltes de les peces conservades no poden ser atribuides a un convent particular perquè han estat desubicades sigui a causa de la reforma, sigui per la secularització dels convents o simplement pel canvi de gustos i de maneres de viure la fe. D'altres objectes senzillament s'han venut o perdut. La contemplació d'aquestes imatges porta a experimentar en pròpia carn la mateixa passió de Crist.

A Pedralbes, tot i que algunes peces es conserven, documentalment la majoria de dades fan referència a les modificacions que es portaren a terme a diverses obres. L'origen de les peces és ben divers: adquisició directament feta per part de l'abadessa o alguna monja, regals de fidels, o bé peces que formessin part de la dot d'entrada al monestir. Un exemple és un retaule que s'esmenta en l'inventari

43. G. Savonarola, *Prediche sopra i salmi.* ed. Naz. I, 135-136, citat a: GUIDI 1992, p. 101-146. La cursiva és meva.

de béns de Violant Llull, esposa de Joan Llull, que declarà com hereva universal a sor Aldonça de Cardona. Aquesta monja apareix en el llistat de religioses del monestir de Pedralbes elaborat per Sor Eulàlia d'Anzizu i que s'inclou en el seu *Índex* General de l'Arxiu, però en l'inventari consta com a abadessa. El document, datat el 1522,[44] situa la peça en la capella que Violant Llull i el seu marit Joan tenien a la casa del carrer Banys Vells, entre molts altres objectes, i el descriu de la manera següent: «un retala daurat ab la historia dels tres Reys de bulto ab ses portes e bancal e ab huna corona o diadema d'argent amb algunes pedres dolentes». A quina peça es refereix l'inventari? S'han estudiat dues obres que contenen una epifania en forma de relleu: el retaule de l'Epifania, Santa Magdalena i Sant Onofre,[45] i el retaule de l'Epifania.[46] Ambdues s'han relacionat amb Teresa de Cardona: la primera pel vincle que Teresa tingué amb Lorenzo II de Medici, i la segona per la presència del seu escut. La notícia documental que aportem tal vegada permeti de reconsiderar aquest vincle. Si finalment el retaule que heredà sor Aldonça el portà amb ella quan ingressà a Pedralbes, potser podria ser el primer al que fèiem referència. Aquesta peça ha estat molt modificada al llarg del temps. La part central de terracota, va perdre la seva base i fou sobredaurada. En l'inventari s'indica que el retaule era daurat, cosa que ens aniria bé per a la identificació, i que incloïa ja unes portes, amb una corona d'argent. Les portes potser són les que es conserven. Si fos així, ja a inicis del segle XVI aquesta peça hauria estat mutilada i enquibida en l'actual marc. En relació a la plata, s'han trobat restes de decoració amb aquest metall que podrien fer suposar la presència d'una corona, o d'altre treball d'argenteria avui desapareguts.

Alguns d'aquests retaules, foren confeccionats o millor dir assemblats aprofitant peces d'altres retaules, tal vegada per part de les mateixes monges (Hamburger 1997): són els anomenats facticis (Castellano, Nicolau 2001, p. 182). Les monges es devien fer seves aquestes imatges a partir de la contemplació habitual. Si s'hi barregen plafons procents d'altres retaules tal vegada respongui a la particular devoció de cada monja, o bé a taules que portaren amb elles mateixes quan ingressaren en el monestir. S'estableix així una relació d'intimitat, de contacte, entre la imatge votiva i la religiosa (Frugoni 1992, p. 127-155). Aquestes imatges serien una via per tal que la germana pogués desenvolupar les seves aspiracions místiques, o sigui l'encontre màgic amb la divinitat, el contacte personal amb el sagrat. Alhora, en un entorn domèstic del monestir, suggeririen una particular constricció dels gestos de la monja i la induirien a la pregària. Caldria pensar doncs, que quan una monja entra en la seva cel·la, el propi espai reduït, les imatges que conté la predisposen a l'activitat contemplativa que hi ha anat a practicar.

44. AMP, Lligalls, *Inventaris*, 137.

45. Núm. registre MHCB-MMP 115.040 (Carbonell Buades 2005, p. 74-77). Aquest retaule consta d'una taula central de terracota vidriada atribuïda al taller de Lucca della Robbia i un marc de fusta amb dues portes posat en posterioritat.

46. Núm. registre MHCB-MMP 148.237 (Morte 2005, p. 152-154). Aquesta peça ha estat atribuïda al taller de Damià Forment.

Teresa de Cardona també va comptar amb almenys un d'aquests retaules facticis,[47] perquè s'hi mostra el seu escut. Aquesta peça està composta per la taula de *Verge i el Nen* del Mestre de Burgo de Osma, el *Tríptic de la Sagrada Família treballant* o de *La infantesa de Jesús*, la taula de la *Immaculada Concepció*, i la taula *Crist Salvador Mundi*; aquestes taules estan articulades amb peces de talla de les que destaca una petxina central que realça la taula de la Immaculada Concepció; a més, en el moble del retaule s'hi poden llegir dues inscripcions («MARIA MATER DEI MISERERE MEI» i «SALVATOR MUNDI MISERERE MIHI»). S'ha suggerit que aquest retaule es trobés originàriament en la cel·la dita de la Immaculada per la coincidència iconogràfica i perquè a la clau de volta es conserva l'escut de l'abadessa (Escudero i Ribot 1988, p. 18-19 i 34). Segons Cornudella la qualitat d'aquest retaule no es correspondria al rang i llinatge de Teresa de Cardona, i això ens permet reflexionar de nou sobre la funció d'aquest tipus de retaule. Nosaltres suggeriríem que el que compta en aquest cas no és tant la qualitat artística o l'excepcionalitat de la peça, sinó el significat conjunt que tenen les taules. Totes les imatges pretenen permetre que la monja exerciti la seva pietat. Així podem afirmar que hi trobaríem un compendi d'una banda dels sants als qui segurament Teresa tenia devoció, i que es corresponen a Santa Clara i Santa Agnès, i l'arcàngel Gabriel i Sant Francesc d'Assís, tots ells amb una forta vinculació sigui a l'orde de les clarisses, als franciscans o al monestir de Pedralbes. També l'escena de la infància de Jesús on destaca en primer pla, a la dreta, la Mare de Déu cosint asseguda a terra en la postura tradicional de la "Domina de Humilitate", activitat que sabem que també portaven a terme les monges; en segon pla Josep treballa en una fusta que reposa sobre un tascó prefigurant la creu, al seu costat el Nen Jesús recull els encenalls de fusta, els acompanyen sis àngels un dels quals, vestit amb una dalmàtica, presenta una safata amb fruites; el conjunt es completa amb una Trinitat. L'escena s'esdevé en un conjunt d'edificis que deixa entreveure camps i turons al fons. Aquest tríptic mostra una iconografia poc habitual que segons Martens es correspondria a la voluntat que el comitent, potser Teresa de Cardona, parlés directament amb l'autor, un pintor d'Anvers de l'àmbit d'influència de Coeck, i li demanés que vestís a Jesús, Josep i Maria de marró en correspondència amb l'hàbit franciscà, entre d'altres particularitats iconogràfiques. D'altra banda, en les taules laterals de la part inferior, les figures de la Mare de Déu amb el Nen Jesús i el Salvador Mundi, són presentades en una composició que les situa en primer pla. Tal com ha indicat Muntada aquesta proximitat amb la persona que s'hi atancés ens remet a una actitud de veneració i de "compassio" amb els personatges. També relaciona aquestes imatges amb les oracions que es resaven en el recolliment de la cambra monàstica, com el rosari, i les meditacions sobre l'Evangeli, ambdós exercicis de pietat. Per la mateixa autora, la imatge de la Immaculada en el mateix retaule factici estaria vinculada al context teològic de les reformes religioses que pretén reconduir les imatges sacres envers una dimensió

47. Núm registre MHCB-MMP 115.048 (Cornudella 2005, p. 100-101; Martens 2005, p. 102-105; Muntada Torrellas 2005, p. 108-111 i 106-107).

més espiritual i decorosa allunyada del que es veia com una excessiva humanització de les figures en època baixmedieval. La iconografia escollida per a representar aquest misteri, una donzella envoltada de les lletanies, és la que exalça la seva riquesa interior i, alhora, la grandesa dels dons de Déu. Aquesta iconografia es podria vincular a la importància creixent de la pregària individualitzada i al valor tangible de les imatges sacres que induirien a la contemplació. Aquests aspectes creiem que expliquen la multiplicació de cel·les de dia en un monestir de clarisses on no s'hi haurien d'esperar.

Tornant al que dèiem sobre les cel·les de dia, doncs, podríem definir-les com un espai d'intimitat religiosa de la monja, però també d'ascesi i d'aproximació de la monja a la divinitat, sigui a través de la contemplació d'un retaule, la "compassió" a la que les imatges la poden induir, de la introspecció i el silenci, de la solitud, o sigui a través d'altres pràctiques ascètiques com són inflingir turments al cos.

Per a portar a terme aquesta mena de funcions, però, no és necessari que l'espai estigui cobert amb una falsa volta estrellada, ni que tingui una finestra amb festejadors,[48] tal com es presenta en la cel·la que hem esmentat, l'actual biblioteca Florensa. En primer lloc hauríem de poder confirmar que aquesta finestra fou construida en el mateix moment que la resta de la cel·la, i que això s'esdevingué durant l'abadiat de Teresa de Cardona. Si fos així, seria realment sorprenent perquè estem parlant d'un espai privat, en el si d'un monestir on s'hi estava aplicant una reforma religiosa que pretenia retornar al seguiment rigorós de la regla (que indica entre altres coses que les monges han de compartir els espais). La de Teresa però, no és la única cel·la, diguem-ne luxosa. Sabem que sovint hi va haver abadesses que usaren de forma privada certes cel·les del monestir, com sor Blanca, abadessa del convent de Santa Clara de Vilafranca del Penedès que tenia el seu espai sobre la porta d'entrada al monestir (Webster 1994, p. 925-933). A Pedralbes, algunes cel·les estaven destinades a les abadesses. Ara bé, no s'ha de descartar que aquestes reutilitzessin el palau de la reina Elisenda per a ús propi, un cop morta la fundadora. En aquest sentit es vincularien espacialment a ella, i a tots els valors que s'hi poden associar, tant pietosos com de poder. En un document de 1428,[49] es fa esment d'una cambra «in quidam dicte domine abbatisse predicti monasterii in qui dicta reverenda domina abbatissa jacebat e grota ubi al prisimilibus et comunibus actibus predicti monasteri asserverunt»; possiblement es tracti de la gruta que es troba sota el dormidor, en l'angle amb el refetor, allà on hem suposat que hi hauria el palau de la reina. Tot i que la suposició és un xic arriscada, tenint present sobre quantes hipòtesis incertes estem bastint la nostra interpretació, tal vegada la finestra amb festejadors podria explicar-se per la relació que Teresa de Cardona tenia amb la monarquia (era cosina de Ferran el Catòlic), i en la seva voluntat d'imitar la reina fundadora. Igual que Elisenda,

48. Festejador: Pedrís situat a la part interior, a banda i banda d'una finestra, per a seure-hi i conversar (cast. *Poyo*, angl. *Stone bench*). És habitual en l'arquitectura civil, però rar en la religiosa.

49. AMP, *Manual Notarial*, 19, f. 8.

Teresa s'hauria bastit un petit palau, amb finestra inclosa, des d'on governaria el monestir ensemps a dur una vida religiosa exemplar per a les altres religioses.

Les obres que una abadessa emprèn per millorar o modificar la vida del monestir que dirigeix, no es poden entendre només des del punt de vista arquitectònic. Si adequar els espais per a l'aixopluc i el confort és molt important, també ho és que els objectes que aquests espais contenen i que són utilitzats per al culte diari estiguin a la mateixa alçada. Podríem afirmar fins i tot que aquest aspecte és el que dota de sentit a la primera acció que hem descrit. Allò que articula i dóna el pols a la vida d'un monestir és la pregària, l'oració i és a l'entorn d'aquesta que es generen els gestos i les accions. Els objectes que primer hem de mencionar, i més importants, són els llibres de cor que contenen els cants per a aquestes oracions; també trascendents i significants són els objectes litúrgics, i després les imatges religioses. Si aquests aspectes queden resolts, llavors és quan s'inverteix en l'edifici, sempre i quan les intervencions no siguin generades per una necessitat d'habitabilitat. Cal remarcar que en un moment com el que estem descrivint en el que s'està portant a terme una reforma intensa d'aquest batec intern del monestir, el principal esforç es volqui en què els llibres siguin els adequats. Ja des de l'inici de la reforma en el monestir de Pedralbes s'havia encarregat l'elaboració de diversos llibres de cor (PLANAS 2005, p. 144-145) i un nou codi de la Regla del monestir. Maria d'Aragó manà confeccionar quatre cantorals per cobrir tot l'any litúrgic. Aquesta col·lecció es va completar amb altres llibres adquirits en època de sor Teresa de Cardona (1521-1562).[50] En aquest moment el monestir de Pedrables va mantenir estretes relacions amb el monestir de Montserrat. D'aquesta bona entesa derivaria segurament el fet que allà es confeccionessin els esmentats llibres il·luminats de la mà de fra Perpinyà. En aquell moment el monestir de Montserrat era un bon centre d'elaboració de manuscrits i també de llibres impresos. L'impuls cultural emprès en època de l'abat Cisneros havia deixat una dinàmica intellectual en el cenobi que fou encoratjada per l'abat Pedro de Burgos. Es reprengué la tipografia montserratina, que elaborà còdex de gran qualitat. També convé destacar el desenvolupament de l'impremta on hi treballaren mestres notables com Joan Luschner i Joan Rosembach (ALBAREDA 1977, p. 78).

L'altre aspecte al que fèiem referència en relació a l'empresa reformadora de Teresa de Cardona és el tèxtil vinculat als espais de culte. Documentalment, sabem que el 1538 el Consell de Cent finançà la construcció d'un pal·li, del que no en podem traçar la seva peripècia posterior.[51] Imaginem que aquest pal·li devia destinar-se a l'altar major de l'església, tot i que no es pot descartar la possiblitat que servís per a l'altar del cor de les monges on es gaudia del privilegi de tenir-hi

50. Traces de l'execució de tots aquests volums es poden resseguir en els manuals de comptes de Pedrables on es detalla l'adquisició de pergamí, els pagaments als diversos il·luminadors, i fins i tot la compra de compassos per a compondre les pàgines: AMP, *Llibre de comptes*, 112, f. 74-78, 93-94; AMP, *Llibre de comptes*, 113, f. 83; AMP, *Llibre de comptes*, f. 93-95; AMP, *Llibre de comptes*, 117, f. 95-96; AMP, *Llibre de comptes*, 118, f. 89-91; AMP, *Llibre de comptes*, 119, f. 69-71; AMP, *Llibre de comptes*, 132, f. 95.

51. AHCB, Consell de Cent, 1B, II, 55, f. 203, 240.

la custòdia. És més, gaudien del privilegi d'adoració perpètua (Messeguer Fernández 1980, p. 115-122).

Dos anys més tard, el 25 de setembre de 1540 la ciutat deliberà de fer nou el frontal de l'altar del cor.[52] S'ha suggerit (Muntada Torrellas 2005, p. 108-111) que tal vegada aquest frontal d'altar seria el de seda verda i brodat d'or amb la imatge de la Immaculada Concepció envoltada pels símbols de les lletanies, on també s'hi pot veure la inscripció «TOTA PULCHRA ES AMICA MEA ET MACVLA NON EST IN TE» i les armes de Teresa de Cardona. Aquesta obra es coneix a través d'una fotografia publicada en l'*Àlbum* de l'*Exposición de Artes Suntuarias* del 1877 (núm. 51 i p. 26). La peça fou desmembrada poc després de 1903 per a confeccionar una casulla i altres ornaments litúrgics conservats avui al museu del monestir de Pedralbes. Nosaltres suggeriríem que tal vegada aquest darrer frontal hauria estat encarregat directament per l'abadessa per a l'altar de la seva cel·la privada, donada la coincidència iconogràfica de la imatge de la Puríssima amb el retaule factici que descrivíem suara. I que el finançat pel Consell de Cent fos un altre.

L'abadiat de Teresa de Cardona ens situa en un moment de consolidació d'una reforma religiosa que s'implanta repetint o imitant molts dels gestos portats a terme a l'inici de la fundació del monestir. El paper que va jugar Teresa de Cardona en la restauració de l'edifici és palès. No només pretengué tornar a la comunitat a què seguís allò establert per la reina fundadora, sinó que també procurà pel seu benestar material. Així, va dotar-la tant de les obres necessàries per a un major confort com dels objectes litúrgics pertinents. A més a més, la seva particular manera de viure la fe, d'una manera més íntima i amb voluntat d'ascesi contemplativa, ens fa pensar que en el seu gest hi ha també una voluntat d'innovar i d'introduir dins la història del monestir de Pedralbes, una nova forma de viure l'espiritualitat. Podem concloure doncs que d'una banda seguí els passos de la reina fundadora, però que a més fundà un nou camí en la vivència de la fe.

52. AMP, *Chronològic*.

LAIA DE AHUMADA

Teresa Rajadell i la Companyia de Jesús. Una història oblidada del monestir de Sant Antoni i Santa Clara de Barcelona (s. XVI)

En aquest article es pretén – a partir dels estudis sobre el monestir de Sant Antoni i Santa Clara de Barcelona en el seu pas de clarisses a benedictines – recuperar la figura de Teresa Rajadell i aportar noves fonts documentals que donin llum a aquest llarg procés de canvi, que es va complicar encara més pel desig de Rajadell i d'una desena de monges – ja benedictines – de deixar aquest orde monàstic per fer una nova fundació femenina sota l'obediència de la Companyia de Jesús. Rajadell era deixebla d'Ignasi de Loiola i pertanyia al cercle de dones protectores del sant a Barcelona; a través de la seva relació epistolar anirem resseguint les petjades d'un desig de reforma i de nova fundació que va morir amb ella, i que exemplifica la relació d'Ignasi de Loiola amb les dones del seu temps, una relació espiritual profunda que el va portar a creure, en un principi, en la igualtat religiosa entre sexes i a imaginar una vida apostòlica també per a les dones i, posteriorment i per experiència pròpia, a rebutjar de forma radical l'acceptació d'una branca femenina dins de la Companyia.

1. *Estat actual de les investigacions*

Teresa Rajadell va ser estudiada per primera vegada en profunditat, l'any 1963, pel jesuïta Hugo Rahner (RAHNER 1963, II, p. 113-161). Per a aquest treball va utilitzar únicament materials documentals de la Companyia de Jesús, com ara l'epistolari de Rajadell i d'Ignasi de Loiola, i d'altres documents i cartes complementàries publicades en la *Monumenta Historica Societatis Jesu*.[1]

Tarsicio de Azcona descriu la història del monestir de Santa Clara de Barcelona a principis del s. XVI (AZCONA 1968, p. 78-134). La seva investigació, però, s'atura el 1518, un any després de la primera notícia de Teresa Rajadell en

1. Les citacions dels volums de la *Monumenta Historica Jesu* són citats amb les abreviatures inicials següents: *Epist.* Monumenta Ignatiana; Epistolae et Instructiones S. Ignatii, 12 vol. Madrid 1903-1911; *Font. Narr.* Fontes Narrativi de Sancto Ignatio, 3 vols. Roma 1943, 1951, 1960; *Chron.* Chronicon Societatis Jesu, 6 vols. Madrid 1894-1898; *Epist. Mixt.* Epistolae Mixtae ex variis Europae locis (1537-1556), 5 vol. Madrid 1898-1901.

el monestir. L'any 2009, Núria Jornet aprofundeix en el tema d'Azcona (Jornet Benito 2009).

Hem efectuat el present estudi basant-nos en els documents utilitzats en les investigacions citades i en la documentació trobada en els arxius barcelonins sobre Teresa Rajadell i el monestir de Santa Clara, des del 1517 fins a la data de la mort de Rajadell, l'any 1553: Arxiu Capitular de Barcelona (ACB), Arxiu Diocesà de Barcelona (ADB), Arxiu General de Protocols (AGPB), Arxiu de la Corona d'Aragó (ACA), Biblioteca de Catalunya (BC), i finalment l'Arxiu del monestir de Sant Benet de Montserrat (AMSBM/MSCB).

Gràcies als estudis de Rahner i a la documentació trobada ha estat possible anar completant el perfil de Rajadell i de retruc el del monestir, i s'ha pogut constatar que el que Azcona considerava un final feliç per a la comunitat (Azcona 1968, p. 126): l'acceptació de la regla benedictina, només havia estat un pas més en la història convulsa del monestir de Santa Clara; i que l'acceptació del nou orde no havia estat tan fàcil, ja que, posteriorment, l'elecció d'una abadessa simoníaca i la desobediència d'unes monges rebels – capitanejades per Teresa Rajadell i la priora Jerònima Oluja, amb una clara intenció reformadora que es va acabar convertint en un desig per crear una fundació jesuítica femenina – va transformar el monestir en un camp de batalla.

Cal fer esment al fet que no hi ha documentació en l'arxiu del monestir de Sant Benet que faci referència a aquesta època, i no tan sols no n'hi ha sinó que en alguns dels manuals del s. XVI de l'arxiver Sebastià Roger es troben arrencades les pàgines que fan referència a aquests anys i en algun cas tergiversades les dates de govern de les abadesses. Cal esmentar també que les cartes originals escrites per Teresa Rajadell a Ignasi van ser donades pel monestir, al s. XIX, a la Companyia de Jesús. És evident que després del conflictiu pas de clarisses a benedictines no interessava tenir esment d'un episodi que, frustrat, podia deshonrar la història del monestir.

2. *Teresa Rajadell*

Rajadell surt esmentada per primer cop en el *Llibre de pastrims* del monestir de Santa Clara, l'any 1517.[2] D'ella, no n'hem trobat cap rastre en la documentació de la ciutat, però sabem que provenia, igual que moltes monges del monestir, d'una família de gentilhomes, senyors de castell, del veïnatge de Cervera que, instal·lats a Barcelona, s'asseguraven, a través de les filles, un feu de poder religiós en aquesta terra, a més d'un lloc a l'eternitat. Tal com era costum, ella no era l'única Rajadell en el monestir; Margarida i Elionor ja havien estat abadesses del monestir en el s. XV, i també ho serà una altra Elionor (1519-1522). Sense càrrec, trobem, l'any 1504, Isabel Rajadell i, l'any 1547, Brígida. La mateixa Teresa afirma, en una carta a Ignasi de Loiola, tenir al seu càrrec, l'any 1552, dues ne-

2. AMSBM/MSCB. *Pensions (porcions) 1517-1518*, núm. 84.

bodes, filles del seu germà: «ningunas tienen el vello negro sino ábito, y no nada recogidas, sino así, ni mal, ni mucho bien».[3]

En la documentació del monestir només trobem una breu referència al perfil de Teresa: «Religiosa que fou de molta perficsió y de gran sperit».[4] L'any 1532 ostenta el càrrec de sagristana – esmentada com «la magnifica senyora Teresa de Rajadell»[5] –, l'any 1538 el de procuradora i l'any 1553 el de priora, sota l'abadiat de Jerònima Oluja.[6]

És evident que Rajadell és l'ànima del grup reformista, per bé que emparant-se rere la figura de l'abadessa, Jerònima Oluja, però no vol càrrecs ni protagonisme i així ho manifesta en una de les seves cartes: «En su escrivir muestra tenerme por abadesa; lo que yo no deseo, ni menos quiero».

Teresa Rajadell mor el mes de juny de l'any 1553, segons carta del 12 de juny escrita pel jesuïta Joan Queralt al secretari d'Ignasi de Loiola, Joan de Polanco:

> No me acuerdo si por otras he scrito de la muerte de la señora Rajadella, y porqué a su tránsito se lo prometí, si no lo havia echo, lo ago agora. Morió muy quietamente y con la constantia que havia vivido. Encomendome que scriviesse a nuestro P. M. Ignatio de su parte, que tuviesse por bien de mirar y favorescer siempre aquella casa; y los deseos que en algunas della Dios N. S. tenía, tuviesse por bien que fuessen ayudados por los padres de la Compañía que acá estarían; y esto le suplicava por la passión y llagas de Jesucristo N. S. , y que rogassen por ella. [...] Cierto, padre mío, que verla tal, y en tal tránsito, era para convertir a un turco, y assí después de su muerte se an movido algunas con deseos muy fervientes. Dios N. S. las tenga siempre de su mano. Amén.[7]

3. *Jerònima Oluja*

Cal parlar d'una figura inseparable de Rajadell en tot aquest procés, Jerònima Oluja (v. 1495-1563), priora, i més tard abadessa. Jerònima entra al monestir l'any 1508, segons una carta de la duquessa de Cardona, Aldonça Enríquez, a l'abadessa Constança de Vilatorta, des de Torà, el 19 d'octubre de 1508:

> Vivent la senyora abbadessa Rajadella,[8] que bon repòs haja, jo li demanam de gràcia que, per servey de Déu e per amor mia, li fos plaent acceptar en aquex monestir dues donzelletes petites, gentils dones, filles legítimes de mossèn Oluga, de Torroga, e de una filla de mossèn Copons, senyor del lloc; y ella ne fonch contenta donar, per quiscuna, sinquanta lliures d'entrada; y, per quant eren molt petites, car la una no tenia sinó sinch anys, l'altra dos e mig, no paregué s'i deguessen posar, però foren,

3. Epist. Mixt. II, p. 731.
4. AMSBM/MSCB, *Llibre de atorgacions, professions y òbits del monestir de Santa Clara (1598),* Registre Inventaris, *Manuals de Sebastià Roger*, núm. 739, f. 15r.
5. AMSBM/MSCB, Sagristia. *Despeses generals*, núm. 58.
6. AMSBM/MSCB, *Actes notarials*, núm. 493.
7. Epist. Mixt. III, p. 390.
8. Margarida Rajadell va ser abadessa des de l'any 1493 al 1504.

> com dic he, asseptades. En lo mig, és morta la una, y la que resta és molt bonica, ben criada, de edat de tretze a dotze anys, y son pare, per no tenir-ne altra, se és stat axí fins ara que ha desliberat que hi sia mesa; endemés que la minyona hi té devoció.[9]

La duquessa la dota amb cinquanta lliures perquè el seu pare no té diners per fer-ho.

En l'arxiu del monestir (AMSBM/MSCB) surt documentada l'any 1527. És priora des de 1547 a 1549, any en que és destituïda per l'abadessa simoníaca, Elionor Desprat, segons carta a Ignasi de 3 d'abril de 1549.[10]

El 5 de gener de 1553, Oluja apareix com a abadessa en la documentació del *Procés en lo convent de santa Clara per lo abat Vilalba.*[11] En aquest mateix expedient del procés es troba una carta de Felip II als comissaris apostòlics, de 13 de març del mateix any, on ratifica que Oluja ha estat legítimament escollida i canònicament confirmada. Aquesta elecció no va ser fàcil, tal com mostra el procés, i per això va caldre la ratificació reial. Un cop més, a l'arxiu del monestir trobem dates falsejades, ja que apareix com a: «abadessa del nostre primer monestir. Consta que ho era a 20 d'octubre de 1553 i que morí l'1 de gener de 1563».[12] I «Aquesta senyora abadessa feu los enrajolats a l'entorn del claustro, dins a la part de l'hort, fent-ne llevar los tarongés. Feu fer també la capella del cor».[13]

4. *El convent de Santa Clara en temps de Rajadell*

Tarsicio Azcona, en l'article abans esmentat, analitza el pas de la vida franciscana a la regla benedictina en el monestir de Santa Clara de Barcelona, en el període de 1512-1518. El problema es remunta als inicis de la branca franciscana femenina que, segons la regla d'Hugolino, davant la prohibició de fundació de nous ordes, acollia les clarisses sota la regla benedictina, donant-los així un marc canònic (Azcona 1968, p. 82). Regles posteriors van aclarir la situació de les clarisses, que mai van observar la regla de sant Benet, però potser sí alguns dels seus costums, com va ser el cas, bastant excepcional, del monestir de santa Clara. En totes les envestides reformistes del s. XV, les monges van sobreviure mantenint un peu en cada orde amb la idea d'acollir-se a aquell que defensés millor els seus interessos, contraris a la clausura.

L'afany reformista dels observants franciscans, l'any 1493, va suposar l'inici del trencament amb les monges de Santa Clara, que va continuar amb un seguit de recursos i plets entre observants i conventuals, i que va acabar, l'any 1513, amb un decret de submissió directa a la santa Seu que les deslligava dels franciscans i les posava sota la vigilància de la Congregació Benedictina Claustral Tarraconen-

9. AMSBM/MSCB, *Correspondència*, núm. 783, ms. 919.
10. Epist. Mixt. II, p. 164.
11. ADB, *Expedients i Informacions 1521-1599*, Carpeta 1553 (ADB *Expedients*, 1553)
12. AMSBM/MSCB, Cementiri. *Òbits*, núm. 426.
13. AMSBM/MSCB, Registre Inventaris, *Sebastià Roger*, núm. 739. f. 74 v.

se. Aquest procés fou ratificat amb la visita al monestir del president de la Congregació, el dia 27 d'abril de 1518, sense cap oposició per part de les monges.

En tot aquest litigi hi va tenir una part molt important Margarida Rajadell, abadessa els anys 1493-1504, que es va oposar en tot moment a la reforma observant franciscana. Després d'ella, Serena March (1504-1505) i Constança de Vilatorta (1505-1519) van agafar-ne el relleu. Quan el monestir havia recuperat la calma, l'any 1519, una altra Rajadell, Elionor, va ser escollida abadessa fins a la seva mort, l'any 1522.

Azcona destaca la unió que va mostrar la comunitat en tot aquest procés de canvi (AZCONA 1968, p. 126); una concòrdia que no va durar gaire, tal com ens explica Rahner en el seu estudi sobre Rajadell (RAHNER 1963, II, p. 113-161), i tal i com es fa palès també en la documentació de l'arxiu del monestir (ASBM), on gairebé no ha quedat rastre d'aquesta època. De vegades s'han arrencat els folis que feien referència als fets i també apareixen alguns errors, possiblement deliberats, en les dates de govern de les dues abadesses del temps del conflicte: Beatriu Sescomes i Elionor Desprat. Aquests errors volien encobrir una elecció simoníaca i un temps convuls del qual no es volia servar memòria.

Beatriu Sescomes, segons el *Llibre de les coses dignes de memòria*[14] consta com a abadessa des del 30 de gener de 1522 fins al 1535. Segons els *Llibre de comptes generals de procuradors*,[15] encara és abadessa entre els anys 1540-1543.

Elionor Desprat, segons el *Llibre de les coses dignes de memòria*,[16] consta com a abadessa en el període 1535-1553. Segons els *Llibre de comptes generals de procuradors*,[17] és abadessa des de l'any 1547 al 1548. També, segons una àpoca de l'any 1547,[18] és abadessa Elionor Desprat i priora Jerònima Oluja.

El que podem deduir d'aquest ball de dates és que molt possiblement Elionor Desprat fos abadessa des de l'any 1546, quan Teresa Rajadell i la priora Jerònima Oluja denuncien una elecció simoníaca; però no existeix cap *Llibre de comptes generals de procuradors* d'aquest any.

En els *Albarans i rebuts de procuradors* salten les notícies des de l'any 1538 a l'any 1547, i altre cop a l'any 1565, tot i que aquest llibre no és exemplificatiu perquè hi trobem altres llacunes cronològiques. En canvi en els *Llibres de comptes i rebudes*, que són més regulars, salten les notícies del 1543 al 1547/48 i després al 1555. No fan esment, doncs, d'aquests anys conflictius.

També en el *Llibre de professions*[19] hi ha un buit d'informació entre els anys 1538 i 1546. Durant aquest temps no hi registre de professions ni d'abadesses.

Rahner estudia el període que va des de 1536, data de la primera carta escrita per Ignasi a Teresa Rajadell, fins al 1553, data de la mort de la monja (RAHNER

14. AMSBM/MSCB, *Cròniques*, núm. 742.
15. AMSBM/MSCB, Núms. 199, 202.
16. AMSBM/MSCB, *Cròniques*, núm. 742.
17. AMSBM/MSCB, Núms. 202, 203, 204.
18. AMSBM/MSCB, Pergamí 1091.
19. AMSBM/MSCB, *Llibre de atorgacions, professions y òbits del monestir de Santa Clara (1598)*. Registre Inventaris, *Manuals de Sebastià Roger*, núm. 739.

1963). L'any 1536, durant l'abadiat de Beatriu Sescomes, ja trobem indicis de descontentament per part d'una desena monges, encapçalades per Rajadell i la priora Jerònima Oluja, a causa de la laxitud que hi ha en el monestir, que les porta a desitjar una reforma, influenciades per les idees reformistes d'Ignasi de Loiola. En una carta a Ignasi, el funcionari reial Mateu Sebastià de Morrano explica aquesta influència:

> Parece ser que, como han tenido mucho trato con los padres de la Compañía desde el primer día que aquí entraron, hanse aficionado tanto a su Instituto, que dessean en todo caso del mundo estar debaxo del por riguroso que sea.[20]

L'any 1536, Ignasi, en una carta al bisbe barceloní Jaume Cassador, comenta la situació desesperada de Teresa en el monestir a causa de voler una reforma: «que por más servir y allegarse al Señor nuestro, se permita que aquella venga en tanto caso de desesperación».[21]

L'intent de reforma de Rajadell es veu clarament obstaculitzat, l'any 1546, amb l'elecció d'Elionor Desprat, de forma simoníaca:

> A mi me lo ha dicho un caballero de los principales desta ciudad, que él dyo unas pieças de plata para que se diesen en prendas a la religiosa que avía de votar, asta que le diesen los dineros.[22]

Rahner ens explica fil per randa el que passa al monestir, a través de l'epistolari de Teresa Rajadell i Jerònima Oluja amb Ignasi de Loiola. A Rajadell li donen suport la priora Oluja i deu monges més; són defensades pels jesuïtes Antoni Araoz, Joan Queralt i Joan de Polanco i també per algunes de les dones del cercle de protectores d'Ignasi, com ara Isabel Roser i Guiomar de Gralla. Les dissidents de Santa Clara es neguen a retre obediència a la monja simoníaca i davant la impossibilitat de fer una reforma dins del monestir, volen fer una nova fundació sota l'obediència de la Companyia. Rajadell li explica que volen: «se yziese una casa enserada de las monjas que tuviesen tal devoción de pasar en ella».[23] Ignasi defensa en tot moment la reforma del monestir, però és contrari al fet que es vinculin a la Companyia. Rajadell i Oluja li demanen amb insistència que intercedeixi per elles i que les aculli. L'abadessa és suspesa canònicament, però fa cas omís de la suspensió:

> y la señora abadesa no se quiere tener por sospendida, exercitando el oficio en todo lo que puede y no puede. El die de todos los santos y de los muertos, ella quiso azer el oficio y estar en la cilla, y con toda la serimonia que se acostumbre, nosotras diziendo y rogándola no lo iziese; no podiéndolo azer, ni nosotras obedeserla en ello, no quiço sino pasar adelante, como otras vezes lo á ecxo en los dies mas prinsipales, no quedando sino cinco monjas i tres o quatro escolanas con ella por dezir los oficios, y ellas lo hazen todo.[24]

20. Epist. Mixt. II, p. 63.
21. Epist. I, p. 97.
22. Epist. Mixt. II, p. 51.
23. Epist. Mixt. II, p. 731.
24. Epist. Mixt. II, p. 304.

Elles tornen a demanar ajuda a Ignasi. Volen una casa apart i se senten ja jesuïtes. De diners per fundar no els en falten:

> y nos diesen renta desta casa para vivir i tener algun principio para las nesesidades que ocorrerían. Ay mil doscientas libras de renta: aunque quitasen dos o trescientas no quedarían mal, entendiendo esto estar enserradas y con toda la opservansa que se podría[25]

i l'abadessa estarà ben contenta de veure-les marxar. Ignasi adverteix Araoz dient-li que aquestes propostes són contràries a les Constitucions. Mateu Morranos també defensa una casa de jesuïtes on es visqui amb total austeritat.

L'abat de Sant Cugat es fa càrrec de la situació, com a responsable de la Congregació dels benedictins de Catalunya. L'abadessa simoníaca és restituïda. Les monges rebels fan una crida a la Cúria. La situació cada cop es va fent més insostenible en el monestir, l'abadessa els priva de «las portiones de pan y otras cosas que el monasterio por nuestra sustentation corporal nos suele dar, [...] temimos no nos pusiesse en el càrcer, [...] y no podiéndolo acabar, trabajó de sacarnos del monasterio».[26] Elles tornen a demanar ser admeses a la Companyia, no pensen ni volen res més que fugir del monestir. El capítol general dels benedictins es reuneix per posar ordre. El 14 de maig de 1549 torna a ser suspesa l'abadessa. Volen tornar a posar el monestir sota l'obediència dels franciscans. L'afer arriba a Roma i al rei. L'abadessa segueix en el càrrec. Ignasi es manté ferm. Finalment, davant de l'actitud inflexible d'Ignasi, Teresa i el seu grup desisteixen i accepten seguir en l'orde benedictí sota la direcció de l'abat de Sant Cugat. En aquest llarg camí, Rajadell i Oluja es van quedant soles. De la desena de monges que les seguien al principi només en queden cinc, que semblen tenir altres interessos:

> La dificultat que allamos sería por las otras cinco, que en esto de la clausura no estamos nada conformes, si nuestro Señor no obrava en ellas en ver que no ternían otro remedio; aunque tienen parientes y muy sercanos, como en este tiempo an menazado y tentado de irse a sus casas.[27]

Rajadell també parla del perill que vulguin secularitzar-se: «una religiosa se cree que, saliendo nosotras, salría con breve pera estar en casa de sus parientes, aunque onrados; podría ser que afectuándose, todas se aderisen».[28]

En la darrera carta d'Ignasi a Rajadell, l'any 1549, aquest és taxatiu: malgrat que el seu desig seria estar al seu servei, l'autoritat papal ha tancat la porta a la possibilitat de tenir cap orde femení al càrrec de la Companyia.[29] Acaba dient que, si en algun moment se n'haguessin de fer càrrec, elles seran les primeres.[30]

25. Epist. Mixt. II, p. 304.
26. Epist. Mixt. II. p. 164.
27. Epist. Mixt. II, p. 304.
28. Epist. Mixt. II, p. 731.
29. Butlla de Pau III: *Licet debitum*, 18 d'octubre de 1549.
30. Epist. II, p. 374.

L'any 1552, dues persones tornen a reprendre la idea d'una nova fundació: Luis González de Villasimplez, conservador del reial patrimoni d'Aragó i el jesuïta Verdolay; veuen la necessitat de fundar una casa de monges regulars, d'estricta clausura. Tornen a insistir a Ignasi, però aquest projecte queda en no-res.

L'estudi de Rahner acaba amb la mort, el juny de l'any 1553, de Teresa Rajadell, i la suposada mort, anys abans, d'Oluja. Però Jerònima, no tan sols no és morta l'any 1553, sinó que és abadessa, des del mes de gener. Sembla que amb aquesta elecció el monestir podia recuperar la tranquil·litat interna i iniciar el camí cap a la reforma interior que desitjaven Oluja i Rajadell. Si es va aconseguir, no ho sabem, perquè s'escapa ja de la cronologia d'aquest estudi, però sí que podem afirmar que l'acceptació d'Oluja per part de la facció de monges defensores de l'abadessa simoníaca no fou fàcil.

Pantafilea Vilalba, aleshores priora, disconforme amb l'elecció d'Oluja, fa desaparèixer la crossa abacial després de l'elecció de l'abadessa, traient-la de l'armari del cor i encarregant a Estefania Prats que la guardi. Poc després, Vilalba és expulsada del monestir – declara que l'havien maltractada i que estava en el llit; per encàrrec seu unes monges treuen la «crossa d'argent molt ben embolicada ab uns draps de lli» per la finestra.[31] Vilalba la vol perquè, segons ella, el monestir li deu diners. Vilalba, Estefania Prats i Leonor Copons es refugien a casa de l'abat Vilalba, germà de la priora. La nit del 4 al 5 de gener de 1553, juntament amb un grup d'homes – entre ells alguns capellans de l'església del Pi i l'abat Vilalba –, assalten el monestir amb gran violència; van armats amb arcabussos i espases i espanyen portes, trenquen forrellats i foraden parets amb «parpal[32] molt gran de ferro y ab martells o pichs grans de ferro y ab altres aynes de gran violència y forsa».[33] Volen arribar fins a la cambra de la priora Vilalba per agafar diners i roba que allí guarda, i tenen també la intenció d'arribar fins a la cambra de l'abadessa, però no ho aconsegueixen perquè acudeix el lloctinent[34] amb els seus homes i els agafa presoners a ells i a les monges. Vilalba,

> essent-hi lo senyor governador, y tenint-la per lo braç, volgué apunyegar dita senyora abadessa, que li arronví bossinada[35] que li tocà qualque poch del mantell, en dret del musclo; y axí la portaren al càrcer del dit monestir, dient moltes injuries ses paraules contra dita abadessa y nosaltres monjes, y senyor governador y contra tothom.[36]

L'assalt causa estralls entre les monges del monestir que «se alteraren y spantaren en tanta manera, que algunas d'ellas foren forsadas de fer-se segnar; y la señora Jonota Vilaplana morí pocs dias aprés per causa de dita alteració»,[37] i arriba fins a les oïdes del rei, que vol posar fi d'una vegada a la situació del mones-

31. ADB *Expedients*, 1553, f. 21r.
32. Barra de fusta o ferro per fer palanca.
33. ADB *Expedients*, 1553, f. 2r.
34. Juan Fernández-Manrique de Lara y Pimentel, III marquès d'Aguilar de Campoo, lloctinent de Catalunya (1543-1553).
35. Li va engaltar una bufetada.
36. ADB *Expedients*, 1553, f. 7r.
37. ADB *Expedients*, 1553.

tir de Santa Clara. En una carta escrita el mes de març als comissaris apostòlics, es queixa que la situació encara no s'ha resolt ja que l'abat Vilalba ha marxat a Roma des d'on segueix molestant l'abadessa Oluja. Els demana que solucionin el cas si el volen fer content:

> deis todo favor y assistencia a la dicha abadessa Oluja para que sea conservada en su possessión pues fue tan legitimamente elegida y con tanta consideración e información canónicamente confirmada.[38]

La darrera notícia que tenim de Teresa Rajadell, és el testimoni de la seva mort, escrit pel jesuïta Joan Queralt, on ella exhorta les monges a dedicar-se plenament al servei diví:

> Murió exortando a la abadesa y monjas mucho a la perfection y servicio de Dios N. S. A las particulares, que tienen algunos santos deseos y perseveran, en los poner por obra; a cada una dellas quiso en particular hablar, encargándoles mucho – como en tal tránsito della se puede pensar – la constantia y perseverantia de los tales deseos.[39]

5. *La relació epistolar entre Teresa Rajadell i Ignasi de Loiola*

Teresa coneix Ignasi possiblement durant l'estada que aquest fa a Barcelona, els anys 1524-26 (RAHNER 1963, II, p. 114), quan Ignasi visita el monestir de Santa Clara amb intenció reformista.[40] Ignasi troba en Rajadell una persona d'una gran qualitat espiritual; ella, en ell, hi troba un mestre. La relació entre els dos, a partir de la marxa d'Ignasi de Barcelona, serà només epistolar, ja que no es tornaran a veure més.

Ignasi escriu la primera carta a Teresa l'any 1536 i després hi ha un silenci fins l'any 1543. Durant tot aquest temps no hi ha desconnexió perquè s'assabenta dels esdeveniments del monestir a través d'Antoni Araoz i dels jesuïtes de Barcelona.

L'epistolari és dels anys 1536 al 1552; l'any que hi ha més volum de cartes és el 1549, que és el període en què la situació al monestir es fa més insostenible per a les monges reformistes. És evident que hi ha cartes que s'han perdut, en resposta a d'altres que es conserven (RAHNER 1963, II, p. 115). L'epistolari sencer conté cartes d'Ignasi, de Jerònima Oluja i de Teresa Rajadell, algunes signades conjuntament, altres també escrites per aquestes a Joan Polanco, secretari d'Ignasi. Així trobem: cinc cartes d'Ignasi a Rajadell; dues cartes de Jerònima Oluja a Ignasi i una a Joan Polanco; tres cartes de Rajadell i Oluja a Ignasi i tres a Polanco; set cartes de Rajadell a Ignasi.[41]

38. ADB *Expedients*, 1553.
39. Epist. Mixt. III, p. 391.
40. Ignasi va visitar tres monestirs de Barcelona amb aquesta intenció: el de Sant Antoni i Santa Clara, el de dominiques dels Àngels i Peu de la Creu, i el de jerònimes de Sant Maties.
41. D'Ignasi a Rajadell: entre els anys 1536 i 1549. Epist. I, p 99-107, p. 107-109, p. 274-276, p. 627-628. Epist. II, p. 374. De Jerònima Oluja a Ignasi: l'any 1549. Epist. Mixt. II, p. 30-32, p. 80-82. D'Oluja a Joan Polanco: L'any 1549. Epist. Mixt. II, p. 304-307. De Rajadell i Oluja a Ignasi: L'any

En l'escriptura s'evidencia una diferència educacional entre Oluja i Rajadell – possiblement, la precarietat econòmica del pare d'Oluja va impedir procurar-li una bona formació – pel que fa a l'expressió i domini d'una llengua que no els era pròpia, com és el castellà. Així trobem en les cartes d'Oluja un bon nombre de paraules castellanes mal escrites, algunes influenciades pel català, com: "atorguar", "mutxo", "ecseso", "opliguada", "abasta", "aflexida", "alamitado".[42] I amb una mala cal·ligrafia, tal com ella mateixa admet: «Ize copiarla, por no darle tanto trabajo con mi mal escribir».[43]

Pel que fa referència al contingut de les cartes, Oluja es limita a explicar els fets mentre que Rajadell s'esplaia amb imatges literàries en les que abunden les llàgrimes, les tempestes i els naufragis, que exemplifiquen el seu estat d'ànim: «Si fuese posible enviar lágrimas en lugar de carta, estoy más para [l]lorar que para escrivir»;[44] i fan pensar que les cartes signades per ambdues també eren escrites o dictades[45] per Rajadell: «Y ansí nosotras, navegando por el mar tempestuoso dellas y deseando scapar sin naufragio, con mucha razón y causa somos obligadas a buscar todas las áncoras y medios por nuestro remedio y salud».[46] Escrites amb la finalitat de sensibilitzar el destinatari respecte a la situació que viuen i la necessitat de ser ajudades:

> De manera que andamos fluctuando por este mar de trabajos con mucha tormenta, sin tener con qué remediarnos; que, si no fuera que esperamos en aquel venditíssimo Jesús, que manda a los vientos y al mar, y le obedescen, no estariamos mirando sino quándo nos ahogaríamos.[47]

I deixen clar que només Ignasi pot ajudar-les en aquest tràngol: «oya nuestras vozes, resciba nuestras lágrimas, cumpla nuestros deseos [...] perdone nuestros afectos, que, si pudiésemos exprimirlos, querríamos imbiarlos aquí».[48]

La manera com amdues s'adrecen a Ignasi també és diferent. Oluja utilitza un correcte: «Carísimo padre» en la salutació; i en el comiat, una fórmula estàndard en l'escriptura conventual de l'època: «Es de la más inútil. Gerónima Oluja», «De vuestra paternidad la más inútil súpdita. Olugia». Aquesta correcció es manté en les cartes escrites per les dues, que encapçalen: «Muy reverendo y charíssimo Padre»; i que signen: «De vuestra paternidad más inútiles súpditas, Oluga, indigna priora, Rejedella», «De vuestra reverenda paternidad, esclavas y siervas en el Señor, Oluja, Rejedella».

1549. Epist. Mixt. II, p. 60-62, p. 161-162, p. 202-206. De Rajadell i Oluja a Polanco: L'any 1549. Epist. Mixt. II, p. 47-48, p. 163-165, p. 206-207. De Rajadell a Ignasi: Entre els anys 1549 i 1552. Epist. Mitx. II, p. 82-83, p. 100-102, p. 288-290, p. 308-309, p. 349-350, p. 378-379, p. 730-731.

42. Epist. Mixt. II, p. 30-31.

43. Epist. Mixt. II, p. 304.

44. Epist. Mixt. II, p. 82.

45. Hi ha un parell de cartes on posa "alia manu" i "Porque le sea más a plazer, se a escrito de mano ajena". Epist. Mixt. II, p. 62, p. 162.

46. Epist. Mixt. II, p. 47.

47. Epist. Mixt. II, p. 203.

48. Epist. Mixt. II, p. 62.

Les fórmules de salutació de Rajadell difereixen de les d'Oluja i mostren el grau d'intimitat que unia els dos amics de l'ànima. S'adreça: «Padre mío en Cristo», «Charíssimo y amantísimo Padre mío»; mentre que els comiats segueixen els patrons establerts: «De vuestra paternidad sierva y esclava ynútil. Rejadella», «De vuestra paternidad más mínima esclava. Regadella», «Sierva y esclava inutilíssima. Rejedella».

Les cartes que Ignasi escriu a Teresa les encapçala sempre de la mateixa manera, amb una fórmula religiosa, amb petites variants: «La gratia i amor del Spiritu Sancto sea siempre en nuestras almas. Amén». I les signa habitualment: «De bondad pobre, Iñigo».

Pel que fa referència al contingut de les cartes, en les d'Oluja i Rajadell sempre és el mateix: l'explicació de la situació en què es troben i la demanda de «cómo podremos alcansar ser regidas, mandadas, i del todo sujetas a su obediencia i relligión santa».[49] En una de les cartes d'Oluja cal destacar l'al·lusió que fa a la lluita per la identitat de les seves predecessores: «es de dar gracias a nuestro Señor de ver sus ancianillas tornando a los negosios»,[50] que elles han heretat: «que el Señor nuestro, no solo nos dió licentia de buscar, llamar y pedir, empero con diversas maneras nos enseñó de lo hazer».[51]

Com a bones deixebles d'Ignasi, fan servir la consolació com a eina de discerniment per legitimar allò que volen:

> dado que confiamos en el Señor, que nos da estos deseos con tanta eficacia, que no podemos dudar sea de su gran bondad, que, pues por su misericordia nos mueve a nosotras a desearlo y a pidirlo, que moverá por la misma las entrañas de vuestra paternidad a concederlo.[52]

Les cartes que escriuen a Joan Polanco són també d'alguna manera adreçades a Ignasi, ja que davant del seu silenci, supliquen que intercedeixi per elles i li faci arribar les seves notícies, ja que l'únic que volen és: «servir al Señor debaxo de la obediencia de la Compañía».[53]

Es queixen sovint que escriuen molt i no reben resposta; sospiten que els amaguen les cartes. De mica en mica es van quedant soles:

> Podemos dezir, que los que estavan cerca están lejos, y los que trabajan contra nuestras almas nos tienen cercadas y nos hazen violentia. Buscamos quien nos consuele y no lo hallamos. Ya tememos, pues nos han quitado el pan corporal, que nos quiten el pan sacramental, so zelo y a título que somos inobedientes, porque en alguna manera hagamos lo que otro Padre quiere.[54]

49. Epist. Mixt. II, p. 31.
50. Epist. Mixt. II, p. 203.
51. Epist. Mixt. II, p. 299.
52. Epist. Mixt. II, p. 193.
53. Epist. Mixt. II, p. 188.
54. Epist. Mixt. II, p. 203.

Rajadell es desespera perquè se sent abandonada per tothom, i amb ironia comenta: «aora de nuestra parte todos parece duermen o que se ayan olvidado o resfriado»,[55] però sobretot se sent oblidada per Ignasi: «Ni pienso ni he de creer que la charidad de vuestra paternidad nos olvide en todas necesidades [...]. Muchas esperansas tenemos en el favor de vuestra paternidad, aunque sea sin roydo: aquí las tenemos callando».[56]

Les cartes que escriu Teresa a Ignasi tenen el to de confidencialitat i d'entesa espiritual de qui s'adreça a un mestre: «vuestra caridad pienso me a entendido mejor que yo mesma».[57] Que Ignasi correspon, ja que accepta tenir «cuydado de vuestra persona».[58] Rajadell creu que Ignasi: «es el padre en la tierra que nos a de giar y levar al que está en el cielo».[59] Per això vol que les accepti com a filles – tot i que admet que només pot parlar en nom propi: «de las otras hermanas no hablo yo»[60] – i s'ofereix: «por esclava mil vezes mercada, y por más que dineros».[61]

Ignasi l'encoratja a entomar les adversitats com a prova de legitimitat: «El haver difficultat no es cosa nueva, antes ordinaria, en las cosas de mucha importantia para el divino servitio y gloria; pero quanto más difficil, tanto serà más accepta esta obra».[62] I ella així ho viu i ho accepta:

> De mi queazer no cé qué desir, por haver tanto, sino alabar al Señor. En todo sea glorificado. En quanto es crus no la merezco, aunque me parece no conosco ni siento el grande cargo que tengo, y es de tal arte que, teniéndolo todo, como vuestra paternidad será informado, se siente mayor trabajo, por no poderse azer lo que conviene ni como conviene.[63]

De vegades, amb una certa impaciència: «¡Jesús! Yo deseo consejo para salir de tanto alboroto y confusión [...] no es modo de vivir el en que oy estamos, para que pueda ni deva mucho durar».[64]

En la darrera carta d'Ignasi, l'any 1549, aquest li diu amb bones paraules que, malgrat el desig de la Companyia de servir-les, es veu en la impossibilitat de fer-ho per la decisió del Papa de no admetre dones a la Companyia. Així li desitja que, un cop tancada la possibilitat de romandre sota l'obediència de la Companyia, puguin trobar una solució que els doni la tranquil·litat i la consolació espiritual que es mereixen,[65] i li demana un cop més que li faci confiança.

En la darrera carta conservada de Teresa, l'any 1550, aquesta li referma la confiança i li mostra el cansament i la manca de confiança en ella mateixa: «aun-

55. Epist. Mixt. II, p. 349.
56. Epist. Mixt. II, p. 378.
57. Epist. Mixt. II, p. 82.
58. Epist. I, p. 100.
59. Epist. Mixt. II, p. 101.
60. Epist. Mixt. II, p. 101.
61. Epist. Mixt. II, p. 82.
62. Epist. I, p. 628.
63. Epist. Mixt. II, p. 289.
64. Epist. Mixt. II, p. 308.
65. Epist. I, p. 374.

que a trabajos y afrentas tengo más ánimo que saber ni fuerzas, más témome de mí y con razón, y a los otros».[66] Està preocupada per la sort del monestir: «Dios nuestro señor se apiade de la tanta nesesidad desta casa y poco conosida, y menos sentida de los que en algo pueden proveer; en fin en donde ay muchos señores, ¿qué puede ser?».[67]

6. *Ignasi de Loiola i les dones. A tall de conclusió*

Entre els anys 1523 i 1527, Ignasi de Loiola fa tres estades a Barcelona, i al seu voltant hi ha documentades un grup de dones de diferents estaments, estat civil i posició econòmica. La primera que coneix és Agnès Pasqual, una dona vídua, cotonera d'ofici, que manega els seus negocis amb total autonomia. Hi trobem també religioses i laiques, vídues i casades, nobles i de classe mitjana (LOP SEBASTIÀ 2005, p. 27). Totes elles se senten atretes per la figura i el missatge d'Ignasi i formen al seu voltant un cercle protector que el nodreix corporalment i que també té cura de la seva formació intel·lectual perquè li costeja els estudis.

El primer que ens hem de preguntar és què van trobar en Ignasi aquelles primeres dones que el van conèixer, i què van trobar posteriorment – i encara ara – en els jesuïtes moltes religioses i laiques que es van deixar aconsellar per ells, que van llegir els seus llibres i escoltar les seves prèdiques. És evident que el carisma d'Ignasi convidava, amb la seva sola presència, a ser acollit i escoltat. Sor Estefania de la Concepció, carmelita descalça, filla d'Anna de Gualbes, recorda aquestes paraules de la seva mare:

> Mira, ma filla, que et faig saber que, si haguessis vist anar, com jo, lo pare Ignasi per Barcelona, te fores també feta devota d'ell, com jo ho sóc estada, i sóc, perquè anave i tractave amb una santedat i humilitat tan gran, que m'admirave de veure-li en sa persona una penitència tan gran i lo rostre que li pareixia que resplendia; i quan responia a les paraules que li deien, eren tan eficaces, que es ficaven en lo cor de les persones com lo oïen. (LOP SEBASTIÀ 2005, p. 37)

Les paraules «es ficaven en lo cor», són aclaridores. Ignasi, i els jesuïtes, eren mestres en l'art del discerniment espiritual i sabien trobar les eines adequades per arribar al fons de l'ànima, que és on rau el femení.

El grup de dones barcelonines, que el sostenen amb donatius periòdics, es troben en els inicis de la Companyia i comparteixen el desig d'Ignasi. Unes, com Isabel Roser i les seves dues companyes, volen pertànyer a la Companyia amb les seves formes de vida apostòlica, per això es fan càrrec, a Roma, de la casa de Santa Marta, fundada per Ignasi, per recollir prostitutes penedides (RAHNER 1963, II, p. 25 i ss). Altres, com Rajadell i Oluja, no volen una vida apostòlica sinó una vida de clausura i de pobresa absoluta; desitgen el rigor de la pobresa jesuítica,

66. Epist. Mixt. II, p. 349.
67. Epist. Mixt. II, p. 349-350.

per això volen sortir del monestir, on no el poden dur a terme, i "tancar-se" en una casa; fins aleshores, tots els intents de reforma de Santa Clara havien quedat només en un canvi d'orde religiós, però la reforma mateixa no havia quallat. Aquesta opció sembla entrar en contradicció amb els postulats ignasians de contemplació en l'acció, ja que elles no es plantegen una vida apostòlica, sinó la recuperació de l'autèntic esperit monàstic, sense perdre el seu carisma de contemplació: defensen la clausura i volen més austeritat. Això no és contradictori, atès que no hem d'oblidar la tasca reformadora d'Ignasi i les seves visites i prèdiques per millorar la vida espiritual dels monestirs femenins. Elles haurien pogut fer, tal com els oferia Ignasi, una reforma dins del monestir, però no volen això: volen sortir del monestir i estar sota la obediència de la Companyia.

¿Què els oferien els jesuïtes que no els oferissin els benedictins, i abans els franciscans? ¿No podia ser, per exemple, la capacitat d'elecció, d'escollir per elles mateixes, l'autodeterminació per la qual portaven tants anys lluitant a Santa Clara? ¿No podia ser que, en les lluites per passar d'un orde a l'altre, estiguessin buscant un lloc on poder decidir allò que volien ser?

Ignasi de Loiola creu en la igualtat entre home i dona que, a la pràctica, suposa la possibilitat per a aquestes d'una via intermèdia entre el matrimoni i la clausura: la vida apostòlica en comunitat. L'únic problema d'Ignasi és que no se'n vol fer càrrec. Així, no és difícil d'imaginar que allò que Ignasi volia per als homes també ho podia voler per a les dones: una vida apostòlica dins d'unes comunitats no subjectes de forma tradicional a cap orde masculí, sinó autònomes; i així ho mostra l'intent, tot i que frustrat a la pràctica, de creació d'una comunitat apostòlica femenina de jesuïtes, amb Isabel Roser al capdavant, per a la qual potser les dones tampoc no estaven preparades.

És un fet la lluita contínua d'Ignasi per defensar el carisma de la Companyia enfront de les dones que volen sumar-s'hi (Rahner 1963, II, p. 22). Potser podríem pensar que, en realitat, Ignasi es va avançar al seu temps i després es va haver de retractar i deixar al marge dels seus projectes les dones que anys enrere havia engrescat. Si ho mirem des d'aquesta nova perspectiva, podem pensar que la suposada llegenda misògina del fundador de la Companyia, creada pels seus successors, volia amagar un fracàs molt més profund, que aquests no podien entendre, i que Ignasi va patir tota la vida.

Malgrat els desigs d'Ignasi d'extrapolar a les dones els ideals renaixentistes de dignitat i llibertat, de considerar-les capaces d'escollir i d'organitzar el seu món, de defensar la seva autonomia, va haver finalment de renunciar:

> Después de haber considerado lo que precede, a fin de continuar con más libertad según el propósito de su vocación y la disposición que aprueba la institución de esta Compañía, que se decida y se ordene para siempre, que de ahora en adelante, los suplicantes antes citados no estarán obligados a aceptar monasterios ni casas de monjas o de hermanas ni de otras mujeres que vivan en común bajo su obediencia ni de otras deseosas de servir al Señor de las virtudes; que estos mismos suplicantes estarán eximidos de y liberados del cargo de recibir bajo su obediencia, como se

> dice arriba, a las citadas mujeres; que deberán ser y sean para siempre eximidos y liberados de semejante cargo.[68]

Teresa Rajadell, juntament amb altres dones, va viure, de la mà d'Ignasi de Loiola, els inicis d'una nova espiritualitat, marcadament femenina, en què la llibertat de consciència els reconeixia una força subjectiva que el poder eclesial mai no els va reconèixer. Podem concloure que, malgrat que els esforços de Rajadell per fundar una casa sota l'obediència de la Companyia no van donar fruit, la seva lluita per aconseguir adaptar el ritme de l'Església al pas de la dona no fou endebades perquè obriria camí a futures fundacions femenines inspirades en les Constitucions de la Companyia de Jesús.

68. Carta a Pau III, maig de 1947 (SOTO ARTUÑEDO 1997, p. 312).

Mercè Gras Casanovas

Patronatge femení i fundació de convents. El convent de la Immaculada Concepció de carmelites descalces de Barcelona (1589)

1. *Introducció*

El propòsit del present article és el d'analitzar els mecanismes fundacionals d'una comunitat religiosa en un moment, el Concili de Trento, d'eclosió de nous corrents espirituals i d'aplicació de les reformes conciliars.

La complicitat de les autoritats municipals i l'aquiescència episcopal a les noves fundacions eren requisits indispensables per a que pogués prosperar la implantació d'una nova comunitat, però calia a més un decidit suport de les elits locals per a garantir el seu futur econòmic i l'adhesió i el reclutament de novícies. La fundació del convent de la Immaculada Concepció de carmelites descalces de Barcelona (1588) fou possible mercè al suport econòmic que proporcionà al cenobi el patrici barceloní Francesc de Granollachs, i al favor i la protecció de què va gaudir la nova comunitat procedent de l'entorn d'Estefania de Rocabertí, la primera carmelita descalça catalana, dama noble que aportà el seu important patrimoni, la seva influència social i la seva pròpia reputació de beata i persona espiritual. Els fundadors rebien de les comunitats, a canvi de la seva benèfica col·laboració, el reconeixement d'un estatus privilegiat de la seva persona i el seu llinatge, i l'accés a una posteritat espiritual i històrica dins les cròniques religioses futures.

2. *Les fundacions conventuals de religioses a la Catalunya tridentina*

En els inicis de l'alta edat moderna es produí un lent esllanguiment dels cenobis femenins, especialment de clarisses, que havien experimentat una gran expansió en els segles XIV i XV. La manca de recursos amb el quals comptaven aquestes comunitats i la progressiva manca de vocacions motivaren que, a finals del segle XVI, i després d'haver experimentat diverses reformes i d'haver adoptat la regla coletina o bé l'urbanista, a Catalunya es passés de prop d'una vintena de cases clarisses a només una desena, la resta s'extingí: Sant Antoni i Santa Clara de Barcelona, i els monestirs de Tàrrega, Vilafranca, Vic, Cervera, Manresa i Conques. Els monestirs de clarisses que perduraren van iniciar un procés de desvinculació del primer orde per començar a dependre del bisbe diocesà a partir de finals de segle.

A l'ensems, des de mitjan segle XVI els corrents espirituals previs i posteriors al Concili de Trento propiciaren un nou esplet de noves fundacions religioses femenines.

En primer lloc cal remarcar el procés de transformació d'antics beateris de terciàries seculars en monestirs regulars, com el beateri franciscà fundat per Joana Fornés l'any 1532, que esdevé monestir de Santa Isabel d'Hongria l'any 1564. O el beateri de Santa Margarida, fundat per Brígida Terré l'any 1418, que adoptarà la regla dels jerònims i es transformarà en monestir de Sant Maties. Altres beateris, com el fundat a la plaça de les Beates l'any 1522 per Joana Morell, procedent de Palerm, i pertanyent al terç orde de sant Domènec, no donaren però aquest pas.

Algun dels beateris que passen a convertir-se en convents a finals del segle XV, com el monestir dels Àngels de Barcelona, proporcionaren les religioses que fundaren els monestirs de Santa Caterina de Siena a València (1491), el convent de la Mare de Déu de la Consolació a Xàtiva (1520), i del Roser a Daroca (1525); a més de fer la reforma i trasllat al Peu de la Creu, intramurs de Barcelona, i la reforma de les agustines del convent de les Magdalenes a Barcelona (1595). Al Principat el monestir dels Àngels serà la matriu d'un seguit de fundacions filloles en antics convents ja abandonats de clarisses: Santa Clara de Vic (1595), Santa Clara de Manresa (1602).[1] Altres projectes fundacionals de religioses dominiques trobarien entrebancs, com ara el de Perpinyà, encapçalat per Ana Domenge i algunes monges de València (cap 1612), i el de Mataró (1646), fundació autoritzada pel Papa Innocenci X però que no es dugué finalment a terme per l'estat de crisi social, política i bèl·lica del moment.

El Carmel descalç, sorgit de la reforma de Teresa de Jesús, després de la primera fundació al Principat a la ciutat de Barcelona (1588), passarà a Palma de Mallorca (1617), Vic (1637), Mataró (1648), Reus (1660), Lleida (1686) i Tarragona (1712). Algunes fundacions no arribaren a fructificar, com l'intent frustrat de Manresa (1599-1600), la pretesa fundació a Perpinyà amb la dotació oferta per Estefania de Millars, abans de professar a Valldonzella, o la intenció de fundar a Selva del Camp amb la deixa del mercader Rafael Ripollès, que acabà essent insuficient i que serví per augmentar i sustentar la fundació de Reus, en el mateix bisbat. Encara que els nuclis fundacionals dels tres primers convents de descalces van provenir de Pamplona (en el cas de Barcelona), de Saragossa (Vic) i de Castella (Palma), les restants noves comunitats sorgiren del Principat. Des de

1. A principis del segle XVII el convent de clarisses de Santa Clara de Manresa s'havia quedat sense religioses. A fi de mantenir la presència de religioses en el monestir, la ciutat de Manresa demanà el concurs de les religioses carmelites descalces, els superiors provincials de les quals iniciaren els tràmits els anys 1599 i 1600, aquesta fundació no prosperà, però. Com des de 1596 s'havien instal·lat amb èxit les dominicanes a Vic, la corporació municipal demanà la col·laboració de les religioses del monestir dels Àngels per a repoblar el convent amb religioses de l'Orde de Predicadors. El bisbe de Vic, Francesc Robuster i Sala (1598-1607) autoritzà la fundació el 17 de maig de 1602, malgrat que inicialment era partidari de suprimir el convent de Santa Clara de Manresa, per a la qual cosa ja disposava de l'autorització pontífícia. La ciutat instituí un patronatge sobre la nova fundació, a fi de garantir la subsistència material del monestir.

Catalunya també s'impulsà la fundació del convent de Corpus Christi, a la ciutat de València, sota la protecció primer del patriarca Joan de Ribera i després de l'arquebisbe de València i general dels dominics Joan Tomàs de Rocabertí, mentre que el convent de Sant Josep (1588) romania dins l'obediència de l'Orde.

L'expansió de les caputxines catalanes fundades per Àngela Margarida Serafina a Barcelona el 1599, sorgit a partir del cenacle de beates congregades entorn de la seva persona, va dur-les a Girona i València (1609), Saragossa (1614), Manresa (1638), Mataró (1741) i Palma de Mallorca (1622).

La coincidència de les pretensions de fundar en la mateixa ciutat per part de dos ordes femenins diferents sovint els menà a competir pels seus suports: el favor i el patronatge de les autoritats municipals, l'aprovació del bisbe i l'estimació de les oligarquies locals, que es traduïa en patronatges, almoines, fundacions pietoses i el reclutament de religioses entre les famílies benestants de la localitat.

3. *L'atracció de les elits locals al projecte fundacional*

A la Catalunya de finals del segle XVI es produïren les condicions necessàries per a l'acollida de nous corrents d'espiritualitat, com ara l'existència de cercles humanistes i d'inspiració lul·lista, dels quals formà part una significativa colla de la noblesa de la capital (com ara els Gualbes, Ferrer, Sapila, Santcliment, Rocabertí o Pasqual, que a més compartien vincles de parentiu), i que més tard també van protegir Ignasi de Loiola i els jesuïtes.

Cal afegir a aquest ambient receptiu l'arribada a Catalunya de teòlegs com el sacerdot de Baeza i professor de teologia de la universitat de Barcelona, Diego Pérez de Valdívia, conegut popularment com el Pare Peris, deixeble de St. Joan de la Creu i de Juan de Ávila, i predicador reial de Felip II. Aquest eclesiàsic sol·licità als carmelites descalços, l'any 1585, la fundació de convents d'aquest Orde a Barcelona i Mataró, i també encoratjà la constitució de la primera comunitat de religioses caputxines, a l'ensems que tingué una estreta relació amb Estefania i Josep de Rocabertí. Sobre Diego Pérez recollim la nota de l'historiador del Carmel descalç, que a més li va dedicar una extensa biografia:

> El V. Doctor Diego Pérez merece aquí su memoria y eterno agradecimiento, por bienhechor desta casa y de toda la provincia. Porque, si bien no ayudó con caudales, porque professava muy apostólica pobreza, ayudó grandemente con su autoridad, con sus diligencias, y con sus sermones, acreditando súmamente nuestro instituto y nuestros religiosos. Mostrando tanto zelo en que se hisiessen nuestras fundaciones, y trabajando tanto en ello como pudiera el prelado religioso de la misma Orden más apacionado y zeloso. Por lo qual, aquí y en otras partes de la Historia, repetimos y repetiremos sus memorias en parte del devido agradecimiento.[2]

2. Biblioteca de la Universitat de Barcelona (BUB), Joan de sant Josep, *Annales de los Carmelitas Descalços de la Provincia de San Josef en el Principado de Cathaluña (Annales),* ms. 991, ns. 107, 322-331.

La fundadora catalana Estefania de Rocabertí és presentada pel seu biògraf i confessor com la necessària connexió de l'Orde amb la ciutat i terra:

> Escogió Dios a esta su cierva no sólo para que fuesse monja, mas aún también para que en lo temporal, con su nombre, fama y asienda ayudase al prinsipio de la fundación del monasterio primero de Barcelona y de toda Cataluña de monjas carmelitas descalças y fuese como una biva piedra fundamental.[3]

El P. Pere Gil narra que la comitiva de les fundadores volgué arribar sense cap pompa a la ciutat, a diferència d'altres comitives fundacionals que duien a terme una processó pels diferents monestirs amb seguici d'autoritats i familiars: «puestas en dos coches por no ser vistas ni causar tumulto de gentes que fuesen a verlas».[4]

Malgrat tot, un cop establertes les monges a la ciutat, els primers actes comunitaris públics tingueren força ressò:

> Esta jornada de la entrada y profesión en la religión de la madre Estefanía de la Consepción fue de grande ejemplo para toda Barcelona, y aún para algunas partes de Cataluña que supieron su entrada y profesión, con el qual ejemplo se movieron los corazones de algunas señoras y doncellas de Cataluña a hazer lo mismo.[5]

4. *Limitacions municipals i resistències diocesanes*

Les corporacions municipals urbanes tenien, per diversos motius, certa prevenció a la multiplicació de convents. En primer lloc pel necrossament del teixit urbà que suposava aquest fet en una ciutat encerclada per les muralles, ja que tot convent acabava adquirint les cases veïnes, tallant carrers i demanant la prohibició d'obrir finestres que donessin als seus dominis a fi de protegir la seva clausura. Un problema afegit foren els privilegis de què gaudien els monestirs, que pastaven i venien pa i carn al públic, perjudicant el monopoli de la ciutat en el proveïment urbà. En el cas dels frares les noves fundacions sovint constituïen una font inestroncable de disputes per drets parroquials amb les esglésies parroquials properes per l'administració dels sagraments, les sepultures, funeràries i els sufragis pietosos: així, després de nombroses protestes, l'any 1633 les parròquies de Barcelona feren una suplicació al Consell de Cent per tal d'impedir la concessió de llicència municipal a les fundacions de monestirs dins la ciutat, escrivint al Papa i al Nunci en aquest sentit. A més, els altres ordes establerts prèviament acostumaven a queixar-se dels nouvinguts adduint que no hi havia prou almoines

3. Arxiu de les carmelites descalces de Barcelona (ACDB), Pere Gil Estalella, *Breve relación de la vida ejemplar y santa muerte de doña Estefanía de Rocabertí, dicha madre Estefanía de la Concepción, monja descalça de nuestra Señora del Carmen de Barcelona. Compuesta por el padre (...) (Breve Relación)*, f. 39v-40r.

4. ACDB, Pere Gil Estalella, *Breve Relación*, f. 43v.

5. ACDB, Pere Gil Estalella, *Breve Relación*, f. 47v.

a la localitat per a garantir el manteniment d'un nou convent, com feren els caputxins de Santa Eulàlia de Sarrià l'any 1625 per la nova fundació que pretenien fer els carmelites a Gràcia (RÚBRIQUES 1914, p. 105).

Malgrat tot, algunes ciutats maldaren per repoblar antics convents en perill d'extinció, com el de Santa Clara de Manresa, sondejant altres ordes religiosos, com les carmelites descalces, i on finalment acabaren les dominiques, tal i com passà també a la ciutat de Vic. En altres casos, ciutats emergents, reclamaren la fundació de convents carmelitans a la seva ciutat, de vegades a petició del mateix rector, com en el cas de Joan Palau, rector de Santa Maria de Mataró, pels beneficis que reportaria a la instrucció popular.

A banda d'això sovint les corporacions municipals, en tant que protectores dels monestirs de la ciutat, visitaven els monestirs de monges, i tenien certa capacitat arbitral, intervenint i pacificant els avalots i controvèrsies que sorgien dins les comunitats, tal i com féu el Consell de Cent en els monestirs de Jerusalem (1535), Montsió (1554) o bé Jonqueres (1561).

A més les ciutats assumien el patronat de certs monestirs, com el de Pedralbes per part del Consell de Cent, que gaudia de la facultat de designar una monja de gràcia, que ocupava la plaça quan moria l'anterior. L'any 1616 les religioses de Montsió presentaren una suplicació al Consell de Cent demanant ser socorregudes en les seves urgents necessitats, oferint-se a pendre una monja de la ciutat perpètua, com a Pedralbes, però aquest oferiment no fou acceptat (RÚBRIQUES 1914, p. 101). La ciutat sovint concedia ajuts puntuals a convents i monestirs, almoines de cera o bé de blat, ajudes de costa per a la celebració dels capítols provincials i generals, diners per a obres i retaules, o per a despeses de festes de beatificacions o canonitzacions. Altra cosa era, però, permetre una nova fundació que no comptés amb una base econòmica suficient.

A Barcelona el bisbe Joan Dimas Loris, d'acord amb el disposat recentment pel Concili de Trento, exigí a les carmelites descalces, per a autoritzar la futura fundació, una renda annual de 200 lliures que assegurés mínimament el sosteniment econòmic de la comunitat.

Els bisbes maldaren repetidament per assegurar-se la dependència de l'ordinari diocesà de les comunitats religioses femenines, molt més fàcils de controlar, pel seu mateix caràcter autònom, que no pas les de religiosos. Els bisbes, com a delegats de l'autoritat papal, tingueren un destacat paper en la reforma de les comunitats femenines durant el segle XVI: així veiem com l'any 1519 el Papa subjectà les monges dels Àngels al bisbe de Barcelona. La fundació a Vic de les carmelites descalces va néixer sotmesa a l'ordinari diocesà, malgrat els diferents intents de les religioses en el segle XVII per posar-se sota l'obediència de la Congregació carmelitana. Aquesta influència del prelat diocesà era sovint emprada per a col·locar en estat moltes joves de bona família, incloses les mateixes familiars del bisbe: la fundació de les dominiques a l'antic convent de Santa Clara de Vic, auspiciada pel bisbe Bernat de Josa, fou duta a terme per la seves germanes Beatriu i Victòria de Josa i de Cardona, religioses dels Àngels.

5. *Els patrons: antiga i nova noblesa*

En el patronatge del convent de carmelites descalces concorregueren tant la noblesa de sang més arrelada com l'aristocràcia urbana emergent, que buscava ennoblir-se cercant el prestigi social.

Encara que el protagonisme nobiliari de la fundación carmelitana recau en els Rocabertí, cal tenir present que les carmelites descalces van tenir una intensa relació també amb la casa de Cardona. Molt propera al primer Carmel descalç havia estat Catalina de Cardona, dita la Venerable. Marianna de Córdoba i Aragó (1568-1603), filla dels ducs de Cardona, professà a Barcelona l'any 1596 com a Marianna de Crist. No va poder perseverar en la seva voluntat de ser carmelita descalça a causa de la seva precària salut, que la va dur al monestir de Pedralbes, on va morir al cap de poc temps. Devota de Catalina de Cristo, li va atribuir la curació d'una malaltia, i es van escriure durant un temps. La relació amb la casa de Cardona va continuar i, fins i tot la duquessa de Cardona va triar el convent de les descalces per a refugiar-s'hi durant nou mesos durant la guerra dels Segadors, quant temia per la seva vida, favor que va ser degudament recompensat, no cal dir-ho.

5.1. *Estefania de Rocabertí i de Gualbes*

Els Rocabertí, comtes de Perelada, havien exercit el seu patronatge a diversos monestirs, un d'ells, assenyaladament, la primera fundació del Carmel a la península ibèrica: el convent de frares del Carme de Perelada. Encara el 1644 Magdalena de Rocabertí i Safortesa, comtessa de Perelada disposarà ser enterrada a l'església del Carme de Perelada en el vas on era enterrat son marit. Aquesta nissaga nobiliària, en les seves diverses branques, i els llinatges vinculats (Gualbes, Santcliment, Boixadors) dispensaren la seva protecció al Carmel descalç català, en les seves branques femenina i masculina. Els Sancliment i Gualbes havien recolzat la fundació l'any 1586 dels frares descalços:

> Cosa muy notable fue la devoción que toda Barcelona tomó en nuestro convento después que enpeçaron a ser conocidos sus religiosos. Como a porfía se esmeravan en frequentarla, asistirla y socorrerla, y como hallavan allí el exemplo, la edificación, la enseñança y todo su consuelo y bien espiritual, le desseavan favorecer sumamente. Quien a los principio se señaló mucho fue doña Graida de Pinós y de Blanes, muger de don Pedro de Pinós Gualbes y Sanclemente, nobilíssima casa deste Principado, Mientras vivió fueron continuas su limosnas.[6]

Graïda també participà en l'any 1615 en el certamen poètic en honor de Teresa de Jesús que publicà Josep Dalmau, el fundador, al costat de la seva esposa Lucrècia Balcells, dels convents de carmelites descalços de Sant Josep de Barcelona i de Santa Maria de Gràcia.

L'any 1588, quan arribaren a Barcelona les carmelites descalces que venien a fundar el convent de Barcelona, encapçalades per Catalina de Cristo, la fun-

6. BUB, Joan de sant Josep, *Annales,* ms. 991, n. 109.

dadora de Barcelona, (Ávila 1544-Barcelona 1594) i Leonor de la Misericòrdia (Guendulain 1551-Pamplona 1620), s'allotjaren a la casa de Guillem de Santcliment (c. 1545-1608), fill de Joan de Santcliment i d'Isabel Centelles, i cosí d'Estefania de Rocabertí, que a més va tenir una relació epistolar des de Praga, on exercia d'ambaixador de la Corona, amb Leonor de la Misericòrdia (RODRÍGUEZ, ADEVA 1995, p. 135 i 350-351).

Estefania, nascuda l'any 1528, era filla de Pere de Rocabertí, senyor de Massanet de Cabrenys, i d'Anna de Gualbes, filla de Frederic de Gualbes i Estefania Sapila. La seva àvia Estefania era filla de Bernat Sapila i de Lionor Ferrer, protectora d'Ignasi de Loiola, i a qui aquest anomenava "la Çepilla". La família deixà Massanet un cop mort el pare, Pere de Rocabertí, i es traslladà a Barcelona. Aquí freqüentaren el convent franciscà de Jesús, on es confessaven mare i filla, i on el germà Josep acabà trobant la seva vocació, franciscana primer, i després caputxina. Estefania tenia 23 anys quan perdé el seu promès, Felip de Cervelló, fill de Felip de Cervelló i Isabel de Gualbes, cosí seu en quart grau, que havia acudit a Roma a sol·licitar la dispensa papal per contraure matrimoni. Decebuda del món, abandonà les gales i les justes, i gràcies a una beata mallorquina, la beata Joana, amb la qual va conviure una vintena d'anys, entrà en contacte amb els jesuïtes Francesc Estrada i P. Ramírez, als quals seguí un enfilall de confessors jesuïtes: José de Villegas, Joan Poggio, Pere Doménec, José de Ayala, Antonio Cordeses, els P. Gestin, Governo, Rúbies, Fullà, Caselles i, assenyaladament el P. Benito Montalbán, així com el seu darrer confessor i biògraf, Pere Gil.

Estefania va dur una vida de recolliment que encara fou més intensa després de la mort de la seva mare, visitant malaltes a l'Hospital de la Santa Creu, i practicant la caritat i l'oració, el dejuni i abstinència i la mortificació del cos, convertint-se de fet, gairebé en una beata reclosa.

La seva coneixença de Bartomeu Roca, canonge de Tarragona, beneficiat de la catedral de Barcelona i professor de teologia a la Universitat de Barcelona, la va menar a conèixer el seu germà, el carmelita descalç Joan de Jesús Roca, i a interessar-se per la fundació d'una comunitat femenina a Barcelona d'inspiració teresiana.

L'entorn d'Estefania estava format per un selecte grup de personatges amb forta vinculació amb la Companyia de Jesús, i que en alguns casos havien arribat a tractar directament Ignasi de Loiola, com misser Miquel Sarroriva (casat amb Altília Cordelles) o bé Joan Pasqual; o que en foren directes benefactors: Maria Manrique de Lara i Cardona, filla del duc de Nájera, i fundadora del Col·legi de la Companyia a Barcelona; Joan Palmer, procurador fiscal de la Batllia General de Catalunya o Miquel de Clariana. Altres amistats seves eren Joan de Boixadors, Pere de Cardona i Requesens (governador de Catalunya), Joan Terré, Sentmenat de Santiga. La seva biografia recull que Estefania defugia qualsevol acte social, i la seva anomenada motivà gran interès en altres dames per conèixer-la, com la mateixa emperadriu Maria, germana de Felip II o bé la dona del virrei del Principat, la comtessa de Miranda, María de Zúñiga.

En aquest cercle d'amics i parents cal incloure Hipòlita de Rocabertí, la futura dominica Hipòlita de Jesús, filla espúria del vescomte de Perelada: quan aquesta necessità ser aconsellada, en plena crisi de vocació, just abans de la seva professió, als 16 anys, fou assistida per Estefania, que llavors en comptava 39. Cap a 1586 Hipòlita va escriure, des del convent de les Magdalenes, on estava realitzant la reforma de les agustines, dues cartes a la priora dels Àngels, Beatriu de Josa, on esmentava la seva parenta Estefania i a les carmelites descalces, on menciona la dona que li havia fet gairebé de mare, Àngela Jerònima Poc Codina (dita na Corregona pel cognom marital):

> la conclusió de tot lo sobredit és que tinc temor que la senyora Corregona [...] que, com ella té amor a dona Stefania, ab unes quantes volia que anàs a las descalsas. Jo crec que allí las tiraran, endemés que estant ellas tan pobras, i com són castellanas saben afalagà i atraure que és cosa estran[y]a, i vostra reverencia ja sap la condició de la mia mare, que ab amor faran d'ella tot quant volran (*Carta* 3).

Malgrat tot, Hipòlita, no pot ocultar la seva admiració per les carmelites «puix tot mon delit és (és) I serà tant (tant) quant viure que viscam als Àngels e com u mana la regla nostra I en tanta perfecsió com viuen las descalsas carmelitas» (*Carta* 3).

La influència de la reforma teresiana i dels escrits de Teresa de Ahumada en la vida i l'obra d'Hipòlita són un fet incontestable.

Estefania efectuà generoses donacions a les descalces, procedents tant dels béns que li havia llegat en el seu testament el seu malaguanyat promès Felip de Cervelló (1554), com de l'herència materna procedent d'Anna de Gualbes, abans però de professar, també havia fet donació de respectables quantitats al col·legi dels jesuïtes. La discussió per la seva part de l'herència paterna motivà, això sí, un llarguíssim plet, que s'arrossegava encara l'any 1637.

5.2. *Uns mercaders ennoblits. La nissaga dels Granollachs*

La petita noblesa catalana comença a intervenir en la vida econòmica del país d'una manera molt intensa en la segona meitat del segle XVI. Bona part de la noblesa catalana s'havia urbanitzat i, en especial, s'havia traslladat a la capital del Principat: segons Amelang cap a 1639 hi residia la quarta part de l'aristocràcia del país. Els cavallers i donzells apareixen plenament integrats a la cultura i la societat urbana, intervenint activament en la dotació assistencial del Principat (Hospital de la Santa Creu, Casa de la Misericòrdia, Casa de Convalescència). Els mercaders que s'ennoblien procuraven facilitar a l'ensems, com una obligació pròpia de la seva nova condició, la instal·lació de convents i la construcció d'esglésies.

Francesc de Granollachs de Pons, era fill de Miquel de Granollachs i de Lionor de Pons, tots de Vic. La família paterna estava vinculada des de generacions al càrrec de veguer, a l'ensems que feien de mercaders, mentre que la família de la mare provenia de la petita noblesa rural, els senyors de Montclar. Com a segon fill del matrimoni, s'obrí camí en el món mercantil, aconseguint una important fortuna. Vidu al cap de quatre anys del seu matrimoni amb Isabel Joana Anglès i amb dos fills, començà a esmerçar el seu patrimoni en actes de caritat:

Viéndose assí libre no buscó nuevo matrimonio, sino que se entregó todo al desengaño y a la virtud. Era muy afable, modesto, humilde, entre riquezas pobre, parco, devoto y piadoso. Tanto se apoderó de sus entrañas la misericordia que, como si no tuviera heredero, derramava su hazienda en los pobres, en los hospitales, en los conventos. A los impedidos y vergonçantes los buscava, y a los que le buscavan a nadie despedía. Mucho antes que viniessen nuestras monjas ya avía expedido millares en otro convento de franciscas, y a éstas y a las capuchinas las socorría y socorrió después toda su vida, con los güevos y fruta que avían menester cada día. Solía dezir "No sé que es esto, que quanto más doy, más tengo".[7]

Granollachs residia temporalment a Madrid a causa dels seus negocis, quan va conèixer el P. Joan de Jesús Roca, el primer carmelita descalç català i promotor de les fundacions de l'Orde al Principat, i a qui va assegurar les primeres 200 lliures preceptives per a la fundació del convent de la Immaculada Concepció de carmelites descalces de Barcelona. En total Granollachs, entre la compra de cases, les obres per condicionar el convent i donacions en vida i després de mort, va acabar donant per a la fundació de Barcelona prop de 30.000 ducats, a més de les rendes que va seguir cobrant la comunitat.

Tot i aquest devessall de generositat el donant s'assegurava, això sí, algun privilegi per als seus, en concret la condició que les religioses prenguessin, sense dot, a dues nebodes seves i una néta, cas que la tingués i que aquesta volgués ser monja. Dues de les seves nebodes es feren carmelites: Clara del Santíssim Sagrament, Clara Eugènia Granollachs i de Blanes (Vic 1591-Barcelona 1648) i Caterina de Crist, Llúcia Granollachs i de Forcià (Avinyó 1609-Barcelona 1665), a més d'una neboda-néta, Àngela de Josa Granollachs (Barcelona 1601-1672). En successives generacions diferents dones d'aquesta família i els seus llinatges col·laterals formarien part de la comunitat de religioses.

En el seu testament Granollachs disposava que li diguessin un aniversari mensual, i que apliquessin per a ell i tots els seus la dexuplina comunitària dels divendres i part de l'oració quotidiana. Afegí encara la fundació de dues misses diàries, dotant-les convenientment i, cas que el seu fill morís sense descendència, un terç de la seva herència aniria a parar a les descalces. La prodigalitat del fundador es va estendre a la branca masculina de l'Orde, ja que va efectuar diferents deixes al convent de Sant Josep de Barcelona i al convent-desert de Sant Hilarió del Cardó. Va morir cap als 80 anys, el 12 d'agost de 1614.

6. *Els privilegis de fundadors i benefactors*

En el decurs del temps i extingit el fundador, l'Orde volgué assegurar el patronatge de Francesc de Granollachs, que no havia quedat registrat en cap document, per a la qual cosa en el segle XVII, a petició de les religioses, el Definitori

7. BUB, Joan de sant Josep, *Annales,* ms. 991, n. 230.

de l'Orde "elaborà" l'any 1635 unes escriptures de patronat per a què els seus hereus l'acabessin assumint. Es raonà el suposat patronat en què:

> Según derecho sean tres los títulos de adquirir el patronato de una iglesia, que son, aver dado el sitio, el averla fabricado y el averla dotado de suficiente renta *perpetua*, y como todos tres títulos concurren en dicho don Francisco de Granollachs.[8]

Calia a més assenyalar la presència visible d'alguns símbols materials d'aquesta vinculació:

> Hállanse también las armas de dicho cavallero en el pedestal del altar mayor y encima del quatro titular desta nuestra iglesia, de la qual se infiere, junto no poderse enterrar ni haún por modo de depósito en nuestro presbiterio, y en las paredes cirunvesinas del, ser y aver tenido siempre dicho don Francisco de Granollachs por fundador y patrón de nuestra iglesia y convento.[9]

El patronat finalment fou heretat pel besnét, Antoni de Granollachs i Ardena, i d'aquest passà més tard a Pere Ribas de Boixadors i Vallgonera, en qualitat d'espòs de Maria Teresa Granollachs, germana i successora d'Antoni.

En ocasions el poder dels fundadors podia manifestar-se en forma de capricioses o despòtiques exigències. Francesc de Granollachs era especialment devot de la religiosa carmelita descalça Ana de San Jerónimo, amb la qual solia aconsellar-se; quan aquesta tornà a Pamplona, la seva ciutat d'origen, la féu retornar mercès a les repetides instàncies que interposà davant les autoritats de l'Orde, les quals degueren pensar que no es podia disgustar un benefactor tan generós, especialment abans que conclogués la seva tasca llegant quantiosos béns al convent.

La pertinença a un estament privilegiat conferia facultats que estaven vedades generalment al comú dels mortals. La clausura conventual ho era per a tothom, menys per als "grandes", que sí que podien moure's lliurement en els recintes conventuals femenins per llicència papal; i si calia se'ls havia de mostrar la relíquia més secretament guardada: l'any 1605 Mariana de Cardona, virreina de Navarra, requerí a les autoritats de l'Orde del Carmel descalç veure el cos incorrupte de la fundadora de Barcelona Catalina de Cristo que les monges de Pamplona atresoraven sigil·losament, després d'haver traslladat gairebé de forma furtiva el seu cos des de Barcelona, on havia mort l'any 1588. Les monges hagueren d'accedir, i no fou fins que l'entorn aristocràtic dels virreis hagué honorat la relíquia, que el bisbe local hi pogué accedir (Rodríguez, Adeva 1995, p. 226-227).

En els recintes conventuals trobem una àmplia gamma de situacions familiars de les religioses: noies prepúbers confiades per la família al convent per orfandat o a causa d'ulteriors matrimonis d'algun dels progenitors; donzelles que ingressen al convent escapant de matrimonis forçats o de famílies on no s'hi troben bé; dones desenganyades del món per haver perdut el promès o l'espòs o no haver aconseguit un matrimoni del seu nivell i gust amb el dot familiar; do-

8. BUB, Joan de sant Josep, *Annales,* ms. 991, ns. 229 i ss; 233 i ss.
9. *Ibídem.*

nes malmaridades i maltractades, separades i divorciades; vídues sense fills que aconsegueixen un estatus social i un suport i assistència quasi familiar en la seva vellesa. Caldria afegir aquí encara, les serventes o parentes pobres dels poderosos patrons, que aconsegueixen que les comunitats acceptin sense dot aquelles minyones la fidelitat de les quals volen premiar, assegurant un futur per a elles. Beatriu de Beaumont, una de les primeres benefactores del Carmel descalç femení, va voler fer prevaldre els seus privilegis com a fundadora al convent de Soria: «Al principio se pidió de parte de la madre Beatriz de Cristo que ella y sus herederos pudiesen poner siempre una o dos monjas [...] Sólo quedó obligado el convento a recebirle de presente tres monjas» (Rodríguez, Adeva 1995, p. 102).

Estefania de la Concepció entrà gairebé amb el seu, mínim, servei en ple, i òbviament, sense dot; poc després que ella demanaren l'hàbit i professaren les seves antigues minyones: Isabel Vidal com Isabel de santa Eufràsia (1569-1644) i Isabel-Joana Lacasa (1570-1619) com Joana de la Magdalena, a més d'Antònia Roquer, Antònia de sant Martí, que professà a Gènova, on havia acompanyat les fundadores després del pas d'aquestes per Barcelona.

Resulta si més no una mica extravagant trobar en els elogis de religioses difuntes autèntiques relacions genealògiques de la família d'origen, quelcom que palesa la creença que era un factor de prestigi de la religiosa i la seva comunitat comptar amb una parentela, solvent econòmicament, però sobre tot rellevant socialment. En el *Llibre d'elogis de difuntes* de les carmelites descalces de Barcelona poden trobar-se llargs excursos nobiliaris sobre les nobles famílies de Rocabertí, Borbó, Cartellà-Sabastida... I encara que sempre s'havien rebut amb especial dilecció les novícies de noble prosàpia, sembla que a començaments del segle XVIII s'instaurà certa selecció social de les candidates,

> Prevalecía entonces en este convento de no admitir en este convento pretendiente alguna que no fuesse noble y como faltava esta circunstancia no quisieron admitirla [...] Informada la comunidad de vocación tan verdadera [...] la admitieron por novicia [1715] [...] la comunidad sintió mucho averse privado de tanto bien todo el tiempo que la retardaron.

Cal recordar aquí que el monestir de les descalces a Madrid, on havien ingressat membres de la reialesa i la noblesa cortesana, estava sotmès a una normativa molt menys rigorosa que la resta, amb privilegis papals inclosos. La notorietat que conferia la proximitat de la Cort es traduïa en major prestigi social, més novícies i religioses de renom, almoines i fundacions per millorar i embellir l'església i el convent, etc.

Malgrat aquestes pretensions aristocratitzants puntuals, la norma era ben diferent, de fet, algunes religioses no admeses en altres ordes religiosos, sí que ho foren en les carmelites, no tant exigents amb el dot que aportava la novícia: Alberta de sant Doménec Espernai Arajol (Urús 1657-Vic 1739) tenia intenció de fer-se religiosa de Sant Domènec a Vic, però inicialment rebutjada per la comunitat de religioses del convent de Santa Clara per la seva migrada dot, sí que fou acceptada per les descalces.

La rellevància social dels grups familiars i les seves xarxes de relació ha estat suficientment analitzada. Rera els murs conventuals aquestes relacions també es reprodueixen. A vegades dins les comunitats arriben a formar-se autèntics "lobbies" de poder per la pertinença a una mateixa família o grup de famílies d'algunes religioses que, en una comunitat reduïda, són suficients per constituir un grup de pressió que pot arribar a distorsionar la vida comunitària. Alguns autors com Isabelle Poutrim constaten la preponderància absoluta de les filles de la noblesa i dels lletrats en els ordes contemplatius, que atribueixen a les pràctiques successòries i d'heretaments, ja que l'ingrés a un convent per part de les filles supernumeràries permetia estalviar la dot o evitar el fraccionament del patrimoni (Poutrim 1995). En el cas del convent de les descalces de Barcelona, predominaven les filles de doctors de la Reial Audiència, i membres de la Generalitat i del Consell de Cent, és a dir, cavallers i ciutadans honrats, amb algun noble de certa entitat. El nivell cultural d'aquestes noies era força rellevant, i nombroses necrologies de religioses esmenten les seves habilitats musicals, l'afició a la lectura o bé que deixaren escrits.

Els poderosos traspassaven el relleu de l'autoritat parental a les seves germanes monges, a les quals encomanaven les seves filles. Encarregades de l'educació de les seves nebodes, les ties monges exercien sovint un control rigorós que s'estenia fins i tot a la seva vida espiritual. El rol d'aquestes tietes religioses encara prenia més importància quan morien els pares de les noies, i els monestirs esdevenien una mena d'orfenats privats. Encara que en molt menor mesura que en els ordes religiosos no reformats, on estava en ple vigor el sistema de cèl·lules familiars, en els segles moderns encara podem trobar vestigis d'un cert nepotisme conventual en el Carmel descalç. Examinant els llibres de professions i els cognoms de les professes podem observar fàcilment la perpetuació d'uns llinatges. Entre els cognoms de nissagues pertanyents a la noblesa trobaríem els de Rocabertí, Borbó, Boixadors, Cartellà, Fivaller, Rubí, Sacirera, Meca o Saportella. Els llinatges vinculats a l'administració són els de Fontanella, Calderó, Vilana, Marí, Lana, Fontanet, Safont i Albanell; i entre les famílies d'extracció mercantil podem esmentar els Granollachs, Feu, Falguera, Guàrdia.

7. *La posteritat*

A la societat medieval i moderna bona part de les disposicions testamentàries anaven encaminades a garantir la salvació de l'ànima, i a disposar les honres del difunt. Tot i extingida la vida es cercava la manera de perpetuar el record, d'accedir a una certa posteritat gràcies al record d'aquells que s'havia beneficiat i també de deixar alguna petja material visible per als esdevenidors.

L'assistència a funerals marcava la presència pública dels aristòcrates. A la societat del Renaixement i del Barroc l'espectacle de la mort té una gran trascendència, i la grandesa dels traspassats es mesura per la rellevància de les seves honres funeràries, la distinció dels membres de la comitiva fúnebre, la quantitat d'atxes, brandons i cera, el nombre de capellans que acompanyaven el cadàver i resaven pel difunt i l'abundor de pans que es distribuïen entre els pobres i els infants orfes del seguici. Els funerals eren acurats actes protocolaris, on eren convidats els personatges més rellevants de la societat, i una determinada presència conferia una especial rellevància a l'acte o bé constituïa una absència clamorosa.

A la vegada, l'elecció de sepultura era també un símbol de relació social. L'aristocràcia disposava minuciosament en el testament ser enterrada en una concreta capella d'un determinat monestir, i amb uns honors establerts (en túmuls o en mausoleus). Entre els personatges més destacats per la seva espiritualitat es troben però peticions clares de rebaixar aquesta pompa fúnebre, excusant vanitats mundanes i supèrflues, sense ostentació. Malgrat tot els grans aristòcrates del segle XVI es feren construir grans sepulcres, com els dels Folc de Cardona a Bellpuig, o seguiren enterrant-se en panteons capelles familiars, com els Montcada a la Seu de Lleida, els Cervelló a Santes Creus (panteó de la reialesa catalana), o els Aragó a Poblet.

Les classes emergents de mercaders ennoblits emularan aquests comportaments aristocràtics, deixaran de ser sebollits en les sagreres o fossars parroquials per reclamar un darrer repòs segregat del comú, i buscaran en les esglésies dels nous convents un carner adient per a la seva ossada.

El Definitori de 1635 que "renovà" el patronat de Francesc de Granollachs als seus descendents, buscant el beneplàcit d'aquests, recordava en aquesta escriptura que, en agraïment, el convent concedia: «a él y a sus herederos y sucesores sólo, el poderse enterrar en la capilla mayor de nuestra iglesia».

Ja uns anys abans Miquel Joan de Granollachs i Desplà, donzell, nebot carnal de fundador, i que havia estat designat per la comunitat procurador, ecònom i actor seu, elegia sepultura a l'església del convent l'any 1614.

De vegades els familiars nobles de les religioses mostraran unes exigències forassenyades en les honres a les seves parentes difuntes, contravenint l'auster cerimonial carmelità. A la mort de la monja Teresa de Jesús (1591-1636), Dionísia Meca i de Vilana (els Vilana eren parents dels Gualbes), la seva parentela tractà d'organitzar unes solemníssimes exèquies:[10]

> Estos senyors, a sos gastos, volgueren excedir en que lo enterro fos molt senyalat, estant lo altar de color blanc y com de festa, velas blancas en ell, y alderredor del cos achas blancas y que·y agués sermó en lo offici, en què se diguessen algunas cosas en alabança de la diffunta. La Mare Priora no volgué fer cosa sens comunicar-lo ab lo Pare Prior del convent, y axí acudiren al que leshores lo era, conbidant-lo a ell ab lo sermó. Lo Pare Prior de ninguna manera vingué bé ab lo que aquells senyors pretenian, ans bé, féu totas las diligències posible en evitar tota singularitat, posant-los moltas rahons al devant para que no se introduïren en la Religió y los inconvenients que de aquí se podian seguir, y que si se obria la porta ab la Mare Teresa lo propri voldrian fer després ab altres diffuntas sos parents.

A banda de les certituds espirituals sobre la salvació individual gràcies als sufragis i els aniversaris encarregats, i dels senyals visibles de la vinculació del

10. ACDB, *Llibre d'elogis de difuntes*.

llinatge a la protecció d'un cenobi, un altre element a afegir seria la posteritat obtinguda gràcies al record de l'obra fundadora en les cròniques conventuals i en les històries de l'Orde. Els Granollachs són esmentats en la crònica conventual de les carmelites descalces, en les històries generals de l'Orde publicades en el segle XVII com la de Francisco de Santa María (Santa María 1655) i en les històries manuscrites de la província de sant Josep de Catalunya, obra de Segimon de l'Esperit Sant i de Joan de sant Josep.

Estefania de Rocabertí fou recordada en les mateixes obres històriques, a més de ser biografiada pel seu confessor, el jesuïta Pere Gil, obra que resta inèdita en l'arxiu del seu convent, així com els relats de la seva vida que feren les dues minyones amb les quals ingressà en el convent, i la seva parenta Hipòlita de Jesús Rocabertí. Aquestes relacions serien divulgades en part en la biografia que féu d'Hipòlita el dominic Antonio de Lorea (Lorea 1679, p. 147), per encàrrec del nebot d'aquesta i parent d'ambdós Joan Tomàs de Rocabertí, arquebisbe de València i general dels dominics, i assenyaladament en l'obra de Jacint Busquets Matoses (Busquets Matoses 1684), on es tracen les biografies de cinc religiosos Rocabertí: els germans Josep i Estefania, i les dominiques del convent dels Àngels Jerònima, Emerenciana i Hipòlita de Rocabertí. Més tard, encara l'erudit Pere Serra i Postius, per cert, amic personal de Joan de sant Josep (Serra i Postius 1726, p. 87, 170-171, 231 i 406) ponderaria les virtuds d'Estefania i del seu llinatge.

La vida d'Estefania i la seva entrega a l'Orde, material i espiritual, fou recordada en el llibre del carmelita descalç Fray Francisco de la Cruz, *Cinco palabras del apóstol San Pablo*, publicat a Nàpols l'any 1682, obra didàctica que, a través dels seus textos i de la profusió dels seus gravats, pretenia adoctrinar i transmetre el concepte que l'autèntica noblesa anava més enllà dels privilegis del naixement i s'aconseguia abandonant el món. La majoria dels periples espirituals de monges i religosos carmelites descalços que recull l'obra pertanyen a la noblesa, divulgant un model de santedat en el que es podien emmirallar tots aquells que volguessin assolir un estadi superior, emulant els poderosos que abandonaven el món. L'aristocràcia devota esdevé així model i reclam conventual, i en assimilar noblesa de casta i d'esperit, motiva que molts benefactors no nobles vulguin assolir aquesta categoria superior gràcies a la donació dels seus béns i a la pràctica pietosa.

8. *Conclusió*

El patronatge proporcionava a les comunitats contemplatives una seguretat econòmica imprescindible. La relació entre els benefactors primerencs i els convents era tan estreta que es considerava implícit el patronat, fins al punt que sovint no existia escriptura oficial d'aquesta vinculació ni de les seves clàusules, que en molts casos es fan a posteriori, ja mort el primer patró, per a garantir la continuïtat de la protecció per part dels succesors, i com a renovació d'uns pactes que, en realitat, mai es van estipular clarament.

Els patrons i fundadors rebien, en aquest món, unes recompenses a la seva caritat, unes eren d'índole material, com l'exhibició dels seus símbols heràldics en la seva obra, el fet de gaudir d'una certa exclusivitat en la darrera morada, o el poder col·locar, d'una manera privilegiada, aquelles dones de la família que convingués. Altres guardons eren de caràcter més intangible, però no menys valuosos, com la fama pòstuma i el reconeixement de la posteritat.

Bibliografía

Accidentes del alma, 2009. *Accidentes del alma. Las emociones en la Edad Moderna.* M. Tausiet, J.S. Amelang (eds.), Madrid: ABADA editores

Aceto, Francesco, 2000. "Un'opera «ritrovata» di Pacio Bertini: il sepolcro di Sancia di Maiorca in Santa Croce a Napoli e la questione dell'«usus pauper»", *Prospettiva,* 100, p. 27-35

Adams, Tracy, 2010. *The Life and Afterlife of Isabeau of Bavaria,* Baltimore: The Johns Hopkins University Press

Ahumada, Laia de (en prensa). "La carta privada a l'època moderna: un epistolari conventual femení inèdit", *Manuscrits,* 29

Albareda, Anselm M., 1977. *Història de Montserrat,* Barcelona: Publicacions de l'Abadia de Montserrat

Alcover, A., Moll, F., 1962. *Diccionari català, valencià, balear,* vol. 10, Palma de Mallorca: Gràfiques Miramar

Aldea Hernández, Ángela, 2004. "El Real Monasterio de las Monjas Clarisas de la Puridad de Valencia", *Actas del Simposio sobre la clausura femenina en España*, vol. 2, San Lorenzo del Escorial: Ediciones Escurialenses, p. 1103-1126

Almeida, Fortunato de, 1967. *História da Igreja em Portugal, Ed. preparada e dirigida por Damião Peres,* vol. I, Porto: Portucalense Editora

Alomar Esteve, Gabriel, 1976. "Iconografía y heráldica de Sancha de Mallorca, reina de Nápoles", *Boletín de la Sociedad Arqueológica Luliana,* 35, p. 5-36

Alvarez Gómez, Jesús, 2002. *Historia de la vida religiosa. Desde la "Devotio moderna" hasta el Concilio Vaticano II,* vol. III, Madrid: Publicaciones claretianas

Álvarez Rodríguez, Alicia, 2010. "La investigación del franciscanismo femenino en la Castilla Bajomedieval: presente y futuro", *El franciscanismo en la Península Ibérica el viaje de San Francisco por la Península Ibérica y su legado (1214-2014): Actas del III Congreso Internacional sobre Franciscanismo en la Península Ibérica*, vol. 1, Córdoba: El Almendro, p. 171-191

Amargier, Paul, 1987. "Dauphine de Puimichel et son entourage au temps de sa vie aptésienne (1345-1360)", *Le peuple des saints. Croyances et dévotions en Provence et Comtat Venaissin des origines à la fin du Moyen Âge,* Avignon: Académie de Vaucluse et CNRS, p. 111-123

Andrade, Mª Filomena, 2011. *In oboedientia, sine proprio, et in castitate, sub clausura: A Ordem de Santa Clara em Portugal (sécs. XIII e XIV),* Lisboa: Policopiada

— 2000. "Beatas", *Dicionário de História Religiosa de Portugal, vol. A-C,* C. Moreira Azevedo (ed.), Lisboa: Círculo de Leitores, p. 181-183

— 1996. *O Mosteiro de Chelas: Uma Comunidade Feminina na Baixa Idade Média*, Cascais: Patrimonia

Andrés Antón, Mª Pilar, 1991. *El monasterio de la Puridad, Primera fundación de clarisas en Valencia y su Reino, siglos XIII-XV,* Valencia: Monasterio de la Puridad

Anzizu, sor Eulàlia, 1899. *Índex,* Barcelona

— 1897. *Fulles Històriques del Reial Monestir de Santa Maria de Pedralbes,* Barcelona

Aram, Bethany, 2005. *Juana the Mad: Sovereignty and Dynasty in Renaissance Europe,* Baltimore: The Johns Hopkins University Press

Archer, Robert, 2005. *The Problem of Woman in Late Medieval Hispanic Literature,* Suffolk: Tamesis

Aristóteles, 2009. *Ética a Nicómaco,* Madrid: Technos

Armas, Antonio Rumeu de, 1974. *Itinerario de los Reyes Católicos, 1474-1516,* Madrid: Instituto Jerónimo Zurita

Arnaut, Salvador Dias, 1959. *A crise nacional dos fins do século XIV,* Coimbra: Faculdade de Letras

Ashley, Kathleen, Clark, Robert L. A., 2001. *Medieval Conduct,* Minneapolis: University of Minnesota Press

Atienza López, Ángela, 2008. *Tiempos de conventos. Una historia social de las fundaciones en la España moderna,* Madrid: Marcial Pons Historia-Universidad de La Rioja

Azcona, Tarsicio de, 1993. *Isabel la Católica: estudio crítico de su vida y su reinado,* Madrid: Biblioteca de Autores Cristianos

— 1968. "Paso del monasterio de Santa Clara de Barcelona a la regla benedictina (1512-1518)", *Collectanea Franciscana,* 38, p. 8-134

Bada, Joan, 1970. *Situació religiosa de Barcelona en el segle XVI,* Barcelona: Editorial Balmes

Balasch, Ester, Español, Francesca, 1997. *Elisenda de Montcada. Una reina lleidatana i la fundació del Reial monestir de Pedralbes,* Lleida: Pagès

Bassegoda i Nonell, Joan, 1978. *Guia del monestir de Pedralbes,* Barcelona: Edicions de Nou Art Thor

Beltrán Larroya, Gabriel, 1990. *Religiosas carmelitas descalzas de Cataluña y Baleares. Documentación histórica (1588-1988),* Roma: Teresianum

— 1986. *Fuentes históricas de la provincia OCD de San José (Cataluña y Baleares),* Roma: Teresianum

Benevides, Francisco da Fonseca, 2007. *Rainhas de Portugal. Estudo histórico,* Lisboa: Livros Horizonte

Benvenuti Papi, Anna, 1990. *"In Castro Poenitentiae". Santità e Società Femminile nell'Italia Medievale,* Roma: Herder

Bertaux, Émile, 1898. "S. Chiara de Naples. L'Église et le monastère des religieuses", *Mélanges d'Archeologie et d'Histoire de l'École Française de Rome,* 18, p. 165-198

Beseran, Pere, 2009. "Incidències napolitanes a Catalunya. Escultura i Arquitectura", *El Trecento en Obres. Art de Catalunya i art d'Europa al s. XIV,* R. Alcoy (ed.), Barcelona: Universitat de Barcelona Publicacions i Edicions

— 1998. "Noves aportacions a l'entorn del sepulcre d'Elisenda de Montcada", *I Jornades de Recerca Històrica de les Corts (Barcelona, 14 i 15 de març de 1997),* Barcelona: Arxiu Municipal del Districte de les Corts, p. 87-99

— 1991-1993. "Un taller escultòric a la Barcelona del segon quart del segle XIV i una proposta per a Pere de Guines", *Lambard: estudis d'art medieval,* VI, p. 215-245

Blanco Trias, Pedro (S. I.), 1944. *Catálogo de los documentos y manuscritos pertenecientes a la antigua provincia de Aragón de la Compañía de Jesús, que se conservan en el Archivo de la Corona de Aragón,* Barcelona: Imprenta de Francisco Forés

Boerner, Bruno, 2004. "Le rôle de l'image sculptée dans les couvens féminins allemands à la fin du Moyen Âge", *Bibliothèque de l'École des chartes,* 162, p. 119-131

Botinas, E., Cabaleiro, J., Duran, Mª A., 2002. *Les beguines,* Barcelona: Publicacions de l'Abadia de Montserrat

Braga, Paulo Drumond, 2008. *O Príncipe D. Afonso, filho de D. João II. Uma vida entre a guerra e a paz,* Lisboa: Colibri

— 2005. "A 'Excelente Senhora', D. Joana, em Portugal (1479-1530)", *Portugueses no Estrangeiro, Estrangeiros em Portugal,* Lisboa: Hugin, p. 81-95

Brandão, Francisco, 2008. *Monarquia Lusitana,* vol. VI, Lisboa: Imprensa Nacional-Casa da Moeda

BREITENBERG, Mark, 1996. *Anxious Masculinity in Early Modern England,* Cambridge: Cambridge University Press

BRODMAN, J. W., 1999. "Fable and royal power: The origins of the Mercedarian foundation store", *Journal of Medieval History,* 25, 3, p. 229-241

— 1990. *L'Orde la Mercè: el rescat de captius a l'Espanya de les croades,* Barcelona: Quaderns Crema

— 1982. "The mercedarian order: the problem of royal patronage during the reing of James I", *X Congreso de Historia de la Corona de Aragón, Jaime I y su época,* vol. 3, Zaragoza: Institución Fernando el Católico

— 1977. "The origins of the mercedarian order: a reassessment", *Studia monastica,* 19, p. 353-360

BRUZELIUS, Caroline, 2005. *Le pietre di Napoli. L'architettura religiosa nell'Italia angioina, 1266-1343,* Roma: Viella

— 2004. *The stones of Naples. Church building in Angevin Italy. 1266-1343,* London: Yale University Press

— 1995. "Queen Sancia of Mallorca and the church of Sta Chiara in Naples", *Memoirs of the American Academy in Rome,* 40, p. 41-72

BUENO DOMÍNGUEZ, Mª Luisa, 1993. "Santa María de las Dueñas de Zamora: ¿beguinas o monjas? El proceso de 1279", *Historia, Instituciones, Documentos,* 20, p. 85-105

BUESCU, Ana Isabel, 2007. *Catarina de Austria (1507-1578), Infanta de Tordesilhas, Rainha de Portugal,* Lisboa: A esfera dos livros

— 2005. *D. Joao III,* Rio de Mouro: Circulo de Leitores

BULLARUM DIPLOMATUM, 1859. *Bullarum Diplomatum et Privilegiorum Sanctorum Romanorum Pontificum, vol. IV.* F. Gaude (ed.), Roma: Taurinensis Editio

BULLARIUM FRANCISCANUM 1898. *Bullarium Franciscanum,* vol. V, Roma: Eubel

BURNHAM, Louisa A., 2008. *So Great a Light, So Great a Smoke: The Beguin Heretics of Languedoc,* Ithaca: Cornell University Press

BURNS, Robert I., 1982. *El reino de Valencia en el siglo XIII (Iglesia y sociedad) II,* Valencia: Del Senia al Segura

BURR, David, 2001. *The spiritual Franciscans. From protest to persecution in the century after Saint Francis,* University Park, PA: Pennsylvania State University Press

— 1999. "Did the beguins understand Olivi?", *Pierre de Jean Olivi (1248-1298). Pensée scolastique, dissidence spirituelle et société,* A. Boureau, S. Piron (eds.), Paris: Vrin, p. 309-318

— 1997. «Na Prous Boneta and Olivi», *Collectanea Franciscana,* 67, p. 477-500

— 1993. *Olivi's Peaceable Kingdom. A Reading of the Apocalypse Commentary,* Philadelphia: University of Pennsylvania Press

BURRIEZA SÁNCHEZ, Javier, 2005. "La percepción jesuítica de la mujer (s. XVI-XVIII)", *Investigaciones Históricas,* 25, p. 85-116

BUSQUETS I COSTA, Cesc, PASTOR I BATALLA, Isidre, 2003. "Una transformació de l'espai urbà a la Barcelona de finals del segle XVI. La construcció del convent de carmelites descalces", *II Congrés d'arqueologia medieval i moderna a Catalunya. Els conjunts monàstics, intervencions arqueològiques, 1998-2002, Actes,* vol. I, Sant Cugat del Vallès: Ajuntament de Sant Cugat, p. 147-153

BUSQUETS MATOSES, Jacint, 1684. *Las cinco piedras de David delineadas en cinco portentosas vidas (...),* Valencia

BUTLER, Judith, 1999. *Gender Trouble,* New York: Routledge

BUTTARELLI, Annarosa, 2005. "Sovrane", *Potere e Politica non sono la stessa cosa,* Napoli: Liguori

BYNUM, Caroline Walker, 1987. *Holy feast and holy fast: the religious significance of food to medieval women,* Berkeley: University of California Press

CABA, M. Yaquelín, 2008. *Isabel la Católica en la producción teatral española del siglo XVII,* Suffolk: Tamesis

CABAÑAS, M. Dolores, LÓPEZ, Carmelo Luis, SER QUIJANO, Gregorio del, 2007. *Isabel la Católica y su época: Estudios y selección de textos,* Madrid: Universidad de Alcalá

CABANES PÉCOURT, Mª D., 1974. *Los monasterios valencianos: su economía en el siglo XV,* 2 vols, Valencia: Universidad de Valencia

CABESTANY, Joan Francesc, 1968. "Aportació a la biografia de la reina Elisenda de Montcada", *Martínez Ferrando, Archivero. Miscelánea de Estudios dedicados a su memoria,* Madrid: Asociación Nacional de Bibliotecarios, Archiveros y Arqueólogos, p. 107-149

CABIÉ, Robert, 1995. *Révélations de Constance de Rabastens. Édition, traduction et commentaire,* Barcelona: Facultat de Teologia de Catalunya

— 1988. "Une mystique? Réflexions sur Constance de Rabastens", *La femme dans la vie religieuse du Languedoc,* Toulouse: (Cahiers de Fanjeaux, 23) Privat, p. 37-55

CABRÉ I PAIRET, Montserrat, 1989. «Deodicatae y devotae. La regulación de la religiosidad femenina en los condados catalanes, siglos IX-XI», *Las mujeres en el Cristianismo medieval. Imágenes teóricas y cauces de actuación religiosa,* Á. Muñoz Fernández (ed.), Madrid: A. C. Al-Mudayna, p. 169-182

CABRÉ, Lluís, FERRER, Montserrat, *Cens de traduccions al català medieval fins a 1500,* http://www.narpan.net [2011/05/20]

CÁCEGAS, Frei Luís, SOUSA, Frei Luís, 1977. *História de S. Domingos, Introdução e revisão de M. Lopes de Almeida,* Porto: Lello & Irmãos

CAETANO, Marcello, 1985. «As cortes de 1385», *A crise nacional de 1383-1385. Subsídios para o seu estudo,* M. Caetano (ed.), Lisboa: Verbo, p. 123-207

CALDERÓN, Francisco, 2008. *Primera parte de la crónica de la santa provincia de la Purísima Concepción de Nuestra Señora de la Regular Observancia. Transcripción y notas de fray Hipólito Barriguín Fernández,* Valladolid: Diputación de Valladolid

CAMAÑES I SÁNCHEZ, Carolina, 1991. *Salvaguarda del Patrimoni Nacional. La conservació i restauració en el Reial Monestir de Santa Maria de Pedralbes. Parts I i II,* Barcelona: Facultat de Belles Arts de la Universitat de Barcelona

CANELAS, Carlos Augusto Ponces, 1965. *História dos Conventos de Beja,* Beja: Minerva Comercial

CANYELLES, Magí, 1896. *Descripció de la grandesa y antiquitats de la ciutat de Manresa,* Manresa: Biblioteca Històrica de Manresa

CAPITULA, 2011. *Capitula facta et firmata. Inquietuds artístiques en el quatre-cents.* M. R. Terés (ed.), Valls: Cossetània

CARALPS, Manuel OP, 1747. *Vida de la sierva de Dios soror María Alberta de Sto. Domingo, carmelita descalza en el convento de Jesús, María, Joseph y Teresa de la ciudad de Vich,* Vic: Pedro Morera, impresor

CARBONELL BUADES, Marià, 2005. «Epifania/Santa Magdalena i Sant Onofre», *Pedralbes. Els tresors del Monestir,* M. Carbonell Buades, A. Castellano i Tresserra, R. Cornudella (eds.), Barcelona: Museu d'Història de la Ciutat- Institut de Cultura, p. 74-77

CASTELLANO I TRESSERRA, Anna, 2011. «Notícies documentals entorn dels vitralls», *Els vitralls del monestir de Pedralbes i la seva restauració,* Barcelona: MUHBA

— 1998. *Pedralbes a l'edat Mitjana. Història d'un monestir femení (Biblioteca Abat Oliba, 198).* Barcelona: Publicacions de l'Abadia de Montserrat

— 1996. *Història i Formació d'un monestir femení. Pedralbes a l'Edat Mitjana (1327-1411),* Universitat Autònoma de Barcelona

CASTIGLIONE, Baldassare, 1997. *El cortesano,* México: Universidad Nacional Autónoma de México

CASTILLO, Hernando de, 1592. *Segunda parte de la historia general de Sancto Domingo y de su Orden de Predicadores,* Valladolid: Impressa en Sant Pablo de Valladolid por Diego Fernández de Córdova

CASTRO Y CASTRO, Manuel de, 1989. «Monasterios hispánicos de clarisas desde el siglo XIII al XVI», *Archivo Ibero-Americano,* 49, p. 79-122

— 1983. «El real monasterio de Santa Clara, de Santiago de Compostela», *Archivo Ibero-Americano,* 43, p. 3-61

CASTRO, Ivo, 2002. «Sur le bilinguisme littéraire castellan-portugais», *Arquivos do Centro Cultural Calouste Gulbenkian, La Littérature d'Auteur Portugais en Lange Castillane,* vol. 16, J. M. Martínez Torrejón (ed.), Lisboa-Paris: Fundação Calouste Gulbenkian, p. 11-23

Castro, J., 1976. *Árbol cronológico de la santa provincia de Santiago,* Madrid: Editorial Cisneros

Caulibus, Giovanni de, 1958. *Méditations sur la Vie du Christ. Traduction française, introduction et notes de l'abbé Paul Bayar,* Paris: Éditions Franciscaines

Cavero Domínguez, Gregoria, 1997. «Teresa de Portugal y el monasterio cisterciense de Villabuena (s. XIII)», *Cistercium. Historia, arte, espiritualidad,* 208, Homenaje al P. Damián Yañez Neira, O.C.S.O, p. 379-387

— 1994. «Monarquía y nobleza: su contribución a las fundaciones de clarisas en Castilla y León (siglos XIII-XV)», *Las clarisas en España y Portugal,* J. Martí Mayor, Graña Cid, Mª del Mar (eds.), Madrid: Editorial Cisneros, p. 257-279

Cereceda, Feliciano, 1945. *Diego Laínez en la Europa religiosa de su tiempo, 1521-1565,* 2 vols., Madrid: Ediciones Cultura Hispánica

Chélini, Jean, 1991. *Histoire religieuse de l'Occident médiéval,* Paris: Hachette

Chenu, Marie-Dominique, 1954. «Moines, cleres, laics au carrefour de la vie evangelique (XIIe siecle)», *Revue d'histoire ecclesiastique,* XLIX, p. 59-89

Cirlot, Victoria, Garí, Blanca, 1999. *La mirada interior. Escritoras místicas y visionarias en la Edad Media,* Barcelona: Martínez Roca

Clarisas, (en prensa). *Las Clarisas, ochos siglos de vida religiosa y cultural (Priego de Córdoba, 27-29 de julio de 2011).* Córdoba: Asociación Hispánica de Estudios Franciscanos

Clarisas España Portugal, 1994. *Las clarisas en España y Portugal.* J. Martí Mayor, Graña Cid, Mª del Mar (eds.), Madrid: Editorial Cisneros

Clausell Nácher, Carmen, 2007. *Carro de las Donas,* Madrid: Fundación universitaria española, Universidad Pontificia de Salamanca

Clausura, 2005. *La clausura femenina en España.* Campos y Fernández de Sevilla, Francisco Javier (ed.), Madrid: Ediciones Escurialenses

Clemencín, Diego, 2004. *Elogio de la Reina Católica doña Isabel,* Granada: Universidad de Granada

Cocheril, Dom Maur, 1989. *Alcobaça. Abadía cisterciense de Portugal,* Lisboa: Imprensa Nacional-Casa da Moeda

Coelho, M. Helena da Cruz, 2008. *D. João I,* Lisboa: Círculo de Leitores

— 1977. *O mosteiro de Arouca do século X ao século XIII,* Coimbra: Centro de História da Universidade

Coll, Jaume, 1981. *Chrónica de la provincia seraphica de Catalunya,* Madrid: Editorial Cisneros

Combes, Jean, 1990. *Montpellier et le Languedoc au Moyen Âge*, Montpellier: (Mémoires de la Société Archéologique de Montpellier, Tome XX), Société Archéologique de Montpellier

Committenza artistica, (en prensa). *Committenza artistica, vista religiosa e progettualità politica nella Napoli di Roberto d'Angiò e Sancia de Maiorca. La chiesa di Santa Chiara. Convegno internazionale (Napoli, 28-30 abril, 2011*

Compañía de Jesús, 2010. *La Compañía de Jesús y su proyección mediática en el mundo hispánico durante la Edad Moderna.* J. L. Beltrán (ed.), Madrid: Sílex

Córdoba, Fray Martín de, 1953. *Jardín de nobles doncellas,* Madrid: Ed. Félix García

Cornet i Mas, Cayetano, 1860. *Guía del viajero en Manresa y Cardona,* Barcelona: Imprenta de Vicente Magriña

Cornudella, Rafael, 2005. «Retaule factici de l'abadessa sor Teresa de Cardona», *Pedralbes. Els tresors del Monestir,* M. Carbonell Buades, A. Castellano i Tresserra, R. Cornudella (eds.), Barcelona: Museu d'Història de la Ciutat- Institut de Cultura, p. 100-101

Cortés-Vicent Pons, Josepa, 1991. «Geografia dels monestirs femenins valencians de la baixa Edat Mitjana», *Revista d'Història Medieval,* 2, Dedicat a: Santes Monges i Fetilleres. Espiritualitat femenina medieval, p. 77-90

Costa, António Domingues de Sousa, 1989. «D. João Afonso de Azambuja, cortesão, bispo, arcebispo, cardeal e fundador do convento das dominicanas do Salvador de Lisboa», *III Encontro sobre história dominicana. Actas, tomo II,* Porto: Arquivo Histórico Dominicano, p. 1-150

— 1986. *Bispos de Lamego e de Viseu no século XV. Vol. I (1394-1463),* Braga: Editorial Franciscana

Costa, Marisa, 2004. «Poder e autoridade de fundar um mosteiro. A dotação de Santa Clara de Vila do Conde», *De Arte. Revista de Historia del Arte,* 3, p. 23-37

Cuadra, Cristina, Muñoz Fernández, Ángela, 1998. «¿Hace el hábito a la monja? Indumentaria e identidades religiosas femeninas», *De los símbolos al orden simbólico femenino (ss. IV-XVII),* J. Lorenzo, A. I. Cerrada (eds.), Madrid: Asociación Cultural Al-Mudayna, p. 285-316

Dalmases, Cándido, 1986. *El padre maestro Ignacio,* Madrid: Biblioteca de Autores Cristianos

Dalmau, José, 1615. *Relación de la solemnidad con que se han celebrado en la ciudad de Barcelona las fiestas a la beatificación der la madre S. Teresa de Jesús (...),* Barcelona: Sebastián Matevad

Denifle, Heinrich, Ehrle, Franz, 1885. *Archiv für Literatur- und Kirchengeschichte des Mittelalters,* 3, Berlin: Weidmannsche Buchhandlung

Devesa Blanco, Juan (O de M), 1983. „Las primitivas constituciones", *Analecta Mercedaria,* II, p. 5-120

Dias, Nuno Pizarro, 1997. „Dinis e Isabel, uma difícil relação conjugal e política", *Revista Portuguesa de História,* XXXI, 2, p. 129-165

Diccionario, 2001. *Diccionario histórico de la Compañía de Jesús.* C. E. O'Neill (ed.), Madrid: Instituto Historicum, S.I. - Universidad Pontificia de Comillas

Domenge, Joan, Molina, Anna, 2009. „Les «nobles i riques ofrenes» d'Isabel de Portugal. Orfebreries de la reina santa", *Princeses de terres llunyanes. Catalunya i Hongria a l'edat mitjana. Catàleg de l'exposició,* Barcelona: Generalitat de Catalunya, Museu d'Història de Catalunya i Oktatási és Kulturális Minisztérium, p. 307-323

Dossat, Yves, 1978. „Les ordes de rachat, les Mercédaires", *Assistance et Charité,* Toulouse: (Cahiers de Fanjeaux, 13) Privat, p. 365-387

Duarte, L. M., 2008. *D. Duarte,* Lisboa: Temas e Debates

Dubois, E., Buhle, M., Kaplan, T., Lerner, G., Smith-Rosenberg, C., 1980. „Politics and Culture in Women´s History: A Symposium", *Feminist Studies,* 6, p. 26-66

Earenfight, Theresa, 2009. *The King's Other Body. María of Castile and the Crown of Aragon,* Philadelphia: University of Pennsylvania Press

Eiximenis, Francesc, 1981. *Libre de les dones, ed. Naccarato, Frank,* 2 vols, Barcelona: Curial

Escudero, Assumpta, 2003. "La cisterna del Monestir", *Sarrià. Revista de l'Associació de Veïns de Sarrià,* Agost-Octubre, p. 6

— 1993. *El Monestir de Santa Maria de Pedralbes,* Barcelona: Edicions de Nou Art Thor

Español, Francesca, Manent, Ramón, 2002. *El Gótico Catalán,* Barcelona: Angle Editorial

Esperança, Manuel da, 1656-1666. *História seráfica da Ordem dos frades menores de S. Francisco na Província de Portugal,* 2 vols. Lisboa: Oficina de Antonio Craesbeeck de Mello

Fabié, Antonio M., 1879. *Viajes por España de Jorge Einghen, del barón León de Rosmithal de Blatna, de Francisco Guicciardini y de Andrés Navajero,* Madrid: Librería de los bibliófilos

Fargas Peñarrocha, Maria Adela, 1997. *Família i poder a Catalunya, 1516-1626. Les estratègies de consolidació de la classe dirigent,* Barcelona: Fundació Noguera

Fernández Álvarez, Manuel, 2010. *Juana la Loca, la cautiva de Tordesillas,* Madrid: Austral

— 2004. *Isabel la Católica,* Madrid: Espasa

Fernández de Córdova, Álvaro, 2002. *La corte de Isabel I. Ritos y ceremonias de una reina (1474-1504),* Madrid: Dyckinson

— 2006. *Los franciscanos conventuales en España, Actas del II Congreso Internacional sobre Franciscanismo en la Península Ibérica (Barcelona, 30 marzo-1 abril de 2005),* G. Fernández-Gallardo (ed.), Córdoba: Asociación Hispánica de Estudios Franciscanos

Feros Ruys, Juanita, 2008. *What Nature Does Not Teach. Didactic Literature in the Medieval and Early-Modern Periods,* Turnhout: Brepols

Fleck, Cathleen A., 2004. "«To exercise yourself in these things by continued contemplation»: Visual and textual literacy in the frescoes at Santa Maria Donna Regina", *The church of Santa Ma-*

ria Donna Regina. Art, Iconography and Patronage in Fourteenth-Century Naples, J. Elliott, C. Warr (eds.), London: Ashgate, p. 109-128

Flórez, Enrique, 2002. *Memorias de las reinas católicas. Ed. facsímil con prefacio de F. Javier Campos y Fernández de Sevilla,* Valladolid: Junta de Castilla y León

Fonseca, Ana Cristina Tavares da, 2005. *Barregãs e Bastardos régios da I Dinastia Portuguesa,* Lisboa: Policopiada

Fonseca, Luís Adão da, 2007. *D. João II,* Lisboa: Temas e Debates

Fontes, João Luis Inglês, 2007. "Reclusão, eremitismo e espaço urbano: o exemplo de Lisboa na Idade Média", *Lisboa Medieval. Os rostos da Cidade,* Lisboa: Livros Horizonte, p. 259-277

— 2003. "A pobre vida no feminino. O caso das Galvoas de Évora", *O corpo e o gesto na Idade Média,* Lisboa: Colibri, p. 157-178

— 2000. *Percursos e Memória: do Infante D. Fernando ao Infante Santo,* Cascais: Patrimonia

Fort i Cogul, Eufemià, 1959. *El convent de Sant Rafael de carmelites descalços de la Selva del Camp,* La Selva del Camp: Edicions Analecta Selvatana

Foucault, Michel, 1980. *Power Knowledge: Selected Interviews and Other Writings, 1972-1977,* New York: Vintage

Franciscanismo, 2005. *El franciscanismo en la Península Ibérica. Balance y perspectivas.* Graña Cid, Mª del Mar, A. Boadas Llavat (eds.), Barcelona: GBG Editora

Freire, Anselmo de Braamcamp, 1973. *Brasões da Sala de Sintra,* vol. I, Lisboa: Imprensa Nacional-Casa da Moeda

Frugoni, Chiara, 1992. "Le mistiche, le visioni e l'iconografia: rapporti ed influssi", *Mistiche e devote nell'italia tardomedievale,* D. Bornstein, R. Rusconi (eds.), Napoli: Liguori, p. 127-155

Fundadores, 2005. *Fundadores, fundaciones y espacios de vida conventual: nuevas aportaciones al monacato femenino. III Congreso Internacional del monacato femenino en España, Portugal y América, 1492-1992.* M. I. Viforcos, M. D. Campos (eds.), León: Universidad de León

Gaglione, Mario, 2009. "Violante d'Aragona e Sancia d'Aragona-Maiorca", *Donne e potere a Napoli. Le sovrane angioine: consorti, vicarie e regnanti (1266-1442),* M. Gaglione (ed.), Soveria Mannelli: Rubbettino

— 2008. "Sancia d'Aragona Maiorca tra impegno di governo e attivismo francescano", *Studi Storici,* 4, p. 931-985

— 2007. "La basilica ed el monastero doppio di S. Chiara a Napoli in studi recenti", *Archivio per la storia delle donne,* IV, p. 127-209

— 2004. "Sancia d'Aragona-Majorca. Da regina di Sicilia e Gerusalemme a monaca di Santa Croce", *Archivio per la storia delle donne,* I, p. 27-54

Galindo Romeo, Pascual, 1976. "Catálogo del archivo del monasterio de Sancti Spiritus de Toro", *Archivos Leoneses,* XXX, p. 205-236

García Barriuso, Patrocinio (OFM), 1986. *La monja de Carrión. Sor Luisa de la Ascensión Colmenares Cabezón. (Aportación documental para una biografía),* Madrid: Ed. Monte Casino

García Espuche, Albert, 1998. *Un siglo decisivo. Barcelona y Cataluña, 1550-1640,* Madrid: Alianza Editorial

García Herrero, Mª del Carmen, 2009. "El entorno femenino de los reyes de Aragón", *La Corona de Aragón en el centro de su historia 1208-1458. La monarquía aragonesa y los reinos de la corona,* Á. Sesma Muñoz (ed.), Zaragoza: Gobierno de Aragón, p. 327-350

García Herrero, Mª del Carmen, Campo Gutiérrez, Ana del, 2005. "Indicios y certezas. *Mulieres religiosae* en Zaragoza", *Acta Mediaevalia,* 26, p. 345-362

García Iglesias, Luis, 1995. "Institutos religiosos femeninos de inspiración jesuítica en la España de los siglos XIX y XX", *Estudios Eclesiásticos,* 70, p. 501-526

García Mateo, Rogelio, 1991. "Ignacio de Loyola y la libertad", *Ignacio de Loyola en la gran crisis del s. XVI: congreso Internacional de Historia (Madrid, 19-21 noviembre de 1991),* Q. Aldea (ed.), Bilbao: Editorial Sal Terrae, p. 173-189

García Oro, J., 2008. "La Iglesia de la España del Renacimiento", *Archivo Ibero-Americano,* 68, 261, p. 407-436

— 1994. "Orígenes de las clarisas en España", *Las clarisas en España y Portugal,* J. Martí Mayor, Graña Cid, Mª del Mar (eds.), Madrid: Editorial Cisneros, p. 163-182
— 1993. "La Reforma de la Iglesia en España durante el reinado de los Reyes Católicos (1475-1517) ", *Hispania-Austria: Die Katholischen Könige, Maximilian I. und die Anfänge der Casa de Austria in Spanien,* A. Koehler, F. Edelmayer (eds.), München: Oldenbourg, p. 115-125
— 1990. "La primitiva implantación de las clarisas en Galicia", *Liceo Franciscano,* 42, p. 109-145
— 1988. *Francisco de Asís en la España medieval,* Santiago de Compostela: Consejo Superior de Investigaciones Científicas
García Valverde, Mª Luisa, 1998. "Legislación archivística monacal durante el siglo XVI", *Homenaje a Tomás Quesada Quesada,* Granada: Universidad de Granada, p. 719-739
Garí, Blanca, 2010. "The Politics of the Sacred in Medieval Barcelona. From the *inventio Sanctae Eulalie* to the Mercedarian Legends", *Imago Temporis. Medium Aevum,* 4, p. 201-219
— 2009. "Constanza de Rabastens y Ramón de Sabanac: la escritura en relación (1374-1386)", *Protagonistas del pasado. Las mujeres desde la Prehistoria al siglo XX,* del Val Valdivieso, Mª Isabel, de la Rosa Cubo, Cristina, M. J. Dueñas Cepeda, M. Santo Tomás Pérez (eds.), Valladolid: Castilla Ediciones, p. 237-247
— 2006. "La vida del Espíritu", *Las relaciones en la Historia de la Europa Medieval,* M. M. Rivera Garretas (ed.), Valencia: Tirant lo Blanc, p. 205-275
Gasol i Almendros, Josep M., 2000. "Les esglésies medievals de Manresa", *Manresa Medieval,* Manresa: Amics de l'Art Romànic del Bages, p. 137-155
Gazulla, Faustino D. (O de M), 1934. *La Orden de Nuestra Señora de la Merced: estudios histórico-críticos (1218-1317),* Barcelona: Luis Gili
— 1909. *Vida de Santa María de Cervellón, virgen comúnmente llamada del Socós, primera religiosa de la celestial, real y militar orden de Nuestra Señora de la Merced,* Barcelona: Hispano-americana
Gentili, Egidio, 1978. "Sant Ignazio di Loyola-Isabella Roser", *L'amore, l'amicizia e Dio,* Torino: Gribaudi, p. 291-298
Germain, Alexandre, 1851. *Histoire de la commune de Montpellier depuis ses origines jusqu'à son incorporation à la monarchie française,* vol. 1, Montpellier: Jean Martel Ainé
Gil Fernández, Luis, 2003. "El Humanismo en Castilla en tiempos de Isabel la Católica", *Arte y cultura en la época de Isabel la Católica,* J. Valdeón Baruque (ed.), Valladolid: Instituto Universitario de Historia Simancas, Universidad de Valladolid, p. 15-75
Giné i Torres, Anna M., 1989. "Establiments franciscans a Catalunya. Arquitectura franciscana", *Acta Historica et Archaeologia Mediaevalia,* 10, p. 125-143
Gioacchino, Francesco d'Andrea, 1987. "Il monastero napoletano di Santa Chiara secondo i registri dell'Archivio de Stato di Napoli", *Archivum Franciscanum Historicum,* LXXX, p. 39-78
Goerlich, Daniel Benito, 2008. *El Real Monasterio de la Santísima Trinidad de Valencia. Historia y Arte,* Valencia: Consell de Cultura-Generalitat Valenciana
Goldberg, Harriet, 1974. *Jardín de nobles doncellas,* Chapel Hill: University of North Carolina Press
Gomes, Rita Costa Gomes, 1987. *A Guarda Medieval. Posição, Morfologia e Sociedade (1200-1500),* Lisboa: (Cadernos da Revista de História Económica e Social, 9-10), Sá da Costa
Gomes, Saul António, 2009. *D. Afonso V,* Lisboa: Temas e Debates
— 1997. "Há 500 anos, em S. Francisco de Leiria", *Cadernos ESAP,* 2/3, p. 133-134
— 1990. *O mosteiro de Santa Maria da Vitória no século XV,* Coimbra: Universidade de Coimbra
Gonzaga, Francisco (OFM), 1603. *De origine seraphicae religionis eiusque progressibus,* Venetiis
Graña Cid, Mª del Mar, 2010. *Religiosas y ciudades. La espiritualidad femenina en la construcción sociopolítica urbana bajomedieval (Córdoba, siglos XIII-XVI),* Córdoba: Asociación Hispánica de Estudios Franciscanos
— 2010. "De terciarias a clarisas en Santa Isabel de Toledo y Santa Isabel de Córdoba. ¿Un proyecto reformista femenino de la Reina Católica", *El viaje de San Francisco por la Península Ibérica y su legado (1214-2014), Actas del III Congreso Internacional sobre el franciscanismo en la Península Ibérica, I,* Córdoba: Ediciones El Almendro, p. 799-820

— 2008. *Espacios de vida espiritual de mujeres (Obispado de Córdoba, 1260-1550),* (Tesis doctoral), Universidad Complutense de Madrid

— 1998. "Mujeres cristianas que construyeron Europa. Sobre la participación femenina en la Iglesia medieval", *Cristianismo y Europa ante el Tercer Milenio,* A. Galindo, I. Vázquez (eds.), Salamanca: Publicaciones Universidad Pontificia de Salamanca; Caja Duero, p. 107-135

— 1997. " Franciscanos y franciscanas en el Reino de Granada. Panorama fundacional (ca. 1485-1550)", *El franciscanismo en Andalucía: conferencias del I Curso de verano sobre el Franciscanismo en Andalucía (Priego de Córdoba, 7 al 12 de agosto de 1995),* M. Peláez del Rosal (ed.), Córdoba: Obra Social y Cultural Cajasur, p. 105-120

— 1996. "Mujeres perfectas, mujeres sabias. Educación, identidad y memoria (Castilla, siglos XV-XVI)", *De leer a escribir. Vol. I: La educación de las mujeres,* C. Segura (ed.), Madrid: Asociación Cultural Al-Mudayna, p. 123-154

— 1994. "Las primeras clarisas andaluzas. Franciscanismo femenino y reconquista en el siglo XIII", *Las clarisas en España y Portugal,* J. Martí Mayor, Graña Cid, Mª del Mar (eds.), Madrid: Editorial Cisneros, p. 661-704

— 1993. "Reflexiones sobre la implantación del franciscanismo femenino en el Reino de Granada, 1492-1570", *I Congreso internacional del monacato femenino en España, Portugal y América, 1492-1992,* vol. II, p. 523-538

Greiner, Monique, 2000-2001. "Une reine méconnue, Sancie de Majorque, reine de Jérusalem et de Sicilie (1286-1345)", *Etudes roussillonnaises,* 18, p. 117-128

Grundmann, H., 1980. *Movimenti religiosi nel Medioevo,* Bologna: Il Mulino

— 1961. *Religiöse Bewegungen im Mittelalter. Untersuchungen über die geschichtlichen Zusammenhänge zwischen der Ketzerei, den Bettelorden und der religiösen Frauenbewegung im 12. und 13. Jh. und über die geschichtlichen Grundlagen der deutschen Mystik.* Hildesheim: Olms

Guardiola-Griffiths, Cristina, 2011. *Legitimazing the Queen. Propaganda and Ideology in the Reign of Isabel I of Castile,* Plymouth: Bucknell University Press

Guerra Zubillaga, José Antonio, 2003. *San Francisco de Asís. Escritos. Biografía. Documentos de la época,* Madrid: Biblioteca de Autores Cristianos

Guidi, Remo, "Le clarisse nella società del '400", *Collectanea Franciscana,* 62, 1-2, p. 101-146

Gutiérrez, Enrique, 1978. *Monasterio de Santa Engracia, Pamplona-Olite: 1228-1978,* Pamplona: Diputación Foral de Navarra

Hamburger, Jeffrey F., 1998. *The Visual and the Visionary. Art and Female Spirituality in Late Medieval Germany,* New York: Zone Books

— 1997. *Nuns as Artists: The Visual Culture of a Medieval Convent,* Berkeley: University of California Press

Hamburger, Jeffrey F., Marti, S., 2008. *Crown And Veil. Female Monasticism From The Fifth To The Fifteenth Centuries,* New York: Columbia University Press

Hanawalt, B. A., 1988. "Lady Honor Lisle's Networks Of Influence", *Women And Power In The Middle Ages,* M. Erler, M. Kowaleski (eds.), Athens (GA): University of Georgia Press, p. 188-212

Heullant-Donat, Isabelle, 2005. «En amont de l'Observance. Les letres de Sancia, reine de Naples, aux Chapitres Généraux, et leur transmission dans l'historiographie du XIV siècle», *Identités franciscaines à l'âge des Réformes,* F. Meyer, L. Viallet (eds.), Clermont-Ferrand: Presses Universitaires Blaise-Pascal, p. 73-99

High Anxiety, 2002. *High Anxiety: Masculinity in Crisis in Early Modern France.* K. P. Long (ed.), Kirksville, MO: Truman State University Press

Hoch, Adrian S., 2004. "The «Passion» cycle: Images to contemplate and imitate amid Clarissan clausura", *The church of Santa Maria Donna Regina. Art, Iconography and Patronage in Fourteenth-Century Naples,* J. Elliott, C. Warr (eds.), London: Ashgate, p. 129-154

— 1996. "Sovereignty and closure in Trecento Naples: Images of Queen Sancia alias 'Sister Clare'", *Arte Medievale,* 2, 10, p. 121-139

HOWE, Elizabeth Theresa, 2003. "Zenobia or Penelope? Isabel la Católica as a Literary Archetype", *Isabel la Católica, Queen of Castile: Critical Essays,* D. A. Boruchoff (ed.), New York: Palgrave Macmillan, p. 91-102

ISHIKAWA, Chiyo, 2003. "La llave de palo: Isabel la Católica as Patron of Religious Literature and Painting", *Isabel la Católica, Queen of Castile: Critical Essays,* D. A. Boruchoff (ed.), New York: Palgrave Macmillan, p. 103-119

JASPERT, Nikolas, 2009. "Els descendents piadosos d'una princesa hongaresa. Heretgia i santedat al casal de Barcelona durant els segles XIII i XIV", *Princeses de terres llunyanes. Catalunya i Hongria a l'edat mitjana. Catàleg de l'exposició,* Barcelona: Generalitat de Catalunya, Museu d'Història de Catalunya i Oktatási és Kulturális Minisztérium, p. 291-306

JOHNSON, Harold B., 2004. "À Descoberta do Carácter do Infante D. Henrique: Uma Abordagem Freudiana", *Dois Estudos Polémicos,* Tucson: Fenestra Books, p. 11-43

JORGE, Ana M. C. M., 2000. "Episcopologio (Catalogo dos bispos catolicos portugueses)", *Dicionário de História Religiosa de Portugal,* vol. C-I, C. Moreira Azevedo (ed.), Lisboa: Círculo de Leitores, p. 131-146

JORNET BENITO, Núria (en prensa) "Santa Clara de Barcelona, 1513: de clarisas a benedictinas, un paso a esclarecer", *1º Congreso de historia de las órdenes y congregaciones religiosas,* Tucumán, Argentina: Universidad del Norte

— 2007. *El monestir de Sant Antoni de Barcelona. L'origen i l'assentament del primer monestir de clarisses a Catalunya,* Barcelona: Publicacions de l'Abadia de Montserrat

— *Sança, de Mallorca. Reina, religiosa. També coneguda com Sança de Nàpols, Clara de la Santa Creu, Diccionari biogràfic de Dones. Xarxa d'Universitats Joan Lluís Vives,* http://www.dbd.cat/index.php?option=com_biografies&view=biografia&id=460 [2011/12/13]

KAMEN, Henry, 1998. *Cambio cultural en la Sociedad del Siglo de Oro. Cataluña y Castilla, siglos XVI-XVII,* Madrid: Siglo XXI de España Editores

KAPLAN, Gregory B., 1998. "In Search of Salvation: The Deification of Isabel la Católica in Converso Poetry", *Hispanic Review,* 66, 3, p. 289-308

KELLY, Samantha, 2003. *The new Solomon: Robert of Naples (1309-1343) and fourteenth-century kingship,* Leiden and Boston: (The Medieval Mediterranean: Peoples, Economies and Cultures, 400–1500, 48), Brill Academic Publishers

KLANICZAY, Gábor, 2000. *Holy rulers and blessed princesses: dynastic cults in medieval central Europe,* Cambridge: Cambridge Universiy Press

LADERO QUESADA, Miguel Ángel, 2008. *La España de los Reyes Católicos,* Madrid: Alianza

LAIN ENTRALGO, Pedro, 1991. "La personalidad de Ignacio de Loyola", *Ignacio de Loyola en la gran crisis del s. XVI: congreso Internacional de Historia (Madrid, 19-21 noviembre de 1991),* Q. Aldea (ed.), Bilbao: Editorial Sal Terrae, p. 191-200

LAYNA SERRANO, Francisco, 1943. *Los conventos antiguos de Guadalajara,* Madrid: Consejo Superior de Investigaciones Científicas

LEONOR DE LA MISERICORDIA, 1995. *Leonor de la Misericordia. Relación de la vida de la venerable Catalina de Cristo. Edición crítica,* P. Rodríguez, I. Adeva (eds.), Burgos: Editorial Monte Carmelo

LERNER, G., 1993. *The Creation of Feminist Consciousness. From the Middle Ages to Eighteen-Seventy,* New York: Oxford University Press

LERNER, Robert E., 1994. "Writing and resistance among Beguins of Languedoc and Catalonia", *Heresy and Literacy (1000-1350),* P. Biller, A. Hudson (eds.), Cambridge: Cambridge University Press, p. 186-204

LIMA, Durval Pires de, 1972. *História dos Mosteiros, Conventos e Casas religiosas de Lisboa,* tomo II, Lisboa: Imprensa Municipal de Lisboa

LINEHAN, Peter, 2000. *Las dueñas de Zamora. Secretos, estupro y poderes en la Iglesia española del siglo XIII,* Barcelona: Península

LISS, Peggy K., 2004. *Isabel the Queen. Life and Times,* Philadelphia: University of Pennsylvania Press

LITTLE, L.K., 1978. *Religious Poverty and the profit economy in medieval Europe,* London: Paul Elek

LIVRE DES SENTENCES, 2002. *Bernardus Guidonis, bisbe de Lodève Le livre des sentences de l'inquisiteur Bernard Gui (1308-1323).* A. Palès-Gobilliard (ed.), Paris: CNRS

LOBATO, M. Luisa, 1988. «El ideal de mujer en los escritores doctrinales agustinos de los siglos XV y XVI», *Revista Agustiniana,* 29, p. 725-736

LOP SEBASTIÀ, Miquel, 2005. *Records ignasians a Barcelona,* Barcelona: Cristianisme i Justícia

LOPES, Fernando Félix, 1972. "Breve apontamento sobre a Rainha santa Isabel e a pobreza", *A pobreza e a asistencia aos pobres na Peninsula Ibérica durante a Idade Media (Actas das I Jornadas Luso-Espanholas de Historia Medieval),* Lisboa: Instituto de Alta Cultura, p. 527-545

— 1953. "Fundação do Mosteiro de Santa Clara de Coimbra. Problema de direito medieval", *Colectânea de Estudos,* II, 4, p. 166-192

— 1952. "As primeiras clarissas", *Colectânea de Estudos,* II, 2, p. 210-234

LÓPEZ I ALAMANY, Antoni, 2008. *Convent de Santa Clara de Xàtiva, patrimoni perdut?* Xàtiva: (Col·lecció Una Ullada a la Història), Ulleye

LÓPEZ, Atanasio, 1929. "Confesores de la familia real de Aragón", *Archivo Ibero-Americano,* XXXI, p. 145-240

— 1920. "Carta de fray Juan de Minio, cardenal portuense, a la infanta doña Isabel, hija de Sancho IV de Castilla", *Archivo Ibero-Americano,* 14, p. 268-270

— 1919. "Crónica franciscana inédita", *Archivo Ibero-Americano,* 11, p. 439-447

— 1915. "Fundación y dotación del convento de Segorbe y orígenes de la Observancia en Aragón y Valencia", *Archivo Ibero-Americano,* 3, p. 341-349

— 1912a. "Los monasterios de clarisas en España en el siglo XIII (1212-1300)", *El Eco Franciscano,* 29, p. 185-190

— 1912b. "A propósito de un centenario. Monasterio de Santa Clara de Toro", *Estudios Franciscanos,* 8, p. 57-60

LÓPEZ, Juan, 1613. *Tercera parte de la historia general de Sancto Domingo y de su Orden de Predicadores,* Valladolid: Francisco Fernández de Córdova

LOREA, Antonio de, 1679. *La venerable Madre Hipólita de Jesús y Rocabertí [...]. Epítome de su prodigiosa vida,* Valencia: Vicente Cabrera

MAIO, Romeo de, 1991. "Ignazio di Loyola e la donna", *Ignacio de Loyola en la gran crisis del s. XVI: congreso Internacional de Historia (Madrid, 19-21 noviembre de 1991),* Q. Aldea (ed.), Bilbao: Editorial Sal Terrae, p. 283-286

MANOTE, Mª Rosa, TERÉS, Mª Rosa, 2007. "El mestre de Pedralbes i l'activitat barcelonina els anys centrals del segle XIV", *L'Art Gòtic a Catalunya*, vol. I, Barcelona: Enciclopèdia Catalana, p. 181-182

MANSELLI, Raoul, 1976a. "Les opuscles spirituels de Pierre Jean-Olivi et la piété des béguins de langue d'oc", *La religion populaire en Languedoc du XIIIe siècle à la moitié du XIVe siècle,* Toulouse: (Cahiers de Fanjeaux, 11) Privat, p. 187-202

— 1976b. "*Lo cavalier armat*, texte provençal inédit, de P.-J. Olieu", *La religion populaire en Languedoc du XIIIe siècle à la moitié du XIVe siècle,* Toulouse: (Cahiers de Fanjeaux, 11) Privat, p. 203-216

— 1974. "Evangelismo e povertà", *La concezione della povertà nem Medioevo,* O. Capitani (ed.), Bologna: Patron Editore, p. 153-192

— 1959. *Spirituali e beghini in Provenza,* Roma: Istituto Storico Italiano per il Medio Evo

— 1955. *La "Lectura super Apocalypsim" di Pietro di Giovanni Olivi,* Roma: Istituto Storico Italiano per il Medio Evo

MANSI, Giovan Domenico, 1761-1764. *Stephani Baluzii Tutelensis Miscellanea,* vol. 2, Paris: Riccomini

MANUEL, 1964. *Manuel de l'inquisiteur Bernard Gui,* 2 vols, G. Mollat (ed.), Paris: Les Belles Lettres

MARINO, Nancy F., 2008. "Inventing the Catholic Queen: Images of Isabel I in History and Fiction", *Queen Isabel I of Castile. Power, Patronage, Persona,* B. F. Weissberger (ed.), Suffolk: Tamesis, p. 186-199

MARQUES, Alegria Fernandes, 1998. "As primeiras freiras de Lorvão", *Estudos sobre a Ordem de Cister em Portugal,* Coimbra: Colibri - Faculdade de Letras da Universidade de Coimbra, p. 127-180

— 1997. "As etapas de crescimento do reino", *Portugal em definição de fronteiras. Do condado portucalense à crise do século XIV,* Coelho, M. Helena da Cruz, A. L. d. Carvalho (eds.), Lisboa: Presença, p. 61

MARQUES, José, 1988. *A arquidiocese de Braga no século XV,* Lisboa: Imprensa Nacional-Casa da Moeda

MARTÈNE, E., DURAND, M., 1717. "Concilium Provinciale Anno MCCXCIX Biterris celebratum sub Aegidio Narbonensi archiepiscopo", *Thesaurus novus anecdotorum,* vol. IV, Paris, p. 225-228

MARTENS, Didier, 2005. "Santa Clara i santa Agnès, Sagrada Família treballant, arcàngel Gabriel i sant Francesc", *Pedralbes. Els tresors del Monestir,* M. Carbonell Buades, A. Castellano i Tresserra, R. Cornudella (eds.), Barcelona: Museu d'Història de la Ciutat- Institut de Cultura, p. 108-105

MARTÍN PRIETO, Pablo, 2005. "La fundación del monasterio de Santa Clara de Alcocer (1252-1260)", *Hispania Sacra,* 57, p. 227-241

MARTÍNEZ DE TOLEDO, Alfonso, 1998. *Arcipreste de Talavera o Corbacho,* Madrid: Cátedra

MARTÍNEZ FERRANDO, Jesús Ernesto, 1953. *Biografía de Elisenda de Montcada "Regina de Pedralbes",* 2 vols, Barcelona: Consejo Superior de Investigaciones Científicas

— 1948. *Jaime II de Aragón su vida familiar,* Barcelona: Consejo Superior de Investigaciones Científicas

MARTINS, Armando Alberto, 2003. *O Mosteiro de Santa Cruz de Coimbra na Idade Média,* Lisboa: Centro de História da Universidade de Lisboa

MAS I CASAS, José M. de, 1836. *Ensayos históricos sobre Manresa,* Manresa: Imprenta Trullàs

MATA, Joel S. Ferreira, 1991. *A comunidade feminina da Ordem de Santiago: a comenda de Santos na Idade Média,* Porto: Policopiada

MATEOS, Fernando, 1956. "Personajes femeninos en la historia de san Ignacio", *Razón y fe,* 154, p. 395-418

MATEU IBARS, Josefina, 1994. "El monasterio de Santa Clara de Lérida. Notas para su historia", *Archivo Ibero-Americano,* 54, p. 945-967

MATTOSO, José, 2002. "Monasticon portucalense", *Obras completas,* vol. 12, Lisboa: Círculo de Leitores, p. 20

— 1985. *Identificação de um país. Ensaio sobre as origens de Portugal (1096-1325),* vol. II: *Composição,* Lisboa: Estampa

MCCLEERY, Iona, 2006. "Isabel of Aragon (d. 1336): model queen or model saint?", *Journal of ecclesiastical history,* 57, 4, p. 668-692

MCGINN, Bernard, 2005. *The harvest of mysticism in medieval Germany (1300-1500), Presence of God: a history of western Christian mysticism,* 4, New York: Crossroad

MCKIERNAN GONZÁLEZ, Eileen, (en prensa). "Reception, Gender and Memory: Elisenda de Montcada and Her Dual Effigy Tomb at Santa Maria de Pedralbes", *Reassessing the Roles of Women as Makers of Medieval Art and Architecture,* Leiden: Brill Academic Publishers

MEDRANO, Manuel José de (OP), 1729. *Historia de la Provincia de España de la Orden de Predicadores, Segunda Parte,* I, Madrid: Imprenta de Gerónimo Roxo

MENDONÇA, Manuela, 1995. *D. João II,* Lisboa: Estampa

MESEGUER, Juan, 1977. "Documentos históricos diversos, I. Documentos cisnerianos", *Archivo Ibero-Americano,* XXVII, p. 355-401

— 1959a. "El traductor del "Carro de las donas" de Francisco Eximénez, familiar y biógrafo de Adriano VI", *Hispania,* XIX, p. 230-250

— 1959b. " Franciscanismo de Isabel la Católica", *Archivo Ibero-Americano,* XIX, p. 153-195

Messeguer Fernández, P. Juan, 1980. "El culto a la Eucaristia en el monasterio de Pedralbes siglos XIV y XVI", *Archivo Ibero-Americano,* XL, 157, p. 115-122

Michalsky, Tanja, 2004. "*Mater Serenissimi principis*: The tomb of Maria of Hungary", *The church of Santa Maria Donna Regina. Art, Iconography and Patronage in Fourteenth-Century Naples,* J. Elliott, C. Warr (eds.), London: Ashgate, p. 61-78

Mistretta, Maria Beatrice, 1983. *Francesco architetto di Dio. L'edificazione dell'ordine dei Minori e i suoi primi insediamenti,* Roma: Città Nuova Editrice

Miura Andrades, J. M., 1991. "Formas de vida religiosa femenina en la Andalucía medieval. Emparedadas y beatas", *Religiosidad femenina. Expectativas y realidades,* Á. Muñoz Fernández, Graña Cid, Mª del Mar (eds.), Madrid: Al-Mudayna, p. 139-164

— 1988. "Beatas y beaterios andaluces en la Baja edad media. Su vinculación con la Orden de Predicadores", *Andalucía entre Oriente y Occidente (1236-1492). Actas del V Coloquio Internacional de Historia Medieval de Andalucía (27 al 30 de noviembre de 1986),* E. Cabrera Muñoz (ed.), Córdoba: Diputación de Córdoba, p. 528-535

Molas Ribalta, Pere, 2004. *L'alta noblesa catalana a l'Edat moderna,* Vic: Eumo Editorial

Monacato femenino, 1993. *I Congreso Internacional del monacato femenino en España, Portugal y América, 1492-1992.* M. I. Viforcos, J. Paniagua (eds.), León: Universidad de León

Monteiro, João Gouveia, 2003. *Aljubarrota: 1385 - A Batalha Real,* Lisboa: Tribuna da História

Monteiro, Maria Teresa, Sousa, José João Rigaud, 1981. "Notas sobre o pleito entre D. Mór Dias, fundadora do convento de Santa Clara de Coimbra, e os cónegos do mosteiro de Santa Cruz (Coimbra)", *Estudos Medievais,* 1, p. 81-93

Montes Moreira, António, 1994. "Breve historia das clarissas em Portugal", *Las clarisas en España y Portugal,* J. Martí Mayor, Graña Cid, Mª del Mar (eds.), Madrid: Editorial Cisneros, p. 211-231

Monumenta Henricina, 1960-1974. *Monumenta Henricina,* 15 vols, Lisboa: Comissão executiva das comemorações do V centenário da morte do infante D. Henrique

Moreno, Humberto Baquero, 1979. *A batalha de Alfarrobeira. Antecedentes e significado histórico,* vol. 1, Coimbra: Por ordem da Universidade

— 1975. "Uma aldeia medieval do termo da Guarda: a Vela", *Tensões sociais em Portugal na Idade Média,* Porto: Livraria Athena Editora, p. 153-193

Morte, Carme, 2005. "Retaule de l'Epifania", *Pedralbes. Els tresors del Monestir,* M. Carbonell Buades, A. Castellano i Tresserra, R. Cornudella (eds.), Barcelona: Museu d'Història de la Ciutat- Institut de Cultura, p. 152-154

Morujão, Maria do Rosário Barbosa, 2001. *Um mosteiro cisterciense feminino: Santa Maria de Celas – sécs. XIII a XV,* Coimbra: Biblioteca Geral da Universidade de Coimbra

Muñoz Fernández, Ángela, 1998. "Semper pacis amica. Mediación y práctica política (siglos VI-XIV)", *Arenal,* 5, 2, p. 263-276

— 1994. *Beatas y santas neocastellanas: ambivalencias de la religión y políticas correctoras del poder (ss. XIV-XVII),* Madrid: Dirección General de la Mujer

— 1989. "Notas para la definición de un modelo sociorreligioso femenino: Isabel I de Castilla", *Las mujeres en el cristianismo medieval. Imágenes teóricas y cauces de actuación religiosa,* Á. Muñoz Fernández (ed.), Madrid: Al-Mudayna, p. 415-434

— 1988. *Mujer y Experiencia religiosa en el marco de la santidad medieval,* Madrid: (Colección Laya, 2), Asociación cultural Al- Mudayna

Muntada Torrellas, Anna, 2005a. "Immaculada Concepció amb els emblemes de les lletanies (Tota pulchra)", *Pedralbes. Els tresors del Monestir,* M. Carbonell Buades, A. Castellano i Tresserra, R. Cornudella (eds.), Barcelona: Museu d'Història de la Ciutat- Institut de Cultura, p. 108-111

— 2005b. "Mare de Déu amb el Nen", *Pedralbes. Els tresors del Monestir,* M. Carbonell Buades, A. Castellano i Tresserra, R. Cornudella (eds.), Barcelona: Museu d'Història de la Ciutat- Institut de Cultura, p. 106-107

MURARO, Luisa, 1997. *Guillerma y Maifreda. Historia de una herejía feminista,* Barcelona: Omega

MUSTO, Ronald G., 1997. "Franciscan Joachimism at the Court of Naples, 1305-1345: A New Appraisal", *Archivum Franciscanum Historicum,* 90, 3-4, p. 1-86

— 1985. "Queen Sancia of Naples (1286-1345) and the Spiritual Franciscans", *Women of the Medieval World. Essays in honor of John H. Mundy,* J. Kirshner, S. F. Wemple (eds.), Oxford: Blackwell, p. 179-214

NARVÁEZ CASAS, Carme, 1994. "Josep Dalmau, promotor dels convents de carmelites descalços de Barcelona (1554-1633)", *Analecta Sacra Tarraconensia,* 67, p. 589-598

NAVARRO, Andrea Mariana, 2010. "Los santos y el imaginario urbano en los discursos historiogràficos: Andalucía siglos XIII-XVII", *Hispania Sacra,* LXII, 126, p. 457-489

NAVARRO TALEGÓN, J., 1994. "La fundación del real monasterio de Santa Clara de Toro", *Las clarisas en España y Portugal,* J. Martí Mayor, Graña Cid, Mª del Mar (eds.), Madrid: Editorial Cisneros, p. 301-316

— 1980. *Catálogo monumental de Toro y su alfoz,* Zamora: Caja de Ahorros Provincial

NELSON, Janet, 1999. "Medieval Queenship", *Women in Medieval Western European Culture,* L. E. Mitchell (ed.), New York: Garland Publishing, p. 179-207

NEVES, Joaquim Pacheco, 1982. *O Mosteiro de Santa Clara de Vila do Conde,* Vila do Conde: Câmara Municipal

NOGALES RINCÓN, David, 2006. "Los espejos de príncipes en Castilla (siglos XIII-XV): un modelo literario de la realeza bajomedieval", *Medievalismo,* 16, p. 9-39

OBIOLS, Montserrat, 2006. "El monacat femení a la Catalunya medieval: Santa Maria de Valldaura (1241-1399)", *Butlletí de la Societat Catalana d'Estudis Històrics,* 17, p. 177-198

— 2006. *El Monacat femení en la Catalunya medieval: Santa Maria de Valldaura, 1241-1399,* Barcelona: Universitat de Barcelona

OMAECHEVARRÍA, Ignacio, 2004. *Escritos de Santa Clara y documentos complementarios,* Madrid: Biblioteca de Autores Cristianos

— 1973. "Evolución de estructuras en la Orden de Santa Clara", *Selecciones de Franciscanismo,* 2, p. 135-156

ORDENS RELIGIOSAS, 2005. *Ordens Religiosas em Portugal: Das origens a Trento – Guia Histórico. Ordens Religiosas em Portugal: Das origens a Trento – Guia Histórico.* Lisboa: Livros Horizonte

ORNSTEIN, Jacob, 1941. "La misoginia y el profeminismo en la literatura castellana", *Revista de Filología Hispánica,* 3, p. 219-232

ORTEGA, M., 1980. *Crónica de la provincia franciscana de Cartagena,* I, Madrid: Editorial Cisneros

ORTIZ, Alonso, 1983. *Diálogo sobre la educación del príncipe Don Juan, hijo de los Reyes Católicos, ed. Giovanni Maria Bertini,* Madrid: Ediciones José Porrúa Turanzas

OSTLUND, DeLys, 1997. *The Re-creation of History in the Fernando and Isabel Plays of Lope de Vega,* New York: Peter Lang

PAGÈS, Amadeu, 1942. *Crònica de Pere el Cerimoniós,* París-Toulouse:

PASCUAL, Aina, LLABRÉS, Jaume, 1996. *El monasterio de Santa Teresa de Jesús de Palma,* Palma: Ajuntament de Palma

PÁSZTOR, Edith, 1955. "Il processo di Andrea de Gagliono", *Archivum Franciscanum Historicum,* XLVIII, p. 252-297

PERAL VILLAFRUELA, Santiago, 1994. "El convento de Santa Clara de Carrión y su archivo", *Las clarisas en España y Portugal,* J. Martí Mayor, Graña Cid, Mª del Mar (eds.), Madrid: Editorial Cisneros, p. 97-103

PERARNAU, Josep, 1978. *L'Alia Informatio Beghinorum d'Arnau de Vilanova,* Barcelona: Universitat de Barcelona

PÉREZ, Lorenzo, 1913. "El convento de clarisas de Guadalajara", *El Eco Franciscano,* 25, p. 36-40

Pérez Vidal, M., 2008. "Sancti Spiritus de Toro: arquitectura y patronazgo femenino", *Liño: Revista Anual de Historia del Arte,* 14, p. 9-21

Petras Albas, 2001. *Petras Albas. El monestir de Pedralbes i els Montcada (1326-1673).* A. Castellano i Tresserra, A. Nicolau i Martí (eds.), Barcelona: Ajuntament de Barcelona

Piera, Montserrat, 2007. "No és al món malícia sobre malícia de fembra: vicis corruptes i malalties al *Libre de les dones* de Francesc Eiximenis", *Actes del tretzè col.loqui internacional de llengua i literatura catalanes,* Barcelona: Publicacions de l'Abadia de Montserrat, p. 311-322

Pimenta, M. Cristina Gomes, 2001. "As Ordens de Avis e Santiago na Baixa Idade Média: o governo de D. Jorge", *Militarium Ordinum Analecta,* 5, p. 5-600

Pina, Rui de, 1977a. "Chronica d'Elrei Dom Joaõ II", *Crónicas de Rui de Pina,* Almeida, M. Lopes de (ed.), Porto: Lello & Irmãos, p. 883-1033

— 1977b. "Chronica do Senhor Rey D. Affonso", *Crónicas de Rui de Pina,* Almeida, M. Lopes de (ed.), Porto: Lello & Irmãos, p. 577-881

Piron, Sylvain, 2003. "La critique de l'Église chez les Spirituels languedociens", *L'anticlericalisme en France méridionale (milieu XIIe-début XIVe siècle),* Toulouse: (Cahiers de Fanjeaux, 38) Privat, p. 87-109

Pizarro, José Augusto de Sotto Mayor, 2008. *D. Dinis,* Lisboa: Temas e Debates

— 1999a. *Linhagens Medievais Portuguesas. Genealogias e Estratégias (1279-1325),* 3 vols, Porto: Centro de Estudos de Genealogia, Heráldica e História da Família da Universidade Moderna

— 1999b. "*Pela Morte se conhece um pouco da Vida.* A propósito do testamento de Dona Châmoa Gomes de Tougues, fundadora do Mosteiro de Santa Clara de Entre-os-Rios", *Carlos Alberto Ferreira de Almeida: in memoriam,* vol. 2, M. J. Barroca (ed.), Porto: Faculdade de Letras da Universidade do Porto, p. 224-228

— 1995. *Os patronos do mosteiro de Grijó (Evolução e estrutura da família nobre – séc. XI a XIV),* Ponte de Lima: Edições Carvalho de Basto

Pladevall, Antoni, 1969. *Bisbat de Vic,* Vic: Editorial Montblanc

Planas, Josefina, 2005. "Llibre de cor", *Pedralbes. Els tresors del Monestir,* M. Carbonell Buades, A. Castellano i Tresserra, R. Cornudella (eds.), Barcelona: Museu d'Història de la Ciutat- Institut de Cultura, p. 144-145

Pou Martí, Josep Mª, 1930. *Visionarios, Beguinos y Fraticelos catalanes (siglos XII-XIV),* Alicante: Instituto Juan Gil Albert- Diputación de Alicante, 1996

Poutrin, Isabelle, 1995. *La voile et la plume. Autobiographie et sainteté féminine dans l'Espagne moderne,* Madrid: Bibliothèque de la Casa de Velázquez

Pryds, Darleen N., 2000. *The King embodies the World: Robert d'Anjou and the politics of preaching,* Leiden and Boston: Brill Academic Publishers

Rahner, Hugo, 1963. *Ignace de Loyole et les femmes de son temps,* 2 vols, Paris: Desclée de Brouwer

Recoder, José, 1898. *Glorias teresianas de Cataluña,* Barcelona: La Hormiga de Oro

Rema, Henrique Pinto, 2002. *A Família Franciscana na diocese de Lamego. No passado e no presente,* Lamego: Câmara Municipal de Lamego

Remón, Alonso (OdM), 1618-1633. *Historia de la Orden de la Merced. Libro III,* Madrid: Luis Sanchez

Rêpas, Luís Miguel, 2003. *Quando a nobreza traja de branco. A comunidade cisterciense de Arouca durante o abadessado de D. Luca Rodrigues (1286-1299),* Leiria: Ed. Magno

Reyerson, Kathryn L., 1995. *Society, Law, and Trade in Medieval Montpellier* Aldershot: (Collected Studies Series), Variorum

— 1979. "Patterns of population attraction and mobility: the case of Montpellier, 1293-1348", *Viator,* 10, p. 257-281

Riera i Sans, Jaume, 1993. "Falsos dels segles XIII, XIV i XV", *Actes del novè Col·loqui Internacional de Llengua i Literatura Catalanes (Alacant-Elx, 9-14 de setembre de 1991),* Barcelona: Publicacions de l'Abadia de Montserrat, p. 425-490

— 1985. "La doble falsificació de la portadella d'un incunable", *Revista de Llibreria Antiquària,* 10, p. 5-17

Riesco Terrero, Ángel, 1977. *Datos para la historia del real convento de clarisas de Salamanca. Catálogo documental de su archivo,* León: Centro de Estudios e Investigación "San Isidoro"-Archivo Histórico Diocesano

Rinaldis, Aldo de, 1920. *Santa Chiara, il convento delle Clarisse, il Convento dei Minori, la Chiesa,* Napoli: G. Giannini

Ríos, Mª Luz, 1999. "Franciscanismo y movimientos heréticos", *Cristianismo marginado: rebeldes, excluidos, perseguidos. II: del año 1000 al año 1500. Actas del Seminario sobre Historia del Monacato (Aguilar de Campoo, 3-6 agosto, 1998),* Aguilar de Campoo- Madrid: Fundación Santa Maria La Real, Centro de Estudios del Románico- Polifemo, p. 73-102

Riquelme Jiménez, Carlos José, 1996. "Organización y legislación en los hospitales medievales (s. XII-XV). El caso particular del Campo de Calatrava", *Alarcos 1195. Congreso Internacional Conmemorativo del VIII centenario de la Batalla de Alarcos.,* R. Izquierdo Benito, F. Ruiz Gómez (eds.), Ciudad Real: Universidad de Castilla-La Mancha, p. 495-532

Riquer, Martí de, 1959. *Obras de Bernat Metge,* Barcelona: Universitat de Barcelona

Rodrigues, Ana Maria Seabra de Almeida, 2009. "Between Husband and Father: Queen Isabel of Lancaster's crossed loyalties", *Imago Temporis. Medium Aevum,* 3, p. 205-218

— 2007. "The Queen-Consort in Late Medieval Portugal", *Aspects of Power and Authority in the Middle Ages,* B. Bolton, C. Meek (eds.), Turnhout: Brepols, p. 131-145

Rodríguez Carrajo, Manuel, 1970. «Ramas femeninas mercedarias», *Estudios: revista trimestral publicada por los Frailes de la Orden de la Merced,* 26, p. 90-91

Rodríguez Velasco, Jesús, 1996. «La historia como base argumentativa de la literatura ético-política en Europa, ca. 1100-1350», *Epos,* 12, p. 177-205

Rojas, Raquel, 2007. «Las traducciones castellanas de Eiximenis y el ms. de las Reales Descalzas de Madrid», *Actes del tretzè col.loqui internacional de llengua i literatura catalanes,* Barcelona: Publicacions de l'Abadia de Montserrat, p. 363-378

Rosa, Maria de Lurdes, 2000. «A religião no século: vivências e devoções dos leigos», *História Religiosa de Portugal,* vol. I, C. Moreira Azevedo (ed.), Lisboa: Círculo de Leitores, p. 423-505

— 1998. «A fundação do Mosteiro da Conceição de Beja pela duquesa Dona Beatriz», *O Tempo de Vasco da Gama,* D. Ramada Curto (ed.), Lisboa: CNCDP, p. 265-270

Rúbriques de Bruniquer, 1914. *Rúbriques de Bruniquer. Ceremonial dels magnífichs consellers y regiment de la ciutat de Barcelona,* vol. III, Barcelona: Impremta d'Henrich y Companyia

Rucquoi, Adeline, 1992. «Le testament de doña Teresa Gil», *Femmes, mariages, lignages (XIIe-XIVe siècle). Mélanges offerts à Georges Duby,* Bruxelles: De Boeck-Wesmael, p. 307-323

Ruiz de Loizaga, S., 1988. «Santa Clara de Vitoria en la documentación pontificia más antigua», *Scriptorium Victoriense,* 35, p. 151-162

Ruiz, Sor M., 1994. «Santedat en els convents de clarisses de Catalunya», *Santa Clara (1194-1994),* A. Boadas Llavat (ed.), Barcelona: Asociación Hispánica de Estudios Franciscanos,

Sá, Isabel dos Guimarães, 2011. *De princesa a rainha velha. Leonor de Lencastre,* Lisboa: Círculo de Leitores

— 2009. «A fundação das Misericórdias e a rainha D. Leonor (1458-1525): uma reavaliação», *II Jornadas de Estudo sobre as Misericórdias. As Misericórdias Quinhentistas,* Penafiel: Câmara Municipal, p. 15-33

Salazar, Pedro de, 1977. *Crónica de la provincia franciscana de Castilla,* Madrid: Editorial Cisneros

Sanahuja, Pedro (OFM), 1959. *Historia de la seráfica provincia de Cataluña,* Barcelona: Editorial Seráfica

Sanjust i Latorre, Cristina, 2010. *L'obra del Reial Monestir de Santa Maria de Pedralbes des de la seva fundació fins al segle XVI. Un monestir reial per a l'orde de les clarisses a Catalunya,* Barcelona: (Col·lecció Cum Laude, 3), Institut d'Estudis Món Juïc, Universitat Autònoma de Barcelona, Promocions i Publicacions Universitàries

Santa Clara de Allariz, 1986. *Santa Clara de Allariz. 7º centenario da fundación. Santa Clara de Allariz. 7º centenario da fundación.* Ourense: Museo Arqueoloxico Provincial De Ourense

Santa María, Francisco de, 1655. *Reforma de los descalzos de Nuestra Señora del Carmen de la primitiva observancia,* Madrid: Diego Díaz de la Carrera

Santos, Ana Paula Pratas Figueira, 2000. *A fundação do Mosteiro de Santa Clara de Coimbra (da instituição por D. Mor Dias à intervenção da Rainha Santa Isabel),* 2 vols. Coimbra: Policopiada

Santos, Maria Leonor Ferraz de Oliveira Silva, 2001. *O Domínio de Santa Maria do Lorvão no Século XIV. Gestão Feminina de um Património Fundiário,* Lisboa: Imprensa Nacional-Casa da Moeda

São Paulo, Frei Jorge de, 1967. *O Hospital das Caldas da Rainha até ao ano de 1656,* vol. I, Lisboa: Academia das Ciências de Lisboa

Sarret i Arbós, Joaquim, 1924. *Història religiosa de Manresa. Esglésies i convents,* Manresa: Caixa d'estalvis de Manresa

Scaraffia, Lucetta, Zarri, Gabriella, 1994. *Donne e fede. Santità e vita religiosa in Italia,* Bari: Laterza

Sendra, Pacífico, 1927. «Origen, fundadoras y vicisitudes del Real Monasterio de Santa Clara de Játiva», *Archivo Ibero-Americano,* XXVII, p. 359-393

Serra i Postius, Pere, 1726. *Prodigios y finezas de los santos ángeles hechas en el Principado de Cathalunya,* Barcelona: Jayme Surià

Silleras Fernández, Núria, 2008. *Power, Piety and Patronage in Late Medieval Queenship. Maria de Luna,* New York: Palgrave Macmillan

— 2005-2006. "Reginalitat als regnes hispànics medievals: concepte historiogràfic per a una realitat històrica", *Boletín de la Real Academia de Buenas Letras de Barcelona,* 50, p. 121-142

— 2003. "*Queenship* en la Corona de Aragón en la Baja Edad Media: estudio y propuesta terminológica", *La Corónica. A Journal of Medieval Spanish Language and Literature,* 32, 1, p. 119-133

Silva, Manuela Santos, 2009. "Práticas religiosas e hábitos culturais inovadores na corte dos reis de Portugal (1387-1415)", *Poder espiritual/Poder temporal. As relações Igreja-Estado no tempo da monarquia (1179-1909). Actas,* Lisboa: Academia Portuguesa da História, p. 191-212

Silva, Paulo Jorge de Sousa Santos, 2002. *Uma reincarnação monástica: do mosteiro de Rio Tinto ao mosteiro da Avé Maria do Porto*, 2 vols., Porto: Policopiada

Soledade, Frei Fernando da, 1705. *Historia Serafica Chronologica da Ordem de S. Francisco na Provincia de Portugal, Tomo III,* Lisboa: Oficina de Manoel e Joseph Lopes Ferreyra

Solomon, Michael, 1997. *Literature of Misogyny in Medieval Spain: The Arcipreste de Talavera and the Spill,* Cambridge: Cambridge University Press

Soriano Triguero, Carmen, 1995. "La reforma de las Clarisas en la Corona de Aragón (ss. XV-XVI)", *Revista de Historia Moderna,* 13-14, p. 185-198

Soto Artuñedo, Wenceslao, 1997. "Ignacio de Loyola y la mujer", *Proyección, teologia y mundo actual,* 44, p. 299-318

Sousa, António Caetano de, 1947. *Provas da História Genealógica da Casa Real Portuguesa, edição revista por M. Lopes de Almeida, César Pegado,* vol. III, Coimbra: Atlântida

Sousa, Bernardo Vasconcelos e., 2005. *Ordens Religiosas em Portugal: das origens a Trento. Guia Histórico.* Lisboa: Livros Horizonte

Sousa, Ivo Carneiro de, 2002. *A Rainha D. Leonor (1458-1525). Poder, misericórdia, religiosidade e espiritualidade no Portugal do Renascimento,* Lisboa: Fundação Calouste Gulbenkian-FCT

Sousa, Luís de, 1977. *História de Sâo Domingos,* vol. 1, Porto: Lello e Irmão Editores

Taravilla Vaquero, Olga, 2008. *Perfiles de la promoción artística: La mujer bajomedieval en la corona de aragón.* Màster en Iniciació a la Recerca en Humanitats, Universitat de Girona, http://hdl.handle.net/10256/1488 [2011/09/01]

Tarouca, Carlos da Silva, 1947. *O Cartulário do Mosteiro de Santa Clara de Vila do Conde,* Lisboa: Associação Comercial e Industrial

TEIXEIRA, Victor Rui Gomes, 1999. *O Maravilhoso no Mundo Franciscano Português na Baixa Idade Média,* Porto: Granito

TEIXIDOR I TRILLES, Josep, 1895. *Antigüedades de Valencia,* Valencia: Francisco Vives Mora

TORMO SANZ, Leandro, 1994. "Fundación y traslado de las clarisas de Guadalajara", *Las clarisas en España y Portugal,* J. Martí Mayor, Graña Cid, Mª del Mar (eds.), Madrid: Editorial Cisneros, p. 439-453

TORRAS I SERRA, Marc, 1997. "Els hospitals medievals de Manresa", *Gimbernat,* 27, p. 215-227

TORRAS I TILLÓ, Santi, 2001. *Mare Aureum, Artistes i artesans de la Llotja de Mar de Barcelona a l'època del Renaixement,* Barcelona: Museu Marítim de Barcelona

TORRES JIMÉNEZ, Raquel, 2006. "Notas para una reflexión sobre el Cristocentrismo y la devoción medieval a la Pasión y para su estudio en el medio rural castellano", *Hispania Sacra,* 58, 118, p. 449-487

TRENS, Manuel, 1936. *Ferrer Bassa i les Pintures de Pedralbes,* Barcelona: Institut d'Estudis Catalans

TRIVIÑO, María Victoria, 2005. "Clara d'Assís", *Una altra mirada. Deu dones i el cristianisme,* Barcelona: Cruïlla, p. 33-71

URIBE, Ángel, 1994. "Asentamiento y expansión de la Orden de Santa Clara en el País Vasco", *Las clarisas en España y Portugal,* J. Martí Mayor, Graña Cid, Mª del Mar (eds.), Madrid: Editorial Cisneros, p. 233-255

— 1988. *La provincia franciscana de Cantabria, I. El franciscanismo vasco-cántabro desde sus orígenes hasta el año 1551,* Oñate: Aránzazu

VÁZQUEZ JANEIRO, Isaac, 1981. "En busca de un nombre para el traductor del Carro de las donas de F. Eiximénez", *Humanismo, Reforma y Teología,* 25, p. 1-43

— 1977. "¿De quién fue hija la princesa Berenguela que fundó el monasterio de Santa Clara de Toro y en él reposa?", *Antonianum,* 54, p. 359-394

— 1977. "La 'Forma vitae' hugoliniana para las clarisas en una bula desconocida de 1245", *Antonianum,* 52, p. 94-125

— 1977. "Documentación pontificia medieval en Santa Clara de Salamanca. Un suplemento al *Bullarium Franciscanum*", *Studia Historico-Ecclesiastica. Festgabe L. G. Spätling,* Roma: Pontificium Athenaeum Antonianum, p. 347-418

VENTURA, Agustí, 2008. *Orígens del convent de Santa Clara de Xàtiva des de la fundació en 1325 fins a 1482,* Xàtiva: Mateu Editors

VENTURA, Leontina, 1992. *A nobreza de corte de D. Afonso III, 2 vols.* Coimbra: Policopiada

VENTURA, Margarida Garcez, 1997. *Igreja e poder no século XV. Dinastia de Avis e liberdades eclesiásticas (1385-1450),* Lisboa: Colibri

VIDAL QUINTERO, Mireia, 2009. *Isabel roser i les benefactores catalanes d'Ignasi de loiola.* Institut Català de les Dones, http://www20.gencat.cat/portal/site/icdones/menuitem.4b491b5fa301c8a439a72641b0c0e1a0/?vgnextoid=693e7116c6407210VgnVCM1000008d0c1e0aRCRD&vgnextchannel=693e7116c6407210VgnVCM1000008d0c1e0aRCRD&vgnextfmt=default [2011/09/01]

VIDAL, J. M., 1913. *Bullaire de l'Inquisition Française au XIVe siècle jusqu'a la fin du grand schisme,* Paris: Letouzey et Ané

VIERA, David J., 1978. "¿Influyó el *Llibre de les dones*, de Francesc Eiximenis (1340?-1409?) en el *De Institutione Feminae Christianae*, de Luis Vives?", *Boletín de la Sociedad Castellonense de Cultura,* 54, 145, p. 155

VIERA, David J., PIQUÉ-ANGORDANS, Jordi, 2005. "L'Itàlia medieval en les narracions eiximenianes", *Miscel·lània Joan Veny,* vol. 6, Barcelona: Publicacions de l'Abadia de Montserrat, p. 21-30

VIGIL, Mariló, 1991. "Conformismo y rebeldía en los conventos femeninos de los siglos XVI y XVII", *Religiosidad femenina. Expectativas y realidades,* Á. Muñoz Fernández, Graña Cid, Mª del Mar (eds.), Madrid: Al-Mudayna, p. 165-185

VILAR, Hermínia Vasconcelos, 2000. "O cisma do Ocidente e a Igreja portuguesa no dealbar do século XV", *História Religiosa de Portugal, vol. I - Formação e Limites da Cristandade,* C. Moreira Azevedo, Jorge, Ana M. C. M., Rodrigues, Ana Maria Seabra de Almeida (eds.), Lisboa: Círculo de Leitores, p. 328-333

— 1999. *As dimensões de um poder. A diocese de Évora na Idade Média,* Lisboa: Estampa

VILAR, Hermínia Vasconcelos, SILVA, Maria João Branco da, 1992. "A fundação do mosteiro de Odivelas", *Congreso Internacional Sobre San Bernardo e o Cister en Galicia e Portugal. Actas,* vol. I, Ourense: Xunta de Galicia, p. 589-601

VILLACORTA BAÑOS, Antonio, 2005. *La Jesuita,* Madrid: Ariel

VILLALBA RUIZ DE TOLEDO, F. J., 1989. "El monasterio de Santa Clara de Alcocer y su conexión con la monarquía (siglos XIII-XV)", *Wad-al-Hayara,* 16, p. 319-324

WADDING, Lucas, 1628-1654. *Annales minorum seu trium ordinum a S. Franciscum institutorum,* Lugduni: sumptibus C. Prost et J.-B. Devenet

WEBSTER, Jill R., 2001. *Els Franciscans Catalans a l'Edat Mitjana,* Lleida: Pagès

— 1998. "Afliccions a Sant Francesc i Santa Clara de Vic", *Anuario de Estudios Medievales,* 28, p. 437-449

— 1995. *Els Menorets: the Franciscans in the Realms of Aragon fron Saint Francis to the Black Death,* Toronto: Pontificial Institute of Medieval Studies

— 1994. "Santa Clara y los frailes menores en la Edad Media. Pater sororum, política real y reforma en Cataluña", *Las clarisas en España y Portugal,* J. Martí Mayor, Graña Cid, Mª del Mar (eds.), Madrid: Editorial Cisneros, p. 925-933

— 1987. "Els framenors de Manresa", *Miscel·ània d'Estudis Bagencs 5,* Manresa: Centre d'Estudis Bagencs, p. 127-137

WEISSBERGER, Barbara F., 2003. *Isabel Rules: constructing queenship, wielding power,* Minneapolis: University of Minnesota Press

— 1998. "«Me atrevo a escribir así»: Confessional Politics in the Letters of Isabel I and Hernando de Talavera", *Women at Work in Spain from the Middle Ages to Early Modern Times,* M. Stone, C. Benito-Vessels (eds.), New York: Peter Lang, p. 147-165

WITTLIN, Curt, 1983. "La primera adaptació castellana de *Lo libre de les dones* de Francesc Eiximenis", *Miscel.lània Pere Bohigas, 3. Estudis de Llengua i Literatura Catalanes, VI,* Barcelona: Publicacions de l'Abadia de Montserrat, p. 39-59

WÜRTH, Ingrid, 2007. "«Altera Elisabeth» Königin Sancia von Neapel (1286-1345) und die Franziskaner", *Religiöse Bewegungen im Mittelalter: Festschrift für Matthias Werner zum 65. Geburtstag,* E. Bünz, S. Tebruck, H. G. Walther (eds.), Köln: Böhlau, p. 517-542

YARZA, Joaquín, 1992. „Patronos, promotores, mecenas y clientes en el arte Hispano Medieval", *Patronos, promotores, mecenas y clientes. VII Congreso del Comité Español de Historia del Arte,* Murcia: Ed. Universidad de Murcia, p. 15-47

ZARRI, Gabriella, 1990. *La sante vive. Profezia di corte e devozione femminile tra '400 e '500,* Torino: Rosenberg & Sellier

Las autoras

Blanca Garí es catedrática de Historia Medieval de la Facultad de Historia de la Universidad de Barcelona (España).

María del Mar Graña-Cid es profesora titular de Historia de la Iglesia Medieval en la Facultad de Teología de la Universidad de Comillas de Madrid (España).

Concepción Rodríguez-Parada es profesora titular en la Facultad de Biblioteconomía y Documentación de la Universidad de Barcelona (España).

Maria Filomena Andrade es profesora del Departamento de Ciencias Humanas y Sociales de la Universidad Aberta de Portugal (Portugal).

Jill R. Webster es catedrática emérita de Estudios Hispánicos de la Universidad de Toronto (Canadá).

Anna Castellano-Tresserra es conservadora jefe del Museu-Monestir de Santa Maria de Pedralbes, Museu d' Història de Barcelona (España).

Núria Jornet-Benito es profesora titular en la Facultad de Biblioteconomía de la Universidad de Barcelona (España).

Delfi-Isabel Nieto-Isabel es licenciada en Física y en Historia y doctoranda de la Universidad de Barcelona (España).

Araceli Rosillo-Luque es licenciada en Historia y doctoranda de la Universidad de Barcelona (España).

Núria Silleras-Fernández es profesora de Estudios Hispánicos en la Universidad de Colorado at Boulder. (EEUU).

Ana Maria S.A. Rodrigues es profesora de Historia de la Facultad de Letras de la Universidad de Lisboa (Portugal).

Cristina Sanjust-i-Latorre es profesora asociada de Historia del Arte en la Facultad de Filosofia y Letras de la Universidad Autónoma de Barcelona (España).

Laia de-Ahumada es doctora en Filología por la Universidad de Barcelona (España).

Mercè Gras-Casanovas es archivera y licenciada en Historia Moderna por la Universidad de Barcelona (España).

Finito di stampare
nel mese di gennaio 2013
dalla Grafica Editrice Romana S.r.l.
Roma